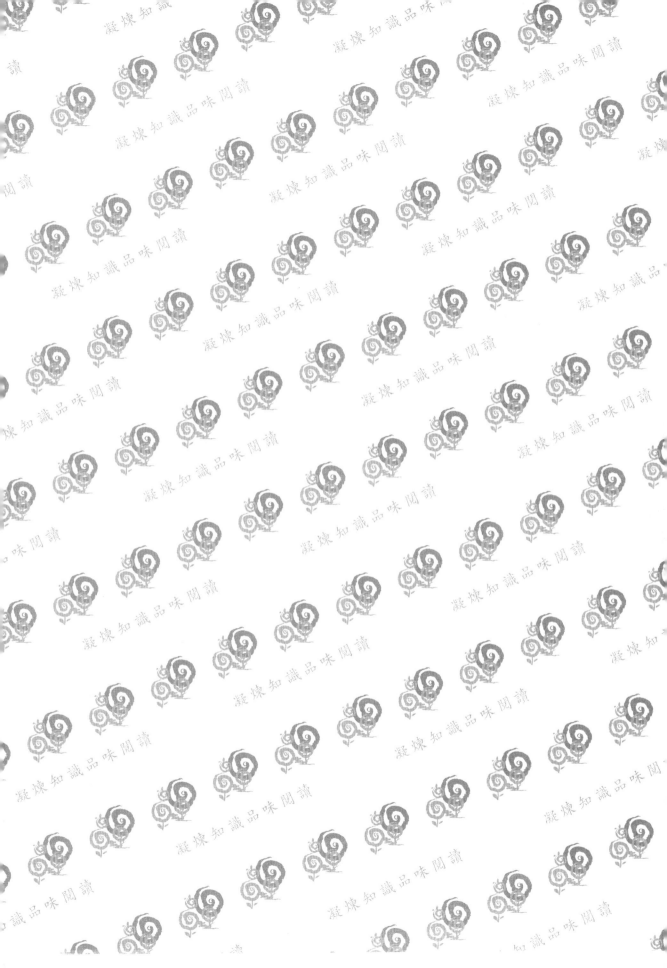

古文三十逆轉勝

鄭垣玲
陳弘偉 編著

五南圖書出版公司 印行

編者序

古文逆轉勝，一點也不難！

古文，不是洪水猛獸！精熟古文，一點也不難！很多同學一看到古文或古文閱讀測驗，頓時覺得頭皮發麻，彷彿發起高燒，無法思考！古文，眞的這麼令人驚人「毛骨悚然」、「望而怯步」嗎？當然不是！同學們普遍害怕古文，多是因爲學習方法有點「走鐘」——沒有抓到重點，只是猛背死記，或誤以爲勤寫上千題測驗卷，「死黏活纏」著考題，自然就能掌握古文，卻不知道這樣的學習方式根本無法與古文培養「麻吉」的感情。

想要與古文變得很「麻吉」，除了了解文章外，還要熟悉藏在每段文句中的精華、寓意，就像你一定熟悉好朋友的血型、星座、LINE的帳號、想法、興趣、愛吃什麼……。《古文三十逆轉勝》就是可以助你一臂之力的古文指南！

本書的編輯重點共可分爲八大主題，包括有：大考關注、文章解讀、文章精析（段旨、課文與注釋、翻譯）、作者介紹、國學常識、文法修辭舉要、語文天地（形音義、成語集錦）、實力健身房。

一、大考關注：考題中會出現的問題，往往就是文章的重點，掌握好近年考情的趨勢，自然就能更有效率準備好每篇古文的關鍵重點，而將此主題擺在第一欄位的用意也是希望同學們在閱讀此書時，能夠率先了解到每篇古文的重點，知己知彼，百戰百勝。

二、文章解讀：老師們爲同學們講述古文三十篇時，最忌諱的便是同學只知通篇、逐字逐句的對照古文及翻譯，而不知檢索出作者所欲表達之訊息而融會貫通。故建議在複習、甚至是背誦三十篇古文時，都須能夠在腦內先迅速檢索出文章的主要意旨而後方才精析之，這才能稱得上是有效率的學習。然在閱讀完文章精析後，更希望各位同學都能回過頭再溫習一遍文章解讀，將自己所感受到的與文章解讀相互對照後，方才進行下個主題。

三、文章精析（段旨、課文與注釋、翻譯）：一些較爲記憶性的形音義題目常常由此出題。

1.段旨，即是一段文字的主旨，其主要功能是在「文章解讀（分析）」的基礎上，更細膩地針對每一段文字提出簡要說明，同學們如已透徹了解整篇文章，不必在此多做停留。

2.注釋，一向是統測出題的寵兒，除本文所提到的注釋之外，一字多義及多字一義的狀況也須多加留意，另外還有字形的部分也是考題重點，此部分可搭配「語文天地」一起複習。

3.翻譯：本書的翻譯站在古文的「文意理解」角度，通篇達義地翻成白話文，目的在協助同學們順利閱讀古文，進而對文情作正確的詮解。

四、作者介紹：作者的文學背景、家世、師承、交好之文人等，都是大考喜愛的文學史題型，同學們可在準備作者介紹圈點出幾個重要的關鍵字，以便閱讀相關文學史題型時順利而正確地檢索出相關的文史關鍵處。

五、國學常識：常常有人笑稱國文和英文出題是沒有範圍的，尤其是國學常識這一塊，但近年來已然少有單純的記誦式考題，而多半的國學考題都是需要透過閱讀進而觸類旁通的詮釋型考題，也因此本書歸納出三大考試所必備的基礎國學底蘊。唯國學常識中的第28、29、30篇，屬於古文國學番外篇，超出部定古文三十篇的範疇，分別爲：古詩與樂府詩、唐詩與宋詩、詞與曲等三大部分。其目的在補充國學中的韻文常識，雖其未在古文三十篇中，但屬於三大考試題的重點之一，同學們仍須多多留意。

六、文法修辭舉要：這個部分主要在協助使同學能具備判斷文句所使用的文法與修辭能力！對古文三十篇裡的文章，哪些句子採用了經典的修辭？哪些篇章運用了特殊的文法結構，以及一些常用的謙敬詞更是近年升大學的三大考試之重點。

七、語文天地（形音義、成語集錦）：這也是一個跟國學常識一樣的需要背誦部分，形、音、義、成語在考試中所占的比重固定，是每年三大考都必考的部分。本書特分爲形音義、成語集錦兩部分詳盡地歸納，讓同學們可以迅速積累出此部分的語文功力。

八、實力健身房：收錄三大考試頻繁出現的五種試題，實地測試對前面七大主題學習的成效，有助立即檢視與反省，達到即學即用的目的。

目錄

篇名	作者或出處	修辭文法	國學常識	形音義	頁碼
11 桃花源記	陶淵明	鑲嵌	〈桃花源記〉及〈桃花源詩〉比較	屬、要、儼然、向	144
12 世說新語選：詠絮之才、絕妙好辭、坦腹東床、雪夜訪戴	劉義慶	析字	魏晉南北朝小說	凝、擬、灼、酌、杓、妁、覺、差、就、乃	154
13 蘭亭集序	王羲之	借代	序體及序跋類概述	契、禊、楔、挈、鍥、躁、噪、燥、臊、嗟、瘥、搓、磋、蹉、觴、殤、信、致、一、脩、修、之、左右	165
14 師說	韓愈	回文	唐宋古文運動	足、子、其、不齒、不恥、師	177
15 始得西山宴遊記	柳宗元	對比	韓愈、柳宗元比較	施、趣、覺、更、悠悠、枕、洋洋、窮	189
16 諫太宗十思疏	魏徵	倒裝	政論文	咄、詘、屈、茁、拙、黜、絀、凋、雕、鵰、稠、綢、惆、賙	200
17 唐傳奇選：虬髯客傳	杜光庭	雙關	傳奇的演變	因、卻、且、將、逆	210
18 岳陽樓記	范仲淹	互文	明清古文運動的流變、貶謫文學佳篇	薄、微、霏、緋、蜚、悱、斐	231
19 醉翁亭記	歐陽脩	錯綜	記遊文學比較	行、晦、誨、冽、洌、咧、蔌、簌、壑、蔚、秀、臨、輒、霏、負	243
20 赤壁賦	蘇軾	致使動詞	東坡品評人物、三蘇的生平、賦體的概述及流變	適、遺、曾、馮、卒、繆、僂、塿、簍、鏤、瘻、縷、褸、屢、屨	255

1 燭之武退秦師

◎《左傳》

1 大考關注

【字詞義、字音：100、99指考及99學測】

★晉侯、秦伯圍鄭，「以」其無禮於晉，且貳於楚也：因爲。

★「岈」然：ㄒㄧㄚ。

★「知」、「焉」字的不同用法和意義。

★「肆其西封」的詞語解釋。

★晉「軍」函陵，秦軍氾南：動詞，駐紮。

【敬謙詞：101統測、97指考】

★敢以煩「執事」：敬詞，來自古代「因卑達尊」的思維。

【語法：103統測、102、100、93學測及98指考】

★省略句：「敢以煩執事」爲「敢以（之：滅鄭）煩執事」的省略構句。

★倒裝句：「夫晉，何厭之有？」爲「夫晉，有何厭？」的倒裝構句。

【國學：103、100、93學測及100指考】

★《春秋》有《左傳》、《公羊傳》、《穀梁傳》三傳，《左傳》特點在詳述史事。

★《春秋》與三傳皆編年紀事；《史記》、《漢書》爲紀傳體，後代正史都用紀傳體。

★如果我們把古代五經博士或經學專家請到現代社會，以其專業知識提供協助，就經書內容與職務作最適切組合的考量：請「春秋」博士擔任國史館館長。

【閱讀理解：104、99學測及100、99指考】

★燭之武對秦伯：「越國以鄙遠，君知其難也，焉用亡鄭以陪鄰？鄰之厚，君之薄也！」：不是斥責對方的語氣。是燭之武對秦穆公說之以理來打消聯晉亡鄭的念頭，分析滅掉鄭國，只是使鄰國晉國得利，晉國的國力雄厚，就等於秦國力量削弱了。

★孟子對齊宣王：「賊仁者謂之賊，賊義者謂之殘，殘賊之人謂之一夫。聞誅一夫紂矣，未聞弒君也！」：分析事情的語氣。

★燭之武：「臣之壯也，猶不如人；今老矣，無能爲也已。」：有埋怨鄭伯未能重用之意。

【文章解讀：101指考】

★燭之武爲了達到「言資悅懌」的遊說目的，如何掌握「時利」、「義貞」這兩個重要原則？

2 文章解讀

《左傳》是中國**編年體**史書之祖，爲解《春秋》之書，因此被列爲《四庫全書》經部十三經之一，而非列入史部。

《左傳》記載諸國互相爭伐的大事，全書以描寫「**外交辭令**」與「**戰爭**」兩部分最爲出色。描寫「**戰爭**」時，敘述條理分明，用字簡雅詳細。描寫「**外交辭令**」時，則表現出歷史人物脣槍舌戰，你來我往的生動形象。

《左傳》是一本史書，書中有各種形式的評論，總結各種歷史經驗，往往充滿哲理，發人深省。

因爲上述特點，《左傳》成爲先秦敘事作品當中的經典之作，成爲後來諸多文家、古文運動推崇取法的典範。

〈燭之武退秦師〉一文，首段交代晉秦圍鄭的原因，「**簡潔詳盡**」，第二段描寫鄭伯與燭之武的互動，呈現《左傳》「**以敘事爲主，兼及人物與對話**」，與人物形象「**栩栩如生**」的特色。第三段燭之武一席話，正是一篇絕佳的「**外交辭令**」，燭之武縱覽全局，除了爲秦穆公剖析情勢、更見縫插針，成功離間秦晉兩國的關係。第四段交代完事件後續，第五段寫晉文公衡量情勢，選擇維繫秦晉同盟處，正是《左傳》處處「**充滿哲理**」的證明。

全文剖析情勢、陳說利害，雖然列於儒家十三經之一。但總結歷史經驗、垂鑒後世的史家精神也相當強烈。

《左傳》段旨

一 敘晉、秦圍鄭的原因（乃晉、鄭間宿怨，與秦無關）及秦、晉二軍分駐南北兩地，使鄭國燭之武有「夜縋而出」向秦王勸說的機會。

3 文章精析

【經】

晉人、秦人圍鄭。

【傳】

一 九月甲午，晉侯、秦伯圍鄭，以其無禮於晉，且[1]貳於楚也。晉[2]軍函陵，秦[2]軍氾南。

晉侯：晉文公。 秦伯：秦穆公。 以：因。【95指考】
於：對於。【99指考】
貳於楚：對晉國懷有二心而親近楚國。
軍：駐紮、屯兵。【101指考】

翻譯

《春秋》

晉軍、秦軍聯兵圍攻鄭國。

《左傳》

一 魯僖公三十年，九月十日，晉文公聯合秦穆公圍攻鄭國，因爲鄭文公過去未能以禮對待出亡時經過鄭國的晉文公重耳，而且在晉、楚城濮之戰時對晉國懷有貳心，親附於楚國。此時晉軍駐紮在函陵，秦軍駐紮在氾南。

二 寫鄭國內部情況。敘佚之狐推薦燭之武，燭之武先是委婉推辭的抱怨語，證明他的口才；後鄭文公引咎自責即捐棄前嫌、臨危受命，則體現出「覆巢之下無完卵」的道理，及以國家危亡爲重的忠心。最後「夜縋而出」更是凸顯此任務的危險性以及燭之武的膽略。

三 爲全文最精彩的說辭部分。記燭之武如何掌握「時利」（有利時勢）、「義貞」（持理正大）兩個重要原則，巧其辭令向秦穆公層層剖析利害【101指考】

1. 動之以情：全段八次言及秦「君」，顯示其處處爲秦而謀，不爲己謀，秦君之心豈能不動!
2. 說之以理：以「越國以鄙遠」之不可能，說明亡鄭無益，只是「陪鄰」壯大晉國的實力。
3. 誘之以利：以「若舍鄭以爲東道主，行李之往

二 佚之狐言於鄭伯曰：「國危矣！若使燭之武見秦君，師必退。」公從之。辭[3]曰：「臣[4]之壯也，猶不如人；今老矣！無能爲也已。」公曰：「吾不能早用子，今急而求子，是寡[5]人之過也。然鄭亡，子亦有不利焉！」許之。夜縋而出。

- 鄭伯：鄭文公。
- 使：派遣。【96統測】
- 辭：推辭。
- 已：婉曲修辭，客氣中含有怨懟之意。【99學測】
- 子：您，古代對男子的尊稱。
- 縋（ㄓㄨㄟˋ）：以繩索繫之，懸墜而下。【101統測】

三 見秦伯曰：「秦、晉圍鄭，鄭既知亡矣！若亡鄭而有益於君，敢[6]以煩[7]執事[8]。越國以鄙[9]遠[10]，君知其難也。焉[11]用亡鄭以陪鄰？[12]鄰之厚，君之薄也。若舍鄭以爲東道主，行李之往來，共其乏困，君亦無所害。且君嘗爲晉君賜矣！許君焦、瑕，朝[13]濟而夕

- 既：已經。
- 執事：原指君王左右辦事的人，此指秦穆公。【97指考】
- 敢：膽敢、冒昧。【99統測】
- 鄙：以……爲邊地，動詞。
- 焉：何必，表疑問語氣。【99統測】
- 東道主：在東方提供招待的主人。【94統測】
- 陪鄰：增加鄰（晉）國的土地。
- 鄰之厚，君之薄也：本小段文意。【101統測】
- 行李：使者，又作「行理」。
- 共（ㄍㄨㄥ）：通「供」。
- 爲（ㄨㄟˋ）晉君賜：給予晉惠公恩惠。
- 濟：渡河。

二 佚之狐對鄭文公建議說：「國勢危急了！如果派燭之武去謁見秦穆公，秦軍一定會撤退。」鄭文公聽從佚之狐的建議。燭之武推辭說：「臣年輕力壯時，尚且不如別人；如今老了，不能有什麼作爲了。」鄭文公說：「我不能及早重用您，現在國家情勢危急了才請求您，這是我的過錯。然而鄭國滅亡了，對您也有不利啊！」燭之武答應了。當夜就用繩子繫身，懸墜而下翻出城外。

三 燭之武謁見秦穆公說：「秦國、晉國兩國圍攻鄭國，鄭國已經知道要滅亡了！如果滅亡鄭國有益於秦，那我就冒昧煩請您秦穆公來攻打。越過晉國而以遠地的鄭國作爲國家的邊地，您知道是很難的事。那又何必滅亡鄭國而來擴張晉國的疆域呢？晉國的國力增強雄厚了，秦國的國力也就相對削弱了。如果秦放過鄭國而把鄭國作爲東行途中的主人，以後秦國使者往返經過時，鄭國可供給所缺乏的物資，對您也沒有什麼害處。況且您曾經給予晉惠公恩惠！晉君承諾將焦、瑕兩地送給您，卻是早上

來，共其乏困」極言舍鄭的有利之處。保存鄭國，將可作爲秦國通往東方路途中的接待者。

4. 挑撥離間：故意錯置晉惠公（爲晉文公之弟，背信於秦穆公，並非晉文公）「許君（秦穆公）焦、瑕，朝濟而夕設版焉」的史實於其中，先造成晉嘗於背信於秦的實有事蹟，再極言晉文公若「東封鄭」，必定想要「西封」，侵略秦國以擴張疆域的野心，間接形塑成晉文公貪得無饜的形象。

四 記燭之武遊說成功。秦穆公撤兵，與鄭文公訂定盟約，並派軍爲鄭協防。

五 記晉文公理智權衡得失後，以「仁、智、武」自許，毅然退兵而去，絕非臣下謀士所能及，頗見一代霸主雄才遠謀的器度。

設版焉！君之所知也。夫晉，何厭之有[14]？既東封鄭，又欲肆其西封[15]。若不闕秦，將焉取之？闕秦以利晉，惟君圖之！」

設版：指築牆設防。
何厭之有：厭通「饜」，滿足。「晉有何厭」，爲賓語提前的結構。【102學測】
東封：動詞，開闢疆土。
西封：動詞→名詞，轉品，疆界。
闕：ㄑㄩㄝ，損害、侵略。
之？闕秦以利晉，惟君圖之：反問／激問句型。【100統測】

四 秦伯說，與鄭人盟，使杞子、逢孫、楊孫戍之，乃還。

說：ㄩㄝˋ，通「悅」，表心悅。

五 子犯請擊之，公曰：「不可。微夫人之力不及此。因人之力而敝之，不仁；失其所與，不知；以亂易整，不武。吾其還也。」亦去之。

微：無。【101統測】
夫人：ㄈㄨˊ，彼、那個，指秦穆公。【102指考】
此：指返國爲晉君。
因：憑藉、依靠。
敝：傷害。
所與：所親附的國家，即同盟者，秦國。【101統測】
知：同「智」。【94統測】
不武：不合乎武德。
以亂易整：用分裂代替團結。亂，指秦、晉自相攻擊。整，指秦、晉和諧，步調一致。

剛渡過黃河回國，晚上就建築防禦工事來防備秦國了！這是您所知道的啊。那個晉國，哪有滿足的時候呢？已經往東向鄭國開拓封疆，又想要擴張西方的疆界。如果不侵略秦國，將從何處獲得土地呢？此舉損害秦國而有利於晉國，希望您考慮此事！」

四 秦穆公聽了頗爲心悅，就和鄭文公訂下盟約，派遣杞子、逢孫、楊孫駐兵爲鄭國協防，於是撤軍回國。

五 子犯請求晉文公攻擊秦軍，晉文公說：「不可以。若沒有秦穆公的協助，我不能返國爲君。憑藉別人的助力再去擊敗他，是不仁厚的；失去親善的盟國，是不明智的；用分裂代替團結，是不合武德的。我們還是回去吧！」晉國也就退兵了。

文法修辭提示

1. 貳：數詞→動詞，轉品
2. 軍：名詞→動詞，轉品
3. 辭：省略主詞（燭之武）
4. 臣之壯也：婉曲，爲怨懟之語
5. 寡人：寡德之人，古國君謙稱詞
6. 敢：謙詞
7. 以：爲「敢以（之：滅鄭）煩執事」的省略構句【103統測】

8. 執事：敬稱詞【101統測、97指考】
9. 鄙：名詞→動詞，轉品
10. 遠：形容詞→名詞，轉品
11. 焉用亡鄭以陪鄰？激問
12. 鄰之厚，君之薄也：映襯
13. 朝濟而夕設版焉：誇飾，指晉惠公夷吾（重耳之弟），曾請秦穆公協助，使百里奚率兵送之入晉爲君，許以割地，後惠公食言，並未割地給秦。
14. 何厭之有？「（晉）有何厭？」之倒裝兼激問，爲強調賓語（受詞），將賓語「何厭」提到動詞「有」前面【102學測】
15. 若：如果，假設語氣

4 作者介紹 左傳

作者	相傳春秋時魯國太史左丘明所撰
名稱	《春秋》三傳之一，亦名左氏春秋、春秋內傳、春秋左氏傳。
根據	孔子據魯史作春秋，多所褒諱貶損，左丘明論輯本事而爲之傳。
內容體例	編年紀事體，以魯史爲中心，旁及同時代諸國之事。
時間	起自魯隱公元年，迄於魯哀公二十七年，凡歷十二公，二百五十五年。比春秋多了十三年。
其他	1. 太史公曰：「左丘失明，厥有《國語》」。 2.《左傳》多於《春秋》的部分被稱爲「續傳」；《春秋》經文未提，《左傳》卻詳載的事件被稱爲「無經之傳」。 3. 一般人以《春秋》爲編年史之祖；劉知幾《史通》則以《左傳》爲編年史之祖；《四庫全書總目提要》則以《竹書紀年》爲編年史之祖。 4. 後代文學家受其影響的包括：司馬遷、韓愈、柳宗元、方苞。
文學成就	1. 敘事詳密曲折，結構嚴謹。 2. 擅長描寫戰爭，脈絡清晰。 3. 人物個性突出，形象鮮明。

5 國學常識 《春秋》與三傳

一、《春秋》

作者	孔子輯採各國史書舊聞，根據魯史述成《春秋》
起訖	1. 上起魯隱公元年（公元前七二二），下訖魯哀公十四年（西元前四八一），共二百四十二年間事。 2.《春秋》僅寫到魯哀公十四年之由：此年爲獲麟之年，孔子見獲麟而天下未平，因而停述《春秋》以隱含對時局的失望。

名稱	1.本爲古代各國史書之通稱，因一年有四時，取春秋以包夏冬，蓋春爲生物之始，秋爲成功之終，始於春，終於秋，故曰《春秋》。【92指考】 2.後爲六經之一的專名，專指春秋時孔子據魯史所述之史書。
體例	編年史之祖，然因《春秋》列入經部，故《四庫全書》改以《竹書紀年》爲史部編年體之首。
義旨	正名分，寓褒貶，別善惡。
特色	史文質約，紀事簡略，微言大義，一字寓褒貶。
評論	1.孟子謂：「孔子成《春秋》，而亂臣賊子懼。」 2.王安石以爲是「斷爛朝報（指殘缺不全的朝廷公報）」。 3.范寧：「一字之褒，寵逾華袞之贈；片言之貶，辱過市朝之撻。」

二、《春秋》三傳比較【100、93學測及98指考】

	《左傳》	《公羊傳》	《穀梁傳》
作者	春秋時魯人左丘明	戰國時公羊高傳述，漢景帝時，其玄孫公羊壽與胡母子都纂錄，寫成定本	戰國時魯人穀梁赤
版本	古文經（孔壁古文）	今文經（漢代隸書）	今文經（漢代隸書）
體例	編年體	編年體	編年體
起迄	1.魯隱公元年至哀公二十七年，計二五五年。 2.比《春秋》多十三年史事，屬於「無經之傳」。	1.魯隱公元年至哀公十四年狩獲麟止，計二四二年。 2.同於《春秋》。	
內容特色	1.爲記載之傳 2.以史事爲主 3.長於敘事	1.爲訓詁之傳 2.以義例爲主，解釋《春秋》的經義，闡發《春秋》的微言大義。 3.以《公羊傳》義例最爲豐富，對《春秋》大義的正名分、別善惡之解最爲詳盡。 4.兩經自西漢起並立流傳，解經說法各有不同，可互爲參考。	
四部	經部	經部	經部
鄭玄評	善於禮	善於讖	善於經
范寧評	豔而富，其失也巫 1.「豔」：文章美 2.「富」：材料多 3.「巫」：多敘鬼神，預言禍福	辯而裁，其失也俗	清而婉，其失也短
注疏	晉．杜預注 唐．孔穎達正義	漢．何休注 唐．徐彥疏	晉．范寧注 唐．楊士勛疏

補充
1. 唐以後言五經，春秋屬《左傳》。 2. 《左傳》解《春秋》經，故又稱《春秋》內傳。 3. 《國語》不解經，故又稱《春秋》外傳。
1. 《公羊傳》蘊含豐富的政治思想。 2. 西漢董仲舒治《公羊傳》，成《春秋繁露》一書，人稱《公羊》外傳。 3. 公羊高為齊人，故稱《公羊傳》為齊學。
1. 穀梁赤為魯人，故稱《穀梁傳》為魯學。 2. 三傳中傳義最精，最善於解說《春秋》經義者。

6 文法修辭

省略句

定義：省略是為了避免重複、突出新資訊並使上下文緊密連接的一種語法修辭手段。可分為：

1. 省略主語
2. 省略賓語
3. 省略繫語

★（燭之武）辭曰：「臣之壯也，猶不如人；今老矣！無能為也已。」：省略主語（《左傳．燭之武退秦師》）

★以：為「敢以（之：滅鄭）煩執事」的省略構句。

★（周瑜）慨然嘆曰：「孔明神機妙算，吾不如也！」：省略主語

★項伯乃夜馳之沛公軍，私見張良，具告（張良）以事：省略賓語

★蓮（是）花之君子者也：省略繫語

7 語文天地

一、形音義

執事		
對人的敬稱詞，謂不敢直陳，故請執事者代為陳述，表示尊敬	敢以煩「執事」（《左傳．燭之武退秦師》）【99統測、97指考】
指官員、有職守的人	百「執事」之人（泛指大夫）（《尚書．盤庚下》）
從事工作、主管其事	居處恭，「執事」敬（《論語．子路》）

惟	
希望	闕秦以利晉，「惟」君圖之（《左傳．燭之武退秦師》）
是、乃	怨不在大，可畏「惟」人（魏徵〈諫太宗十思疏〉）
只、獨	他日繼吾志事，「惟」此生耳（方苞〈左忠毅公逸事〉）

惟	
賓語提前的助詞	「惟」兄嫂是依（韓愈〈祭十二郎文〉）
助詞	「惟」仁惟孝，義勇奉公（連橫〈臺灣通史序〉）

微	
無、沒有【102指考】	「微」夫人之力不及此（《左傳．燭之武退秦師》） 「微」管仲，吾其披髮左衽矣（《論語．憲問》） 「微」斯人，吾誰與歸？（范仲淹〈岳陽樓記〉）
暗中、祕密	引入，「微」指左公處（方苞〈左忠毅公逸事〉） 「微」行，入古寺（方苞〈左忠毅公逸事〉）
衰微、沒落	吾觀三代以下，世衰道「微」（顧炎武〈廉恥〉）
細小、輕微	細草「微」風岸（杜甫〈旅夜書懷〉） 天下之事，常發於至「微」（方孝孺〈指喻〉） 動刀甚「微」，謋然已解（《莊子．庖丁解牛》）
卑賤	猥以「微」賤，當侍東宮（李密〈陳情表〉） 吾觀三代以下，世衰道「微」（顧炎武〈廉恥〉）

亡		
ㄨㄤˊ	滅亡	然鄭「亡」，子亦有不利焉（《左傳．燭之武退秦師》）
	外出	孔子時其「亡」也，而往拜之（《論語．陽貨》）
	喪失	秦無「亡」矢遺鏃之費（賈誼〈過秦論〉） 諸侯之所「亡」，與戰敗而「亡」者，其實亦百倍（蘇洵〈六國論〉）
	逃亡	沛公今事有急，「亡」去不義（《史記．鴻門宴》）
ㄨㄤˋ	忘	忠志之士，「亡」身於外者（諸葛亮〈出師表〉）
ㄨˊ	無、缺乏	日知其所「亡」，月無忘其所能（《論語．子張》）

封	
開闢疆土，動詞	既東「封」鄭（《左傳．燭之武退秦師》）
疆界，名詞	又欲肆其西「封」（《左傳．燭之武退秦師》）
封閉	籍吏民，「封」府庫（《史記．鴻門宴》）
限制	固步自「封」
分封土地	以賂秦之地，「封」天下之謀臣（蘇洵〈六國論〉）
天子築壇祭天	「封」於泰山，禪於梁父。封禪之王，七十二家（《管子．地數》）

厭	
滿足	夫晉，何「厭」之有（《左傳．燭之武退秦師》）【102學測】 諸侯之地有限，暴秦之欲無「厭」（蘇洵〈六國論〉）
疲困	爲之不「厭」，誨人不倦（《論語．述而》）
討厭、嫌棄	樂然後笑，人不「厭」其笑（《論語．憲問》） 山不「厭」高，海不「厭」深（曹操〈短歌行〉）

二、成語集錦

❶ 與《左傳》相關成語

篳路藍縷	乘柴車，穿破衣。形容創業的艱苦。路，通「輅」，古代車的通名。
齊大非耦	比喻婚姻門第不相稱，不敢高攀。耦，配偶。
退避三舍	記晉公子重耳在流亡時到了楚國，楚成王問他將來如何報答楚國，重耳回答：「將來如晉、楚發生戰爭，晉軍便主動退避三舍之地。」後用爲謙虛讓步，或因害怕而退縮不前。
食言而肥	魯哀公諷刺大夫孟武伯常不守信約。後借喻人說話不算數。
甚囂塵上	原指軍營中人聲喧囂、塵土飛揚的忙亂狀態。後形容議論紛紛，眾口喧騰。亦用以形容反動言論十分囂張。

結草銜環	比喻至死不忘感恩圖報。其中「結草」故事見《左傳》宣公十五年。「銜環」故事見南朝梁吳均《續齊諧記》。
屨及劍及	形容楚莊王急於報仇的焦躁狀態，後用爲比喻說到做到，行動堅決迅速。屨，音ㄐㄩˋ。
濟河焚舟	記述秦君伐晉時，渡過河後把舟焚毀，表示決一死戰。也借喻爲決心做事，不達勝利誓不罷休。
染指於鼎	記述鄭國大夫子公將手指沾於鼎內以嘗黿（ㄩㄢˊ，鱉的別名）的故事，後用以比喻沾取非分利益。
病入膏肓	記述晉景公病重，無法醫治，後用來比喻不治之症。肓，音ㄏㄨㄤ。
城下之盟	敵國軍隊兵臨城下，抵擋不住，被迫與敵人簽訂降服的條約。後用以比喻戰敗屈服的意思。
懷璧其罪	指身藏寶玉，因此獲罪；後比喻有才能的人往往遭受讒害。
馬首是瞻	記述晉、秦二國交戰，晉將荀偃下令：「看我馬頭所向而行事。」後以此比喻服從指揮、聽命行事。
視民如傷	把百姓當作有傷病的人一樣照顧。形容在上位者關懷人民。
長惡不悛	長期爲非作歹，不肯悔改。今作「怙惡不悛」。悛，音ㄑㄩㄢ，悔改。
班荊道故	楚國大夫伍舉逃亡路上遇見好友聲子，於是折荊鋪地，邊吃邊聊如何再回故國。後用爲老朋友路途相逢，歡敘舊情。
脣亡齒寒	比喻彼此利害相關。

宴安鴆毒	貪圖逸樂的生活就像飲毒酒一樣，自取滅亡。鴆，音ㄓㄣˋ，毒酒。
不辨菽麥	分不清豆子和麥子。形容愚昧無知，或指缺乏實際生產知識。菽，豆類的總稱。
治絲益棼	整理絲線時，不先找出頭緒，以致越理越亂。喻做事不得要領，越做越亂。棼，音ㄈㄣˊ，雜亂。

❷ 與《左傳》相關名句

多行不義必自斃。（《左傳‧隱公元年》）	不義的事情做多了，必然自取滅亡。
雖楚有材，晉實用之。	雖然楚國有人才，其實很多都被善於重用人才的晉國任用了。後用以稱本國人才為他國所用或引用他國的人才。
數典而忘其祖。	這是周王諷刺晉國使臣籍談的話，責其身為晉國司典（掌管典制文書的官）的後代，說起國家歷史上的禮法制度和掌故來，卻把自己祖先的職守都忘掉了。後用以比喻忘本或對祖國歷史的無知。數，數著說。典，歷史上的禮法制度、掌故。
三折肱知為良醫	多次折斷胳膊的人知道怎樣做一個好醫生。說明知識源自於實際經驗。肱，胳膊。
輔車相依，脣亡齒寒。	輔和車是互相依存的關係，嘴脣沒有了，牙齒就會感到寒冷。比喻事物之間互相依存、密不可分的關係。輔，臉頰。車，牙床。
一鼓作氣，再而衰，三而竭。	第一次擊鼓時，戰士們鼓足了勇氣；第二次擊鼓時，戰士們的勇氣就衰落了；第三次擊鼓時，戰士們的勇氣就沒有了。說明做事要鼓足勇氣，一口氣將它做完。

8 實力健身房

1. 多選（國學【103學測】）

（　）關於下列甲、乙二人的陳述，敘述正確的選項是：

甲：每患遷、固以來，文字繁多，自布衣之士，讀之不遍，況於人主，日有萬機，何暇周覽！臣常不自揆，欲刪削冗長，舉撮機要，專取關國家盛衰，繫生民休戚，善可為法，惡可為戒者，為編年一書，……上起戰國，下終五代，凡一千三百六十二年，修成二百九十四卷。

乙：予在京師，因借館閣諸公家藏數本，參校之，蓋十正其六七，……其要皆主於利言之，合從連橫，變詐百出。然自春秋之後，以迄于秦，二百餘年興亡成敗之跡，粗見於是矣！雖非義理之所存，而辯麗橫肆，亦文辭之最，學者所不宜廢也。

(A)「甲」強調該書的政治功能；「乙」肯定該書的言辭效益

(B)「甲」所修之書可能是《資治通鑑》；「乙」所校之書可能是《戰國策》
(C)「甲」和「乙」的陳述，皆為呈給皇帝的上書，勸諫治國應以歷代興亡為鑑
(D)《史記》、《漢書》是「甲」用以成書的主要材料，也是「乙」用以成書的主要憑藉
(E)〈燭之武退秦師〉可在「甲」所修之書中檢得；〈馮諼客孟嘗君〉可在「乙」所校之書中讀到。

2.單選（文法【102學測】）

（ ）古漢語中，往往為強調賓語（受詞），而將賓語提到動詞前面。下列不屬於這種語法結構的選項是：
(A)夫晉，何厭之有
(B)父母唯其疾之憂
(C)其一人專心致志，惟弈秋之為聽
(D)用之則行，舍之則藏，唯我與爾有是夫。

3.單選（字音【101統測】）

（ ）下列各組「 」內的字音，何者正確？
(A)夕「舂」未下：ㄔㄨㄥ
(B)夜「縋」而出：ㄓㄨㄟˋ
(C)羽扇「綸」巾：ㄌㄨㄣˊ
(D)鞭「笞」天下：ㄊㄞˊ。

4.單選（敬謙詞【101統測】）

（ ）下列文句「 」中的語詞，共有幾個不是自謙詞？

甲、凡我多士及我友朋，惟仁惟孝，義勇奉公，以發揚種性，此則「不佞」之幟也（連橫〈臺灣通史序〉）
乙、思厥「先祖父」，暴霜露，斬荊棘，以有尺寸之地。子孫視之不甚惜，舉以予人，如棄草芥（蘇洵〈六國論〉）
丙、秦、晉圍鄭，鄭既知其亡矣。若亡鄭而有益於君，敢以煩「執事」（《左傳．燭之武退秦師》）
丁、有風颯然至者，王披襟當之，曰：快哉此風！「寡人」所與庶人共者耶（蘇轍〈黃州快哉亭記〉）

(A)1個 (B)2個 (C)3個 (D)4個。

5.單選（詞義【102指考】）

（ ）古文中的詞語解釋，有的可以從上下文意直接判斷，有的可從文化傳統中尋思其長期累積的意義。下列屬於後者的選項是：
(A)將〈燭之武退秦師〉：「子犯請擊之，公曰：不可。微夫人之力不及此」的「夫人」解釋為「秦伯」
(B)將范仲淹〈岳陽樓記〉：「遷客騷人，多會於此，覽物之情，得無異乎」的「騷人」解釋為「失意文人」
(C)將王羲之〈蘭亭集序〉：「故列敘時人，錄其所述，雖世殊事異，所以興懷，其致一也」的「時人」解釋為「參加蘭亭脩禊的人」

(D)將蒲松齡〈勞山道士〉：「乃以箸擲月中。見一美人，自光中出，初不盈尺，至地，遂與人等。纖腰秀項，翩翩作霓裳舞」的「美人」解釋爲「嫦娥」。

解答及名師解析

1. (A)(B)

解析：

甲爲司馬光〈進《資治通鑑》表〉，乙爲王覺〈題《戰國策》序〉。

(A)甲述由「取關國家盛衰，繫生民休戚」此句話，可見其書所強調的政治功能；乙述由「辯麗橫肆，亦文辭之最，學者所不宜廢也」此句話，可見其所肯定的言辭效益。

(B)甲述由「爲編年一書」、「上起戰國，下終五代」可知所言爲《資治通鑑》。乙述由「主於利言之，合從連橫，變詐百出」、「自春秋之後，以迄于秦」、「辯麗橫肆」可知所指爲《戰國策》。

(C)甲述由「臣常不自揆」此句話的自稱詞「臣」，可知爲呈給皇帝的上書；乙由「予在京師」此句話的自稱詞「予」，可知不是上書。

(D)甲述只是言及自司馬遷、班固以來，史籍越來越多，並非解釋二史乃成書的主要材料；乙述中由「自春秋之後，以迄于秦」的斷代時限判別，在《史記》、《漢書》之前，不可能用二史作爲成書的主要憑藉。

(E)〈燭之武退秦師〉爲春秋之事，不可能出現在始於戰國的《資治通鑑》中檢得；〈馮諼客孟嘗君〉可在《戰國策》中讀到。

語譯：甲、常常困擾於自從司馬遷、班固以來，史籍越來越多，即使是未有功名的讀書人都還讀不完，更何況是君王，日理萬機，哪有空閒時間遍覽？我常不自主地懷著一種抱負，想刪除冗贅，摘舉其中攸關國家興衰，與人民禍福切身相關之事，使其善良者可以效法，邪惡者可以引以爲戒的，編著成一部編年史，……上起戰國，下至五代，凡一千三百六十二年，共修成二百九十四卷。

乙、我在京師，借了官方館藏的《戰國策》各家版本，相互參考校正，大抵校正了十分之六、七，……《戰國策》這本書的要旨主要在於言「利」，寫合縱、連橫的手段，詭詐百出。但從春秋以後到秦代，二百餘年間的興亡成敗事蹟，大抵見於此書！雖然書中所存的宗旨不是義理，可是《戰國策》言詞辯議富麗、揮灑自如，也是文辭中之最菁華，學者不應廢棄。

2. (D)

解析：

(A)「何厭之有」是「有何厭」的倒裝，「之」是表示賓語（受詞）提前的助詞。

(B)「父母唯其疾之憂」（《論語．爲政》）是「父母唯憂其疾」的倒裝，「之」是表示賓語（受詞）提前的助詞。

語譯：父母只擔憂子女生病。

(C)「惟弈秋之爲聽」（《孟子・告子上》）是「惟聽弈秋」的倒裝，「之爲」是表示賓語（受詞）提前的助詞。

語譯：其中一個人專一心思、集中意志，只聽弈秋的指導。

(D)「唯我與爾有是夫」（《論語・述而》）是正常的語序，無倒裝。「我與爾」是主語，「有」是動詞，「是（此）」是賓語，故沒有將賓語提到動詞前面。

語譯：大道任用我，我就出仕使教化大行，捨棄不用我，我就退隱修身，只有我和你能這樣吧！

3. (B)

解析：

(A) ㄔㄨㄥ，出自袁宏道〈晚遊六橋待月記〉。

(B) 出自《左傳・燭之武退秦師》。

(C) ㄍㄨㄢ，出自蘇軾〈念奴嬌赤壁懷古〉。

(D) ㄔ，出自賈誼〈過秦論〉。

4. (B)

解析：

甲、「不佞」，「我」的意思，謙稱自己「不才」，沒有才華與能力。

乙、「先祖父」稱自己已過世的祖父。

丙、「執事」，對人的敬稱詞，此實指秦穆公，不直言秦穆公而以左右侍從代稱秦君，爲一種因卑以達尊思維的尊敬法。

丁、「寡人」，國君自謙「寡德之人」，爲一種謙稱詞。

5. (B)

解析：

(A) 夫人：此人、這個人，在〈燭之武退秦師〉一文中指秦穆公，並無文化傳統累積成的特殊意義。

(B) 騷人：指詩人或失意的文人。在〈岳陽樓記〉一文中指失意的文人。其意涵源自於戰國詩人屈原因受讒言陷害被放逐所作的詩歌〈離騷〉，「離騷」爲遭遇憂愁之意，故後世稱詩人或失意文人爲騷人，有其文化傳統下所累積的意義。

(C) 時人：指當時參加蘭亭褉會的文人，並無文化傳統累積成的特殊意義。

(D) 美人：指容貌美麗的女子，在〈勞山道士〉一文中指月中的嫦娥，並無文化傳統累積成的特殊意義。

2 大同與小康

◎《禮記》

★推斷「謀閉而不興，盜竊亂賊而不作」的主要原因。

1 大考關注

【字詞義、字音、文意：101、99、94統測】

★城郭溝池以爲「故」：固。

★「鰥」字的讀音：ㄍㄨㄢ。

★推斷「謀閉而不興，盜竊亂賊而不作」的主要原因：大同世界人們樂意共享資源，沒有私心，貢獻己力爲他人服務，所以不需要利用陰謀詭詐之術騙取他人財物。

【國學：100、95、94學測】

★三禮指周禮、儀禮、禮記，其中周禮又稱周官。

★六經亦稱「六藝」，指詩、書、禮、樂、易、春秋六部經典。

★六經所「志吾心之常道」，分別爲：易：陰陽消息；書：紀綱政事；詩：歌咏性情；禮：條理節文；樂：欣喜和平；春秋：誠僞邪正。

★《四庫全書》的經部書籍。

【類文與文本閱讀理解：101學測、99統測】

★朱熹〈大學章句序〉依文意排列順序。

2 文章解讀

禮是儒家思想的核心要素，**泛指各種行爲規範**，涉及的範圍很廣泛，上至國家制度，下至個人行爲。儒家學者相信，一個人的行爲如果遵行禮，就能適切合宜；一個國家的施政如果合禮，國家就能和諧安定。

《禮記》是儒家經典，內容與意蘊，洋溢出一股典雅純正的氣息，在講述政治制度與日常禮節時，都傳達出一種「禮之精神」。行文嚴謹卻從容不迫，議論時條理分明，敘事時生動雋永，除了**傳達儒家的崇高理念**，**也富有文學價值**。

〈大同與小康〉一文，「**以敘事來帶出議論**」。首段借孔子感嘆魯國「失去禮的精神」，帶出大同、小康兩段議論。第二段孔子描述五帝時的**大同之治**，人人「**貫徹禮之精神**」，各居其位，各盡其力，互相扶助，社會安定和諧，無需費心管理。第三段描述三代以後，社會瀰漫著自私的風氣，「**禮成爲強制規範**，**卻喪失了內在精神**」，於是天下動盪，只有禹湯等人以「禮之精神」化育人民，才能短暫維持安定，這便是小康之治。

本文二、三兩段凸顯了「**禮之精神，比禮之形式更重要**」，雖是議論，但語氣從容閑雅，一位和煦長者細心開導後進的形象，躍然紙上，呈現出《禮記》敘事「**生動雋永**」的一面。

《禮記》是儒家十三經之一，〈大同與小康〉描述了政治的兩種境界：大同——天下爲公、小康——天下爲家。本文藉由發揚禮之精神，啟發天下人的智慧，希望能使天下超越小康之世，重返大同之治。

段旨

一 記孔子見魯國蜡祭徒具儀式，感嘆傳統禮教崩壞，已不存有內在的生命意涵，呈顯出憂世憂民的仁者形象，並藉由言偃（子游）之問進而闡發其後兩段的政治理想：大同與小康之治。

二 論述五帝時期大同之治，爲孔子最理想的世界，分別就政治、社會、經濟、治安等四個面向說明。以達到「公天下」爲最終目標，以「仁」爲思想中心，「德治」爲政治基礎。

3 文章精析

一 **昔者，仲尼與（ㄩˋ）於蜡（ㄓㄚˋ）賓，事畢，出遊於觀（ㄍㄨㄢˋ）之上，喟（ㄎㄨㄟˋ）然而嘆。仲尼之嘆，蓋嘆魯也。[1]言偃在側，曰：「君子何嘆？」**

與於蜡賓：參與蜡祭，擔任助祭之人。
觀：古時天子於宮門兩側懸示法令的高臺。
喟然：嘆息的樣子。

二 **孔子曰：「大道之行也，與三代之英，[6]丘未之逮也，而有志焉。大道之行也，天下爲公：選賢與能，講信修睦。[4]故人不獨親其親，不獨子其子；[5]使老有所終，壯有所用，**

大道之行也：大同之道實行之時，指上古五帝時期。
三代之英：指實行小康之治的夏、商、周三代英明的統治者，禹、湯、文、武、成王、周公。
丘未之逮也，而有志焉：逮，及。志，通「誌」，記也，即古籍有記載。未之逮，「未逮之」的倒裝。
與：與，通「舉」，推舉。
不獨親其親：不獨，不只。第一個「親」，動詞，親愛；第二個「親」，名詞，親長。

翻譯

一 從前，孔子參加魯國歲末大祭並擔任助祭者，祭典完畢，離場走到宮門側邊的高臺，不禁長聲嘆息。孔子的嘆息，大概是感嘆魯國的祭禮不夠完備只空存儀式吧！弟子言偃（子游）在旁問道：「老師爲什麼嘆息呢？」

二 孔子說：「大同之道實行的上古五帝時期，和實行小康之治的三代英明統治者當政的時期，我雖然未能趕上，可是古籍上有記載，可以得知這兩種政治世界的情形。當大同之道實行時，天下爲大家所公有：選拔賢良者，推舉有才能的人；講求信義，修行和睦。不只親愛自己的親長，不只慈愛自己的子女；使老年人都得到贍養終老，壯年人都有機會貢獻才能，幼年人都得到教養，鰥

三 論述三代時期的小康之治，與大同之治對比，亦分別就政治、社會、經濟、治安等四個面向說明。以「私天下」爲出發點，而以「禮義」爲依歸。

幼有所長，矜、寡、孤、獨、廢、疾者皆有所養。男有分，女有歸。貨惡其棄於地也，不必藏於己；力惡其不出於身也，不必爲己。是故謀閉而不興，盜竊亂賊而不作，故外戶而不閉。是謂『大同』。

長，教養。矜，鰥夫。寡，寡婦。孤，幼而無父。獨，老而無子。廢，殘廢。疾，病。【94統測】
惡，不希望。
謀，陰謀詭計。興，興起、發生。
作，興起、發生。
外戶，大門。
此段文意。【99統測】

三 今大道既隱，天下爲家，各親其親，各子其子，貨力爲己。大人世及以爲禮，城郭溝池以爲固，禮義以爲紀——以正君臣，以篤父子，以睦兄弟，以和夫婦，以設制度，以立田里，以賢勇知，以功爲己。故謀用是作，而兵由此起。禹、湯、文、武、成王、周公，由此其選也。此六君子者，未

大人，天子、國君。世，指父死子承的制度。及，指兄終弟及的制度。【101統測】
「以」字後省略「禮義」。
賢，尊崇，動詞。功，建立功業。
謀，陰謀詭計。用是，由此。
由，用。此，指禮義。選，優秀的人選。

夫、寡婦、孤兒、沒子女的老人、殘廢、疾病的人都能得到撫恤療養。男人有職分，女人有歸宿。不希望財貨資源被棄置在地上，且開發的資源不要藏爲己有，而能與人共用；不希望有能力的人民卻不貢獻自己的才能，發揮才能時不一定是爲了自己的利益。因此，陰謀詭計都會止息且不會發生，偷搶、賊寇也不再爲非興起，於是大門也不用關閉。這就叫做『大同』。

三 現今大道已經不再實行了，天下變成爲天子一家的私產，各人只親愛自己的親長，只慈愛自己的子女，財貨資源的開發和個人能力的發揮都只是爲個人的利益。君王以父死子繼或兄終弟及作爲傳承權位的禮制，用城牆和護城河作爲防禦敵人、鞏固政權的憑藉，用禮義作爲綱紀——用禮義來端正君臣的關係，用禮義來敦厚父子的親情敦厚，用禮義來和睦兄弟的感情，用禮義來和諧夫妻的關係，用禮義來設立各種制度，用禮義來配置田地和里籍，用禮義來尊崇勇敢和有智慧的人，用禮義來爲自己建立功業。因此，陰謀詭計由此興起，而戰爭也由此發生了。禹、湯、文王、武王、成王、周公，是用禮義推行教化的優秀人物。這六位執政者，沒有不嚴

有不謹於禮者也。以著其義，以考其信，著有過，刑仁講讓，示民有常。如有不由此者，在埶者去，眾以爲殃。是謂『小康』。」

「以」字前省略主詞「六君子」。著（ㄓㄨˋ），昭示。

刑，通「型」，典型、模範。

埶（ㄕˋ），同「勢」，指權勢。

殃，禍害。

守禮制的。他們用禮來明示臣民應做的事情，用禮來考驗臣民的誠信，來昭示臣民所犯的過錯，以仁德爲典型並且講求禮讓，昭示人民應遵守的常法。如果有不依禮行事的人，在位者將被罷免，人民也會把他視爲禍害。這就叫做『小康』。」

文法修辭提示

1. 設問：言偃在側，曰：「君子何嘆？」
2. 類疊：「以」正君臣，「以」篤父子，「以」睦兄弟，「以」和夫婦，「以」設制度，「以」立田里，「以」賢勇知，「以」功爲己（類字）
3. 錯綜：故謀「用是作」，兵「由此起」（抽換詞面）
4. 轉品：不獨「親」其親，不獨「子」其子（二字皆爲名詞轉動詞用，上者爲「親愛」，下者爲「慈愛」）
5. 排比：
   (1) 貨惡其棄於地也，不必藏於己；力惡其不出於身也，不必爲己
   (2) 老有所終，壯有所用，幼有所長，矜、寡、孤、獨、廢、疾者皆有所養
   (3) 以正君臣，以篤父子，以睦兄弟，以和夫婦，以設制度，以立田里，以賢勇知，以功爲己
6. 倒裝：
   (1) 丘未之逮也（原句爲「丘未逮之也」）
   (2) 大人世及以爲禮（原句爲「大人以世及爲禮」）
   (3) 禮義以爲紀（原句爲「以禮義爲紀」）
   (4) 城郭溝池以爲固（原句爲「以城郭溝池爲固」）

4 作者介紹

《禮記》

作者	班固在《漢書・藝文志・六藝略》自注：「七十子後學所記。」可見應出自孔子弟子及後學之手
正名	因附於《儀禮》後，故稱爲《禮記》。
篇章	原爲一百三十一篇。漢・戴德選取八十五篇，爲《大戴禮記》；戴聖選取四十九篇，爲《小戴禮記》。

內容	1.儒家禮治主義，人格教育之典籍。爲古代生活大全，禮學叢書。 2.其中《大學》、《中庸》兩篇已獨立爲《四書》之一。 3.其中〈禮運．大同〉闡述儒家「天下爲公」的政治理想。
其他	漢初所稱「五經」中的「禮」是指《儀禮》。 「三禮」併入「十三經」之一，鄭玄均爲之作注。

周禮	古文經	原名《周官》，是理想中的官制，爲中國最早一部職官治事的政典，後〈冬官〉亡佚，以〈考工記〉代替。
禮記	今文經	解釋禮儀程式之緣由，本附於《儀禮》之後。
儀禮	今文經	記載周、秦時許多禮儀的程式，在漢只稱作「禮」。

5 國學常識

「三禮」比較、大同與小康之治比較

一、「三禮」比較

書名	《禮記》	《周禮》	《儀禮》
別稱	《記》	《周官》（西漢劉歆改稱《周禮》）	《禮》
作者	1.孔子弟子及其後學作 2.西漢的戴聖刪編四十九篇爲《小戴禮記》，成爲今日流傳的《禮記》	相傳爲周公所作	古文家：以爲周公所作 今文家：認爲孔子所作
古今別	今文經	古文經	今文經（古文：亡佚）
內容	1.儀禮的補充資料、闡述、發揮，本附於儀禮之後 2.內容言哲理、政治、禮樂、器物、生活儀節等 3.是儒家禮治教育與人格教育的重要典籍 4.是古代生活大全，也是禮學叢書 5.〈禮運〉所述「天下爲公」爲儒家最高政治理想境界	1.記古代理想官制 2.記治國要務，後世政治深受其影響 3.分爲天官、地官、春官、夏官、秋官、冬官六部分，其中冬官在漢時已亡佚，取考工記補之	1.記存周代貴族各禮儀規範、細節，爲當時通行的禮制，屬於個人行爲的具體規範 2.漢代時只稱作「禮」，五經中的禮即是指儀禮

特色		
1.唐以後言「五經」，其中的「禮經」即指此書而言。孔穎達注五經，其「禮」即指《禮記》 2.《大學》、《中庸》原是其中的兩篇，南宋的朱熹取之與《論》、《孟》合訂為《四書》	1.原名《周官》，西漢劉歆改稱《周禮》【100學測】 2.為中國最早一部職官治事的政典	1.漢代時只稱作「禮」 2.漢代立五經博士，其「禮」指《儀禮》，也稱之為《士禮》

二、大同與小康之治比較

	大同之治	小康之治
時期	五帝時期：黃帝、顓頊、帝嚳、堯、舜	三代之英：禹、湯、文、武、成王、周公
政治制度	1.君權：天下為公 2.官職：選賢與能 3.外交：講信修睦	1.君權：天下為家。 2.官職：大人世及以為禮 3.外交：城郭溝池以為固
社會制度	1.人不獨親其親，不獨子其子 2.老有所終，壯有所用，幼有所長 3.矜、寡、孤、獨、廢、疾者皆有所養 4.男有分，女有歸	1.各親其親，各子其子 2.禮義以為紀——以正君臣，以篤父子，以睦兄弟，以和夫婦，以設制度，以立田里，以賢勇知，以功為己
經濟制度	貨惡其棄於地也，不必藏於己；力惡其不出於身也，不必為己	貨力為己
治安成效	謀閉而不興，盜竊亂賊而不作，故外戶而不閉	謀用是作，而兵由此起
差異	以公為出發點，以德治民	以私為出發點，以禮義作為治國的依歸

6 文法修辭

排比

定義：語文中將同性質、同範圍的事物或意念，用結構相似的句法，接二連三羅列出來的修辭法，叫排比法。

★貨惡其棄於地也，不必藏於己；力惡其不出於身也，不必為己（《禮記．大同與小康》）

★老有所終，壯有所用，幼有所長，矜、寡、孤、獨、廢、疾者皆有所養（《禮記．大同與小康》）

★以正君臣，以篤父子，以睦兄弟，以和夫婦，以設制度，以立田里，以賢勇知，以功為己（《禮記．大同與小康》）

★故不登高山，不知天之高也；不臨深谿，不知地之厚也；不聞先王之遺言，不知學問之大也（荀子〈勸學〉）

★質的張而弓矢至焉，林木茂而斧斤至焉，樹成蔭而眾鳥息焉，醯酸而蜹聚焉（荀子〈勸學〉）

★積土成山，風雨興焉；積水成淵，蛟龍生焉；積善成德，而神明自得，聖心備焉（荀子〈勸學〉）

7 語文天地

一、形音義

字	字義	例句
與	參與（ㄩˋ）	昔者，仲尼「與」於蜡賓（《禮記．大同與小康》）
		天下有道，丘不「與」易也（《論語．微子》）
		此則人之變也，而風何「與」焉（蘇轍〈黃州快哉亭記〉）
	親善、親近【101統測】	失其所「與」，不知（《左傳．燭之武退秦師》）
		「與」嬴而不助五國（蘇洵〈六國論〉）
	支助、贊助	天道無親，常「與」善人（《老子》第七十九章）
	對待	君子敬而無失，「與」人恭而有禮（《論語．顏淵》）
		居處恭，執事敬，「與」人忠（《論語．子路》）
	教育	不得中行而「與」之，必也狂狷乎（《論語．子路》）

字	字義	例句
與	稱許	迷途知返，往哲是「與」（丘遲〈與陳伯之書〉）
	等待	日月逝焉，歲不我「與」（《論語．陽貨》）
	贊同	吾「與」點也（《論語．先進》）
		「與」其進也，不「與」其退也（《論語．述而》）
	類	民吾同胞，物吾「與」也（張載〈西銘〉）
	替	所欲，「與」之聚之（《孟子．離婁上》）
	同「舉」	選賢「與」能，講信修睦（《禮記．大同與小康》）
	向【101統測】	微斯人，吾誰「與」歸（范仲淹〈岳陽樓記〉）
	和	士志於道，而恥惡衣惡食者，未足「與」議也（《論語．里仁》）
		暴虎馮河，死而無悔者，吾不「與」也（《論語．述而》）
	歟（ㄩˊ）	歸「與」，歸「與」，吾黨之小子狂簡（《論語．公冶長》）
		道不行，乘桴浮於海；從我者，其由「與」（《論語．公冶長》）

賢	
尊崇（動詞）	以「賢」勇知，以功爲己（《禮記‧大同與小康》） 「賢」賢易色（《論語‧學而》）
才德	郯子之徒，其「賢」不及孔子（韓愈〈師說〉）
高明	師不必「賢」於弟子（韓愈〈師說〉）

蓋	
雨傘	風則襲裘，雨則禦「蓋」（蘇軾〈教戰守策〉） 庭有枇杷樹，吾妻死之年所手植也，今已亭亭如「蓋」矣（歸有光〈項脊軒志〉）
實在是（表原因的連詞）	「蓋」不廉則無所不取（顧炎武〈廉恥〉）
怎麼（ㄏㄜˊ）	技「蓋」至此乎（莊子〈庖丁解牛〉）
超越	子房以「蓋」世之才（蘇軾〈留侯論〉） 功「蓋」三分國，名成八陣圖（杜甫〈八陣圖〉）
大概是	仲尼之嘆，「蓋」嘆魯也（《禮記‧大同與小康》） 不隨俗靡者，「蓋」鮮矣（司馬光〈訓儉示康〉） 玉之言，「蓋」有諷焉（蘇轍〈黃州快哉亭記〉）
發語詞	「蓋」嘗試論之（蘇軾〈教戰守策〉） 「蓋」亭之所見，南北百里（蘇轍〈黃州快哉亭記〉）

矜	
莊重（ㄐㄧㄣ）	君子「矜」而不爭，群而不黨（《論語‧衛靈公》）
憐（ㄐㄧㄣ）	凡在故老，猶蒙「矜」育（李密〈陳情表〉） 願陛下「矜」憫愚誠，聽臣微志（李密〈陳情表〉） 如得其情，則哀「矜」而勿喜（《論語‧子張》）
愛惜、崇尚（ㄐㄧㄣ）	本圖宦達，不「矜」名節（李密〈陳情表〉）
老而無妻（ㄍㄨㄢ）	「矜」、寡、孤、獨、廢、疾者（《禮記‧大同與小康》）

隱	
困窮	不以「隱」約而弗務，不以康樂而加思（曹丕《典論‧論文》）
高	臨川之城東，有地「隱」然而高（曾鞏〈墨池記〉）
不行	大道既「隱」，天下爲家（《禮記‧大同與小康》）

君子	
有才德者	言偃在側，曰：「君子」何嘆（《禮記‧大同與小康》）
在上位者	此六「君子」者，未有不謹於禮者也（《禮記‧大同與小康》） 「君子」寡欲，則不役於物，可以直道而行（司馬光〈訓儉示康〉）

君子	對人敬稱	焉知二十載，重上「君子」堂（杜甫〈贈衛八處士〉）

二、成語集錦

恫瘝在抱	對群眾的疾苦感同身受，形容愛民殷切。恫瘝，音ㄊㄨㄥ ㄍㄨㄢ，疾苦。
解民倒懸	比喻把人民從痛苦中解救出來。
河清海晏	黃河的水清澈，大海平靜沒有風浪。比喻太平盛世。
政通人和	政事通達，百姓和樂，形容政治清明，國泰民安。
日削月朘	形容百姓每日每月受到搜刮、剝削，耗損越來越大。朘，音ㄐㄩㄢ。
餓莩載道	指餓死的人極多。莩，通「殍」，音ㄆㄧㄠˇ。載道，充滿道路。

8 實力健身房

1. 多選（國學【100學測】）

（　）下列有關經書的敘述，正確的選項是

(A)《詩經》是中國古代南方文學的總集
(B)《尚書》保存了秦漢之際的典章制度
(C)三禮指《周禮》、《儀禮》、《禮記》，其中《周禮》又稱《周官》
(D)《易經》中的八卦可以代表八種不同的象，如乾卦代表天，坤卦代表地
(E)《春秋》有《左傳》、《公羊傳》、《穀梁傳》三傳，《左傳》特點在詳述史事。

2. 單選（國學【95學測】）

（　）斟酌下引文字，□中最適合填入的選項是：「六經者非他，吾心之常道也。是故，□也者，志吾心之陰陽消息者也；《書》也者，志吾心之紀綱政事者也；□也者，志吾心之歌詠性情者也；□也者，志吾心之條理節文者也；□也者，志吾心之欣喜和平者也；《春秋》也者，志吾心之誠僞邪正者也。」（王陽明〈尊經閣記〉）

(A)《易》／《詩》／《禮》／《樂》
(B)《易》／《樂》／《禮》／《詩》
(C)《詩》／《禮》／《易》／《樂》
(D)《詩》／《樂》／《易》／《禮》。

3. 單選（類文閱讀理解【101學測】）

（　）下列是一段古文，請依文意選出排列順序最恰當的選項：

大學之書，古之大學所以教人之法也。蓋自天降生民，
甲、然其氣質之稟或不能齊
乙、則天必命之以爲億兆之君師
丙、則既莫不與之以仁義禮智之性矣

丁、一有聰明睿智能盡其性者出於其間
戊、是以不能皆有以知其性之所有而全之也
使之治而教之，以復其性。（朱熹〈大學章句序〉）
(A)甲戊丙乙丁
(B)乙丁丙甲戊
(C)丙甲戊丁乙
(D)丁乙甲戊丙。

4. 單選（字音【94統測】）

（　）下列選項「　」內的讀音，何者兩兩相同？
(A)文學造「詣」／「趾」高氣昂
(B)不容置「喙」／「啄」食米粒
(C)「俎」豆之事／「詛」咒謾罵
(D)草「菅」人命／「鰥」寡孤獨。

5. 單選（閱讀理解【99統測】）

（　）閱讀下文，推斷「謀閉而不興，盜竊亂賊而不作」的主要原因爲何？

貨惡其棄於地也，不必藏於己；力惡其不出於身也，不必爲己。是故謀閉而不興，盜竊亂賊而不作。（《禮記·禮運》）

(A)人們樂意共享資源，沒有私心
(B)人們擁有個人土地，自給自足
(C)人們厭惡徒勞費力，安於現狀
(D)人們拋棄物質享受，回歸純樸。

解答及名師解析

1. (C)(D)(E)

解析：
(A)《詩經》是中國先秦時期北方的「詩歌」總集。
(B)《尚書》爲記錄上古政事的史書，是夏、商、周三代歷史檔案文獻彙編。

2. (A)

解析：
・《易》：《易經》最早爲卜筮之書，孔子作〈十翼〉後，始成爲哲學之書，所以談到「陰陽消息」，可知應是《易經》。
・《詩》：《詩經》爲先秦的詩歌總集，寫實先秦社會的人事情感，所以談到「歌咏性情」，可判斷爲指《詩經》。
・《禮》：而《儀禮》是儒家記載社會生活中具體的禮儀規定與節文準則，所以談到「條理節文」，可判斷爲《禮》。
・《樂》：「樂其可知也：始作翕如也，縱之純如也，皦如也，繹如也，以成」（《論語·八佾》），音樂，是可以知道的，以純然和諧、清晰明朗、連續不絕來記載我們內心的欣喜和平。由「心之欣喜和平」，知，應是指《樂》。

3. (A)

解析：

此題需先採由後往前推論的方式：

・由「使之治而教」推論：必定有「之」指乙的「君師」，而「君師」應是丁所說的「聰明睿智」者。

・接著判斷甲、丙、戊的先後，由甲的「然（然而）」、戊的「是以（因此）」文意判斷，可知次序應為丙→甲→戊→丁→乙。

題幹語譯：大學這本書，是古代太學用來教人的法典。自從上天創造人類以來，莫不賦予每個人仁、義、禮、智的本然善性。然而個人的天賦依然還是有些差別，因此還是有人不能知道且保有上天賦予的良善本性。一旦有聰明睿智且能盡力發揮天賦善性的人，那麼上天必然命他作為所有人民的領袖。讓他治理和教育人民，以恢復人民初始所擁有的善性。

4. (C)

解析：

(A)ㄧˋ／ㄓˇ。(B)ㄏㄨㄟˋ／ㄓㄨㄛˊ。(C)ㄗㄨˇ。(D)ㄐㄧㄢ／ㄍㄨㄢ。

5. (A)

解析：

大同世界因為沒有私心，人們樂意共享資源，並樂於貢獻己力為他人服務，因此不棄置、私藏土地資源，物盡其用、人盡其才，不需要利用陰謀詭詐之術騙取他人財物。

3 勸學

◎荀子

1 大考關注

【字詞義、字音、成語：100學測、103、100、94、91統測及103、102、101、99、98、94指考】

★吾嘗終「日」而思矣，不如須臾之所學也：指一日。

★「假」舟楫者，非能水也，而絕江河：憑藉。

★無「冥冥」之志者，無昭昭之明；無「惛惛」之事者，無赫赫之功：專注一致。

★淑人君子，其儀一兮。其儀一兮，心如「結」兮：「結」用以形容心志堅定。

★百工之人，君子不「齒」：並列。

★「青」，取之於「藍」，而「青」於「藍」：第一個「青」是指「青色的染料」，所以是名詞；第一個「藍」是指「藍草」，所以也是名詞；第二個「青」為形容詞；第二個「藍」字依然是指「藍草」，所以還是名詞。

★「伯牙鼓琴，而六馬仰秣」一句中「而」字的用法。

★追根究「柢」、「鍥」而不捨的字形。

★金石可「鏤」的字形。

★不積「蹞」步：ㄎㄨㄟˇ。

★按圖索「驥」：ㄐㄧˋ。

★「瓠」巴鼓瑟：ㄏㄨˋ。

★西方有木焉，名曰「射」干：ㄧㄝˋ。

★成語「梧鼠技窮」：比喻技能雖多而不精。

【國學：103、96學測、99、89統測及100、99、97指考】

★荀子「主性惡」、「非天命，重人事」等主張。

★先秦諸子的思想與著作。

【章法：92統測】

★勸學：「君子曰：學不可以已……」：為「開門見山法」的章法，即直截了當點出題意。

【閱讀理解：99、91統測、101、100、97指考】

★假舟楫者，非能水也，而絕江河。君子生非異也，善假於物也。

★「積土成山，風雨興焉；積水成淵，蛟龍生焉；積善成德，而神明自得，聖心備焉。故不積蹞步，無以至千里；不積小流，無以成江海。」的關鍵字是「積、成」。

★「青，取之於藍，而青於藍」與其他文句作理解辨識。

★「質的張而弓矢至焉，林木茂而斧斤至焉」與「禍福無門，惟人自召」：二者意義相近，指君子應慎選所學。

乃禍福皆由自取。

★《荀子・解蔽》排列順序。

2 文章解讀

荀子活躍於戰國晚期，與孟子並列，同為戰國時期最重要的兩位儒家代表人物。**孟子主張人性本善**，認為人如果想向善，只需激發、存養內心的善性即可；而**荀子主張人性本惡**，但同時具有理智，能夠思辯、學習，所以如果想要向善，不能仰賴虛無縹緲的善性，必須**運用理智，努力累積學習的成果，不停修正自己**，以至完美。

荀子的思想重視理性，行文亦具有思辯的特徵，捨棄語錄體、對話體的形式，以「**專題討論**」的形式開展議論，具有「**主題清楚**」、「**焦點明確**」、「**論證嚴密**」、「**結構完整**」的優點，舉例論證時，善用**排比**、**駢偶**、**譬喻**，可謂文如其人，呈現堂堂正正，一絲不苟的君子氣象。

〈勸學〉列於《荀子》首篇，開宗明義點出荀子重視理性思辯、強調教育與學習的主張。主題明確，共分八段，從學習的重要與必要（第一～二段），談到影響學習成效的各種因素「環境、決心、專注」（第三～六段），最後再談到學習的步驟與目的（第七～八段）。文章一到六段，用了很多**生動的譬喻**，一到八段，都以**排比駢組**的筆法成文，氣勢雄大而富韻律感。穿插在各段間的鼓勵叮嚀之語，更令人深深感受到一代大儒的諄諄教誨之情。

本文**強調學習成長**、**專注堅持**、**功在不捨**、**立志高遠**等價值，這些價值正如荀子所說，可以協助我們改變氣質，提升生命，值得我們用一生來實踐。

3 文章精析

一 君子曰：學不可以已。[3]青，取之於藍，而青於藍；冰，水為之，而寒於水。[3]木直中（ㄓㄨㄥˋ）

開門見山的「直接破題法」。【93統測】

已：停止。

青，染料名，即靛青。藍，草名，為製靛青的主要原料。【96統測】

於，比。借喻。【91統測】

形容詞，比……顏色更青。【96指考】

中：符合直的標準。中，符合……的標準。繩，繩墨，木工用來取直的墨線。

翻譯

一 君子說：「學習不可停止。」靛青色的染料，是從藍草中提取的，卻比藍草更青；冰，由水凝結成的，卻比水更寒冷。木材筆直得合於繩墨，把它

段旨

一 開門見山強調學習的重要性，舉例說明後天學習對人有的教化作用，為全文主旨。

二 承上立論強調學重於思，並以四項設喻，說明善學者必須利用外物來增益自己。

繩，輮以爲輪，其曲中規，雖有槁暴，不復挺者，輮使之然也。故木受繩則直，[3]金就礪則利；君子博學而日參省乎己，則知明而行無過矣。[2]故不登高山，不知天之高也；不臨深谿，不知地之厚也；不聞先王之遺言，不知學問之大也。干、越、夷、貉之子，生而同聲，長而異俗，教使之然也。

輮，通「煣」，將木浸水後，再用火烘烤，使之彎曲。「輮」字後省略受詞「之」：直木。

槁，枯乾。暴，「曝」的古字，日曬。

挺：伸直。

金，指金屬製成的刀劍。就，靠近。礪，磨刀石。

知：同「智」。

本小段文意。【100指考】

干、越：指吳、越。干，本作邗（ㄏㄢˊ），春秋時小國，爲吳所併，故吳亦稱干。

貉，同「貊」，古東北部族名。

二 吾嘗終日而思矣，不如須臾之所學也。吾嘗跂而望矣，不如登高之博見也。登高而招，臂非加長也，而見者遠；順風而呼，聲非加疾也，而聞者彰。假輿馬者，非利足

跂：通「企」，提起腳跟。

疾、彰：激揚；宏大。

足，行走，名→動。

（直木）浸水再火烤薰輮成圓輪，它的曲度合乎圓規，即使再曬乾，也不會再挺直，這是「輮」使它變成如此啊！所以木材受墨線的矯正就變直，刀劍放在磨刀石上磨過後就變得銳利；君子廣博地學習且每日以三件事省察自己，那麼智慧就會清明，而言行就會沒有過失了。所以不爬上高山，就不知道天有多高遠；不面臨深溪，就不知道地有多深厚；沒聽過古代聖王所留下的言論，就不知道學問有多廣博啊！南方的邗、越和東夷、北貉的嬰兒，生下來哭聲相同，長大了習俗卻不同，這是教育使他們如此啊！

二 我曾經整天思考，還不如片刻的學習，來得有助益啊！我曾提起腳跟眺望，不如登高看得廣闊啊！登上高處向人招手，手臂並沒有加長，可是很遠的人卻都可以看得見；順著風勢呼叫，聲音並沒有更加宏大，可是聽者都聽得清楚。憑藉車馬之利的人，不善於行走，

三 以五個比喻正反對照做論據，說明學習環境與交遊對象都會影響學習，皆須審慎對待。

也，而致千里；假（借。【98指考】）舟檝（ㄐㄧˊ；檝，同「楫」，船槳。【100統測】）者，非能水（善於游泳。水，游泳，名→動。【100統測】）也，而絕（橫渡。【100統測】）江河。君子生（ㄒㄧㄥˋ；通「性」，指本性、天性。【100統測】）非異也，善假（憑藉，利用。【96指考、99統測】）於物也。

三 [1]南方有鳥焉，名曰蒙鳩，以羽為巢，而編之以髮（茅草。），繫之葦苕（ㄊㄧㄠˊ；蘆葦的花穗。）。風至苕折，卵破子死。巢非不完（堅固完好。）也，所繫者然也。西方有木焉，名曰射干（ㄧㄝˋ；多年生觀賞及藥用草本植物。【102指考】），莖長四寸，生於高山之上，而臨百仞之淵。木莖非能長也，所立者然也。（[1]本小段文意。【96統測】）[1]蓬生麻中，不扶而直；白沙在涅（ㄋㄧㄝˋ；黑泥。），與之俱黑。蘭槐（ㄏㄨㄞˊ）之根是為芷，其漸之滫（ㄒㄧㄡˇ；其，若、如果。漸，浸泡。滫，臭水。），君子不近，庶人不服（佩戴。）。其質非不美也，所漸者然也。（[1]本小段文意。【102學測】）故君子居必擇鄉，遊必就士，所以防邪僻而近中正也。

卻能到千里之外；利用渡船的人，並不善於游泳，卻能橫渡江河。君子的天性和別人沒有不同，只是善於利用外物學習罷了。

三 南方有一種鳥，叫做「蒙鳩」，用羽毛做巢，用茅草編織牠的鳥巢，將鳥巢繫掛在蘆葦花穗上。大風吹來，蘆葦花穗折斷，鳥蛋摔破了，雛鳥也摔死了。牠的巢並非造得不堅固完好，而是繫巢的地方不對，才會如此啊！西方有種植物，叫做「射干」，莖長四寸，生長在高山上，面臨百丈的深淵。並不是射干木的莖特別長啊，而是它的立足點使它高人一等。蓬草生長在麻稈中，不用扶持自然長得挺直；白沙放在黑泥裡，會和黑泥同黑。蘭槐的根部叫做芷，如果浸泡在臭水裡，君子賢達不肯接近它，普通百姓也不願佩帶它。它的本質不是不美，而是所浸泡的臭水使它如此啊！所以有才德的君子，居處一定選擇風俗淳厚的鄉里，交遊必定親近賢士，這是用來防止邪僻而接近中庸正道啊！

四 運用自然現象設喻，說明物以類聚，且禍福自取、榮辱自招，強調君子要遵守謹言慎行的立身處世之道。

五 說明爲學方法，貴在累積的工夫、有恆的態度、專一的心志。

四 物類之起，必有所始；榮辱之來，必象其德。肉腐出蟲，魚枯生蠹。怠慢忘身，禍災乃作。強自取柱，柔自取束。邪穢在身，怨之所構。施薪若一，火就燥也；平地若一，水就溼也。草木疇生，禽獸群焉，物各從其類也。是故質的張而弓矢至焉，林木茂而斧斤至焉，樹成蔭而眾鳥息焉，醯酸而蚋聚焉。故言有召禍也，行有招辱也，君子慎其所立乎！

類：同類，種類。【100指考】
蠹：蛀蟲。
柱：折斷。
施：放置。
疇：通「儔」，同類。
質的：質，箭靶。的，靶上的圓心。【96指考】
醯：醋。
蚋：亦作「蜹」，蚊蟲。
所立：指所學，或指立身處世之道。

五 積土成山，風雨興焉；積水成淵，蛟龍生焉；積善成德，而神明自得，聖心備焉。故不積蹞步，無以至千里；不積小流，無以

蹞步：同「跬」，半步。【100統測】

四 事物的產生，一定有它的起因；榮譽或羞辱之所以發生，都與日常行爲有關。肉腐爛就生蟲，魚枯乾就生蠹。懶惰傲慢、言行輕率，災禍於是產生。太過剛強就會導致挫折；太過軟弱就會受到束縛。行爲歪邪汙穢，才招來怨恨。一排相似的乾柴中，火總是往乾燥的地方燃燒；看似平坦的地面，水總是流向低溼的地方。草木同類聚生，禽獸同類群居，萬物都是各自依從自己同類。因此箭靶一張設好，箭就射來了，林木一旦茂盛就有人跟著來砍伐了，樹木蔚然成蔭，鳥群就飛來棲息了，醋酸壞，蚊蟲就來聚生了。所以言語有時會招來災禍，行爲有時會招來恥辱，君子要謹慎地學習立身處世之道啊！

五 堆積土石形成高山，風雨就從這裡興起；累積水流形成深淵，蛟龍就在這裡生長；積聚善行成爲美德，自然心神澄明具備聖賢的修養。所以不累積細碎的腳程，就無法達到千里之遠；不積聚細小水流，就不能匯成爲大江大海。千

成江海。騏驥一躍，不能十步；駑馬十駕，功在不舍。鍥而舍之，朽木不折；鍥而不舍，金石可鏤。螾無爪牙之利、筋骨之強，上食埃土，下飲黃泉，用心一也。蟹六跪而二螯，非蛇蟺之穴，無可寄託者，用心躁也。是故無冥冥之志者，無昭昭之明；無惛惛之事者，無赫赫之功。行衢道者不至，事兩君者不容。目不能兩視而明，耳不能兩聽而聰。螣蛇無足而飛，梧鼠五技而窮。詩曰：「尸鳩在桑，其子七兮。淑人君子，其儀一兮。其儀一兮，心如結兮。」故君子結於一也。

本段文意。【97指考】

騏驥（ㄐㄧˋ）【94指考】

駑馬十駕：指馬拉車奔行一日的路程。

鍥（ㄑㄧㄝˋ）：雕刻。

鍥而不舍：堅持到底，永不放棄。【101學測】

鏤（ㄌㄡˋ）：雕刻。

螾（ㄧㄣˇ）：通「蚓」，蚯蚓。

黃泉：地下的泉水。

跪：蟹腳。蟹，爲十足目，蟹身前方有一對螯（ㄠˊ），兩旁則有四對足，言其六跪應是筆誤。

蛇蟺：虵，ㄕㄜˊ，蛇的俗字。蟺，ㄕㄢˋ，俗作「鱔」。

冥冥：專注。【101統測】

惛惛（ㄏㄨㄣ ㄏㄨㄣ）：專注的心志。【101統測、100指考】

衢（ㄑㄩˊ）道：四通八達的道路，此指「歧路」。

目：眼睛。【99指考】

螣（ㄊㄥˊ）蛇：傳說中的一種龍。

梧鼠五技：《說文解字》云：「鼫，五技鼠也。能飛不能過屋，能緣不能窮木，能遊不能渡谷，能穴不能掩身，能走不能先人。」【101指考】

尸鳩（ㄕ ㄐㄧㄡ）：布穀鳥。

儀：儀表，此指舉止、態度。

結於一：結，集中。一，專一。

里馬一跳，不能超過十步的距離；劣馬拉車奔行十天，也能到達千里之遠，其成功在於不停止。雕刻若半途而廢，朽木也刻不斷；雕刻若持續不停，金石也能雕成藝術品。蚯蚓沒有銳利的爪牙、強壯的筋骨，卻能夠鑽食土壤，喝飲地下的泉水，這是因爲用心專一啊！螃蟹有六隻腳和兩隻螯，但若沒有蛇與鱔的洞穴，就沒有寄住的地方，這是因爲用心浮躁的緣故啊！所以沒有專注的心志，就沒有清明通達的智慧；沒有專注的行事，就沒有顯赫的成就。在歧路徘徊的人，永遠不能到達目的地，同時事奉兩個君主的臣子，不會被雙方包容。眼睛不能同時看清楚兩種景物，耳朵不能同時聽清楚兩種聲音。螣蛇沒有腳卻能飛行，梧鼠有五種技能卻因不能專精而困窘。《詩經．曹風．尸鳩》上說：「布穀鳥在桑樹上，專注地餵養七隻雛鳥。善人君子，生活態度也要如尸鳩用心專一。生活態度專一，用心就如繩結般堅固而堅定不移。」所以君子爲學時心志都集中、專注啊！

六 勉人爲學累積善行，必有成果，而聲聞自然遠播。

七 說明爲學的方法、次第：始乎誦經，終乎讀禮；爲學的意義和目的：始乎爲士，終乎爲聖人。本段強調學習使人成德成聖。

六 昔者瓠（ㄏㄨˊ）巴鼓瑟，而沉魚出聽；伯牙鼓琴，而六馬仰秣（ㄇㄛˋ）。故聲無小而不聞，行無隱而不形。玉在山而草木潤，淵生珠而崖不枯。爲善不積邪，安有不聞者乎？

瓠巴鼓瑟……六馬仰秣，此四句：極言音樂之感人。
而：因而。【94統測】
秣：飼馬的草料，此作動詞，指馬吃草，名→動。【101指考】
形：顯現於外。
邪：語末助詞，無義。

七 學惡（ㄨ）乎始？惡乎終？曰：其數（ㄕㄨˋ）則始乎誦經，終乎讀禮；其義則始乎爲士，終乎爲聖人。眞積力久則入，學至乎沒而後止也。故學數有終，若其義則不可須臾舍也。爲之，人也；舍之，禽獸也。故《書》者，政事之紀也；《詩》者，中聲之所止也；《禮》者，法之大分（ㄈㄣˋ），類之綱紀也。故學至乎《禮》而止矣，夫是之謂道德之極。《禮》

惡：疑問詞，何。
數：爲學的方法、次第。【103指考】
義：指爲學的意義和目的。
入：深入有得。
分：根。
類：條例、規矩。
綱紀：準繩、準則。

六 從前瓠巴彈瑟，沉伏在水中的魚都浮游出水面來聆聽；伯牙彈琴，正在吃草的馬群都抬起頭來不再吃草。所以聲音無論多小，沒有聽聞不到的；行爲無論多隱密，沒有不顯現於外的。山中藏有美玉，草木就長得特別青潤；水潭中有珍珠生長，河岸就不會乾枯。行善只怕不能持久累積啊，（若能持久累積）哪會不被人知曉呢？

七 爲學要從哪裡開始？到哪裡結束呢？我說：爲學的方法、次第是從誦讀經書開始，到研讀禮儀典制結束；爲學的意義和目的從做個士子開始，直到成爲聖人爲止。爲學者如果能眞誠專一的累積，力行實踐，日久後便可深入有得，學習一直要到死然後才能停止啊！所以爲學的次第有終了的時候，至於追求意義則片刻都不可鬆懈啊！能如此爲學，就是人；捨棄不學，就淪爲禽獸。因此《尚書》是古代政治措施的紀錄；《詩經》，是中正和平之聲寄託的所在；《禮》是法度的重大根本，和一切規矩的原則。所以學到《禮》就完成了，這是道德的最高極致。《禮》是教

八 對比「君子」與「小人」為學態度與目的之不同。

之敬文也，《樂》之中和也，《詩》、《書》之博也，《春秋》之微也，在天地之間者畢矣。

八 君子之學也，入乎耳，箸乎心，布乎四體，形乎動靜。端而言，蝡而動，一可以為法則。小人之學也，入乎耳，出乎口，口耳之間則四寸，曷足以美七尺之軀哉！古之學者為己，今之學者為人。君子之學也以美其身，小人之學也以為禽犢。

箸：同「著」，存留、牢記。【89統測】
動靜：指言行舉止。
端（ㄔㄨㄢˇ）：通「喘」，指細微之言。
蝡（ㄖㄨㄢˇ）：指細微之行。
一：皆、完全。
曷：如何、怎麼？
禽犢：古時見面、祭祀的進獻禮物，如雁、羔等，此借代為獵取名利的工具。

人恭敬有文化，《樂》是教人中正和諧，《詩》、《書》是教人廣博知識，《春秋》是以微言來闡明大義，天地間的學問都包括在這裡了。

八 君子為學，從耳朵聽進去，牢記在心，學問浸潤手足四肢，表現於行為舉止，任何輕微的言、行，都足以做為別人的模範。一般小人求學，從耳朵聽進去，馬上從嘴巴說出來，口耳之間的距離只有四寸，如何足夠美化七尺軀體呢？古代學者為學是為求充實自己，現代學者做學問是為了向別人炫耀。君子求學問是美化自己的品德，小人則把學問做為獵取名利的工具。

文法修辭提示

1. 映襯

(1) 騏驥一躍，不能十步；駑馬十駕，功在不舍。鍥而舍之，朽木不折；鍥而不舍，金石可鏤→「有恆」學習之重要

(2) 螾無爪牙之利、筋骨之強，上食埃土，下飲黃泉，用心一也。蟹六跪而二螯，非蛇蟺之穴，無可寄託

者，用心躁也→「用心專一」之重要

(3) 螣蛇無足而飛，梧鼠五技而窮→「用心專一」之重要

(4) 南方有鳥焉，名曰蒙鳩，以羽爲巢，而編之以髮，繫之葦苕。風至苕折，卵破子死。巢非不完也，所繫者然也。西方有木焉，名曰射干，莖長四寸，生於高山之上，而臨百仞之淵。木莖非能長也，所立者然也→環境好壞的重要

(5) 蓬生麻中，不扶而直；白沙在涅，與之俱黑→環境好壞的影響。親近善則善，親近惡則惡

2. 排比

(1) 故不登高山，不知天之高也；不臨深谿，不知地之厚也；不聞先王之遺言，不知學問之大也→前四句兩個譬喻是賓，後二句是主，借賓襯主

(2) 質的張而弓矢至焉，林木茂而斧斤至焉，樹成蔭而眾鳥息焉，醯酸而蜹聚焉

(3) 積土成山，風雨興焉；積水成淵，蛟龍生焉；積善成德，而神明自得，聖心備焉

3. 譬喻

(1) 正面設喻，如：輮木爲輪、金就礪則利等，從正面闡明學習的重要性

(2) 正反設喻，如：「蚓」和「蟹」、「騏驥」和「駑馬」、「鍥而舍之」和「鍥而不舍」，藉著正反對照把所要說明的道理說得更具體明白

(3) 青，取之於藍，而青於藍；冰，水爲之，而寒於水→喻人學習後，才能超過本質

(4) 玉在山而草木潤，淵生珠而崖不枯→喻積善有成，聲聞自遠

(5) 木直中繩，輮以爲輪，其曲中規，雖有槁暴，不復挺者，輮使之然也→喻學習可以永久改變本質

4 作者介紹

荀子

作者	戰國 荀子
字號	名況，時人尊稱爲荀卿
籍貫	荀子是戰國晚期趙國人，在先秦諸子中，除其弟子韓非外，可說是最爲晚出者
生平經歷	1. 稷下講學，三爲祭酒 2. 歷秦與趙，未受重用 3. 客居蘭陵，講學以終
其他	1. 荀子的學說，以禮爲宗，以善爲目標，仍是孔子之道；雖觀點與孟子不同，目的仍相同。 2. 荀子是中國最早寫作賦體作品並以賦名篇的人，荀子書中現有〈賦篇〉，歌詠「禮」、「知」、「雲」、「蠶」、「箴」，文中有對禮、知等抽象精神之形象化描述，也有對雲、蠶、箴（即「針」）等具體事物的摹寫。在形式上，採用問答方式，句式以四言爲主，雜以五、七言等，韻散相間。〈賦篇〉託物言志，重在說理，學者認爲是中國辭賦文體的發展源頭之一。

5 國學常識 《荀子》《孟子》思想比較、九流十家

一、《荀子》《孟子》思想比較【96學測及97、93指考】

人物	荀子	孟子
時代	戰國	戰國
中心思想	1.「禮」，一種由外而內的禮法。 2.主張隆禮重法。	1.「義」，一種由內而外發展的德性。 2.強調義、利之辨。
人性論	1.性惡論。「人之性惡，其善者僞（人爲的工夫）也。」 2.工夫：化性起僞。人皆有向善心、學習心，透過外在後天的禮義法度（人爲的工夫）來教化、導正爲善，使內在本趨向於惡的人性欲望由惡變善。	1.性善論。「仁義禮智，非由外鑠我也，我固有之也。」 2.工夫：透過盡心、寡欲、養氣等保存和擴充本心善性，人人都可爲堯、舜。即是由內心修養人與生俱有的四善端，再向外擴充善性爲善行的工夫。
政治思想	1.法後王：文王、武王、周公。 2.先王制度、文物多不可考，後世之王時代靠近較容易取法。 3.尊君隆禮。	1.法先王：堯、舜。 2.孟子言必稱堯、舜（先王），主張治國當依先王的典章法制。 3.實行仁政王道。
天道觀	1.自然天，認爲天沒有意志，天是客觀存在。 2.天行有常，進而提出「制天」、「用天」等人定勝天的主張。	1.道德天，是修身處事上的最高道德指導原則。（繼承孔子的「天」的觀念，現實世界是道德的世界，而道德根源背後的標準，便是「天」，賦予天以道德的意義） 2.人能盡心知性以知天，存心養性以事天。
相同處	1.皆以儒家道德觀念爲善惡標準，目的相同：人人皆可成爲道德完善的「仁」人君子。（荀子「隆禮」，使國有常規，治而不亂，善而不惡；孟子「取義」，爲人性立德） 2.皆肯定道德教育及環境對人性向善的重要性。 3.皆尊王道，賤霸道，故《史記》中司馬遷將二人合傳。	

二、九流十家

流派	源出	主張	代表	影響性
儒家【96、95、94學測及98、97、94、93指考】	司徒（教育）之官	1.「仁」爲中心思想，崇尚禮樂和仁義，提倡忠恕和中庸之道。 2.政治上主張德治和仁政，親親而仁民，愛有等差。	孔子、孟子、荀子	1.戰國時，儒、墨並稱顯學。 2.漢武帝時採董仲舒之議：「罷黜百家，獨尊儒術」，此後儒家成爲中國學術主流。

道家【96、90、89學測及100、99、98、97、92指考】	史官（典籍）	1.崇尚自然的天道觀，政治上主張「無爲而治」。 2.以道爲本體，以德爲用。 3.主張精神上的逍遙自在，即強調人在行爲思想上應效法「道」的「生而不有，爲而不恃，長而不宰。」	老子、莊子、楊朱	孟子斥責楊朱「爲我」，主張爲「無君」。
墨家【94學測及99指考】	清廟（祭祀）之官	1.兼愛：愛無等差。 2.非攻、非樂、節葬、天志、明鬼、尚賢、尚同。	墨子	1.孟子斥責墨子「兼愛」主張爲「無父」。 2.孟子稱「墨子兼愛，摩頂放〔ㄈㄤˇ〕踵（腳跟），利天下爲之。」
法家【96學測及99、98、97指考】	理官（刑法）	1.重法、術、勢。 2.主張厲行嚴刑峻法，監察官吏職守，建立官僚制度。	申不害（重術）、慎到（重勢）、商鞅（重法）、	1.韓非師學荀子的帝王之學，根源本於「儒家」；虛靜之術又歸本於「道家」虛靜無爲之法。

		3.根本目的是富國強兵，強調獎勵耕戰，減輕賦稅。	韓非（集大成）	2.秦以後，法家成爲法律審判之學。
名家	禮官（禮制）	1.正名實，提倡循名責實。 2.注重「名」（概念）和「實」（內涵）的邏輯關係。	公孫龍、惠施	中國邏輯理則學先驅。
雜家【84、89學測】	議官（諫議）	1.博採各家之長予以增刪，不具有原創思想。 2.「兼儒、墨，合名、法」。	呂不韋《呂氏春秋》	漢代有劉安《淮南子》。
農家	農稷之官（農事）	主張君民並耕，認爲賢明的統治者應該與人民並耕而食。	許行	孟子斥責「率天下而路（忙碌不堪）。」
陰陽家【84學測】	羲和之官（星曆）	1.順時敬天，主張陰陽五行之說。 2.認爲人類社會發展，受金、木、水、火、土五種力量的支配。	鄒衍	後世捨人事，任鬼神。

縱橫家	行人之官（朝聘）	1.合縱連橫，遊說天下，以求取得權位及富貴。 2.擅長於外交辭令，向諸侯論述當時局勢的分合利害。	蘇秦、張儀	策士遊說之術
小說家	稗官（野史）	街談巷議，道聽塗說	《山海經》	列入十家，未入九流

說明：1.最早談論諸子學派者：《莊子．天下》
2.最早稱各派之家名：孟子（已呼出儒、墨兩家）
3.最早分各家並予之立名者：司馬談〈論六家要旨〉

6 文法修辭

譬喻

定義：譬喻由「喻體」、「喻詞」和「喻依」三要素配合而成，「喻體」是所要說明的事物主體；「喻依」是用來比方說明此一主體的另一事物；「喻詞」是連接喻體和喻依的語詞。

1. 明喻：喻體＋喻詞＋喻依

★浩浩乎如馮虛御風，而不知其所止；飄飄乎如遺世獨立，羽化而登仙（蘇軾〈赤壁賦〉）

★其聲嗚嗚然：如怨、如慕、如泣、如訴（蘇軾〈赤壁賦〉）

★目光如炬（方苞〈左忠毅公軼事〉）

★白雪紛紛（喻體）何所似（喻詞）？……灑鹽空中（喻依）差可擬（《世說新語選．詠絮之才》）

★未若柳絮（喻依）因風起（《世說新語選．詠絮之才》）

2. 略喻：喻體＋喻依

★綠煙紅霧：爲「綠柳如煙，紅花似霧」的省略（袁宏道〈晚遊六橋待月記〉）

★浮光躍金，靜影沉璧（范仲淹〈岳陽樓記〉）

★「求木之長者，必固其根本；欲流之遠者，必浚其泉源；思國之安者，必積其德義。」（魏徵〈諫太宗十思疏〉）

3. 借喻：喻詞＋喻依

★木直中繩，輮以爲輪，其曲中規，雖有槁暴，不復挺者，輮使之然也（荀子〈勸學〉）

★金就礪則利（荀子〈勸學〉）

★青，取之於藍，而青於藍；冰，水爲之，而寒於水（荀子〈勸學〉）

★玉在山而草木潤，淵生珠而崖不枯（荀子〈勸學〉）

★騏驥一躍，不能十步；駑馬十駕，功在不舍。鍥而舍之，朽木不折；鍥而不舍，金石可鏤。螾無爪牙之利、筋骨之強，上食埃土，下飲黃泉，用心一也。蟹六跪而二螯，非蛇蟺之穴，無可寄託者，用心躁也（荀子〈勸學〉）

4. 隱喻：喻體＋喻詞（由「是」、「爲」、「乃」、「即」等代替）＋喻依

★咸以自騁驥騄於千里，仰齊足而並馳（曹丕《典論．論文》）

★吾師肺肝，皆鐵石所鑄造也（方苞〈左忠毅公軼事〉）

★人臣之謬思亂者，乃螳臂之拒走輪耳（杜光庭〈虯髯客傳〉）

★斯亦伐根以求木茂，塞源而欲流長者也（魏徵〈諫太宗十思疏〉）

5. 博喻：喻體＋喻詞（兩個或兩個以上）、喻依

★其聲嗚嗚然，如怨、如慕、如泣、如訴（蘇軾〈赤壁賦〉）

7 語文天地

一、形音義

已	隨後、旋即、不久	庭中始為籬，「已」為牆，凡再變矣（歸有光〈項脊軒志〉）
	停止	君子曰：學不可以「已」
	通「矣」，語助詞	今老矣！無能為也「已」（《左傳．燭之武退秦師》）
	已經	我有一兒，年「已」十七（顧炎武〈廉恥〉）

其	大概	愚人之所以為愚，「其」皆出於此乎？（韓愈〈師說〉）
	代詞，他（它）的	「其」質非不美也，所漸者然也
	豈	天下其有不亂，國家「其」有不亡者乎？（顧炎武〈廉恥〉）
	如果	「其」漸之滫，君子不近，庶人不服

假	借助、利用、憑藉	「假」輿馬者，非利足也；「假」舟檝者，非能水也；善「假」於物也【96指考】
	依傍	於學無所遺，於辭無所「假」（曹丕《典論．論文》）
	待	將軍之所知，不「假」僕一二談也（丘遲〈與陳伯之書〉）

中	內心	使其「中」不自得，將何往而非病（蘇轍〈黃州快哉亭記〉）
	半、一半	先帝創業未半，而「中」道崩殂（諸葛亮〈出師表〉）
	ㄓㄨㄥˋ，符合	木直「中」繩，輮以為輪，其曲「中」規（荀子〈勸學〉）
	裡面	宮「中」府「中」，俱為一體（諸葛亮〈出師表〉）

數	
技術（ㄕㄨˋ）	今夫弈之爲「數」，小「數」也（《孟子·告子上》）
幾，爲約舉之詞（ㄕㄨˋ）	常「數」月營聚，然後敢發書（司馬光〈訓儉示康〉）
計算（ㄕㄨˇ）	漁父樵夫之舍，皆可指「數」（蘇轍〈黃州快哉亭記〉） 不可遍「數」（司馬光〈訓儉示康〉）
數目（ㄕㄨˋ）	一曲紅綃不知「數」（白居易〈琵琶行〉）
算術（ㄕㄨˋ）	三曰六藝：禮、樂、射、禦、書、「數」（《周禮·地官·大司徒》）
命運（ㄕㄨˋ）	命「數」
方法（ㄕㄨˋ）	其「數」則始乎誦經，終乎讀禮（荀子〈勸學〉） 故學「數」有終，若其義則不可須臾舍也（荀子〈勸學〉）
頻頻、屢次（ㄕㄨㄛˋ）	范增「數」目項王，舉所佩玉玦以示之者三（《史記·鴻門宴》） 會「數」而禮勤，物薄而情厚（司馬光〈訓儉示康〉） 石簣「數」爲余言（袁宏道〈晚遊六橋待月記〉）
細密的（ㄘㄨˋ）	「數」罟不入洿池，魚鱉不可勝食也（孟子〈梁惠王上〉）

所以	
用來	居必擇鄉，遊必就士，「所以」防邪僻而近中正也（荀子〈勸學〉） 「所以」飾後宮，充下陳，娛心意，說耳目。（李斯〈諫逐客書〉） 此非「所以」跨海內，制諸侯之術也（李斯〈諫逐客書〉） 此臣「所以」報先帝而忠陛下之職分也（諸葛亮〈出師表〉） 師者，「所以」傳道、受業、解惑也（韓愈〈師說〉） 「所以」遊目騁懷，足以極視聽之娛（王羲之〈蘭亭集序〉）
何以	「所以」遣將守關者（《史記·鴻門宴》） 「所以」然者，人之不廉而至於悖禮犯義，其原皆生於無恥也（顧炎武〈廉恥〉） 親賢臣，遠小人，此先漢「所以」興隆也（諸葛亮〈出師表〉）【91統測】 聖人之「所以」爲聖，愚人之「所以」爲愚（韓愈〈師說〉） 此五帝三王之「所以」無敵也（李斯〈諫逐客書〉） 觀夫高祖之「所以」勝，而項籍之「所以」敗（蘇軾〈留侯論〉）
因此	意其必來以冀免，「所以」縱之乎（歐陽脩〈縱囚論〉） 君不此問，而問舜冠，「所以」不對（荀子〈哀公〉）
作爲	視其「所以」，觀其所由，察其所安（《論語·爲政》）

分	
預料（ㄈㄣˋ）	一朝蒙霧露，「分」作溝中瘠（文天祥〈正氣歌〉）
關係、情誼（ㄈㄣˋ）	終論平生交「分」（白居易〈與元微之書〉） 「分」屬叔侄，情同兄弟（韓愈〈祭十二郎文〉）
職責（ㄈㄣˋ）	男有「分」，女有歸（《禮記．禮運》） 此臣所以報先帝而忠陛下之職「分」（諸葛亮〈出師表〉）
根本（ㄈㄣˋ）	禮者，法之大「分」，類之綱紀也（荀子〈勸學〉）

二、成語集錦

成語	古	今
青出於藍【91統測】	比喻後天的學習勝過先天的秉賦。	比喻學生勝過老師或後人勝過前人。
一唱三嘆	宗廟奏樂時，一人帶頭領唱，三人讚嘆應和。	形容詩文優美宛轉，令人讚美。
鍥而舍之，朽木不折；鍥而不舍，金石可鏤	比喻為學須不斷地累積，持之以恆。	泛指任何事的成功與失敗，端在有無恆心毅力。
六馬仰秣（沉魚出聽）	形容樂聲優美動聽。	
蓬生麻中	喻環境對人的影響。	
跬步千里	喻不間斷地努力即可成功。	
駑馬十駕	喻平庸之人勤奮努力，亦能有所成就。	
提綱挈領	比喻抓住事物的關鍵，或把問題扼要地提示出來。	
跛鱉千里	喻條件雖不好，只要努力不懈、堅持到底，也能成功。	
開源節流	比喻開發財源，節省支出，以儲蓄財力。語出〈富國〉：「故明主必謹養其和，節其流，開其源，而時斟酌焉。」	
鶉衣百結	鶉鳥尾巴禿，像多次縫補的破衣一樣。鶉衣百結形容衣服破爛不堪。鶉，音ㄔㄨㄣˊ。語出〈大略〉：「子夏貧，衣若懸鶉。」	

8 實力健身房

1. 單選（國學【103學測】）

（　）某生為「先秦諸子散文」繪製便於理解的圖形如右，選出敘述正確的選項

(A) 甲可填：《墨子》

(B) 乙可填：作者親撰與弟子對話內容

(C) 丙可填：《孟子》

(D) 丁可填：出現概括全篇主旨的篇題。

先秦諸子散文
- 語錄
  - 例：《論語》、＿甲＿
  - 特徵：＿乙＿
- 專論
  - 例：＿丙＿、《韓非子》
  - 特徵：＿丁＿

2.單選（字音【100統測】）

（　）下列各組「　」內的字，何者讀音相同？
(A)「觥」籌交錯／曲「肱」而枕之
(B)一碗紅「麴」酒／「掬」全國之至誠
(C)寄「蜉」蝣於天地／民有飢色，野有餓「莩」
(D)倦於事，「憒」於憂／不積「蹞」步，無以至千里。

3.單選（詞義【99統測】）

（　）下列文句「　」內的解釋，何者不正確？
(A)君子生非異也，「善假於物」也：善於利用外在的事物
(B)夫晉何厭之有？既東封鄭，又欲「肆其西封」：擴展晉國西方的疆土
(C)宮中府中，俱爲一體，「陟罰臧否」，不宜異同：將貪贓枉法者貶謫斥逐
(D)平生衣取蔽寒，食取充腹，亦不敢服垢弊以「矯俗干名」：故意違反常俗以獲取名聲。

4.單選（國學【99指考】）

（　）閱讀下列先秦諸子對於「聖人」的描述，推斷甲、乙、丙、丁依序應爲哪一家所提出？
甲、聖人不行而知，不見而名，不爲而成
乙、聖人之治民也，法與時移而禁與能變
丙、聖人積思慮，習僞故，以生禮義而起法度
丁、聖人之所以濟事成功，垂名於後世者，無他故異物焉，曰唯能以尚同爲政者也
(A)道家／法家／儒家／墨家
(B)儒家／道家／墨家／法家
(C)道家／墨家／法家／儒家
(D)儒家／法家／墨家／道家。

5.單選（閱讀理解【101指考】）

（　）下列文句，依文意選出排列順序最適當的選項：
「危微之幾，惟明君子而後能知之。故人心譬如槃水，
甲、微風過之
乙、正錯而勿動
丙、則足以見鬚眉而察理矣
丁、湛濁動乎下，清明亂於上

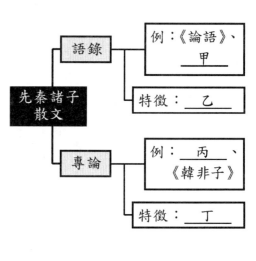

戊、則湛濁在下，而清明在上則不可以得大形之正也。」　（《荀子．解蔽》）

(A)甲、丁、乙、戊、丙
(B)甲、戊、丙、乙、丁
(C)乙、戊、甲、丁、丙
(D)乙、戊、丙、甲、丁。

解答及名師解析

1. (D)

解析：

(A)《墨子》屬專論，不是語錄體。
(B)先秦諸子散文中，老師與弟子對話內容的語錄體，多為弟子與再傳弟子所為。
(C)《孟子》亦屬語錄體，故不可填。
(D)例如：《荀子．勸學》，即是一則概括全篇主旨的專論。

2. (A)

解析：

(A)ㄍㄨㄥ。(B)ㄑㄩˊ／ㄐㄩˊ。(C)ㄈㄨˊ／ㄆㄧㄠˇ。(D)ㄎㄨㄟˋ／ㄎㄨㄟˇ。

3. (C)

解析：

(C)「陟罰臧否」指賞善罰惡。即「陟臧罰否」，陟，獎賞。臧，善。否，惡。

4. (A)

解析：

甲、不為而成，為道家主張（道家主張順應自然，要聖人處無為之事，行不言之教）。

語譯：出自《老子》。聖人不出行遠求，就能知道天下的事理；不用親自觀察，就能明瞭自然法則；不必造作施為，萬物就可以化成。名，通「明」。

乙、法與時移，為法家主張。

語譯：出自《韓非子．心度》。聖人治理人民，法度隨著時代演進，禁令跟著百姓的智能改變。

丙、習「偽」故，生「禮」義，為儒家荀子主張。

語譯：出自《荀子．性惡》。聖人積累思慮，通曉努力從事和事理，因而產生禮義，興起法度。

丁、「尚同」，為墨家主張（意指「在下位者須同一於上位者所訂立的是非標準之下。由鄉長而國君，而天子，而天，這樣層層往上統一。

語譯：出自《墨子．尚同》。古代聖人所以能成就事功，名聲流傳於後世，沒有什麼特別的原因，只是能以「尚同」為政罷了。

5. (D)

解析：

由題幹中「人心譬如槃水」理解是以槃水喻寫人心，進而分類「甲」到「戊」的動靜。槃水未動時的句子有：乙、丙、戊；槃水遭晃動的句子有：甲、丁。再由最後一句「不可以得大形之正（不能靠槃水反映出人體的正確形貌：指遭晃動的槃水）」判斷應先寫未動乙、丙、戊再寫遭晃動的甲、丁。前一組應是先總寫未動「乙」，再寫水之狀態「戊」，最後寫槃水鑑物「丙」；後一組則先總寫水被風動「甲」再寫水之狀態「丁」，正好可以接「不可以得大形之正也。」

語譯：戒懼精妙的細微之處，只有明智的君子才能了解。人的思想就像盤中的水，端正地放著不去攪動，那麼汙濁的渣滓就會沉澱於下，而清澈的水就會留在上方，也就能夠用來照見鬍鬚眉毛，甚至看清楚皮膚的紋理。但如果微風在盤水上面吹過，沉澱的汙濁的渣滓就會從盤底泛起，清澈的水就會被攪亂，如此一來，便不能靠盤水反映出人體的正確形貌了。

4 諫逐客書

◎李斯

1 大考關注

【字詞義、字音：103、97、95統測及102、98指考】

★「五」帝三王之所以無敵→實指，「五帝」指我國上古傳說中的五位聖王。多指「黃帝、顓頊、帝嚳、堯、舜」五人。

★諸侯親「服」／「服」太阿之劍：服從／佩帶。

★阿「縞」之衣，錦繡之飾：白色的絹帛。

★不問可否，不論「曲」直：彎曲。

★膏「腴」：ㄩˊ。

★「向」、「雖」字義。

【文法、句型：100、95、94統測】

★「假如……那就……」的句型→客何負於秦哉？向使四君卻客而不內，疏士而不用，是使國無富利之實，而秦無彊大之名也。

★被動句→即句子中有介詞「被」引進施事或「被」字直接附於動詞前表示被動關係的句子（與「主動句」相對）。

★判斷「動詞置於名詞之後」的倒裝句法。

【修辭：92指考】

★「蠶」、「鯨」：均是轉品，名詞作副詞。

【國學常識：94指考、96統測】

★「書」可用於下對上，如李斯〈諫逐客書〉；亦可用於平輩之間，如白居易〈與元微之書〉。

★考韓非、孔子、孟子、莊子等學說師承判斷。

【閱讀理解、文意排序：100統測、99、93指考】

★泰山不讓土壤，故能成其大→泰山不捨棄土壤，才能成就它的高大；河海不挑揀細流，才能成就它的深。

2 文章解讀

戰國時代，周王室衰微，各諸侯國互相兼併，**人才成為諸國競爭的重要關鍵**。因此各大諸侯國無不用盡手段，吸引人才。而秦始皇竟因鄭國一案，下令驅逐所有外國人才，李斯出身楚國，也在被逐之列，遂上書勸諫秦始皇，不可違逆時代潮流，自外於進步之林。

李斯從學於荀子，吸收了**荀子性惡論**的觀點，是**法家**

代表人物之一。李斯的寫作風格也與荀子相近，謀篇佈局「主題明確」、「焦點清楚」、「結構嚴謹」、「論證嚴密」；寫作技巧方面，善用譬喻、對偶、排比營造文章氣勢，利用駢組句型與華美詞采，使文章洋溢聲色之美。

〈諫逐客書〉爲駢、散相間的散文，共分五段，首段直指秦始皇之失，毫不拐彎抹角，**「主題明確」**，**「焦點清楚」**。第二段用實例說明人才對秦國的貢獻，描述客卿助四位秦君成就霸業，逐客之損失，不言可喻。第三段寫秦始皇於耳目聲色之好，尚知求於天下，而事關國家興敗的人才，反而不知這種道理。此段**對偶**、**映襯**、**排比**、**詞采**皆極精彩，琳瑯滿目，節奏明快，極**聲色之美**。第四段以**排比句型**論述有容乃大的道理，極有氣勢，以此反證秦始皇驅逐人才之不智。最後一段收束全文，重申不可損己以利人，從而危害國家。

段旨

第一部分：首段，直言中心主旨。

一 開門見山說明驅逐客卿是錯誤的。【92統測】

第二部分：二～四段，論據的提出，論證客卿對秦國的巨大貢獻。

二 引史爲例，正面列舉秦國四位君王，因任用客卿而取得富庶、強盛的具體事實。

3 文章精析

一 臣聞吏議逐客，**竊**以爲過矣。

竊：私下、謙詞。【99統測】

二 昔**繆**（ㄇㄨˋ）**公**求士，[2、3]西取由余於戎，東得百里奚於**宛**（ㄩㄢ），迎蹇叔於宋，**來**丕豹、公孫支於晉。此五子者，不產於秦，繆公用之，并國二十，遂霸西戎。孝公用商鞅之法，[7]移風易俗，民以殷盛，國以富彊，百姓樂用，諸侯

繆公：即秦穆公。繆，通「穆」。

來：招致。

翻譯

一 臣聽說秦宗室大臣們建議驅逐客卿，臣私下認爲這種做法是錯誤的。

二 從前秦穆公延攬人才，從西邊的戎國爭取賢能的由余（後爲秦闢地千里，稱霸西戎），從東邊的宛國贖得楚軍俘虜百里奚（秦穆公聞其才，以五羖（ㄍㄨˇ）羊皮贖回，任爲大夫，世稱「五羖大夫」），又派人到宋國迎接蹇叔（經百里奚推薦，穆公聘爲上大夫），從晉國招致丕豹和公孫支（聘任爲大夫）。這五位賢者，都不是秦國人，可是穆公重用他們，結果秦國併吞二十多個國家，稱霸西戎。秦孝公用（衛國人）商鞅爲宰相推行變法，轉移風氣，改變習俗，人民因此殷實興盛，國家因此富足強

親服，獲楚、魏之師，舉地千里，至今治彊。惠王用張儀之計，拔三川之地，西并巴、蜀，北收上郡，南取漢中，包九夷，制鄢、郢，東據成皋之險，割膏腴之壤，遂散六國之從，使之西面事秦，功施到今。昭王得范雎，廢穰侯，逐華陽，彊公室，杜私門，蠶食諸侯，使秦成帝業。此四君者，皆以客之功。由此觀之，客何負於秦哉？向使四君卻客而不內，疏士而不用，是使國無富利之實，而秦無彊大之名也。

三 今陛下致昆山之玉，有隨、和之寶，垂明月之珠，服太阿之劍，乘纖離之馬，建翠

服從。【102指考】
秦孝公二十二年（西元前三四〇年），商鞅率兵侵楚伐魏，大勝，擄獲兩國的軍隊。
拔，攻取。
虛數，形容數目極多。
兼併。
通「縱」。
延伸、延續。
【102學測】
名→副，轉品。【92統測】
假使。
拒絕。
通「納」，接納。
向使……是使……的句型。【100統測】
佩帶。【102指考】相傳為吳人歐冶子與干將所鑄寶劍之一。

指隨侯珠、和氏璧。隨，相傳隨侯曾救大蛇，後蛇銜珠相報，世稱「隨侯珠」。和，即楚人卞和，得璞玉於山中，楚獻厲王及武王，皆以為石，被砍去雙足。楚文王時，卞和抱玉哭於荊山下，王使人剖之，果為美玉，世稱「和氏璧」。

三 舉物為例，反面批駁秦君只「重物輕人」的危害，進而論證逐客之不當。

大，老百姓樂於為國所用，諸侯也親附臣服，大勝而擄獲楚、魏兩國的軍隊，攻取千里的土地，一直到現在政治清明，國力強盛。秦惠（文）王採用（魏國人）張儀的連橫計策，攻取河、洛、伊三川地區，西邊併吞巴郡和蜀郡，北邊收服上郡，南邊攻取漢中，兼併許多（楚境內）少數民族，控制（楚國）鄢、郢一帶，東邊占據成皋險要的地區，割取肥沃的土地，於是瓦解六國的合縱，使各國諸侯向西臣服秦國，這些客卿成就的功業一直延續到現在。秦昭襄王得到（魏國人）范雎為丞相（實行遠交近攻策略），罷免穰侯，驅逐華陽君到關外（二人為昭襄王之舅，專權擅政），鞏固王室的權力，杜絕私人的勢力，而後像蠶啃食桑葉般逐漸吞併諸侯的土地，使秦國成就稱帝的基業。以上這四位君主—穆公、孝公、惠王、昭王，都是憑藉客卿的功勞。從這些歷史事實看來，客卿有什麼辜負秦國的呢？假使四位秦君拒絕客卿而不接納，疏遠賢才而不重用，那麼秦國就沒有富足得利的事實，而秦國也就沒有強盛壯大的威名了。

三 現在陛下（秦王政）獲致崑崙山所產的美好和闐玉，擁有隨侯珠、和氏璧等稀世珍寶，（空中）掛著夜明珠，佩

鳳之旗，樹靈鼉(ㄊㄨㄛˊ)之鼓。[6]此數寶者，秦不生一焉，而陛下説之，何也？必秦國之所生然後可，則是[2]夜光之璧，不飾朝廷；犀象之器，不爲玩好(ㄏㄠˋ)；鄭、衛之女，不充後宮；而駿良駃騠(ㄐㄩㄝˊ ㄊㄧˊ)，不實外廄(ㄐㄧㄡˋ)；江南金錫不爲用；西蜀丹青不爲采。所以[7]飾後宮，充下陳，娛心意，説耳目者，必出於秦然後可，則是[2]宛珠之簪，傅璣之珥(ㄦˇ)，阿(ㄜ)縞(ㄍㄠˇ)之衣，錦繡之飾，不進於前；而隨俗雅化，佳冶窈窕，趙女不立於側也。夫[7]擊甕叩缶(ㄈㄡˇ)，[7]彈箏搏髀(ㄅㄧˋ)，而歌呼嗚嗚快耳者，眞秦之聲也。鄭、衛、桑間、韶(ㄕㄠˊ)虞、武象者，異國之樂也。[4、6]今棄擊甕叩缶

樹：架設。

鼉：鱷魚類動物，俗稱鼉龍，鼉皮可製鼓。

駃騠：駿馬名。

采：同「彩」，彩飾、彩繪。

下陳：古代殿堂下陳放禮器、站列婢妾的地方。此爲借代，指姬妾。

傅，通「附」，鑲嵌、裝飾。璣，不圓的珠子。珥，耳環。

阿，今山東東阿縣。縞，白色生絹。【103統測】

叩，擊。缶，瓦器。甕、缶，秦國陶製打擊樂器，聲音粗獷、質樸。

搏，拍打。髀，大腿。

帶太阿劍，騎乘纖離駿馬，樹立翠羽鳳形的旗子，架設靈鼉鼓。這數種寶物，秦國一種也沒出產，然而陛下爲什麼喜歡它呢？（如果用人和用物）一定要秦國生產的然後才可以使用，那麼夜裡發光的碧玉，不應該裝飾在朝廷中；犀牛角、象牙所製成的器皿，不應該拿來玩賞；鄭、衛等外國的美女，不應該充納在後宮；而北狄所產的駃騠駿馬，也不該養在宮外的馬棚；江南出產的黃金、白錫不該被拿來使用；西蜀出產的丹砂靛青也不該被拿來彩繪。用來裝飾後宮，充作姬妾，娛樂心意，取悅耳目的事物，一定要出產在秦國才可以，那麼用楚國宛珠綴飾的髮簪，鑲著珠璣的耳環，山東東阿縣特製的白絹衣，織錦刺繡的裝飾，不應該進獻在君王的面前；而隨時尚變化裝扮得高雅別緻，容貌嬌豔體態美好的趙國女子，也不應該侍立在君主的左右啊。那些敲打陶瓦、彈竹箏、拍大腿，然後嗚嗚地歌唱使人聽了愉快的，才是眞的秦國音樂啊。那些鄭、衛、桑間，舜的韶虞、周武王的武象等歌謠，是異國的音樂啊。現在捨棄

四 強調有容乃大之理，納士則可以王天下，由之論證逐客與納客之利弊，凸顯逐客爲錯誤的主張。

而就鄭、衛，退彈箏而取韶虞，若是者何也？快意當前，適觀而已矣！今取人則不然，不問可否，不論曲直，非秦者去，爲客者逐。然則是[4]所重者在乎色樂珠玉，而所輕者在乎民人也！此非所以[1]跨[8]海內，制諸侯之術也！

可否：此指才能的優劣。曲直：事理不直。【98指考】
跨：占領、統一。

四 臣聞地廣者粟多，國大者人眾，兵彊者則士勇。是以[2、5]泰山不讓土壤，故能成其大；河海不擇細流，故能就其深；王者不卻眾庶，故能明其德。是以地無四方，民無異國，四時充美，鬼神降福，此五帝三王之所以無敵也。[4]今乃[1]棄[8]黔首以資敵國，卻賓客

明其德：文意。【100、95統測】
五帝三王：五帝，指黃帝、顓頊、帝嚳、唐堯、虞舜。【103統測】三王，指夏、商、周三代的開國君主，即夏禹、商湯和周文王、武王。
棄：拒絕。【102統測】
黔首（ㄑㄧㄢˊ）：黔，黑色。黔首，指百姓。戰國和秦代，人民常以黑巾包頭，所以稱人民爲「黔首」。

敲打陶瓦樂器而改聽鄭、衛的歌謠，放棄彈奏竹箏而採用韶虞、武象樂曲，像這樣做是爲了什麼呢？還不是因爲這些音樂讓人聽了愉快，符合您的心意呀！現在任用人才卻不是這樣，不問才能的優劣，不論品德的好壞，不是秦國人就罷黜，凡是客卿就驅逐。這樣看來陛下所看重的是美色、音樂、珠寶、美玉，而所輕視的是人才啊。這不是統一天下，降服諸侯的好辦法啊！

四 我聽說土地廣大的米糧豐多，國家壯大的人民眾多，軍隊強大的兵士勇敢。因此泰山不捨棄任何土壤，所以能夠成就它的高大；河海不擇棄任何小水流，所以能夠成就它的深廣；君王不捨棄任何百姓，所以能夠顯明他的盛德。因此地域是不用區分東、西、南、北的方位，人民不分本國、外國，國家春、夏、秋、冬時時充實而美好，鬼神也降下福澤，這就是五帝三王之所以無敵於天下的原因啊。現在陛下竟然要拋棄人民來幫助敵國，驅逐客卿使他們去協助

第三部分：末段，歸結逐客之弊將使國家困危、不利王天下，以呼應文旨。

五 總結逐客之害。

以業（動詞，使……成就。【92統測】）諸侯，使天下之士，退而不敢西向（朝向。【95統測】），裹足不入秦，此所謂藉（通「借」。）寇兵而（連詞，無義。【94統測】）齎（ㄐㄧ，贈送。）盜糧者也。

五 夫物不產於秦，可寶者多；士不產於秦，而願忠者眾。今逐客以資敵國，損民以益讎（仇。【97統測】），內自虛而外樹怨於諸侯，求國無危，不可得也。

其他諸侯建立功業，使天下的賢才，退避不敢向西（侍奉秦國），停住腳步不踏入秦國，這樣就是所謂的借兵器給敵寇且把糧食送給盜賊啊！

五 物品不是秦國出產，但值得珍惜的很多；人才不是秦國本籍的，但是願意效忠秦國的卻不少。現在驅逐客卿去幫助敵國，是傷害人民來增加仇敵的力量，使自己內部空虛，且在外又跟諸侯結怨，如此希求國家沒有危險，這是不可能的事啊！

文法修辭提示

1. 借代
   (1) 棄黔首以資敵國
   (2) 包九夷，制鄢、郢
   (3) 此非所以跨海內、制諸侯之術也
2. 排比
   (1) 致昆山之玉，有隨、和之寶，垂明月之珠，服太阿之劍，乘纖離之馬，建翠鳳之旗，樹靈鼉之鼓
   (2) 夜光之璧，不飾朝廷；犀象之器，不為玩好；鄭、衛之女，不充後宮；而駿良駃騠，不實外廄
   (3) 宛珠之簪，傅璣之珥，阿縞之衣，錦繡之飾
   (4) 臣聞地廣者粟多，國大者人眾，兵彊者則士勇
   (5) 泰山不讓土壤，故能成其大；河海不擇細流，故能就其深；王者不卻眾庶，故能明其德
   (6) 西取由余於戎，東得百里奚於宛，迎蹇叔於宋，來丕豹、公孫支於晉
   (7) 拔三川之地，西并巴、蜀，北收上郡，南取漢中
   (8) 昭王得范雎，廢穰侯，逐華陽，彊公室，杜私門
3. 錯綜
   (1) 西取由余於戎，東得百里奚於宛，迎蹇叔於宋，來丕豹、公孫支於晉：「取、得、迎、來」都有招致

得到的意思。以同義的詞取代形式整齊句子中的某些詞語，來增加文句的活潑度

(2) 拔三川之地、西并巴、蜀，北收上郡，南取漢中，包九夷，制鄢、郢，東據成皋之險，割膏腴之壤：「拔、并、收、取、包、制」都有併吞獲得的意思

4. 映襯

(1) 彊公室，杜私門

(2) 今棄擊甕叩缶而就鄭、衛，退彈箏而取韶虞

(3) 所重者在乎色樂珠玉，而所輕者在乎民人也

(4) 今乃棄黔首以資敵國，卻賓客以業諸侯

5. 譬喻

(1) 泰山不讓土壤，故能成其大；河海不擇細流，故能就其深

(2) 蠶食諸侯

6. 設問

(1) 由此觀之，客何負於秦哉【激問】

(2) 此數寶者，秦不生一焉，而陛下說之何也【疑問】

(3) 今棄擊甕叩缶而就鄭、衛，退彈箏而取韶虞。若是者何也？快意當前，適觀而已矣【提問】

7. 對偶

(1) 【句中對】移風易俗、擊甕叩缶、彈箏搏髀

(2) 【單句對】
彊公室、杜私門
飾後宮，充下陳
娛心意，說耳目
跨海內，制諸侯

8. 借代：說話行文中，另找與原物有類似點的名稱或詞語來代替。

(1) 今乃棄「黔首」以資敵國，卻賓客以業諸侯：以「黔首」代指百姓，亦可用「庶民」、「白丁」、「布衣」、「蒼生」

(2) 此非所以跨海內、制諸侯之術：以「海內」代指天下；另可指天下的詞有：「宇內」、「四海」、「六合」、「八荒」、「寰宇」

4 作者介紹

李斯

作者	戰國 李斯
籍貫	戰國楚國上蔡人
生平經歷	1. 秦始皇統一天下後，任李斯為丞相，聽其建議，行郡縣、焚書坑儒、明法度、定律令、同文字。 2. 始皇既崩，趙高與李斯矯詔立胡亥為二世皇帝，並下令扶蘇和蒙恬自盡。想出「督責之術」，強調君主專權，用嚴刑酷法來駕馭群臣、對付百姓，以此來討好二世。
成就	制訂並實行秦國諸多典章制度。 工書法，並曾整理文字，以小篆為標準，作〈倉頡篇〉，使中國文字系統化，化繁為簡，對中國文字的統一有相當貢獻。 為文氣勢奔放，鋪陳排比、氣勢奔放，辭采富麗，被視為是「駢文之初祖，漢賦之先聲」，〈諫逐客書〉就是「漢賦之先聲」的最佳代表。

5 國學常識 奏議類文體、中國文字演變

一、奏議類文體【94指考】

釋名		奏議，古代臣下向君王言事的上行公文，屬應用文兼論說文。
演變		1.先秦泛稱「（上）書」或「書奏」。 2.兩漢分為：「章」、「奏」、「表」、「議」等四類，章以「謝恩（表達感激）」、奏以「按劾（彈劾、揭發）」、表以「陳請（陳述衷情）」、議以「執異（議事論政，發表不同意見）」。而後有疏、彈事、策、封事（密封進呈天子的奏章）等異名。 3.宋代俗稱：「劄（ㄓㄚˊ）子」，如：王安石〈本朝百年無事劄子〉。 4.明、清統稱：「奏摺」或「摺子」。
分類	對策	1.應詔陳言，上問下對，始於漢的一種策士制度。 2.古應考者回答帝王所問的治國策略，分為「制策」、「試策」。如：董仲舒〈賢良對策〉。
	進策	探事獻說，下獻於上，如：蘇軾〈教戰守策〉。
	表	李密〈陳情表〉、諸葛亮〈出師表〉、韓愈〈諫迎佛骨表〉
	疏	魏徵〈諫太宗十思疏〉
	書	李斯〈諫逐客書〉【94指考】

二、中國文字演變

字體	別稱	流行時代	特色
甲骨文	卜辭、貞卜、殷墟書契、契文	殷商	1.目前所知使用時代最早，但發現最晚的文字，清光緒二十五年，於河南安陽小屯村發現。 2.刻畫書寫在龜甲、獸骨上的占卜文字，故又稱為卜辭、貞卜。 3.劉鶚的《鐵雲藏龜》是第一部研究甲骨文的書籍。
金文	鐘鼎文	商周	1.鑄刻在銅器上的文字（古代稱銅為金）。 2.形體長圓，商初的金文形體近甲骨文，周代末年的近於小篆。
孔壁古文	古文、蝌蚪文	周秦東土	1.西漢景帝時魯恭王破壞孔子住宅內壁發現，漢人認為比篆、隸文字更為古老。 2.許慎《說文解字》以「古文」名之，與籀文區別開。 3.頭粗尾細，形似蝌蚪，故稱「蝌蚪文」。
籀（ㄓㄡˋ）文	大篆	周秦西土	1.相傳周宣王時太史籀所作〈史籀〉篇中所使用的文字。 2.筆畫比小篆繁複，字體多重疊。今所存的石鼓文即是這種字體。

小篆【93指考】	秦篆	秦	1.秦代「書同文」以後的通行文字，故又叫「秦篆」，相傳爲李斯取籀文省改其繁複、怪奇者而成，今流傳有〈泰山刻石〉、〈琅琊刻石〉。 2.《說文解字》以小篆字體爲主，共收九三五三字。 3.上承籀文，下開隸書，字形仍存六書之原意，是研究文字學的重要依據。 4.轉筆、斜筆寫成弧形，形體長圓，結構勻稱、整齊。
隸書【93指考】	漢隸、古隸、今文	漢	1.相傳爲秦人程邈所作，成爲漢代通行的文字，時人稱之「今文」，簡省小篆繁複的筆畫和偏旁而來，字體結構不再遵守六書原則。 2.字形扁平，筆畫方折、有點畫挑法，開楷書的先河，寫法脫去畫圖的形態，成爲書寫式。
楷書【93指考】	眞書、正書、今隸	東漢以後	1.相傳東漢章帝王次仲去掉隸書尾部的挑法，改採平直，故唐稱之爲「今隸」，如唐〈開成石經〉即是。 2.現在通行的字體，因形體方正，橫平豎直，具備文字的法度，可以成爲模範法式，故後世又稱之爲「正書」、「眞書」。

草書【93指考】		東漢以後	1.連筆曲折的速寫字體，爲簡便快捷而生，故知「草」字是潦草、草稿之意，與六書無關。 2.分爲章草（相傳爲東漢章帝杜度所創）、今草（爲東漢張芝變化章草而成，爲後世通行的草書）和狂草（始於唐）。
行書	行草、行楷	魏晉以後	1.相傳爲東漢劉德昇所創，是一種介於楷書、草書間的字體。 2.因其草法比楷書多，書寫比楷書簡便，所以又稱之爲「行草」，如：王羲之〈喪亂帖〉；其楷法也多於草法，故字體較端正，比草書容易辨識，又稱「行楷」，如：王羲之〈蘭亭集序〉。

6 文法修辭

敬謙詞

定義：敬謙詞乃人們用於對話、書信等交際場合中，表示自己的謙下或對別人的尊敬，通稱爲「表敬詞」。

1. 謙詞：

用詞	意涵	例句
寡人	國君用的謙稱詞，自謙寡德之人	梁惠王曰：「寡人之於國也，盡心焉耳矣！河內凶，則移其民於河東，移其粟於河內。河東凶亦然。」（《孟子．梁惠王上》）
孤	國君用的謙稱詞，自謙孤立無德之人	關羽、張飛不悅，備解之曰：「孤之有孔明，猶魚之有水也。」（晉．陳壽《三國志．蜀志．諸葛亮傳》）
不穀	國君用的謙稱詞，自謙不善之人	恭王大怒曰：「今日之戰，不穀親傷，所恃者司馬也。」（《淮南子．人間訓》）
愚	自稱的謙稱詞，自謙愚笨之人	愚以為宮中之事，事無大小，悉以咨之，然後施行（諸葛亮〈出師表〉）
不佞	自稱的謙稱詞，自謙不才之人	凡我多士及我友朋，惟仁惟孝，義勇奉公，以發揚種性，此則不佞之幟也（連橫〈臺灣通史序〉）
僕	自稱的謙稱詞，自謙地位低下者	僕自到九江，已涉三載，形骸且健，方寸甚安（白居易〈與元微之書〉）
妾	自稱的謙稱詞，古時女子自謙人妾者	妻曰：「妾聞志士不飲盜泉之水，廉者不受嗟來之食，況拾遺求利以汙其行乎！」（《後漢書．列女傳》）
敢	表謙下態度的謙詞，對君王表己行為冒昧有所觸犯之意	若鄭亡而有益於君，敢以煩執事（《左傳．燭之武退秦師》）
竊	表謙下態度的謙詞，有「私下」之意，一般用以對君王表示自己的某種看法	斯乃上書曰：「臣聞吏議逐客，竊以為過矣！」（李斯〈諫逐客書〉） 君家所寡有者，以義耳！竊以為君市義（《戰國策．馮諼客孟嘗君》）
卑鄙	表謙下態度的謙詞，對君王表示自己身分卑微、見識淺陋	先帝不以臣卑鄙，猥自枉屈（諸葛亮〈出師表〉）
猥、枉	表謙下態度的謙詞，委屈之意。「猥、枉」是上述「卑鄙」語法之延續，諸葛亮謙虛自己的地位卑下，讓劉備委屈自己前來，表達對劉備的尊重和感激	先帝不以臣卑鄙，猥自枉屈（諸葛亮〈出師表〉）
駑鈍	表謙下態度的謙詞，指平庸的才能	庶竭駑鈍，攘除奸凶（諸葛亮〈出師表〉）
微	表謙下態度的謙詞，指細小	願陛下矜愍愚誠，聽臣微志，庶劉僥倖（李密〈陳情表〉）
忝	表謙下態度的謙詞，辱也，表示僥倖之意	二十忝科名，聞喜宴獨不戴花（司馬光〈訓儉示康〉）
不敏	表謙下態度的謙詞，指不聰明	橫不敏，昭告神明，發誓述作（連橫〈臺灣通史序〉）

辱	表謙下態度的謙詞，指承蒙對方受辱教導	太尉苟以爲可教而辱教之，又幸矣（蘇轍〈上樞密韓太尉書〉）
犬馬	表謙下態度的謙詞，對君王表己如犬馬般的心情	臣不勝犬馬怖懼之情，謹拜表以聞！（李密〈陳情表〉）

2. 敬詞

用詞	意涵	例句
陛下【97指考】	對帝王的敬稱詞，以陛下奔走之侍從代稱國君，爲一種因卑以達尊思維的尊敬法	蓋追先帝之殊遇，欲報之於陛下也（諸葛亮〈出師表〉）
殿下【97指考】	漢魏以後對諸侯王、太子、親王的敬稱詞，以殿前奔走者代稱親王，爲一種因卑以達尊思維的尊敬法	中軍臨川殿下，明德茂親，總茲戎重（丘遲〈與陳伯之書〉）
閣下【97指考】	對顯貴之人的敬稱詞，表不敢當面進言，謹對其官署中的僚屬報告，爲一種因卑以達尊思維的尊敬法	閣下如此宏材大略，不出來做工點事情，實在可惜（劉鶚《老殘遊記》）
麾下	對將帥的敬稱詞，表示「不敢當面進言，謹向其指麾的帳下侍從報告」，爲一種因卑以達尊思維的尊敬法	於是項王乃上馬騎，麾下壯士，騎從者八百餘人（司馬遷《史記．項羽本紀》）

執事【97指考、101統測】	對人的敬稱詞，以左右侍從代稱秦君。乃因不敢直陳，故謹對其官署中的僚屬陳述以表示尊敬，爲一種因卑以達尊思維的尊敬法	若鄭亡而有益於君，敢以煩執事（《左傳．燭之武退秦師》）
左右	書信中對人常用的敬稱詞，謹稱其左右辦事的侍從代替，表示不敢直接陳述，委託轉告以示尊重，爲一種因卑以達尊思維的尊敬法	臣不佞，不能奉承先王之教，以順左右之心（樂毅〈報燕惠王書〉）
將軍	對軍官的敬稱詞，爲直接敬稱對方的職位法	至鴻門，謝曰：「臣與將軍戮力而攻秦，將軍戰河北，臣戰河南，然不自意能先入關破秦，得複見將軍於此。」（司馬遷《史記．鴻門宴》）
亞父	爲敬稱僚屬職位的敬稱詞，表僅次於父的地位	我持白璧一雙，欲獻項王，玉斗一雙，欲與亞父（司馬遷《史記．鴻門宴》）
足下	多用於同輩的敬稱詞	微之，微之，不見足下面已三年矣（白居易〈與元微之書〉）

夫子【97指考】	表尊敬的敬稱詞，用於師長、年長、有學行者等	孟子去齊，充虞路問曰：「夫子（孟子）若有不豫色然。」（《孟子．公孫丑下》）
先生【97指考】	用於對一般男子的敬稱詞	宋牼將之楚，孟子遇於石丘。曰：「先生將何之？」（《孟子．告子》）
請	表尊敬態度的敬詞，用於對人有所請求	顏淵曰：「回雖不敏，請事斯語矣！」（《論語．先進》）
奉	表尊敬態度的敬詞，用自己的動作涉及對方時	今故錄三泰，以先奉報（白居易〈與元微之書〉）
幸	表尊敬態度的敬詞，有慶幸之意	太尉苟以爲可教而辱教之，又幸矣！（蘇轍〈上樞密韓太尉書〉）

7 語文天地

一、形音義

湍	ㄊㄨㄢ	急速的水流	急「湍」
惴	ㄓㄨㄟˋ	憂懼戰慄	「惴」慄
耑	ㄓㄨㄢ	特地爲你專送此信。耑，專	特此「耑」送
顓	ㄓㄨㄢ	五帝之一。相傳爲黃帝之孫	「顓」頊
揣	ㄔㄨㄞˇ	猜測、設想	「揣」想
踹	ㄔㄨㄞˋ	以腳底用力踢	把門「踹」開
遄	ㄔㄨㄢˊ	疾走、快行	「遄」征
喘	ㄔㄨㄢˇ	勉強存續生命	苟延殘「喘」

施	ㄧˋ	延伸	使之西面事秦，功「施」到今
		斜行（通「迤」）	「施」從良人之所之（《孟子．離婁下》）
		延續	功「施」到今（李斯〈諫逐客書〉）
	ㄕ	實行	事無大小，悉以諮之，然後「施」行（諸葛亮〈出師表〉）
		給予	如有博「施」於民而能濟眾，何如？（《論語．雍也》）
		張揚	無伐善，無「施」勞（《論語．公冶長》）
		喜悅自得的樣子	「施施」從外來（《孟子．離婁下》）
		加	己所不欲，勿「施」於人（《論語．顏淵》）

繆		
ㄇㄡˊ	修補	未雨綢「繆」
ㄇㄨˋ	穆	昔「繆」公求士（李斯〈諫逐客書〉）
ㄌㄧㄠˊ	纏繞	山川相「繆」（柳宗元〈始得西山宴遊記〉）
ㄇㄧㄡˋ	錯誤	恩所加，則思無因喜以「繆」賞（魏徵〈諫太宗十思疏〉）

制	
規模	乃使人復葺南閣子，其「制」稍異於前（歸有光〈項脊軒志〉）
	乃重修岳陽樓，增其舊「制」（范仲淹〈岳陽樓記〉）
控制	包九夷，「制」鄢、郢（李斯〈諫逐客書〉）

適	
恰好	靖位至左僕射平章事，「適」東南蠻入奏（杜光庭〈虬髯客傳〉）
合適	快意當前，「適」觀而已矣（李斯〈諫逐客書〉）
樂	窮耳目之勝以自「適」也哉（蘇轍〈黃州快哉亭記〉）
往	使其中坦然，不以物傷性，將何「適」而非快（蘇轍〈黃州快哉亭記〉）
專主、作主（ㄉㄧˊ）	無「適」也，無莫也，義之與比（《論語．里仁》）

服	
衣物	走卒類士「服」，農夫躡絲履（司馬光〈訓儉示康〉）
佩服	百姓樂用，諸侯親「服」（李斯〈諫逐客書〉）
佩帶	「服」太阿之劍（李斯〈諫逐客書〉）

二、成語集錦

鄭衛之音	釋義：泛指靡靡之音。 義近：桑間濮上、濮上之音、靡靡之音、亡國之音 反義：華夏正聲
藉兵齎糧	釋義：指將兵器借助敵寇，把糧食送給盜賊。比喻做有利於敵人的事。 義近：藉寇齎盜、開門揖盜、太阿倒持 反義：太阿在握
民殷國富	釋義：人民殷盛，國家富足。 義近：物阜民康 反義：野有餓莩、哀鴻遍野、生靈塗炭、民不聊生
裹足不前	釋義：止足不前。 義近：畏縮不前、踟躕（ㄔˊ　ㄔㄨˊ）不前、躊躇不前、逡（ㄑㄩㄣ）巡不前【94統測】 反義：一往無前、勇往直前

8 實力健身房

1.單選（文法、句型【94統測】）

（　）下列文句中「而」字的前後，何者具有「因果關係」？

(A)逡巡「而」不敢進

(B)藉寇兵「而」齎盜糧

(C)侶魚蝦「而」友麋鹿

(D)伯牙鼓琴「而」六馬仰秣。

2.單選（文法【95統測】）

（　）下列文句，何者使用「將動詞置於名詞之後」的倒裝句法？

(A)父母惟其疾之憂

(B)約車治裝，載券契而行

(C)委肉當餓虎之蹊

(D)秦人拱手而取西河之外。

3.單選（國學【96統測】）

（　）下列關於先秦諸子學說的敘述，何者不正確？

(A)韓非思想以「法」爲重，是法家集大成者

(B)孔子雖身處亂世，卻始終懷抱仁民愛物的理想

(C)莊子認爲必須擺脫名利的束縛，才能獲得精神的自由

(D)孟子師事於孔子，莊子受業於老子，韓非從學於荀子。

4.多選（字義【102指考】）

（　）下列各組文句「　」內的字，前後意義相同的選項是：

(A)「弱」國入朝／天下非小「弱」也

(B)罰加乎「姦」令／「姦」臣猶有所譎其辭

(C)「食」以草具／「食」之，比門下之魚客

(D)天下皆知美之「爲」美／生而不有，「爲」而不恃

(E)百姓樂用，諸侯親「服」／「服」太阿之劍，乘纖離之馬。

5.非選（字義【96指考】）

請將下列文言文譯爲語體文，並注意新式標點的正確使用：

是以泰山不讓土壤，故能成其大；河海不擇細流，故能就其深；王者不卻眾庶，故能明其德。是以地無四方，民無異國，四時充美，鬼神降福，此五帝三王之所以無敵也。今乃棄黔首以資敵國，卻賓客以業諸侯，使天下之士，退而不敢西向，裹足不入秦，此所謂藉寇兵而齎盜糧者也。

（李斯〈諫逐客書〉）

解答及名師解析

1. (D)

解析：

(A)可是、然而。(B)(C)連詞，無義。(D)所以；伯牙鼓琴爲因，六馬仰秣爲果。

2. (A)

解析：

「將動詞置於名詞之後」乃文言文中常見的倒裝句法，爲了凸出賓語，把賓語提前，並在賓語和動詞間加上「是」或「之」，有些更在前置的賓語前加上「惟」，形成「惟……之（是）……」的句式。

(A)父母惟其疾之憂：父母惟憂其疾，將動詞「憂」置於名詞「其疾」之後的倒裝用法。論語爲政(B)(C)(D)則無倒裝用法。

3. (D)

解析：

(D)老子、孔子活動於春秋中葉五六百年間，而孟子、莊子活動於戰國時代，所以孟子並未師事於孔子，莊子也非直接受業於老子，僅韓非直接從學於荀子。

4. (A)(C)

解析：

(A)力量薄弱。(B)觸犯（法令）／陰險狡猾。(C)拿食物給人吃。(D)是／有所作爲。(E)順從／佩戴。

5. 參考語譯：所以泰山不捨棄任何小土壤，才能成就它的高大；河海不捨棄任何小水流，才能成就它的深廣；想要稱王天下的人，不拒絕眾民，才能顯揚他的盛德。所以地域不分東西南北，人民不分本國外國，國家時時充實而美好，鬼神也降臨福澤，這就是五帝三王何以無敵於天下的原因！現在您竟然拋棄人民來幫助敵國，辭退客卿讓他們幫助其他諸侯建立功業，使天下的賢才退避不敢向西侍奉秦國，停住腳步，從此不踏入秦國，這樣就是所謂：借兵器給敵人，送糧食給盜賊啊！

5 漁父

◎屈原

1 大考關注

【字詞義、字音：101學測、103、101、100、99、91統測及98指考】

★「傴」僂提攜：ㄩˇ。傴僂：彎腰駝背。

★彼眾昏之日，「固」未嘗無獨醒之人也：本來。

★安能以身之「察察」，受物之「汶汶」者乎→「察察」：潔淨的樣子。「汶汶」：ㄨㄣˋ ㄨㄣˋ，汙濁的樣子。

★何不餔其糟而「歠」其釃：ㄔㄨㄛˋ。

★鼓「枻」而去：ㄧˋ。

★理解文句「聖人不凝滯於物，而能與世推移」：古往今來的聖人，都不被任何事物拘限，而能順時事變遷，隨世俗而移轉。此屬於道家意義的聖人，主張順應自然、清靜無爲。

★「舉」世皆濁我獨清：全。

【修辭運用：95指考】

★屈原〈漁父〉中的歌謠「滄浪之水清兮，可以濯吾纓；滄浪之水濁兮，可以濯吾足」：化用。

【閱讀理解、國學：101、91學測、100、98統測及102、101、95指考】

★「滄浪之水清兮，可以濯吾纓；滄浪之水濁兮，可以濯吾足」：反映古代士大夫對於「出仕」或「退隱」的態度。

★中國古典詩歌的發展，先秦時期有北方的詩經與南方的楚辭，前者句型以「四言」爲主，自有莊重之音；後者則以帶有「兮」字的語氣詞構句，別成曼妙之調。

★論語：「子謂顏淵曰：『用之則行，舍之則藏，唯我與爾有是夫！』」反映古代士大夫對於「出仕」或「退隱」的態度，「滄浪之水清兮，可以濯吾纓；滄浪之水濁兮，可以濯吾足」和這種態度相關。

★「何處招魂，香草還生三戶地；當年呵壁，湘流應識九歌心」：描繪的人物爲戰國屈原。

★考現代詩中吟詠的人物：屈原與楚辭。

★「濯纓濯足」、「汨羅」、「屈原」等，與屈原〈漁父〉「滄浪」相關。

【文章解讀：99指考】

★〈漁父〉中的屈原形貌描述方法與其所凸顯的性格特徵？

★閱讀蔣勳〈關於屈原的最後一天〉文字，說明其屈原形貌描述方法與其所凸顯的性格特徵？

2 文章解讀

屈原是中國文學史上最重要的文學家之一，因爲他有兩項劃時代的創舉：

第一、屈原「**創造了一種文體**」：屈原**跳出**《詩經》四字句的框架，改以五言、七言、雜言來創作，同時採用華麗的辭藻、排比的句式，大量融入各種楚國元素，使文章呈現一種瑰麗奇幻的風格，後人把這種絕美文體，稱爲**《楚辭》**，《文心雕龍》以「自鑄偉詞」來稱讚屈原的成就。

第二、屈原「**引領了一項傳統**」：屈原被逐後，懷著滿腹牢騷委屈，寫下一系列的作品。在這些作品中，屈原除了強調自己的清白，更**毫不掩飾自己遭到君王冷落的失望之情**，這種坦率，撫慰了後世無數同樣遭遇的文人，造就了〈始得西山宴遊記〉、〈赤壁賦〉等佳作。於是，被貶者藉文章表明心志的貶謫文學，便成爲中國文學史上的一項傳統。

〈漁父〉一文，韻散相間，兩兩一組的對句，可以令人一窺《楚辭》的文章風格。全文運用大量的對比映襯，凸顯「正邪不能兩立」的主題：就道德操守而言，屈原把自己跟朝中小人做了對比，說明**清白正義不可能與邪惡汙濁並存**；就處事態度而言，屈原則把自己跟道家人物對比，說明自己以正直爲榮，不可能採用道家隨波逐流的生存之道。

3 文章精析

一 屈原既**放**，游於江潭，行吟澤畔，[3]**顏色**憔悴，形容枯槁。漁**父**(ㄈㄨˇ)見而問之曰：「[2]子非

放：放逐。
顏色：指人的臉色、氣色。

段旨

一 描寫屈原被放逐後的愁苦形象，與漁父的第一次對談。

翻譯

一 屈原被放逐之後，遊蕩徘徊在湘江潭水邊，他邊走邊悲嘆，臉色愁苦，形體容貌枯瘦。漁夫看見他就問說：

二 敘述漁父勸導屈原在亂世中應隨俗無爭而不與之對立的立命哲學，以及漁父第二次的問話。

三 寫屈原回應漁父，自己因爲執著理想與堅守節操，所以寧死也不願隨俗沉浮、折節保生。

三閭（ㄌㄩˊ）大夫與？何故至於斯？」屈原曰：「[1]舉世皆濁我獨清，眾人皆醉我獨醒，是以見放。」

三閭大夫：楚國掌管昭、屈、景等三姓王族事務之官。
舉：全。【91統測】
放：放逐。【101統測】

二 漁父曰：「聖人不凝滯於物，而能與世推移。[2]世人皆濁，何不淈（ㄍㄨˇ）其泥而揚其波？眾人皆醉，何不餔（ㄅㄨ）其糟而歠（ㄔㄨㄛˋ）其釃（ㄌㄧˊ）？[2]何故深思高舉，自令放爲？」

聖人不凝滯於物：聖人不執著於任何事物。
文意。【100統測】
淈：攪渾。
餔，吃。糟，酒渣。歠，通「啜」，喝。釃，通「醨」，薄酒。【98指考】
爲：句末疑問助詞，呢？

三 屈原曰：「吾聞之：新沐者必彈冠，新浴者必振衣，[1]安能以身之察察，受物之汶汶（ㄨㄣˊ ㄨㄣˊ）者乎？寧赴湘流，葬於江魚之腹中，[1]安能以皓皓之白，而蒙世俗之塵埃乎？」

沐：洗頭髮。
察察：潔淨的樣子。【101統測】
汶汶：骯髒的樣子，此處作玷汙。【101統測】
皓皓：潔白的樣子，此喻高潔的人格。

「你不是三閭大夫嗎？爲什麼淪落到這個地步？」屈原回答道：「整個世道都貪婪汙濁，只有我清高乾淨，眾人都沉醉麻木，只有我清醒明理，因此我被放逐。」

二 漁夫勸他說：「聖人不執著於任何事物，而能隨著世俗進退應變。若世上的人都貪婪汙濁，爲何不攪渾這世間的汙泥來掀動波瀾（與世俱濁）？眾人都沉醉麻木，您何不也吃酒糟且喝薄酒呢（與眾同醉）？爲何要思慮深遠，舉止高潔，使自己被放逐呢？」

三 屈原回答說：「我聽說：剛洗過頭髮的人（戴帽子前）一定會先彈去帽子上的灰塵，剛洗過澡的人（穿衣服前）一定會抖去衣服上的塵土，怎麼能讓潔淨的身體，受到世俗外物的玷汙而骯髒呢？我寧願投入湘江急流裡，葬身在江魚腹中，怎能讓我高潔清白的人格，去蒙受世俗的塵埃汙染呢？」

四 漁父鼓枻歌別，重申人應與世推移的處世態度，反襯出屈原堅持理想、明辨是非的濟世決心。

四 漁父莞爾而笑，鼓枻而去，歌曰：「滄浪之水清兮，可以濯吾纓；滄浪之水濁兮，可以濯吾足。」遂去，不復與言。

枻（一ˋ）：船槳。【99統測】
滄浪（ㄘㄤ ㄌㄤˊ）：漢水的下游別稱。
濯（ㄓㄨㄛˊ）：洗滌。
纓（一ㄥ）：帽帶。
文意：與世推移的處世之道。【101指考】

四 漁夫聽後微微一笑，划動船槳離去，唱著歌道：「滄浪的水清澈啊（喻世道清明），可以用來清洗我的帽帶（喻積極用世）；滄浪的水汙濁啊（喻世道昏亂），可以用來清洗我的汙腳（喻洗塵隱遁）。」於是就離開了，不再和屈原說話。

文法修辭提示

1. 映襯
   - 舉世皆濁我獨清，眾人皆醉我獨醒
   - 滄浪之水清兮，可以濯吾纓；滄浪之水濁兮，可以濯吾足
   - 安能以身之察察，受物之汶汶者乎（兼設問、類疊）
   - 安能以皓皓之白，而蒙世俗之塵埃乎（兼設問、類疊）
2. 設問
   - 子非三閭大夫與?何故至於斯
   - 世人皆濁，何不淈其泥而揚其波?眾人皆醉，何不餔其糟而歠其釃
   - 何故深思高舉，自令放為
3. 對偶
   - 顏色憔悴，形容枯槁

4 作者介紹

屈原

作者	戰國 屈原【102指考】
籍貫	戰國楚人
生平經歷	1.三閭大夫，系出名門 屈原在〈離騷〉中，指出自己身世。說：「帝高陽之苗裔兮，朕皇考曰伯庸。」〈離騷〉中自述「名余曰正則兮，字余曰靈均」之句，遂有屈原一名正則，字靈均之說。 屈原，是楚國貴族，他在楚懷王時，擔任楚國公族「昭、景、屈」三姓的門閭，稱為三閭大夫，深獲懷王信任。

生平經歷	2.兩次放逐，懷憂自沉 屈原博學多能，擅長外交辭令，曾經擔任楚懷王的左徒，參與內政外交的決策，深受信任。政治上主張聯齊抗秦，與朝廷親秦派不合。後因上官大夫爭寵，向懷王進讒言，便被疏遠，轉任三閭大夫，掌管楚宗室昭、屈、景三姓的宗族事務。後來又受排擠，流放到漢水以北地區。忠而被讒，乃作〈離騷〉，抒發憂愁幽思。 頃襄王繼位，屈原再度遭讒言，被流放到今湖南洞庭湖、湘、沅流域一帶。至頃襄王二十一年，秦將白起舉兵攻郢，屈原不忍親見國家危亡，於是作〈懷沙〉之賦，自沉於汨羅之淵。
文學成就	1.屈原是中國文學史上的傑出詩人，運用誇張手法、奇特的想像，在詩經的寫實傳統外，開創了浪漫抒情的風格。他應用楚地的歌謠，創造了句式參差，多用「兮」字的騷體（亦稱為楚辭體），有別於詩經的四言格式，對漢賦的產生有直接影響。 2.所著〈離騷〉、〈遠遊〉、〈天問〉、〈卜居〉、〈漁父〉等各一篇、〈九歌〉十一篇、〈九章〉九篇等二十五篇，東漢王逸將屈原與宋玉、賈誼等人的作品合編，並加注釋，稱為《楚辭章句》，流傳甚廣。 3.屈原作品與《詩經》同為中國古代文學的最高典範，《史記》說：「〈國風〉好色而不淫，〈小雅〉怨誹而不亂若離騷者，可謂兼之也。」

5 國學常識

屈原與漁父形象、《詩經》與《楚辭》的比較

一、以漁父凸顯屈原形象【102指考】

人物	屈原	漁父
處世態度	堅持自己的理想，明辨是非，一種「寧死不屈」的處世態度。	因時而異，與客觀現實相適應，一種「超然自得」的處世智慧。
主客精神與形象	主答：屈原的回答，代表儒家仁者積極濟世的典型。 1.執著理想的淑世精神。 2.潔身自愛，不與世俗同流合汙的崇高風骨。 3.於亂世中獨清獨醒，最後滿懷悲憤，投江自盡，呈現凜然不苟的人格形象。	客問：漁父的提問，象徵道家處世隨機應變的智者形象。 1.體悟「曲則全、枉則直」的政治藝術。 2.隨世俗進退轉移，悠遊自得的處世智慧。 3.於亂世中自主灑脫，展現保全性命的逍遙形象。

二、《詩經》與《楚辭》的比較【91學測】

類別	詩經	楚辭
地域	黃河流域，北方文學代表	長江流域，南方文學代表
時代	西周初年至春秋中葉，約五百年。	戰國時代

作者	由採詩、獻詩而來，作者多不可考。	有戰國時屈原、宋玉、景差等；漢代賈誼、東方朔等人。
成書	孔子以前已流傳於魯國，經孔子整理後，遂爲定本。	西漢劉向取屈原、宋玉、景差、賈誼等人的作品合爲一集，定名爲《楚辭》。
內容	1.風（十五國風） 2.雅（大雅、小雅） 3.頌（周頌、魯頌、商頌） 共三百一十一篇，其中六篇有目無辭。	有〈離騷〉、〈天問〉、〈卜居〉、〈遠遊〉、〈國殤〉、〈九歌〉、〈九章〉等。
句式	1.以四言詩爲主。 2.多短句疊字，重章複遝。	1.以六、七言最多，亦有四言、五言、八言等句型。 2.多長句駢語，句型參差。
語助詞	無固定的語助詞	多用「兮」、「些」、「只」等語助詞
取材	社會生活（平民文學）	個人情志幻想（貴族文學）
風格	質樸寫實，溫柔敦厚	浪漫神祕，文字鋪張美化
價值	1.中國韻文之祖，純文學之祖 2.中國最早之詩歌總集 3.四庫全書列爲經部	1.開後世漢賦的先河 2.辭賦之祖 3.四庫全書列爲集部之首

6 文法修辭

設問

定義：語文中，故意採用詢問語氣，以引起對方注意的一種修辭技巧，叫做設問法。又可分爲：

1. 提問：作者先假設問題，激發讀者疑惑，再說出答案。有引起注意、加深印象、凸顯論點、啓發思考的效用。
2. 激問：又叫做「反問」或「詰問」，爲激發本意而問，表面上雖然沒有說出答案，其實仔細想一想，答案正在問題的反面，所以「問而不答」。

★子非三閭大夫與？何故至於斯？→提問（屈原〈漁父〉）

★何故深思高舉，自令放爲？→提問（屈原〈漁父〉）

★世人皆濁，何不淈其泥而揚其波？眾人皆醉，何不餔其糟而歠其釃→激問（屈原〈漁父〉）

★安能以身之察察，受物之汶汶者乎？安能以皓皓之白，而蒙世俗之塵埃乎？→激問（屈原〈漁父〉）

★臣死且不避，卮酒安足辭→激問（司馬遷〈鴻門宴〉）

7 語文天地

一、形音義

字	音	義	例
掘	ㄐㄩㄝˊ	挖取	挖「掘」
淈	ㄍㄨˇ	攪渾	「淈」泥揚波
崛	ㄐㄩㄝˊ	突起	「崛」起
倔	ㄐㄩㄝˊ	強硬	「倔」強（強，音ㄐㄧㄤˋ）
	ㄐㄩㄝˋ	言語粗直、強硬不屈的樣子	「倔」脾氣

字	義	例
見	看見	漁父「見」而問之曰
	通「現」，音ㄒㄧㄢˋ，表現、表達	寄身於翰墨，「見」意於篇籍。（曹丕《典論．論文》）
	被	是以「見」放
	見解、見識	獨有諸葛亮識「見」勝我（羅貫中《三國演義．用奇謀孔明借箭》）
	置於動詞之上，稱代動詞之下所省略的賓語	都督「見」委，自當效勞（羅貫中《三國演義．用奇謀孔明借箭》）

字	義	例
舉【101統測】	全、整個	「舉」世皆濁我獨清，眾人皆醉我獨醒
	舉止	何故深思高「舉」，自令放爲？
	推舉	先帝稱之曰能，是以眾議「舉」寵爲督（諸葛亮〈出師表〉）

字	音	義	例
行	ㄒㄧㄥˊ	走、走路、動身	三人「行」，必有我師焉（《論語．述而》）
			載券契而「行」（《戰國策．馮諼客孟嘗君》）
		移動	浮雲終日「行」，遊子久不至（杜甫〈夢李白〉）
		前進	楚軍「行」略定秦地（《史記．鴻門宴》）【按：一解爲「將」】
		經歷	「行」年四歲，舅奪母志（李密〈陳情表〉）
		統率	子「行」三軍，則誰與（《論語．述而》）
		實踐	汝非徒身當服「行」，當以訓汝子孫（司馬光〈訓儉示康〉）
		行爲、作爲	「行」己有恥，使於四方，不辱君命：可謂士矣（《論語．子路》）
			言有召禍也，「行」有招辱也（《荀子．勸學》）
			觀李郎之「行」，貧士也（杜光庭〈虬髯客傳〉）
			大「行」不顧細謹，大禮不辭小讓（《史記．鴻門宴》）

行	ㄒㄧㄥˊ	斟酒、敬酒	或三「行」，五行，多不過七行（司馬光〈訓儉示康〉） 食畢，「行」酒（杜光庭〈虯髯客傳〉）
		樂府詩的一種體裁	琵琶「行」（白居易〈琵琶行〉）
		又、且	空乏其身，「行」拂亂其所爲（《孟子．告子下》）
		德行	子以四教：文、「行」、忠、信（《論語．述而》） 將軍向寵，性「行」淑均（諸葛亮〈出師表〉）

二、成語集錦

與世推移	隨著世俗而推進移動。
濯纓濯足	喻榮辱全由個人自取。

8 實力健身房

1. 單選（字音【99統測】）

（　）下列文句「　」內字的讀音，何者正確？
(A)鼓「枻」而去：ㄧˋ
(B)「愀」然變色：ㄐㄧㄡ
(C)奉「檄」守禦：ㄐㄧㄠˇ
(D)夕「舂」未下：ㄓㄨㄤ。

2. 單選（閱讀理解【100統測】）

閱讀下文，推斷下列選項何者最接近其要旨？
「干雲蔽日之木，起於蔥青。禁微則易，救末者難，人莫不忽於微細，以致其大」。（《後漢書．丁鴻列傳》）
(A)泰山不讓土壤，故能成其大
(B)大行不顧細謹，大禮不辭小讓
(C)聖人不凝滯於物，而能與世推移
(D)天下之事，常發於至微，而終爲大患。

3. 單選（閱讀理解【101指考】）

《論語》：「子謂顏淵曰：『用之則行，舍之則藏，唯我與爾有是夫！』」反映古代士大夫對於「出仕」或「退隱」的態度，下列文意和這種態度最不相關的選項是
(A)邦有道，則仕；邦無道，則可卷而懷之
(B)滄浪之水清兮，可以濯吾纓；滄浪之水濁兮，可以濯吾足
(C)臣本布衣，躬耕於南陽，苟全性命於亂世，不求聞達於諸侯
(D)夫人之相與，俯仰一世，或取諸懷抱，晤言一室之內；或因寄所託，放浪形骸之外。

4. 單選（閱讀理解【102指考】）

（　）古人常有手書前人名句的習慣，下列不可能發生的

選項是

(A)劉基手書「諮諏善道，察納雅言」

(B)韓愈手書「蓋文章，經國之大業，不朽之盛事」

(C)陶淵明手書「山不在高，有仙則名；水不在深，有龍則靈」

(D)王安石手書「滄浪之水清兮，可以濯吾纓；滄浪之水濁兮，可以濯吾足」。

5. 單選（國學【95指考】）

甲、□□的秋水深淺／怎樣測得出一尾魚的體溫／想想莫非自得其樂／泥塗之龜／畢竟要比供奉楚廟活得自由。

乙、我的靈魂要到□□去／去洗洗足／去濯濯纓／去飲我的黃驃馬／去聽聽伯牙的琴聲／我的靈魂要到汨羅去／去看看我的老師老屈原／問問他認不認得莎孚和但丁／再和他同吟一葉蘆葦／同食一角米粽。

丙、雨潤過／飛白／藍天在／裱褙整張下午／柳枝老是寫著／一個燕字／而青蟲死命地讀／蛛網那本／線裝的□□／生門何在／卦象平平。

上引三段現代詩，□□處依序最適合填入的選項是：

(A)屈原／滄浪／易經

(B)屈原／天池／詩經

(C)莊子／滄浪／易經

(D)莊子／天池／詩經。

解答及名師解析

1. (A)

解析：(B)ㄑㄧㄠˇ。(C)ㄒㄧˊ。(D)ㄔㄨㄥ。

2. (D)

解析：

題幹語譯：高聳入雲的大樹，也是由剛露芽的小樹長成的。把不良風氣抑制在萌芽之初很容易，讓其發展到一定程度再來解決就相當困難。人們經常忽略了微小的事情，而造成莫大禍患。

(A)語譯：泰山不排除細小的土石，所以能那麼高。出自李斯〈諫逐客書〉。

(B)語譯：做大事情不必顧慮細枝末節，講大禮不必講究小的禮讓。出自司馬遷〈鴻門宴〉。

(C)語譯：聖人不會拘執於外物，能夠隨著世人而轉移變化。出自屈原〈漁父〉。

(D)語譯：天下的事情，常常從最微小的地方發生，最後卻成爲大禍害。出自方孝孺〈指喻〉。

3. (D)

解析：

題幹語譯：用之則行，舍之則藏：受重用時，就展露才華實踐理想；不受重用時，就隱居進德修業。只有我和你能做到！

(A)「國家政治清明時，他就出來做官，國家政治黑暗時，他就藏而不露地懷才隱居」爲孔子讚美蘧伯玉出仕、退隱態度的語詞。出自《論語・衛靈公》。

(B)「滄浪的水清，可以洗我的帽纓；滄浪的水濁，可以洗我的腳」爲漁父與世推移、或仕或隱的應世態度。出自屈原〈漁父〉。

(C)「臣亮本是一介平民，在南陽親自耕種，只求亂世中苟全性命，不求名顯於諸侯」描述諸葛亮出仕前隱居躬耕南陽時，「舍之則藏」的態度。出自諸葛亮〈出師表〉。

(D)「人與人的相處，一生周旋往來，有的人喜歡與朋友在室內相聚暢談，訴說自己的心意情懷；有的人寄情於所喜好的事物，言行放縱不受禮俗的拘束」爲王羲之談論不同的個性者對追求生活快樂的不同選擇，與仕、隱無關。出自王羲之〈蘭亭集序〉。

4. (C)

解析：

(A) 劉基爲明代人，引文爲「三國」諸葛亮的《前出師表》。

(B) 韓愈爲唐代人，引文爲「三國」曹丕的《典論・論文》。

(C) 陶淵明爲南朝劉宋人，引文爲「中唐」劉禹錫的〈陋室銘〉。

(D) 王安石爲北宋人，引文爲「戰國」屈原的〈漁父〉。

---

5. (C)

解析：

甲、由「秋水篇」、「知魚之樂」、「曳尾泥中之龜」皆可知所指爲「莊子」。出自羊令野〈秋興外一章〉。

乙、「濯纓濯足」、「汨羅」、「屈原」種種線索，知道這個讓他飲水洗濯的地方，應爲「滄浪」。屈原〈漁父〉：「滄浪之水濁兮，可以濯吾足」。

丙、由「卦象」可以明白應指《易經》。出自鄭愁予《易經》。

6 馮諼客孟嘗君

◎《戰國策》

1 大考關注

【字詞義、字音、成語：102、101、85學測、102、100統測及103、102、97、94、92指考】

★於是梁王虛「上」位，以故相爲上將軍：地位高。

★齊國「放」其大臣孟嘗君於諸侯：放逐。

★左右以君「賤」之也，食以草具：輕視。

★（孟嘗君）謝曰：文倦於事，憒於憂，而性懧愚，沉於國家之事，開罪於先生。先生「不羞」，乃有意欲爲收責於薛乎：「不羞」指對方不覺遭受屈辱，爲敬稱之詞。

★「乃」臣所以爲君市義也：是，動詞。

★三窟已「就」，君姑高枕爲樂矣／功成名「就」，衣錦還鄉：成。

★孟嘗君「固」辭不往也：堅決。

★「憒」的字音：ㄎㄨㄟˋ，心思煩亂。

★「食」以草具／「食」之，比門下之客：拿東西給人吃。

★虛位以待：留著位子等候有才德者。

【文意理解：104、99學測及99、98、95指考】

★孟嘗君爲相數十年，無纖介之禍者，馮諼之計也→屬於因果關係中的「先果後因」。

★因果關係的分別→孟嘗君爲相數十年，無纖介之禍者，馮諼之計也（先果後因）。

★孟嘗君對馮諼說：「文倦於事，憒於憂，而性懧愚，沉於國家之事，開罪於先生。先生不羞，乃有意欲爲收責於薛乎」：敘說者並非選用「讚美對方」的技巧，以達成交際目的的選項。

★（齊王）謝孟嘗君曰：「寡人不祥，被於宗廟之祟，沉於諂諛之臣，開罪於君。寡人不足爲也，願君顧先王之宗廟，姑反國統萬人乎？」：低聲下氣的懇求態度。

★馮諼詐稱孟嘗君之命，「以責賜諸民，因燒其券」，反映出道義重於私利的政治觀點。

【修辭：99統測及102、97指考】

★孟嘗君怪其疾也，「衣冠」而見之：轉品，名詞做動詞用。

★「先生」不羞，乃有意欲爲收責於薛乎：敬詞。

★誰息計會，能爲文收責於薛者乎：疑問句。

★考與「諸民當償者」造句方式相同的文句。

【國學：103學測及100、98統測】

★《戰國策》

★考史書體例的辨認，如：紀傳體、編年體。

【簡答：98指考】

說明孟嘗君、左右之人、馮諼的心態。

【文章解讀】

★《馮諼客孟嘗君》第一段用層遞手法描寫了孟嘗君、左右之人、以及馮諼的心態。請閱讀後，仔細推敲，分別說明三者的心態。

2 文章解讀

《戰國策》是描述戰國策士以雄辯說服君王，在政治上施展謀略的文章，眞實成分很高，稍微參雜了虛構成分，是司馬遷寫《史記》時，很重要的資料來源。

策士以說服人爲業，所以言語必須能夠打動人心，爲了這個目的，言之成理是最基本的要求，但有時也得虛張聲勢。所以《戰國策》的文章，往往**雄奇排宕**，**具有滔滔不絕的氣勢**。跟其他敘事文相比，人物對話「善用譬喻」、「充滿懸念」是《戰國策》最大的特點，這使得文章「語言活潑」、「敘事生動」，在人物語言與人物形象刻劃上，取得極出色的成就。

上述這些特點，在〈馮諼客孟嘗君〉一文都有很好的表現。篇首馮諼寄食孟嘗君，從各種門客待遇的描述，可以看出戰國特有的養士文化，這是「**史料價値層面**」。接著用層遞的方式，塑造了馮諼與孟嘗君的鮮明形象，這是「**人物性格刻劃層面**」。馮諼行前請問，是「燒券市義」的前奏，反映出策士思慮縝密的行爲特質，此後的「焚券市義」，出人意表，引人好奇，讓讀者想繼續一探究竟，這種技巧就是所謂的「**懸念**」。文章後續發展，逐步應證馮諼的遠見，最後馮諼多方籌劃，終於使孟嘗君立於不敗之地，充分展現一位「**策士**」的，體現「**士爲知己者死**」的人生價値。「狡兔三窟」的譬喻，更點出《戰國策》文章「譬喻生動」的特點。

全文旨在凸顯馮諼作爲一名策士的傑出表現。孟嘗君的好客與得勢失勢，左右之人的態度轉變，都只是烘托馮諼的配角而已，閱讀文章時，宜特別留意。

段旨

一 馮諼寄食孟嘗君門下的經過——以抑筆描寫馮諼之「貪婪」和「無能」。利用層遞法描寫馮諼、孟嘗君、左右之人的形象，極為出色。

・馮諼無好又無能，卻敢「彈鋏三嘆」，求食、求車、求家，需索無度；

・左右之人從輕視、嘲笑，乃至厭惡馮諼；

・孟嘗君一再容忍包涵，凸顯其雅量和氣度。

三組描寫互相襯托，使人物形象更為生動。【98指考】

3 文章精析

一 齊人有馮諼者，貧乏不能自存，使人屬孟嘗君，願寄食門下。孟嘗君曰：「客何好？」曰：「客無好也。」曰：「客何能？」曰：「客無能也。」孟嘗君笑而受之，曰：「諾！」[1]左右以君[2]賤之也，食以草具。居有頃，倚柱彈其劍，歌曰：「長鋏歸來乎！食無魚！」左右以告。孟嘗君曰：「食之，比門下之客。」居有頃，復彈其鋏，歌曰：「長鋏歸來乎！出無車！」左

- 自存：養活自己。
- 屬（ㄓㄨˇ）：通「囑」，囑託。
- 好（ㄏㄠˋ）：愛好。
- 左右：借代為侍從。
- 食（ㄙˋ）以草具：食，施食與人。草具，粗劣的飲食。食以草具即「以草具食之」。【102指考】
- 倚：靠。
- 居有頃：過了不久。居，經過。【93統測】
- 鋏（ㄐㄧㄚˊ）：劍柄，借代為劍。【94指考】
- 歸來乎：回去吧！
- 食（ㄙˋ）之：供給飲食。【102指考】
- 比：比照。

翻譯

一 齊國人馮諼，窮到不能養活自己，便請人告訴孟嘗君，願意寄食在孟嘗君門下。孟嘗君問（來請託的人）說：「客人有什麼喜好？」回答說：「他沒什麼喜好。」又問：「客人有什麼才能？」回答說：「也沒什麼才能。」孟嘗君笑著接受了這件請託，說：「可以！」左右之人因為孟嘗君輕賤馮諼，所以用粗劣的飲食接待他。過了一陣子，馮諼靠著柱子、彈著劍，自言自語唱道：「長劍呀，（我們）回去吧！飯裡沒有魚！」左右之人告訴孟嘗君這件事。孟嘗君說：「給他魚吃，比照門下食客。」過了不久，馮諼又彈著劍，唱道：「長劍呀，（我們）回去吧！出門沒車子坐！」左右的人都嘲笑馮諼，報

右皆笑之，以告。孟嘗君曰：「為之駕，比門下之車客。」於是，[4]乘其車，揭其劍，過其友，曰：「孟嘗君[5]客我！」後有頃，復彈其劍鋏，歌曰：「長鋏歸來乎！無以為家！」左右皆惡之，以為貪而不知足。孟嘗君問：「馮公有親乎？」對曰：「有老母！」孟嘗君使人給其食用，無使乏。於是馮諼不復歌。

以告：即「以之告之」，把這件事告訴孟嘗君。
為之駕：為他備車馬。駕，動詞，準備車馬。
揭：高舉。
過：拜訪。
客我：納我為客。
無以為家：無法養家。
給（ㄐㄧˇ）：供給。
乏：匱乏。

二 後，孟嘗君出記，問門下諸客：「誰習計會能為文收責於薛者乎？」馮諼署曰：「能！」孟嘗君怪之，曰：「此誰也？」左右曰：「乃歌夫長鋏歸來者也。」孟嘗君笑

記：文書、文告。
計會：即會計、算帳。
責（ㄓㄞˋ）：通「債」。
薛：國名，孟嘗君的封地。
者乎：本句屬疑問句。【102指考】
署：簽字。
怪之：感覺詫異。怪之，即「以之為怪」。
夫：發語詞，語意為「那個」。

二 馮諼自告奮勇，願收債於薛。收債一事，使馮諼之才有了發揮餘地。馮諼「以何市而反」一問，引出孟嘗君「視吾家所寡有者」一答，為下文「焚券市義」留下伏筆。

告孟嘗君這件事。孟嘗君交代：「為他駕車，比照門下乘車之客。」於是，馮諼乘著新車，高舉寶劍，拜訪朋友，（對朋友）說：「孟嘗君納我為客！」後來沒多久，馮諼又彈著劍，唱道：「長劍呀，（我們）回去吧！無法養家！」左右的人都討厭馮諼，認為他貪婪而不知足。孟嘗君問說：「馮公有親人嗎？」回答說：「有老母。」孟嘗君派人供給馮諼老母的飲食日用，不使困乏。於是馮諼不再唱歌。

二 後來，孟嘗君發出告示，詢問門下食客：「誰熟習會計業務，能幫我到薛地收債呢？」馮諼在告示上簽名，說：「我可以！」孟嘗君覺得奇怪，問道：「此人是誰呢？」左右答說：「就是那個唱『長劍呀，（我們）回去吧』的那個人啊！」孟嘗君笑著說：

三 焚券市義，收買民心——第一窟。

馮諼「焚券市義」，收攬民心。孟嘗君得知後雖然不悅，卻未加苛責，展現寬大的心胸。後段急轉直下，孟嘗君遭貶，市義之效浮現，由此可見馮諼的先見之明。

曰：「客果有能也。吾負之，未嘗見也。」請而見之，謝曰：「文倦於事，憒於憂，而性懧愚，沉於國家之事，開罪於先生。先生不羞，乃有意欲爲收責於薛乎？」馮諼曰：「願之！」於是，約車治裝，載券契而行，辭曰：「責畢收，以何市而反？」孟嘗君曰：「視吾家所寡有者！」

- 負：虧欠。
- 謝：道歉。
- 憒（ㄎㄨㄟˋ）：昏亂、糊塗。【100統測】
- 懧（ㄋㄨㄛˋ）：同「懦」，懦弱。
- 沉：沉湎。
- 不羞：不引以爲羞恥。敬稱詞。【94指考】
- 乎：自謙的語氣。【99指考】
- 約車：準備車輛。
- 治裝：打理行裝。
- 券契（ㄑㄩㄢˋ ㄑㄧˋ）：指債券。【96學測】
- 以何市而反：市，購買，轉品（名→動）。以何市而反，即「市何而反」，買什麼回來。

三 驅而之薛。使吏召諸民當償者，悉來合券。券遍合，起矯命以責賜諸民，因燒其券，民稱萬歲。長驅到齊，晨而求見。孟嘗君怪其疾也，衣冠而見之，曰：「責畢收乎？來何疾也！」曰：「收畢矣！」「以何

- 之：至、抵達。解爲「往」亦可通。
- 諸民當償者：即當償之諸民，爲倒裝句型。【99統測】
- 悉：全部。
- 合券：合驗債券，即對帳。
- 矯命（ㄐㄧㄠˇ）：詐稱孟嘗君的命令。矯，假託、詐稱。
- 長驅：一路趕車，直至終點。
- 衣冠（ㄧˋ ㄍㄨㄢ）：穿好衣服、戴好帽子。以此表示敬意。衣冠，轉品（名→動）。【99、92指考】

「這位門客果然有本事！我虧欠了他，竟不曾接見過他。」於是便請來馮諼，當面向他道歉說：「我因處理政事而體力不濟、心煩意亂，生性懦弱愚昧，全副精神都專注在國家大事上，因此（不曾接見您），得罪了先生。先生不以爲意，竟然願意爲我到薛地收債嗎？」馮諼說：「願意。」於是備妥車輛，整理行裝，載滿債券出發，行前向孟嘗君辭行，問：「債款收齊後，該買什麼回來呢？」孟嘗君說：「看我家中缺什麼，就買吧！」

三 （一行人）駕車到了薛地。馮諼叫官吏召集必須還債的人，全都來合券。債券全都核驗後，馮諼假傳（孟嘗君的）命令，把債金賜給人民，於是燒掉債券，人民高呼萬歲。之後，一路趕車回到齊國，在清晨求見孟嘗君。孟嘗君詫異於馮諼的神速，特地穿戴整齊接見馮諼，問：「債款收齊了嗎？回來得眞快呀！」馮諼回答：「收齊了！」

市而反？」馮諼曰：「君云視吾家所寡有者。臣竊計君[7]宮中積珍寶，狗馬實外廏，美人充下陳。君家所寡有者以義耳！竊以為君市義。」孟嘗君曰：「市義奈何？」曰：「今君有區區之薛，不拊（ㄈㄨˇ）愛[8]子其民，因而賈（ㄍㄨˇ）利之。臣竊矯君命，以責賜諸民，因燒其券，民稱萬歲，乃臣所以為君市義也。」孟嘗君不說，曰：「諾！先生休矣！」後朞（ㄐㄧ）年，齊王謂孟嘗君曰：「[9]寡人不敢以先王之臣為臣！」孟嘗君就國於薛，未至百里，民扶老攜幼，迎君道中。孟嘗君顧謂馮諼曰：「先生所為文市義者，[10]乃今日見之。」

- 竊計：私底下，沒有公開商量。
- 美人充下陳：侍妾充滿後宮。
- 以：只有。
- 奈何：如何？
- 區區：微小。
- 拊：通「撫」，安撫。
- 子其民：即「以其民為子」。子，名→動，視如己子。
- 賈利之：在百姓身上謀取利益。
- 乃：是。【102學測】
- 說：通「悅」。
- 休矣：止，別再說了！。
- 朞年：滿一年。
- 齊王：指齊湣（ㄇㄧㄣˇ）王。
- 寡人不敢以先王之臣為臣：婉曲修辭，將孟嘗君解職的委婉說法。
- 就國：返回封國。就：歸。
- 未至百里：由薛國起算的百里之外。
- 顧：回頭看。
- 乃今日見之：即「今日乃見之。」乃，才。

又問：「買了什麼回來？」馮諼說：「您吩咐我想想家中缺了什麼。臣私自盤算，您房裡積滿了珍奇寶物，廄舍裡養滿了狗馬，後宮裡住滿了美女。您家所缺的只有義而已！因此我自作主張用債款為您買了義。」孟嘗君問：「買義有什麼作用呢？」馮諼答道：「現在您只有薛這塊小小封地，不親撫、愛護、瞻養您的子民，還在他們身上謀取利益。臣自作主張詐稱您的命令，把債款賞賜給人民，所以燒了那些債券，人民高喊萬歲，這就是我為您買的義啊！」孟嘗君不高興的說：「算了，就這樣吧！先生不必再說了！」此後過了一年，齊王對孟嘗君說：「寡人不敢任用先王的大臣當臣子！」孟嘗君只好返回薛邑，在（薛地）百里之外，就遇見薛地百姓扶老攜幼，在路上迎接他。孟嘗君回頭對馮諼說：「先生為我買義的苦心，（我）到今天才明瞭。」馮諼說：

四 營造聲勢，重登相位——第二窟。

馮諼借梁國使臣營造孟嘗君的聲勢，迫使齊國君臣挽留孟嘗君，使孟嘗君重登相位。馮諼勸誡孟嘗君處，表現出馮諼的老成謹慎。

馮諼曰：「[11]狡兔有三**窟**，僅得免其死耳。今君有一窟，未得高枕而臥也，請爲君復鑿二窟。」

窟：洞窟，在本文中意同避難所、根據地。

四 孟嘗君予車五十**乘**（ㄕㄥˋ），金五百斤，西遊於梁，謂惠王曰：「齊**放**其大臣孟嘗君於[12]諸侯，諸侯先迎之者富而兵強！」於是，梁王**虛上位**，以故相爲上將軍，遣使者，黃金千斤，車百乘，往聘孟嘗君。馮諼先驅，誡孟嘗君曰：「千金**重幣**也，百乘**顯使**也，齊**其**聞之矣！」梁使**三反**，孟嘗君**固辭**不往也。齊王聞之，君臣恐懼，遣**太傅賫**（ㄐㄧ）黃金千斤，**文車**二**駟**，服劍一，封書謝孟嘗君曰：

放：放逐。【102統測】

虛上位：虛，空出。上位，高位。【100、89統測及102指考】

重幣：重金、厚禮。

顯使：排場顯赫的使節。

其：應該，揣測的語氣。

三反：往返三次。

固辭：堅決推辭。固，堅決。【101學測】

賫：同「齎」，送財物給人。

太傅：古代官名，地位很高。

駟：四匹馬拉的大車。

文車：繪有文彩的馬車。

「狡猾的兔子，因爲有三座洞窟，才能免於一死。如今您只有一座洞窟，還不能高枕無憂啊！請讓我再爲您打造兩座洞窟！」

四 孟嘗君給了馮諼五十輛車，黃金五百斤，（馮諼）西行，到了梁國，對梁惠王說：「齊國放逐大臣孟嘗君，先延攬聘用孟嘗君的諸侯，將國富而兵強。」於是梁王空出相位，將舊相降調爲上將軍，派遣使者，帶黃金千斤，車子一百輛，前往聘請孟嘗君。馮諼趕在車隊之前回到薛邑，告誡孟嘗君說：「黃金千斤，是極大的一筆錢，百輛車子，是顯赫的使臣團，齊王應該聽到這個消息了！」梁國使臣往返三次，孟嘗君都堅決推辭，不肯前往。齊王聽到這件事後，君臣恐懼，派遣太傅奉上黃金千斤、華麗大車兩輛，佩劍一把，與齊王的密信，信中向孟嘗君道歉說：

「寡人不祥，被於宗廟之祟，沉於諂諛之臣，開罪於君，寡人不足為也。[13]願君顧先王之宗廟，姑反國統萬人乎？」

不祥：不善。被：蒙受。宗廟：君王貴族祭祖的廟宇，借代為祖宗。祟：ㄙㄨㄟˋ，鬼神降予的禍害。不足為：不值得幫助。顧：顧念。姑：暫且。
本句為低聲下氣的求人語氣。【95指考】

五 馮諼誡孟嘗君曰：「願請先王之祭器，立宗廟於薛。」廟成，還報孟嘗君曰：「三窟已就，君姑高枕為樂矣！」

就：成。【85學測】三窟已就：三窟已成。

六 孟嘗君為相數十年，無纖介之禍者，馮諼之計也。

纖介：細微。介，通「芥」，小草。
本段屬於「先果後因」的句型。【99學測】

「都是寡人不好，遭受祖靈降下的禍患，聽信諂媚臣子的讒言，得罪了您，寡人實在不值得您輔佐！希望您顧念先王在天之靈，姑且回國來治理萬民吧！」

五 馮諼告誡孟嘗君說：「希望您向齊王提出請求，將祭祀先王的祭器，奉迎到薛地，建立宗廟。」宗廟落成後，馮諼回來報告孟嘗君：「三窟已經全部完成了，您暫且高枕無憂了！」

六 孟嘗君當宰相數十年，連一點小禍患也沒有（果），（這都得歸功於）馮諼的計謀啊（因）！

五 迎立宗廟，鞏固權力——第三窟。
馮諼勸孟嘗君迎立齊國宗廟，使齊王投鼠忌器，藉此鞏固孟嘗君的地位。凸顯出馮諼思慮周延，深謀遠慮。

六 總結馮諼的貢獻。
讚嘆馮諼高瞻遠矚，頗似史家論贊筆法。

文法修辭提示

1. 左右：借代（左右之人→侍從）
2. 賤：轉品（形→動）
3. 鋏：劍柄，借代為劍
4. 乘其車，揭其劍，過其友：排比
5. 客：轉品（名→動）
6. 衣冠：轉品（名→動）
7. 宮中積珍寶，狗馬實外廄，美人充下陳：排比
8. 子：轉品（名→動）
9. 寡人不敢以先王之臣為臣：婉曲
10. 乃今日見之：倒裝（今日乃見之）
11. 狡兔有三窟，僅得免其死耳。今君有一窟，未得高枕而臥也，請為君復鑿二窟：譬喻（借喻）

12. 諸侯，諸侯：頂眞
13. 願君顧先王之宗廟，姑反國統萬人乎：婉曲

4 作者介紹 戰國策

《戰國策》不僅是戰國時代各國歷史的重要實錄，也是歷史散文傑作，全書約十二萬字。

作者	非一時一地一人之作
內容	記載戰國策士遊說諸侯之事。
體例	國別史。
記載年代	記春秋之後至楚、漢之起（即戰國），共二百四十五年之事。
別稱	國策、國事、事語、長書、修書、短長。
定名	西漢劉向定名爲《戰國策》。
風格特色	長於敘事，人物性格鮮明生動，善用寓言故事及譬喻。有縱橫家風格，敘事狀物鋪張鮮明、說理論事犀利明快。

5 國學常識

《戰國策》、《國語》、《左傳》之比較【98、100統測】

書名	《戰國策》	《國語》	《左傳》
作者	非一時一地一人之作。	相傳爲左丘明。	左丘明。
異稱分類	1.又稱《國策》、《國事》、《事語》、《長書》、《修書》、《短長》。 2.國別史。	1.又稱《春秋外傳》。 2.國別史之祖，按國別及時間順序分類編排。	1.又稱《春秋內傳》。 2.編年體。 3.《春秋》三傳之一，列入十三經。
起訖年代	自春秋之後，至楚、漢之起，共記戰國時代二百四十五年。	起自周穆王，至魯悼王止，共記春秋時代五百餘年。	自魯隱公元年，至魯哀公二十七年，共記春秋時代十二公，二百五十五年。
內容	1.多爲戰國策士（縱橫家）的說辭。 2.記戰國時十二國之事。 3.西漢劉向定名，東漢高誘注。北宋曾鞏又校補重編，三十三篇復歸完整。	1.記載春秋時代周、魯、齊、晉、鄭、楚、吳、越等八國之事。 2.記言體史書，注重人物言論。	1.以春秋時魯史爲中心，旁及同時代他國之事。 2.以記事爲主，詳述事件的原委，闡發孔子《春秋》經義。

風格特色	影響	體例【100、98統測】
1.充滿戰國縱橫家風格。 2.善用寓言故事及譬喻，敘事鋪張、說理明快、人物性格鮮明生動。	1.具高度史料價值，司馬遷撰《史記》，司馬光撰《資治通鑑》，有關戰國史料多採其說。 3.北宋三蘇的散文，說理透澈，即得力於《戰國策》。	國別體
1.透過語言塑造人物性格，表述不同人物的思想及命運。 2.如《魯語》，記載孔子的言論，含有儒家的思想；《齊語》記管仲談霸術，含有法家思想，是古代思想史研究的資料來源。	司馬遷撰寫《史記》將《國語》列爲重要參考書目。	國別體
1.敘事詳贍，但語言簡練，字句優美。 2.人物形象生動且善用對話描寫人物心理。 3.剖析事理，精闢獨到。	文筆古雅詳明，漢代司馬遷、班固，唐代韓愈、柳宗元皆深其影響。	編年體

6 文法修辭

婉曲

定義：在語文中不直接講明本意，而以含蓄委婉的方式，曲折婉轉地烘托、暗示本意，意在言外，間接表達所要傳遞的訊息。

★臣之壯也，猶不如人，今老矣！無能爲也已。（《左傳．燭之武退秦師》）→透過自嘲之微辭，故意說自己年輕力壯時，尚且不如別人；如今老了，不能有什麼作爲了，流露出不滿不獲重用的情緒。【90日大】

★齊王謂孟嘗君曰：「寡人不敢以先王之臣爲臣！」（《戰國策．馮諼客孟嘗君》）→以自己不敢用先王的臣子作臣子的曲折詞託辭

★願君顧先王之宗廟，姑反國統萬人乎（《戰國策．馮諼客孟嘗君》）

★日月逝於上，體貌衰於下，忽然與萬物「遷化」，斯志士之大痛也（曹丕《典論．論文》）

7 語文天地

一、形音義

字	注音	字義	例
饋	ㄎㄨㄟˋ	贈送	「饋」贈
潰	ㄎㄨㄟˋ	大水沖破堤岸	「潰」決
		敗散	「潰」不成軍
匱	ㄎㄨㄟˋ	缺乏	「匱」乏
憒	ㄎㄨㄟˋ	昏亂	倦於事，「憒」於憂【100統測】
簣	ㄎㄨㄟˋ	盛土用的竹器	功虧一「簣」
聵	ㄎㄨㄟˋ	耳聾	振聾發「聵」（喚醒愚昧的人）
瞶	ㄍㄨㄟˋ	瞎子	聾「瞶」

字	注音	字義	例
纖	ㄒㄧㄢ	細小	「纖」細
懺	ㄔㄢˋ	追悔過失	「懺」悔
殲	ㄐㄧㄢ	殺盡	「殲」滅
籤	ㄑㄧㄢ	書寫文字或符號作為標記的紙片或竹片	書「籤」
		細長而尖的東西	牙「籤」

字	注音	字義	例
狹	ㄒㄧㄚˊ	窄、不寬闊	「狹」路相逢、「狹」隘
挾	ㄒㄧㄚˊ	夾在腋下	「挾」山超海
		心懷（怨恨）	「挾」怨報復
		用威脅手段強使順從	「挾」天子以令諸侯
鋏	ㄐㄧㄚˊ	劍、劍柄	長「鋏」、彈「鋏」
浹	ㄐㄧㄚˊ	溼透	汗流「浹」背、淪肌「浹」髓
愜	ㄑㄧㄝˋ	滿足、暢快	「愜」意

字	注音	字義	例
被	ㄅㄟˋ	本義是被子	「被」褥
		引申為蒙受、遭受	虎落平陽「被」犬欺、聰明反「被」聰明誤、一朝「被」蛇咬，十年怕草繩 寡人不祥，「被」於宗廟之祟（《戰國策．馮諼客孟嘗君》）
		用在動詞前，表示被動	「被」告、「被」迫、「被」俘、「被」害 信而見疑，忠而「被」謗（《史記．屈原賈生列傳》）
		影響	遺風餘思，「被」於來世者如何哉（曾鞏〈墨池記〉）
	ㄆㄧ	通「披」，散	微管仲，吾其「被」髮左衽矣（《論語．憲問》）
		通「披」，將衣物搭在肩背上	操吳戈兮「被」犀甲（屈原〈國殤〉）

顧	
回視	孟嘗君「顧」謂馮諼曰
看、環視	每移案，「顧」視無可置者（歸有光〈項脊軒志〉）
顧惜、眷念	願君「顧」先王之宗廟
拜訪	三「顧」臣於草廬之中（諸葛亮〈出師表〉） 三「顧」頻煩天下計，兩朝開濟老臣心（杜甫〈蜀相〉）
理會	惜旦夕之力，忽之而不「顧」（方孝孺〈指喻〉）

計	
計算	不「計」其數、數以萬「計」 誰習「計」會能為文收責於薛者乎（《戰國策．馮諼客孟嘗君》）
思量	臣竊「計」君宮中積珍寶（《戰國策．馮諼客孟嘗君》）
計謀	詭「計」多端、無「計」可施、權宜之「計」、錦囊妙「計」 馮諼之「計」也（《戰國策．馮諼客孟嘗君》）

矯	
把彎曲的物體弄成直的	「矯」枉過正、「矯」揉造作
糾正	痛「矯」前非
假託	券遍合，起「矯」命以責賜諸民（《戰國策．馮諼客孟嘗君》）
強壯	身手「矯」健

拊	
拍、擊	「拊」掌大笑、「拊」膺切齒（形容悲憤之狀）
通「撫」，安撫	不「拊」愛子其民，因而賈利之（《戰國策．馮諼客孟嘗君》）

區區	
小小的	今君有「區區」之薛，不拊愛子其民。 餘「區區」處敗屋中。（歸有光〈項脊軒志〉）
愛戀不捨	是以「區區」，不能廢遠。（李密〈陳情表〉）

竊	
偷	偷「竊」
偷偷地	「竊」笑
私下	臣「竊」計君宮中積珍寶，狗馬實外廄（《戰國策．馮諼客孟嘗君》） 臣聞吏議逐客，「竊」以為過矣（李斯〈諫逐客書〉）
利用	「竊」會計之餘功（蘇轍〈黃州快哉亭記〉）

食【指考102】	
ㄙˋ	
施食與人、餵養	左右以君賤之也，「食」以草具（《戰國策．馮諼客孟嘗君》） 「食」之，比門下之客（《戰國策．馮諼客孟嘗君》） 餘肉亂切送驢前，「食」之（杜光庭〈虬髯客傳〉） 妾不衣帛，馬不「食」粟（司馬光〈訓儉示康〉）

【指考102】食

字	注音	字義	例句
食	ㄙˋ	飯	一簞「食」，一瓢飲（《論語．雍也》）
	ㄕˊ	食物	吾今日之俸，雖舉家錦衣玉「食」（司馬光〈訓儉示康〉）
	ㄕˊ	吃	長鋏歸來乎！「食」無魚《戰國策．馮諼客孟嘗君》【案：食，解釋為「吃飯時」，亦可解釋為「食物」】
			仁義充塞，則率獸「食」人，人將相「食」（《孟子．滕文公下》）
	ㄕˊ	嚐到、承受	自「食」惡果
	ㄕˊ	虧蝕，同「蝕」	君子之過也，如日月之「食」焉（《論語．子張》）

字	注音	字義	例句
責	ㄓㄞˋ	債務	「責」畢收乎？以何市而反（《戰國策．馮諼客孟嘗君》）
	ㄗㄜˊ	責任	「責」無旁貸、天下興亡，匹夫有「責」
		要求	其「責」己也重以周，其待人也輕以約（韓愈〈原毀〉）
		責問、責備	君實「責」我以在位久，未能助上大有為（王安石〈答司馬諫議書〉）

字	注音	字義	例句
賈	ㄍㄨˇ	做買賣	長袖善舞，多錢善「賈」（《韓非子．五蠹》）
	ㄍㄨˇ	求取	不拊愛子其民，因而「賈」利之（《戰國策．馮諼客孟嘗君》）
	ㄐㄧㄚˋ	價格	布帛長短同，則「賈」相若（孟子〈滕文公上〉）
	ㄐㄧㄚˇ	姓氏	「賈」誼

字	字義	例句
謝	感激	道「謝」、感「謝」
	道歉	封書「謝」孟嘗君（《戰國策．馮諼客孟嘗君》）
	告訴	為我「謝」曰：明天子在上，可以出而仕矣（韓愈〈送董邵南序〉）
	詢問	使君「謝」羅敷，寧可共載不（《陌上桑》）
	衰亡、凋謝	海棠花「謝」
		老成凋「謝」，莫可諮詢（連橫〈臺灣通史序〉）
	告別、告辭	往昔初陽歲，「謝」家來貴門（《孔雀東南飛》）
	更替	新陳代「謝」

字	字義	例句
過	去世	「過」世
	拜訪、探望	揭其劍，「過」其友（《戰國策．馮諼客孟嘗君》）
		一日，大母「過」餘（歸有光〈項脊軒志〉）
	錯誤	而世不察，以為鬼物，亦已「過」矣（蘇軾〈留侯論〉）

放	讀音	釋義	例句
放	ㄈㄤˋ	放逐	齊「放」其大臣孟嘗君於諸侯（《戰國策．馮諼客孟嘗君》）【102統測】
		禁止	息邪說，距詖行，「放」淫辭（《孟子．滕文公下》）
		不拘束	狂「放」
		放縱、任由	「放」聲高歌
		亡失的	學問之道無他，求其「放」心而已矣（《孟子．告子上》）
	ㄈㄤˇ	至、到達	盈科而後進，「放」乎四海（《孟子．離婁下》）
			摩頂「放」踵
	ㄈㄤˋ	棄	投戈「放」甲
	ㄈㄤˇ	依據	「放」於利而行，多怨（《論語．里仁》）

二、與《戰國策》相關成語

成語	釋義
狐假虎威	假借他人權勢，欺凌善良的卑劣行爲。
南轅北轍	比喻實際行動與想法相反；雙方的想法背道而馳，無法謀合。
驚弓之鳥	被弓箭嚇怕了的鳥。比喻受過驚嚇的人，遇到一點動靜就會異常惶恐。
鷸蚌相爭	比喻兩者相爭，卻反被第三者得利。
畫蛇添足	比喻多做不必要的事，反而徒勞無功。類同「多此一舉」。

成語	釋義
千金買骨	喻求才之殷切。
曾參殺人（曾母投杼）（三人成虎）	指謠言或誣妄之言危害很大。
三人成虎	三個人謊報城裡有老虎，聽的人就信以爲眞。喻說的人多了，就能使人們把謠言當成事實。
亡羊補牢	丟失了羊，就趕快修補羊圈。比喻犯錯後及時更正，還能補救。
抱薪救火	抱著木柴去救火，只會讓火愈燒愈旺；比喻處理事情的方法錯誤，既無法達成目的，反使情勢更爲惡劣。
圖窮匕見	比喻事情發展到最後，形跡敗露，現出眞相。
墨守成規（故步自封）	指固守舊規不肯改變，形容行事保守。
彈丸之地	像彈丸一樣大小的地方。比喻狹小的地方。
裹足不前（畏縮不前）	形容有所顧忌，而停止腳步，不敢向前。
路不拾遺	社會風氣良好，在路上看見別人失物不會據爲己有。
勢不兩立（不共戴天）	比喻敵對的雙方不能同時並存。
猶豫不決（優柔寡斷）	遲疑不定，無法拿定主意。
無可奈何（望洋興嘆）	毫無辦法、沒有辦法可想。

趾高氣揚	走路時腳抬得很高，樣子顯得十分神氣。形容人驕傲自滿、得意忘形。
得寸進尺（得隴望蜀）	得到一些利益後，又貪圖更多利益。後用以比喻貪得無厭。
狡兔三窟	比喻有多處藏身的地方或多種避禍的準備。
引錐刺股（刺股懸梁）	形容發憤讀書，不敢懈怠。
米珠薪桂	形容物價上漲，生活極度困難。
肝腦塗地	肝腦濺灑在地上。形容死狀極慘。後亦用於比喻盡忠竭力，不惜犧牲生命之意。
前倨後恭	比喻待人勢利，態度轉變迅速。

8 實力健身房

1. 單選（文意理解【104學測】）

（　）下列關於人物言語或行為的分析，錯誤的選項是：

(A)馮諼詐稱孟嘗君之命，「以責賜諸民，因燒其券」，反映出道義重於私利的政治觀點

(B)諸葛亮建議後主要「開張聖聽，以光先帝遺德」，是希望後主能諮諏善道，察納雅言

(C)燭之武勸秦伯「焉用亡鄭以陪鄰？鄰之厚，君之薄也」，提醒他不要用自己的薄情寡義來襯托鄰國國君的仁厚寬容

(D)魏徵諫太宗「怨不在大，可畏惟人；載舟覆舟，所宜深慎；奔車朽索，其可忽乎」，強調民心向背對主政者的重要。

2. 多選（字形【102學測】）

（　）下列文句，完全沒有錯別字的選項是

(A)流浪多年，離鄉遊子迫不急待地想要歸返家園

(B)凡事須依理而為，委曲求全未必能維持團體和諧

(C)工作應憑實力獲得敬重，絕不可肆無忌憚仗勢妄為

(D)比賽即將結束，衛冕者積分遙遙領先，顯然勝卷在握

(E)颱風季節將到，防災單位莫不未雨籌謀，預作防範措施。

3. 單選（字音【100統測】）

（　）下列各組「　」內的字，何者讀音相同？

(A)「觥」籌交錯／曲「肱」而枕之

(B)一碗紅「麴」酒／「掬」全國之至誠

(C)寄「蜉」蝣於天地／民有飢色，野有餓「莩」

(D)倦於事，「憒」於憂／不積「蹞」步，無以至千里。

4. 多選（成語【102指考】）

（　）下列文句「　」內的詞語，使用正確的選項是

(A)他們欺世盜名，同是「一丘之貉」，誰也好不到那裡去

(B)這次演講比賽，參賽者個個「口無遮攔」，很難分出勝負

(C) 老李嘆道：我「人微言輕」，雖有建言，上級也不會重視

(D) 李廠長奉獻了畢生心力，他的豐功偉績，簡直是「擢髮難數」

(E) 老早就聽聞您才高學博，本公司正「虛位以待」，請您來任職。

5. 多選（字形【102指考】）

（　）「反問」雖採問句形式，卻屬無疑而問、明知故問，意在強調預設的觀點。下列屬於反問句的選項是：

(A) 壯士，能復飲乎

(B) 誰習計會，能為文收責於薛者乎

(C) 吾師道也，夫庸知其年之先後生於吾乎

(D) 風俗頹敝如是，居位者雖不能禁，忍助之乎

(E) 況為大臣而無所不取，無所不為，則天下其有不亂，國家其有不亡者乎。

解答及名師解析

1. (C)

解析：

(A) 馮諼不贊成孟嘗君擁有小小的薛地，卻還只會剝削圖利（君有區區之薛，不拊愛子其民，因而賈利之），於是矯命焚券市義，這「義」雖是用買的，仍可反映出他道義重於私利的政治觀點。語譯：把債款賞賜給人民，並且燒了那些契據。

(B) 希望他鼓勵臣民進諫，也就是「向臣民諮詢美好的治道，明察接納正直的言論」（諮諏善道，察納雅言）。語譯：您實在應該擴大自己的聽聞，發揚光大先帝採納忠言的遺德。

(C) 語譯：何必滅掉鄭國來增強晉國的國力呢？鄰國力量雄厚，就等於秦國力量削弱了。使鄰國晉國得利

(D) 語譯：民怨不在大小，最可怕的還是在民心的向背。民心像水，君王像船，水能行船，也能翻船，所以應該特別謹慎，正如同以腐爛繩索來駕馭奔馳的車子，怎可疏忽呢？

2. (B)(C)

解析：

(A) 迫不「急」待→及。比喻情況急迫，不能再等了。

(B) 委曲求全：勉強遷就以求保全。

(C) 肆無忌憚：恣意妄為，毫無顧忌。

(D) 勝「卷」在握→券。比喻很有把握，相信自己已經可以成功。

(E) 未雨「籌謀」→綢繆。比喻事先預備，防患未然。

3. (A)

解析：

(A) ㄍㄨㄥ。(B) ㄑㄩˊ／ㄐㄩˊ。(C) ㄈㄨˊ／ㄆㄧㄠˇ。(D) ㄎㄨㄟˋ／ㄎㄨㄟˇ。

4. (A)(C)(E)

解析：

(A) 一丘之貉：一山丘上的貉。比喻彼此同樣低劣，並無

差異。

(B)口無遮攔：說話沒有顧忌，有什麼說什麼。應改爲「口若懸河」。

(C)人微言輕：因爲地位低微，言論主張不受重視。多用於自謙之詞。

(D)擢髮難數：拔清頭髮，也難以數盡。形容多得難以計數，用於貶意。應改爲「多不勝數」。

(E)虛位以待：留著位子等候有才德者。

5. (C)(D)(E)

解析：

(A)疑問語句。語譯：壯士，你還能喝嗎？出自司馬遷《史記．項羽本紀．鴻門宴》。

(B)疑問語句。語譯：誰熟悉會計，能爲我（田文）到薛地收債？出自《戰國策．馮諼客孟嘗君》。

(C)反問語句，意謂不必知道所師之人比自己年長或年幼，出自韓愈〈師說〉。語譯：我拜師學習，哪裡需要知道老師的年紀是比我大還是比我小呢？

(D)反問語句，意謂在位者應該不忍助長此風。語譯：（奢侈的）風俗敗壞到這個地步，在位者即使無法禁止，能忍心助長此風嗎？出自司馬光〈訓儉示康〉。

(E)反問語句，意謂天下國家一定會破敗亂亡。語譯：何況大臣如果什麼（錢財）都拿，什麼（沒有廉恥的事）都做，那麼天下哪有不亂，國家哪有不滅亡的呢？出自顧炎武〈廉恥〉。

7 鴻門宴

◎司馬遷

1 大考關注

【字詞義、字音：103學測、103統測及101、98、94、91指考】

★沛公旦「日」從百餘騎來見項王：時間詞，明天一早。

★君王爲人不忍。「若」入，前爲壽，壽畢，請以劍舞，因擊沛公於坐：你，在此指項莊。

★殺人如不能「舉」，刑人如恐不「勝」：盡、完。

★日夜望將軍至，豈敢反乎？願伯具言臣之不敢「倍」德也：違背。

★於是梁王虛「上」位：高。

★吾翁即若翁；必欲烹而翁，則「幸」分我一杯羹：「幸」爲表示希望的語氣詞。

★日夜望將軍至，豈敢反乎？願伯具言臣之不敢「倍」德也：通「背」，違反、背叛。

★「瞋」目：張大眼睛，多含有怒意。

★吾得「兄」事之：副詞，指以弟侍兄的態度。

★沛公「軍」霸上：動詞，駐紮。

★交「戟」之衛士：ㄐㄧˇ。

★人爲刀俎，我爲魚肉：喻自己處在任人宰割的地位。

★「人爲刀俎」的「俎」與「詛」字音辨識：皆音ㄗㄨˇ。

★「幸」、「內」、「若」、「勝」等字一字多義的用法。

【文意理解：95學測及99、95指考】

★「沛公不勝酒力，不能親自辭行……玉斗一雙，隆重行禮，致上最深的敬意，再奉給大將軍。」無讚美之意。

★天意欲興劉，到此英雄難用武；人心猶慕項，至今父老尚稱王：此對聯所詠歷史人物爲項羽。

★亞父受玉斗，置之地，拔劍撞而破之，曰：「唉！豎子不足與謀！奪項王天下者，必沛公也，吾屬今爲之虜矣！」：顯現范增識見不凡，洞見先機，可惜項羽不能用人。

★大風起兮雲飛揚，威加海內兮歸故鄉，安得猛士兮守四方：漢高祖劉邦自述情懷之辭。

★力拔山兮氣蓋世，時不利兮騅不逝。騅不逝兮可奈何，虞兮虞兮奈若何：項羽自傷之詞。

★項莊舞劍，意在沛公：表面如此做，暗中卻另有目的。

【修辭：102指考】

★壯士，能復飲乎：疑問語句，非反問。

【國學與閱讀：93學測及100、98、97、93統測】

★《史記》一書的體例、價值與影響。

★史書的體例及項羽、韓信、荊軻等詠人的詩歌。

【非選寫作：97指考】

★「擴寫」是以原有的材料為基礎，掌握該材料的主旨、精神，運用想像力加以渲染。請在閱讀范增招來項莊，謀刺劉邦一段後加以擴寫。

2 文章解讀

秦朝統一天下後，迅速走向衰亡，當時反抗勢力中，最受矚目的是劉邦、項羽率領的兩支義軍。劉邦軍力不如項羽，卻率先入關，閉關拒守，項羽無法入關，十分憤怒，又接到曹無傷的線報，更加怒不可遏，率領大軍前往興師問罪，**〈鴻門宴〉正是描述兩方陣營**在此種情境下，**一方將士用命，轉危為安；另一方猶豫不決、坐失良機**的經過。

《史記》首創「**紀傳體**」的體裁，以人當作敘事的主軸，這種寫作手法凸顯了「人」的地位，更利於塑造人物形象與人物語言，深深影響了後來的修史者與筆記小說作者。

《史記》善於敘事，各種前因後果與錯綜複雜的關係，都講得十分清晰明白，情節安排則波瀾起伏，富有戲劇張力，呈現出一種「**雄、深、雅、健**」的文章風格。

至於〈鴻門宴〉一文：

就**敘事**而言，**文筆簡雅**詳明，敘事角度靈活，有俯瞰全局的視野，有兩方陣營內部的謀劃，有宴會場地的佈置，人物互動頻繁，情節快速緊湊，情勢瞬息萬變，但忙中有序，一絲不亂，引人入勝。

本文在描繪兩軍的領導者、謀臣、部將、甚至處置叛將時，都在有意無意間形成一種對比。又透過表情、肢體動作與口語的描繪，凸顯出人物的個性，讀完全文，無論是項羽的天真魯莽、優柔寡斷；劉邦的當機立斷，能屈能伸；范增的深謀遠慮、剛烈急躁；張良的冷靜睿智，從容裕如；樊噲的勇而不莽，粗中有細，都歷歷在目，如親見之。

段旨

一 事件背景：敘述劉、項

3 文章精析

一 **楚軍夜擊，坑秦卒二十餘萬人新安城**

楚軍：項羽軍隊。
坑：挖洞活埋。

翻譯

一 楚軍在夜間出擊，在新安城南邊

兩軍相對位置、兵力差距及事件起因。

人物：

・寫項羽之殘暴易怒，個性急躁，但兵力強盛。

・寫范增老謀深算，高瞻遠矚。

南。**行略定**秦地，函谷關有兵守關，不得入。又聞**沛公**已破咸陽，**項羽**大怒，使**當陽君**等擊**關**，項羽**遂**入，至於戲西。沛公**軍**霸**上**，未得與項羽相見。沛公左司馬曹無傷**使**人**言**於項羽曰：「沛公欲**王**關中，使**子嬰**為**相**，珍寶盡有之。」項羽大怒曰：「**旦日饗**士卒，為擊破沛公軍！」當是時，[1]項羽兵四十萬，在新豐鴻門；沛公兵十萬，在霸上。**范增說**項羽曰：「[2]沛公居山東時，貪於財貨，好美姬。今入關，財物無所取，婦女無所**幸**，此其志不在小。吾令人**望其氣**，皆為龍虎，成五采，此天子氣也，急擊勿失。」

行：行進、進軍。

略定：攻取平定。

沛公：劉邦。

項羽：名籍，字羽，楚軍主帥。

當陽君：英布，為項羽部將。

關：函谷關。

遂：於是。

軍霸上：駐軍於霸上。軍，名→動，駐紮。【101指考】

使：派。【99統測】

言：傳話。【97統測】

王（ㄨㄤˋ）：稱王，名→動。【97統測】

子嬰：秦朝最後一個統治者，姓嬴，名子嬰。

相：國相。【97統測】

旦日：明日。【103統測】

饗（ㄒㄧㄤˇ）：犒勞。

范增：即下文之楚軍上將軍，為項羽謀士，項羽尊稱為亞父。

說：勸說。

幸：帝王皇族親臨某地，此處引伸為親近、寵愛。【96統測、94指考】

此其志不在小：文意。【97統測】

望其氣：觀測劉邦頭頂上的雲氣。望氣，古代方士的一種占候術，觀察雲氣以推斷成敗、吉凶。

活埋二十餘萬秦軍士卒。一路向關中挺進，直到函谷關前，因為軍隊看守，無法進入。又聽說沛公已經攻破咸陽，項羽大怒，命令當陽君英布等人攻打函谷關，項羽於是得以入關，到達戲水西邊。沛公駐軍霸上，尚未能與項羽相見，沛公的左司馬曹無傷派人傳話給項羽，說道：「沛公想在關中稱王，任用秦王子嬰為相，將珍奇寶物盡數占為己有。」項羽十分憤怒，說：「明日犒勞士卒們，好擊敗沛公軍！」在這時，項羽擁兵四十萬，駐紮在新豐、鴻門；沛公擁兵十萬，駐紮在霸上。范增勸項羽說：「沛公（當年）在山東時，貪戀財寶，喜愛美女。如今入關後，不索求財寶，不親近美女，這說明他志向並不小。我派人觀察他的氣色，皆如龍似虎，五彩斑斕，這是天子的氣色啊，快攻擊，別錯失良機。」

二 寫項伯穿梭兩軍，使對峙形勢產生變化；張良忠義有謀，正確解讀情勢；劉邦臨危不亂，政治手腕高超。

交代項伯、張良的關係，劉邦距關的眞正原因和面對項伯的說詞。

人物：

・寫劉邦政治手腕高超，對三種人，呈現三種措辭，罵人鯫生，粗鄙之極。面對張良則開誠布公，虛心認錯；面對項伯則恭敬謹愼，身段柔軟。

關鍵人物：

・項伯爲事件轉折關鍵人物，夜奔沛公陣營，本只想營救張良，卻與劉邦結成親家，而後更充當劉邦說客，此外項伯叮嚀劉邦必須儘速前來謝罪，表現誠意一段，也顯現項伯深知項羽個性。

二 楚左尹**項伯**者，項羽**季父**也，**素善**留侯**張良**。張良是時從沛公，項伯乃夜馳**之**沛公軍，私見張良，**具告以事**，欲呼張良與俱去，曰：「**毋**從俱死也！」張良曰：「臣爲韓王送沛公。沛公今事有急，亡去不義，不可不語。」良乃入，具告沛公。沛公大驚，曰：「爲之奈何？」張良曰：「誰爲大王爲此計**者**？」曰：「**鯫**（ㄗㄡ）生**說**（ㄕㄨㄟˋ）我曰：『**距**關，毋**內**諸侯，秦地可盡王也。』故聽之。」良曰：「**料**大王士卒，足以**當**項王乎？」沛公默然，曰：「**固**不如也，且爲之奈何？」張

- 季父：叔父。
- 素善：向來交好。
- 項伯：項羽堂叔，曾受過張良的救命之恩。
- 張良：字子房。奉韓王之命隨劉邦入武關，遂爲劉邦謀臣。
- 之：往、至。
- 具告以事：即「以事具告之」，告知張良整件事。具，全部。
- 毋：不要。
- 者：句末語助詞，表示語氣結束，無意義。
- 鯫生：罵人之語，指見識淺薄愚陋的人。
- 距：通「拒」，抗拒、守備。
- 內：同「納」，接納。
- 料：估計、計算。
- 當：抵擋、阻攔。
- 固：一向、素來。

二 楚軍左尹項伯，是項羽的叔父，一向和留侯張良友好。張良在這時追隨沛公，項伯於是連夜急馳到沛公軍中，私下約見張良，說明整件事情，想說服張良與他一同離開，說：「別跟著一起送死！」張良說：「我爲韓王護送沛公。沛公現有急難，逃走是不對的，不能不對他說。」張良於是進入（本營），將整件事告訴沛公。沛公非常驚慌，說：「對此事該當如何？」張良說：「是誰爲大王擬定這條計謀的？」沛公說：「無知的人勸我說：『守住函谷關，別讓諸侯進關，關中的土地可盡歸所有。』因此聽信了他。」張良說：「（大王）衡量一下自己的兵力，足以抵擋項王的軍隊嗎？」沛公沉默了一下，回答說：「實在不如，那這件事該

良曰：「請往謂項伯，言『沛公不敢背項王』也。」沛公曰：「君安與項伯有故？」張良曰：「秦時與臣游，項伯殺人，臣活之。今事有急，故幸來告良。」沛公曰：「孰與君少長？」良曰：「長於臣。」沛公曰：「君爲我呼入，吾得[3]兄事之。」張良出，要項伯，項伯即入見沛公，沛公奉卮酒爲壽，約爲婚姻，曰：「吾入關，[4]秋毫不敢有所近，[5]籍吏民，封府庫，而待將軍。所以遣將守關者，備他盜之出入與非常也。日夜望將軍至，豈敢反乎？願伯具言臣之不敢倍德也。」項伯許諾，謂沛公曰：「旦日不可

- 安：怎麼。
- 故：舊交情。
- 活：使動動詞，使…活。
- 幸：幸虧。
- 孰與君少長：即「與君比，孰少孰長」。項伯和你相比，年齡誰小誰大？
- [3] 兄事：如同兄長一般侍奉。【101指考】
- 要（ㄧㄠ）：邀。
- 卮（ㄓ）
- 奉卮酒爲壽：舉杯敬酒，祝福對方。奉，進獻。卮，酒杯。
- [4] 秋毫：鳥獸秋天新生的細毛，此指極細微之生物。【92指考】
- [5] 籍：調查戶口，登記在簿。籍，登記，名→動。
- 出入：入侵，偏義複詞。
- 非常：突如其來的變故。
- 不敢倍德：不敢忘恩負義。倍，通「背」。【101指考】

怎麼辦？」張良說：「請讓我去告訴項伯，說『沛公不敢背叛項王』。」沛公說：「你與項伯怎會有關係？」張良說：「秦朝統治時，項伯與臣交往，項伯曾殺人，是我救了他一命。幸虧有這層關係，如今事態緊急，才會來通知我。」沛公說：「項伯和你，誰小誰大？」張良說：「他年紀比我大。」沛公說：「你替我把項伯叫進來，我要以事兄之禮節接待他。」張良出來，邀項伯，項伯立即入見沛公，沛公鄭重地獻上一杯酒，敬賀項伯，約定爲兒女親家，說：「我入關後，不敢擅動分毫，清查戶口，封藏府庫，等待著項羽將軍。之所以會派遣將士守關，是爲了防備盜賊入侵和應付突發狀況！日夜盼望項羽將軍到來，怎敢反叛呢？希望您對項羽將軍說明我不敢忘恩負義。」項伯答應，對沛公說：「明天一定要早

不蚤自來謝項王。」沛公曰：「諾！」於是項伯復夜去。至軍中，具以沛公言報項王。因言曰：「沛公不先破關中，公豈敢入乎？今人有大功而擊之，不義也，不如因善遇之。」項王許諾。

蚤：通「早」，儘早。
因：於是。
因善遇之：趁此機會善待他。遇：對待。
文意。【97指考】

三 沛公旦日從百餘騎來見項王，至鴻門，謝曰：「臣與將軍戮力而攻秦，將軍戰河北，臣戰河南，然不自意能先入關破秦，得復見將軍於此。今者有小人之言，令將軍與臣有郤。」項王曰：「此沛公左司馬曹無傷言之；不然，籍何以至此？」項王即日因留沛公，與飲。項王、項伯東嚮坐，亞父南嚮

從（ㄗㄨㄥˋ）：使人跟從。
戮（ㄌㄨˋ）：合力。
不自意：想不到。
郤（ㄒㄧˋ）：通「隙」，嫌隙。
東嚮（ㄒㄧㄤˋ）：朝向東方。
坐：跪坐。【100統測】
亞（ㄧㄚˋ）父：稱次於父親，對父執輩的敬稱。

點來，親自向項王謝罪。」沛公說：「好！」於是項伯又連夜離去。回到軍中，將沛公的話全報告給項羽。藉機勸項羽說：「沛公如不先攻破關中，您又怎敢入關呢？如今別人立下大功卻攻擊他，不合道義呀，不如趁此機會善待他。」項王答應了。

三 沛公隔天率著百餘名隨從前來面見項王，到了鴻門，對項王謝罪說：「我和將軍一起盡力攻打秦軍，將軍在黃河以北作戰，我軍在黃河以南作戰，但（我）從沒想過竟會先入關擊破秦軍，和將軍再會於此！如今卻有小人捏造不實傳言，讓將軍和我產生嫌隙！」項王說：「這是沛公您的左司馬曹無傷說的；不然，我怎會這般懷疑你？」項王隨即留下沛公，一同參加酒宴。（席上）項王、項伯朝東而坐；亞父朝南而

三 寫劉邦謝罪；項羽設宴；范增定計。

此段描繪「鴻門宴」細節，宴會座次，表現雙方之高低姿態。接著項莊舞劍行刺一節，凸顯項羽猶豫寡斷、范增果決急躁、項伯敵我不分的性格。

人物：
- 劉邦謝罪之語，既動之以情，又逢迎項羽唯我獨尊的自大心理，是以成功奏效。
- 項羽之言，凸顯項羽胸無城府，毫無心機。
- 范增策劃行刺，顯示其應變極快，可惜項伯從中作梗，功敗垂成。

．項羽個性可與劉邦對觀：項羽婦人之仁，優柔寡斷，讓好機會白白溜走。↔劉邦當機立斷，隨機應變，作大事不拘小節。

※97指考以此小段考過擴寫，所謂擴寫，是以原材料爲基礎，掌握材料的主旨、精神，運用想像力加以渲染。增加更多細節，使文意更加生動。

四 寫樊噲闖帳，威風凜凜，仗義直言，贏得項羽的尊敬，瓦解劉邦的危機。

坐──亞父者，范增也。沛公北嚮坐，張良西嚮侍。范增**數**[6]**目**項王，舉所佩玉**玦**[7]以示之者三，項王默然不應。范增起，出召**項莊**，謂曰：「君王爲人不忍。**若**入前爲壽，壽畢，請以劍舞，**因**擊沛公於坐，殺之。**不**者，**若屬**皆**且為所虜**！」莊**則**入爲壽，壽畢，曰：「君王與沛公飲，軍中無以爲樂，請以劍舞。」項王曰：「諾！」項莊拔劍起舞，項伯亦拔劍起舞，常以身**翼蔽**沛公，莊不得擊。

四 於是張良至軍門，見**樊噲**。樊噲曰：「今日之事何如？」良曰：「甚急！今者項

- 數：ㄕㄨㄛˋ，屢次。
- 目：以眼神示意，名→動。
- 玦：ㄐㄩㄝˊ，玉器，環形，有缺口。常用作表示決斷、決絕的象徵物。此處有雙關的意涵，暗示項羽下定決心。
- 項莊：項羽堂弟。
- 若：你。【101統測】
- 因：趁機。
- 不：ㄈㄡˇ，通「否」，否則。
- 若屬：你們。
- 且：將。
- 爲所虜：爲，ㄨㄟˊ。被他所俘虜。爲，被。
- 則：於是。
- 翼蔽：遮蔽。
- 樊噲：噲，ㄎㄨㄞˋ。劉邦的親信，與劉邦是姻親。

坐──亞父，就是范增。沛公朝北而坐；張良朝西站立，負責招待。范增屢次用眼神暗示項王，三次高舉隨身佩帶的玉玦提醒（項王），項王默然不應。范增起身，出營召喚項莊，告訴他：「君王爲人心軟，不忍心對示弱者動武，你進去後，上前敬酒祝賀，祝賀完，請求舞劍助興，伺機擊刺席上的沛公，殺死他。否則，你們將來都會被他所俘虜！」項莊於是進入會場，敬酒祝賀，賀畢，提議說：「君王與沛公飲酒，軍中沒什麼可以助興的，請讓我舞劍助興吧。」項王說：「好呀！」項莊拔劍起舞，項伯也拔劍起舞，常常用身體擋在沛公前面，使項莊沒有行刺的機會。

四 因爲情況緊急，張良前至軍營門口，找到樊噲。樊噲說：「事情進展如何？」張良說：「很危急！現在項莊拔

人物：透過言語、行動（撞門、飲酒、吃生彘肩）、神情（頭髮上指，目眥盡裂），刻劃樊噲忠勇無雙的英雄形象。

- 動詞運用極為出色「拜、起、立、飲、覆、加、拔、切、啗」，刻劃出樊噲的毫無畏懼，旁若無人。激起項羽英雄相惜之情。
- 值得注意的細節還有，項羽吩咐「賜巵酒」、「賜彘肩」時，左右刻意為難，捧上「斗巵酒」、「生彘肩」。
- 樊噲一番陳詞，慷慨豪邁之外，句句壓住項羽痛腳，說得項羽自知理屈而啞口無言。

莊拔劍舞，其意常在沛公也。」噲曰：「此迫矣！臣請入，與之同命！」噲即帶劍擁盾入軍門，交戟（ㄐㄧˇ）之衛士欲止不內（ㄋㄚˋ）；樊噲側其盾以撞，衛士仆地，噲遂入，披帷（ㄨㄟˊ），西嚮立，瞋（ㄔㄣ）目視項王，[8]頭髮上指，目眥（ㄗˋ）盡裂。項王按劍而跽（ㄐㄧˋ）曰：「客何為者？」張良曰：「沛公之參（ㄘㄢ）乘（ㄕㄥˋ）樊噲者也。」項王曰：「壯士！賜之巵酒。」則與斗巵酒。噲拜謝，起，立而飲之。項王曰：「賜之彘肩。」則與一生彘肩。樊噲覆其盾於地，加彘肩上，拔劍切而啗（ㄉㄢˋ）之。項王曰：「壯士！能復飲乎？」樊噲曰：「[9]臣死且不避，巵酒安足辭？夫秦王有

與之同命：與劉邦同進退，共生死。

戟：古代一種戈矛合一的兵器。【102指考】

內：通「納」，進入。【100統測】

披帷：揭開帳幕。帷，帳幕。

瞋目：瞪眼。瞋，張大眼睛。

目眥盡裂：眼眶都睜得快裂開了，「誇飾」形容十分憤怒的樣子。眥，亦作「眦」，眼眶。

按劍而跽：準備行動的警戒姿勢。跽：挺腰聳身長跪。【100、90統測】

參乘：古時在車右擔任警衛工作的人。

彘肩：豬肩肉，豬前腳的上半部。

啗：吃。

能復飲乎：疑問句型。【102指考】

劍起舞，一直找機會取沛公性命。」樊噲說：「這是生死關頭呀！請讓我進去，與沛公同生共死！」樊噲隨即帶劍持盾進入軍營門口，門口持戟交叉的衛兵想阻止，不讓樊噲進入；樊噲側過盾牌撞擊，衛兵們被撞倒在地，樊噲於是進入，掀開帳幕，面西而立，張大眼睛瞪著項王，頭髮向上豎起，眼眶睜得快裂開了一般。項王手按寶劍，單膝著地，作勢要起身，說：「來客是什麼人？」張良說：「這是沛公的護衛——樊噲。」項王說：「壯士！賜他一杯酒。」（左右）於是給樊噲一大杯酒。樊噲拜謝，起身，站著喝了這杯酒。項王說：「賜他豬肩肉。」（左右）於是給樊噲一隻沒有煮熟的豬肩。樊噲把盾牌平放在地上，把豬肩放在盾上，拔劍切開來吃。項王說：「壯士！能再喝嗎？」樊噲說：「我死尚且不怕，怎會推辭一杯酒？秦王有虎狼之心，殺人唯

五 寫劉邦脫逃經過。項羽使陳平招劉邦，顯示危機尚未解除，從危機處理當中，顯現劉邦團隊的

虎狼之心，殺人如不能舉（窮盡。），刑人如恐不勝（ㄕㄥ 盡。【101統測】），天下皆叛之。懷王與諸將約曰：『先破秦入咸陽者王之。』今沛公先破秦，入咸陽，毫毛不敢有所近，封閉宮室，還軍霸上，以待大王來。故遣將守關者，備他盜出入與非常也。（此段文意。【97統測】）勞苦而功高如此，未有封侯之賞。而聽細說（小人的讒言。），欲誅有功之人，此亡秦之續（已亡之秦暴政的延續。）耳！竊（私下，謙詞。）爲（ㄨㄟˋ 替。）大王不取也。」（此段文意。【97統測】）項王未有以應，曰：「坐！」樊噲從良坐。坐須臾，沛公起如（往。）廁，因招樊噲出。

五 沛公已出，項王使都尉陳平召沛公。沛公曰：「今者出，未辭也，爲之奈何？」樊

恐不盡，處罰人唯恐不夠殘忍，天下的人都背叛他。（楚）懷王和諸將約定說：『先破秦國，進入咸陽的人，可以統治關中。』現在沛公先攻破秦國，進入咸陽，不敢擅動關中的一切，封閉宮室，將軍隊撤回霸上，等待大王來臨。之所以派遣將士守關，是爲了防備盜賊入侵和應付突發狀況。如此勞苦功高，您沒有賜予封侯的獎賞。反而聽信讒言，想誅殺有功之人，如此行事是在延續秦朝滅亡的作風啊！我私下認爲大王不應該這樣做。」項王無從反駁，說：「坐！」樊噲在張良旁坐下。坐了一會兒，沛公起身去廁所，趁機叫樊噲出來。

五 沛公出來後，項王派都尉陳平去召沛公。沛公說：「現在人出來了，但沒有辭別，該怎麼做才好？」樊噲說：

應變能力

人物：

・樊噲震聾發聵的一番話，點醒劉邦，穩定了軍心；

・張良充分利用特殊身份，周延善後（張良此時爲韓王之臣，而非劉邦之臣）；

・劉邦於情勢倉促間，迅速穩定下來，指揮調度有條有理，一絲不亂。

噲曰：「大行不顧**細謹**，**大禮不辭小讓**。11 如今人**方**爲刀**俎**，我爲魚肉，何辭**爲**？」於是遂去，乃令張良留謝。良問曰：「大王來何**操**？」曰：「我持白璧一雙，欲獻項王；**玉斗**一雙，欲與亞父。**會**其怒，不敢獻，公爲我獻之。」張良曰：「謹諾！」當是時，項王軍在鴻門下，沛公軍在霸上，相去四十里。沛公則**置**車騎，脫身獨騎，與樊噲、夏**侯嬰**、**靳彊**、紀信等四人，持劍盾**步走**，從**酈**山下，**道**芷陽**閒行**。沛公謂張良曰：「從此道至吾軍，不過二十里耳；**度**我至軍中，公乃入。」

- 細謹：指小節。
- 大禮不辭小讓：行大禮不須講究小禮節。不辭，不講求、不計較。【100統測】
- 方：正。
- 俎（ㄗㄨˇ）：砧板。【94統測】
- 爲：句末語助詞，表疑問語氣，同「呢」。
- 操：攜帶。
- 玉斗：玉製酒器。
- 會：恰逢。
- 置：擱置、放棄。
- 夏侯嬰：沛人，從沛公擊項羽有功，封汝陰侯。
- 靳彊（ㄐㄧㄣˋ ㄑㄧㄤˊ）
- 步走：徒步快跑。
- 酈（ㄌㄧˋ）
- 道：取道、經過。
- 閒（ㄐㄧㄢˋ）行：抄小路。
- 度（ㄉㄨㄛˋ）：忖度、估計。

「做大事顧不上小細節，行大禮不計較小瑕疵。現在別人正像是菜刀和砧板，我們像是等待被宰割的魚和肉，有什麼好告辭的呢？」於是決定直接離開，因此命令張良留下來謝罪。張良問說：「大王來時，帶了什麼禮物？」沛公說：「我帶了白璧一雙，想獻給項王；玉斗一雙，想送給亞父。恰逢他們發怒，不敢呈上，你替我獻給他們。」張良說：「謹此遵命！」在此時，項王軍駐紮在鴻門一帶，沛公軍駐守霸上，相隔四十里。沛公留下車駕隨從，一人騎馬脫逃，而樊噲、夏侯嬰、靳彊、紀信等四人隨行，手持劍盾徒步快跑，（打算）從酈山而下，經由芷陽抄小路走。沛公交代張良說：「從這條道路回到軍營，不過二十里而已；估計我到達軍營後，你再進去。」

六 寫張良留營謝罪，范增擊斗洩憤，劉邦誅除內奸。

此段為鴻門宴尾聲。劉邦走後，張良鎮定從容，應對得體，項羽本不欲殺劉邦，因此不以為意，范增自認功虧一簣，憤怒失望。

・篇尾劉邦誅殺曹無傷，有兩個作用

1. 與篇首呼應，前後迴環，構成一個完整篇章。
2. 與項羽的優柔寡斷、聽信項伯，形成強烈對照。

六 沛公已去，閒至軍中。張良入**謝**，曰：「沛公**不勝**[12]**桮杓**（ㄅㄟ ㄕㄠˊ），不能辭，謹使臣良奉白璧一雙，**再拜**獻大王足下；玉斗一雙，再拜奉大將軍**足下**。」項王曰：「沛公安在？」良曰：「聞大王有意**督過**之，脫身獨去，已至軍矣。」項王則受璧，置之坐上，亞父受玉斗，置之地，拔劍撞而破之，曰：「唉！[13]**豎子**不足與謀！奪項王天下者，必沛公也，吾屬今為之虜矣！」沛公至軍，立誅殺曹無傷。

謝：謝罪、致歉。

不勝桮杓：謂酒量小，不能多飲。桮杓，飲酒器具。桮，同「杯」。

再拜：拜而又拜，為古代一種隆重的禮節。

謝罪的語氣。【99指考】

足下：敬詞，用於下對上或平輩相稱時。

督過：督問責備。

豎子：小子，罵人的話。詞義雙關這裡明指項莊，暗責項羽不用其謀。

憤怒的語氣。【95指考】

六 沛公已離開，抄小道回到軍營。張良入營謝罪，說：「沛公不勝酒力，不能親自辭行。特別交代臣下奉上白璧一雙，隆重行禮，致上最深的敬意，再獻給大王；玉斗一雙，隆重行禮，致上最深的敬意，再奉給大將軍。」項王說：「沛公在什麼地方？」張良說：「聽說大王有意追究他的過錯，獨自脫身離去，已經回到軍營了。」項王於是接受了璧玉，放在座位上。亞父接過玉斗，放在地上，拔劍擊碎它，說：「唉！小子不足共謀大事！奪取項王天下的人，一定是沛公啊，我們這些人將被他所俘虜了！」沛公回到軍中，立即誅殺了曹無傷。

文法修辭提示

1. 項羽兵四十萬，在新豐鴻門；沛公兵十萬，在霸上：映襯
2. 沛公居山東時，貪於財貨，好美姬。今入關，財物無所取，婦女無所幸：映襯
3. 兄：轉品（名→副）
4. 秋毫：譬喻（借喻）
5. 籍：轉品（名→動）
6. 目：轉品（名→動）
7. 玦：雙關
8. 頭髮上指，目眥盡裂：誇飾
9. 臣死且不避，卮酒安足辭：設問（激問）
10. 虎狼：借喻
11. 如今人方為刀俎，我為魚肉，何辭為：譬喻（借喻）
12. 栢杓：借代
13. 豎子：雙關

4 作者介紹

司馬遷

作者	西漢 司馬遷，字子長，人稱太史公
籍貫	西漢夏陽人
生平經歷	1. 父親司馬談曾任太史令，十歲就學習《左傳》、《國語》，後隨父到京師向孔安國學習古文《尚書》；又向董仲舒學習《公羊春秋》。 2. 曾壯遊天下，隨軍入西南夷，在中央任職，接觸到各階層的人物與各種史料，培養了開闊的心胸，卓越的史識。 3. 因李陵一案，觸怒武帝，下獄當死，為了完成父親的遺志；選擇接受宮刑。 4. 宮刑後擔任中書令，而後完成千古巨作《史記》，共五十二萬六千五百字，首創紀傳體，成為以後中國正史沿用的體裁。

5 國學常識

座席圖、《史記》《漢書》比較

一、鴻門宴楚漢座席圖：東向位為尊

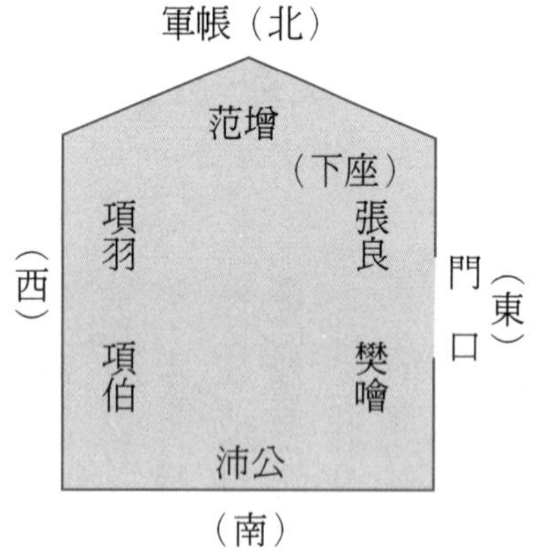

	楚	漢
主帥	項羽（楚軍主帥，位高）	劉邦（漢軍主帥，位卑）
謀臣	范增（項羽亞父，爲楚軍上將軍）	張良（劉邦謀臣，西向入門處之下位）
勇將	項莊（項羽堂弟）	樊噲（劉邦妻之妹夫，西向入門處之下位）
內奸	項伯（項羽叔父，以長輩之尊並坐）	曹無傷（劉邦左司馬，曾向項羽告密）

二、《史記》《漢書》比較

書名	《史記》【98、100指考】	《漢書》【100指考】
作者	西漢司馬遷	共歷經東漢班彪、班固、班昭、馬續四人而成，班固爲主撰者
體例	紀傳體（正史）、通史	紀傳體（正史）、斷代史
時間	上起黃帝，下訖漢武帝太初年間	上起漢高祖，下訖王莽篡漢
內容	1.「本紀」（記帝王）十二篇、「世家」（記諸侯）三十篇、「列傳」（敘人臣事蹟）七十篇、「表」（以表格記錄時事）十篇、「書」（記典章制度和文化發展）八篇，共一百三十篇。 2.變例： ＊項羽、呂后列入「本紀」：因爲是當時政權的實際執掌者。 ＊孔子、陳涉立爲「世家」：肯定孔子在教育文化上的貢獻及陳涉推翻暴秦的功績。	1.紀十二篇、表八篇、志十篇、列傳七十篇，共一百篇。 2.體例多采史記，將「世家」併入「列傳」，改「書」爲「志」。 3.創格：〈藝文志〉，記載先秦至西漢學術發展，分類當時存世典籍，爲中國現存最早的圖書分類目錄。其中〈諸子略〉將先秦思想列「九流十家」，並評論各家之長。
取材	私修正史：兼容並蓄，除了官方資料，也深入民間進行田野考察，文中多引民謠俚語，評論人物見解獨到，史識卓越，勇於批判皇帝。	官修正史：重典雅之文，多載經術文章及辭賦，致力於文獻保存，史觀亦多歌頌功德。
特色	1.思想兼容並蓄，司馬談〈論六家要旨〉推「黃老之術」爲尊，司馬遷最景仰的則是孔子。 2.語言生動，善敘事理，態度公正客觀，有不虛美，不隱惡的美德，刻劃人物栩栩如生。 3.文字風格雄深雅健。（雄：有氣勢，深：有內涵，雅：文筆好，健：價值觀正面。） 4.文字充滿感情，魯迅譽爲「史家之絕唱，無韻之〈離騷〉。」	1.推崇儒家思想，〈藝文志〉中置「儒家」爲十家之首。 2.文字精鍊，敘事詳密，工辭賦，喜藻飾，多韻偶而少散體。 3.與《史記》齊名，並稱爲「史家雙璧」。

價值	1. 通史之祖。 2. 紀傳體之祖。 3. 金聖歎列為六才子書之一。	1. 斷代史之祖。 2. 漢以後各朝代之正史，皆以漢書為範本。

6 文法修辭

轉品

定義：一個詞彙在語文中改變了它原來的詞性，即將某類詞變化詞性以用之。

★今君有區區之薛，不拊愛「子」其民→名詞轉動詞（《戰國策．馮諼客孟嘗君》）

★君為我呼入，吾得「兄」事之→名詞轉副詞（司馬遷〈鴻門宴〉）

★吾入關，秋毫不敢有所近，「籍」吏民，封府庫，而待將軍→名詞轉動詞（司馬遷〈鴻門宴〉）

★范增數「目」項王→名詞轉動詞（司馬遷〈鴻門宴〉）

★文人相「輕」→形容詞轉動詞（曹丕《典論．論文》）

★傅毅之於班固，伯仲之間耳，而固「小」之→形容詞轉動詞（曹丕《典論．論文》）

7 語文天地

一、形音義

如	
似、像	殺人「如」不能舉
往	沛公起「如」廁
假如、如果	「如」或知爾，則何以哉？（《論語．先進》）
及、比得上	臣之壯也，猶不「如」人（《左傳．燭之武退秦師》）

因	
就	項王即日「因」留沛公，與飲
乘機	不如「因」善遇之
	請以劍舞，「因」擊沛公於坐，殺之
	坐須臾，沛公起如廁，「因」招樊噲出
順應	昔「因」機變化，遭遇明主（丘遲〈與陳伯之書〉）
因為、由於	「因」是鄉試年，坐了幾個文會（吳敬梓〈范進中舉〉）

字	注音	字義	例句
郤		空隙，通「隙」	批大「郤」，導大窾（《莊子．庖丁解牛》）
		嫌隙	有小人之言，令臣與將軍有「郤」（《史記．鴻門宴》）
要	ㄧㄠ	通「腰」	是全「要」領以從先大夫於九京也（《禮記．檀弓下》）
		邀請	便「要」還家，設酒、殺雞、作食（陶淵明〈桃花源記〉） 張良出，「要」項伯（《史記．鴻門宴》）
		盟約、期約	久「要」不忘平生之言，亦可以爲成人矣（《論語．憲問》）
幸		帝王親臨	隋煬帝之「幸」江都也（杜光庭〈虬髯客傳〉）
		帝王寵愛	財物無所取，婦女無所「幸」（《史記．鴻門宴》） 「幸」臣
		幸運	今日多「幸」，遇一妹（杜光庭〈虬髯客傳〉）
		幸虧、多虧	今事有急，故「幸」來告良（《史記．鴻門宴》）
		希望	此係公事，先生「幸」勿推卻（《三國演義．孔明借箭》） 計之詳矣，「幸」無疑焉（杜光庭〈虬髯客傳〉）

字	注音	字義	例句
幸		福分	三生有「幸」、榮「幸」
		僥倖	寧以義死，不苟「幸」生（歐陽脩〈縱囚論〉） 「幸」其未發，以爲無虞而不知畏（方孝孺〈指喻〉）
嚮		向著	項王、項伯東「嚮」坐，亞父南「嚮」坐（《史記．鴻門宴》）
		引導	「嚮」導
		過去、通「向」	然後知吾「嚮」之未始遊，遊於是乎始（柳宗元〈始得西山宴遊記〉）
		接近，通「向」	「嚮」午

字	注音	字義	詞例
鯫	ㄗㄡ	見識鄙陋的人	「鯫」生
諏	ㄗㄡ	詢問	諮「諏」
陬	ㄗㄡ	偏僻荒遠的地方	荒「陬」

字	注音	字義	詞例
黥	ㄑㄧㄥˊ	在犯人臉上刺字	「黥」面
		英布，人名，漢初人	「黥」布
諒	ㄌㄧㄤˋ	站在對方立場思考，給予寬恕	體「諒」
倞	ㄌㄧㄤˋ	人名	楊「倞」
晾	ㄌㄧㄤˋ	把衣服披掛起來晒乾	「晾」衣服

二、與《史記》相關成語集錦

一字千金	源於呂不韋當時召集門客編成呂氏春秋，號稱能改動一字者給千金，後世用以形容文辭精當，價值極高。
一飯千金	喻報恩豐厚，類同於：「點滴之恩，湧泉相報」。
一敗塗地	形容失敗到無法收拾與挽回的地步。
刀俎魚肉	比喻任人宰割。
十面埋伏	形容被敵軍層層包圍。
人心叵測	人心變化多端，難以預料。叵，音ㄆㄛˇ，「不可」二字的連音。
子虛烏有	表示爲假設、虛構而不存在的事物。
尺布斗粟	比喻數量極少，後來用以形容兄弟不睦，不能相容。
毛遂自薦	比喻自告奮勇，自我推薦。
令人髮指	形容憤怒到極點，頭髮都豎了起來。
四面楚歌	比喻所處環境艱困，四面受敵，孤立無援。
作壁上觀	坐觀成敗，意同於「隔山觀虎鬥」。
奇貨可居	指商人囤積珍異貨品，待時機好時再高價出售。比喻仗恃某種專長或有利用價值的東西作爲資本以謀利。
完璧歸趙	比喻東西完整無缺地歸還原主。
沐猴而冠	沐猴，獼猴。獼猴性急躁，不能像人久著冠帶。後來用以譏諷徒具衣冠而沒有人性的人。

兔死狗烹	兔子殺光了就把獵犬烹煮掉。比喻事成之後，有功的人即遭到殺戮或見棄的命運。多指統治者殺戮功臣。
夜郎自大	形容人妄自尊大，自以爲了不起。
抱痛西河	比喻喪子之痛。
抱薪救火	比喻處理事情用錯誤的方法，反而使禍害擴大。
杯盤狼藉	形容宴飲後一片杯盤散亂的情形。
怒髮衝冠	形容人盛怒的樣子。
韋編三絕	形容讀書勤奮用功，刻苦治學。
背水一戰	比喻抱著必死的決心，奮戰取勝。
家徒四壁	形容家境窮困到只剩下四面牆壁，一無所有。
破釜沉舟	比喻下定決心、義無反顧，不留後路。
酒池肉林	以酒爲池，以肉爲林，比喻生活極端奢侈縱欲，毫無節制。
虛左以待	古代禮儀主人居右，客人居左，故以左爲尊。指留著尊位以待賢者，有禮賢下士之意。
國士無雙	國內獨一無二的優秀人才。
無顏見江東父老	指事情未成無法回去面對親友。
項莊舞劍意在沛公	指在表面事物之下隱藏了另外的意圖。
運籌帷幄	謀劃策略，通常指人善於策劃或指揮。
臥薪嘗膽	用以比喻刻苦自勵。

睚眥必報	睚眥，音ㄧㄞˋ ㄗˋ，形容人發怒時瞪著眼睛的樣子。形容人之氣量不足，凡事斤斤計較，即使是像瞪眼看人這樣的小怨，也一定要報仇。
膠柱鼓瑟	柱，瑟上調音的短木。喻做事頑固，不知變通。
對簿公堂	簿，文書狀紙。指原告、被告雙方在法庭上對質，公開審問，以解決事端。
錦衣夜行	表示事業上有所成就，卻沒有回鄉接受親友的稱譽。反義詞爲「衣錦還鄉」。
雞鳴狗盜	比喻只會旁門左道、卑下技能之人；或指宵小之輩。
暗度陳倉	比喻出其不意、從旁突擊的戰略，或暗中進行的活動。
酒池肉林	奢侈縱慾的生活。

8 實力健身房

1. 單選（字義【103學測】）

（　）「日新月異」、「日積月累」中的「日」，用來形容「新」、「積」的逐漸發展，可解釋爲「一天一天的」。下列文句中的「日」，何者用法相同？

(A) 沛公旦「日」從百餘騎來見項王

(B) 何曾「日」食萬錢，至孫以驕溢傾家

(C) 吾嘗終「日」而思矣，不如須臾之所學也

(D) 施及孝文王、莊襄王，享國「日」淺，國家無事。

2. 單選（國學與閱讀【100統測】）

（　）閱讀下詩，推斷其所吟詠的歷史人物爲何？

「鳥盡良弓勢必藏，千秋青史費評章。區區一飯猶圖報，爭肯爲臣負漢王。」

(A) 項羽

(B) 韓信

(C) 曹操

(D) 諸葛亮。

3. 多選（國學【100指考】）

（　）下列敘述正確的選項是

(A) 唐代「李杜」齊名，前有李白、杜甫，後有李商隱、杜牧

(B) 漢魏之際「三曹」父子與「建安七子」形成盛極一時的文學集團

(C) 《三國演義》、《西遊記》、《水滸傳》皆依據史實敷衍，情節斑斑可考

(D) 南唐後主李煜和南宋女詞人李清照，語言風格皆爲典雅古奧，好用史事入詞

(E) 西漢司馬遷撰《史記》，東漢班固著《漢書》，並稱史家雙璧，爲斷代正史之典範。

4. 多選（詞性【101指考】）

（　）下列各組文句，「　」內文字詞性相同的選項是

(A) 父義，母慈，「兄」友，弟恭／君爲我呼入，吾得「兄」事之

(B) 沛公「軍」霸上，未得與項羽相見／晉「軍」函陵，秦軍氾南

(C) 謂獄中語，乃「親」得之於史公云／每得降卒，必「親」引問委曲

(D) 一妓有殊色，執紅拂，立於前，獨「目」靖／臣以神遇而不以「目」視　(E) 一「觴」一詠，亦足以暢敘幽情／引「觴」滿酌，頹然就醉，不知日之入。

5. 多選（修辭【102指考】）

（　）「反問」雖採問句形式，卻屬無疑而問、明知故問，意在強調預設的觀點。下列屬於反問句的選項是

(A) 壯士，能復飲乎

(B) 誰習計會，能爲文收責於薛者乎

(C) 吾師道也，夫庸知其年之先後生於吾乎

(D) 風俗頹敝如是，居位者雖不能禁，忍助之乎

(E) 況爲大臣而無所不取，無所不爲，則天下其有不亂，國家其有不亡者乎。

解答及名師解析

1. (D)

解析：

(A) 明天。語譯：劉邦第二天帶領一百多名騎兵來會見項王。出自司馬遷〈鴻門宴〉。

(B) 每天、日日地。語譯：何曾每日食用要花上萬錢，到了曾孫那一代終因過度浪費而傾家蕩產。出自司馬光〈訓儉示康〉。

(C) 一天。語譯：我曾經整天思考，還不如片刻的學習有益處。出自荀子〈勸學〉。

(D) 時間。語譯：（這種情勢一直）延續到孝文王、莊襄王，這兩位國君在位的時間不長，國家倒是太平無事。出自賈誼〈過秦論〉。

2. (B)

解析：運用韓信「一飯千金」的歷史典故。出自包彬〈淮陰侯廟〉。

3. (A)(B)

解析：(C) 僅《三國演義》依據《三國志》鋪衍情節，依據史實如「空城計」並穿插一些虛構情節。而《西遊記》爲發揮想像力創作的神魔小說。至於《水滸傳》，雖《宋史》中實有宋江此人，但書中大部分情節並非史實。

(D)李煜和李清照皆擅以白描手法，表現深刻情感。
(E)《史記》是通史，非斷代史。

4. (B)(C)

解析：

(A)名詞，指兄長。出自《史記．五帝本紀》／副詞，指以侍兄的態度。出自《史記．鴻門宴》。
(B)均爲動詞，駐紮。出自《史記．鴻門宴》／《左傳．燭之武退秦師》。
(C)均爲副詞，指親自。出自〈左忠毅公逸事〉／《資治通鑑．李愬雪夜入蔡州》。
(D)動詞，指注視。出自杜光庭〈虬髯客傳〉／名詞，指眼睛。出自〈庖丁解牛〉。
(E)動詞，指飲酒。出自王羲之〈蘭亭集序〉／名詞，指酒杯。出自柳宗元〈始得西山宴遊記〉。

5. (C)(D)(E)

解析：

(A)疑問語句。出自司馬遷《史記．項羽本紀．鴻門宴》。語譯：壯士，你還能喝嗎？
(B)疑問語句。出自《戰國策．馮諼客孟嘗君》。語譯：誰熟悉會計，能爲我（田文）到薛地收債？
(C)反問語句。意謂不必知道所師之人比自己年長或年幼。出自韓愈〈師說〉。語譯：我拜師學習，哪裡需要知道老師的年紀是比我大還是比我小呢？
(D)反問語句。意謂在位者應該不忍助長此風。出自司馬光〈訓儉示康〉。語譯：（奢侈的）風俗敗壞到這個地步，在位者即使無法禁止，能忍心助長此風嗎？
(E)反問語句。意謂天下國家一定會破敗亂亡。出自顧炎武〈廉恥〉。語譯：何況大臣無所不貪，無惡不作，那麼天下哪有不動亂，國家哪有不滅亡的呢？

8 典論・論文

◎曹丕

1 大考關注

【字詞義、字音、成語：103學測、103、100、96、95、94統測及103、98、95、93指考】

★「下」筆不能自休：使用。

★引氣不齊，巧拙有「素」：天性。

★不「以」隱約而弗務，不「以」康樂而加思：因。

★貧賤則「懾」於飢寒：ㄓㄜˊ，恐懼，動詞。

★「曲」度雖均，節奏同檢：樂曲。

★「敝帚自珍」：比喻東西雖不好，卻因爲是自己的，仍然非常珍視。

★古之作者，莫不寄身於翰墨，見意於篇籍：古代的作家，把生命寄託在文章中，將思想表現於著作裡。

【國學：102、99學測、102、100指考】

★蓋文章，經國之大業，不朽之盛事→語出曹丕《典論・論文》。

★魏晉南北朝文學史。

★「三曹」父子、「建安七子」與作者所處時代的先後順序。

★魏晉時代的價值觀與生命觀、魏晉時代的文學發展、三曹父子的文學成就。

【閱讀理解：99、94學測、98統測及99、93指考】

★文人相輕的概念、個人存在的意義

★古人相信宇宙萬物皆由「氣」所構成，「氣」具豐富涵意：

1.「氣」可指人的身體或精神狀態，如論語：「及其老也，血氣既衰，戒之在得。」

2.「氣」可指人展現於外的性格或態度，如蘇軾〈留侯論〉：「故深折其少年剛銳之氣，使之忍小忿而就大謀。」

3.「氣」在哲學上可指人應具有的正直道義，如孟子：「其爲氣也，至大至剛，以直養而無害，則塞於天地之間。」

4.「氣」在文學上可指因作者才性所顯現的語文氣勢，如曹丕《典論・論文》：「文以氣爲主，氣之清濁有體，不可力強而致……雖在父兄，不能以移子弟。」

★文意理解：「文以氣爲主，氣之清濁有體，不可力強而致。譬諸音樂，曲度雖均，節奏同檢，至於引氣不齊，巧拙有素，雖在父兄，不能以移子弟。」

【文章分析：104學測】

★依據「蓋文章，經國之大業……不託飛馳之勢，而聲名自傳於後。」此段文字，闡釋曹丕的看法：為何人可以透過書寫而不朽？

★就「書寫對寫作者個人的價值和意義」這個議題，說明曹丕、高行健〈文學的理由〉的觀點是否相同？

2 文章解讀

東漢末年，天下大亂，曹操在亂世之中異軍突起，廣納人才，善用人才，最終成為漢朝末年的最大勢力。當時文學界的菁英，大多聚集在曹操陣營。曹丕身為曹操的兒子，與父親旗下眾多文人互相唱酬往來，在交遊過程中，有感於**文人自視甚高**，往往過度放大自己，看輕別人，無法用客觀的眼光來審視自己與他人的文章，看不見自己的缺點，也看不見別人的優點，曹丕為了導正這種風氣是以寫了《典論．論文》，提倡正確的文學批評觀念。

《典論．論文》是中國**第一篇專門探討文學評論的著作**，內容分為五段，除了批評文人眼光狹隘，惋惜孔融等人沒能成就一家之言以外，逐段用建構理論的角度，論述了「審己度人的批評態度」、「作家（建安七子）的成就與特色」、「各種文體的特質與寫作規範」、「作家氣質與文章的關係」、「文學的地位與價值」，建構了架構完整的文學批評論。

或許是因為生於亂世，讓人加倍感受到生命的無常與短促，因此文末曹丕一再呼籲，應當努力把握短暫的生命，努力留下生命的足跡，實現生命的價值。

此文在中國文學上，具有舉足輕重的地位，有三個第一：

一、這是**中國第一篇專門論述文學批評的文章**，是**中國文學批評之祖**。

二、**最早提出文學不朽的看法**，**賦予文學獨立的地位**。

三、**最早提出「建安七子」的說法**。

段旨

一 先審己，後度人，在評

3 文章精析

一 文人相輕[1]，自古而然。傅毅之於班固，

相輕：互相輕視。

之於：比起。

翻譯

一 文人互相輕視，自古就是如此。傅毅與班固相比，才華相當，可是班固

論時方能客觀公允，避免文人相輕的弊病——批評論。

舉班固為例，引用諺語，說明「文人相輕」是種普遍陋習，接著提出「審己度人」的評論原則，希望能矯正這種風氣。

知識：

．列出孔融七人之名，此即「建安七子」的出處。【102學測】

伯仲之間耳，而固小[2]之，與弟超書曰：「武仲以能屬文，為蘭臺令史，下筆不能自休。」夫人善於自見，而文非一體，鮮能備善。是以[3]各以所長，相輕所短。里語曰：「[4]家有敝帚，享之千金。」斯不自見之患也。今之文人：魯國孔融文舉、廣陵陳琳孔璋、山陽王粲仲宣、北海徐幹偉長、陳留阮瑀元瑜、汝南應瑒德璉、東平劉楨公幹，斯七子者，於學無所遺，於辭無所假，[5]咸以自騁驥騄於千里，仰齊足而並馳。以此相服，亦良難矣！蓋君子審己以度人，故能免於斯累，而作論文。

伯仲之間：相差無幾。伯仲，兄弟排行的次序：長為伯，次為仲。

小之：輕視他。小，以…為小。之，指傅毅。

武仲：傅毅的字。

屬（ㄓㄨˇ）文：寫文章。屬，連綴。【92統測】

下筆：落筆。【100統測】

休：停止。

本段文意。【100統測】

自見：炫耀自己的長處。見，同「現」，炫耀、表現。另一說解為ㄐㄧㄢˋ，「見」，亦可通。

鮮（ㄒㄧㄢˇ）：少。

里語：俗語，又作「俚語」。

家有敝帚，享之千金：將自家的破掃帚視為千金寶物，比喻把自己不好的東西當作珍寶。享，當。同時屬於引用、借喻、映襯三種修辭。【92指考】

不自見：指看不見自己的缺點。

七子：以上七人。即後世所謂「建安七子」。

遺：遺漏。

假：借用、因襲。

咸：皆、全。

以：認為。

驥騄（ㄐㄧˋ ㄌㄨˋ）：皆古代可馳千里的良馬名。在此借喻七子各具良才。

仰齊足而並馳：各逞其才，不相上下，並駕齊驅，互不相讓。

服：臣服、服氣。

良難：實在很難。良，確實。

審：審視、審察。

度（ㄉㄨㄛˋ）：衡量、度量。

累（ㄌㄟˋ）：弊病。

卻輕視他，寫信給弟弟班超說：「武仲（傅毅）因為擅長作文，而擔任蘭臺令史，（但他不懂得控制篇幅）一下筆就寫個沒完。」一般人擅於表現自己的長處，但文章並非只有一種體裁，很少有人能寫好所有體裁，所以各取自己的長處，互相輕蔑他人的短處。俗語說：「家裡的爛掃帚，看作是千金寶貝。」（就是在講）這種看不見自己缺點的弊害啊。當今的文人有：魯國的孔融，字文舉、廣陵的陳琳，字孔璋、山陽的王粲，字仲宣、北海的徐幹，字偉長、陳留的阮瑀，字元瑜、汝南的應瑒，字德璉、東平的劉楨，字公幹，這七位先生，在學問上無所遺漏，寫文章從不抄襲，全自認是奔馳千里的良駒，各顯其才而並駕齊驅。因為這個緣故，要讓他們彼此佩服，也實在不容易啊！有感於君子先審視自己再評量別人，所以能夠免除這種（貴己輕人的）毛病，而寫了這篇〈論文〉。

二 論建安七子作品的優劣短長──作家論。

對建安七子的作品提出簡要中肯的批評

・以客觀平允的態度，評論七子作品的優劣短長，說明「仰齊足而並馳」的情形。

・七子各有長才，呼應了前段「文非一體，鮮能備善」的觀點，引出後文「四科不同，能之者偏也」、「氣之清濁有體」等議論。

三 論不同文體，有不同寫作規範──文體論。

曹丕首先糾正幾個錯誤的批評觀念：「貴古賤今」、「崇尚虛名」，以及「敝帚自珍」。緊接著提出他的創見：文章「本同末異」，不同體裁，適合不同才情的作者，只有通才能兼通各體。

二 王粲長於辭賦，徐幹時有**齊氣**，然粲之**匹**也。如粲之〈初征〉、〈登樓〉、〈**槐**賦〉、〈征思〉，幹之〈玄猿〉、〈漏**卮**〉、〈圓扇〉、〈橘賦〉，雖**張、蔡**不過也。然於他文，**未能稱是**。琳、瑀之**章表書記**，今之**雋**也。應瑒和而不壯；劉楨壯而不密。孔融**體氣**高妙，有過人者；然不能持論，**理不勝辭**，以至乎**雜以嘲戲**。及其所善，**揚、班儔**也。

- 齊氣：言齊人舒緩的氣質，此指文章風格舒緩。
- 匹（ㄆㄧˇ）：匹敵、對手。
- 槐（ㄏㄨㄞˊ）
- 卮（ㄓ）：古代的酒器。
- 張、蔡：張衡、蔡邕。
- 未能稱（ㄔㄥˋ）是：比不上辭賦的成就。稱，相稱、相當。是，代名詞，指辭賦。
- 章表書記：泛指各種應用文。
- 雋（ㄐㄩㄣˋ）：通「俊」，此指傑出的作品。
- 體氣：本指人天生的稟性才氣，此指受稟性才氣影響的文章風格。
- 理不勝辭：理論不能勝過辭采。
- 雜以嘲戲：夾雜嘲諷和戲謔。
- 揚、班：揚雄、班固。
- 儔（ㄔㄡˊ）：類。

三 常人[6]貴遠賤近，**向聲背實**，又患**闇**於自見，謂己爲賢。夫文**本同**而**末異**，蓋[8]奏議宜**雅**，書論宜**理**，**銘誄**尚實，詩賦欲麗。此四**科**不同，故能之者偏也，惟通才能備其體。

- 向聲：崇尚虛名。向，崇尚。聲，名聲。【103指考】
- 背實：背離。
- 闇（ㄢˋ）：通「暗」，不明。
- 本同：寫作原理相同。
- 末異：不同文體、作法不同。
- 雅：典雅。
- 理：有條理。
- 銘誄（ㄌㄟˇ）：銘，讚揚功德或自我惕勵的文體。誄，稱頌死者生前功業的文體。
- 科：種類。

二 王粲擅長辭賦，徐幹的辭賦時常帶有舒緩的語氣，但足以與王粲匹敵。像王粲的〈初征〉、〈登樓〉、〈槐賦〉、〈征思〉，徐幹的〈玄猿〉、〈漏卮〉、〈圓扇〉、〈橘賦〉，即使張衡、蔡邕也無法超越。可是在其他體裁上，就沒辦法達到這種成就。陳琳、阮瑀的章表書記，是當今的傑作。應瑒的作品平和卻不雄壯；劉楨的作品雄壯卻不細密。孔融的文章，有股高超美妙的氣質，勝過常人，然而卻不懂得議論的方法，說理不能勝過文辭，導致文中夾雜著嘲諷與戲謔。但他的佳作，足以和揚雄、班固比美。

三 一般人重視遠方（古代）而輕視近處（近代），嚮往虛名而背棄實學，又犯了不見自身短處的毛病，聲稱自己（的文章）是最好的。其實文章的寫作原理基本上是相同的，可是隨著文體不同，作法各有差異。奏議講究典雅，書論強調說理，銘誄崇尚眞實，詩賦要辭藻華麗。這四類文體各有偏重，所以寫文章的人各自凸顯所長，只有通才才能同時精通各類文體。

四 據前段「能之者偏也」加以衍申。說明文章的氣質，來自作家的氣質，是一種天賦的特質——文氣論。【94學測】

舉音樂作譬喻，說明每人天生氣質不同，這種氣質影響文章，形成獨特的特色，這種特色純粹是一種天賦，無法學習、無法轉移。就像吹奏音樂的訣竅，無法學習、無法轉移一樣。

・本文「氣」有三義：

1. 才氣：作者的天生氣質。
2. 文氣、體氣：文章表現出的獨特氣質。
3. 引氣：人的呼吸。

五 文章乃經國之大業，不朽之盛事。勉人努力著述留名於後世——文用論。【104學測】

・確立文學的地位，文學創作可以是「經國之大業」。

・指出文學創作能夠跨越時間限制，將作家的生命與名聲，延續到後世。

四 文以氣為主，氣之清濁有體，不可力強而致。譬諸音樂，曲度雖均，節奏同檢，至於引氣不齊，巧拙有素，雖在父兄，不能以移子弟。

- 氣：文章的語文氣勢。【93指考】
- 氣：作家的氣質才情。【93指考】
- 清濁：清、濁兩種風格。清，輕快。濁，凝重。
- 體：風格。
- 強（ㄑㄧㄤˇ）：勉強。
- 曲度：曲調。【98指考】
- 均：同。
- 檢：法度。
- 引氣：換氣。
- 素：本質，作家的氣質才情。【103統測】
- 移：轉移，引申為傳授。

五 蓋文章經國之大業，不朽之盛事。年壽有時而盡，榮樂止乎其身，二者必至之常期，未若文章之無窮。是以古之作者，寄身於[9]翰墨，見意於篇籍，不假良史之辭，不託[10]飛馳之勢，而聲名自傳於後。[11]故西伯幽而演易，周旦顯而制禮；不以隱約而弗務，不以康樂而加思。夫然，則[12]古人賤尺璧而重

- 蓋：發語詞，無義。【94統測】
- 經國：治國。
- 盛事：盛大的美事。「引用」於《左傳》。
- 常期：一定的期限。
- 9 翰墨：即筆墨，此處借代為文章。
- 見（ㄒㄧㄢˋ）：表現（思想感情）。
- 假：憑藉、借重。
- 託：依託。
- 10 飛馳之勢：達官貴人的權勢。飛馳，借代達官顯要。
- 11 西伯：周文王。
- 幽：幽禁。
- 演：推演。
- 周旦：周公。
- 隱約：不得志。
- 以：因。【95指考】
- 加思：轉移、改變。
- 則：意同「故」，所以。
- 12 賤：輕視。
- 尺璧：徑尺的璧玉，借代為極珍貴之物。

四 文章以（作家的）氣質為主，文氣的清輕濁重，各有特色，並非後天努力可以勉強得來的。舉音樂為例子來說明吧，（一首曲子）雖然曲調相同、節奏相同，但吹奏時，每個人在運氣上的微妙拿捏，受各自天份影響而有巧有拙，（這種訣竅）即使親近如父兄，也無法將它傳授給自己的子弟。

五 文章，是治理國家的偉大事業，也是永垂不朽的盛大美事。年齡壽命有終了之時，榮華安樂也只限於生前，兩者都有一定的期限，不像文章可以永久流傳。因此，古代的作家，把生命精神寄託在文章上，將思想感情表現在著作裡，不必依賴史官的記載，無須依託權貴的勢力，而聲名自然流傳到後世。是以，文王被囚禁時推演周易，周公顯達後制定周禮；不因不得志而不著述，也不因生活安樂而分心。因為如此，古人輕視一尺的璧玉而珍惜分寸的光陰，是

．舉周文王與周公爲例，勉勵作家們珍惜生命，把握光陰，創造自己的事業。

寸陰，懼乎時之過已。而人多不強力，[13]貧賤則懾於飢寒，富貴則流於逸樂，遂營目前之務，而遺千載之功。日月逝於上，體貌衰於下，忽然與萬物[14]遷化，斯志士之大痛也！融等已逝，惟幹著《論》，成一家言。

已：助詞，無義。
強（ㄑㄧㄤˇ）力：自我勉勵。
懾（ㄓㄜˊ）：害怕。【98指考、96統測】
流：放縱、趨向。
遷化：遷移變化，此指死亡。
《論》：指《中論》一書。
成一家言：見解獨特，自成體系的學說。

害怕時間白白流逝。可是人往往不努力，貧賤時便畏懼飢寒，富貴時便縱情享樂，於是只圖謀眼前的事務，卻忽略了流傳千秋的功業。歲月日漸消逝，人也逐漸衰老，直到有朝一日忽然死去（卻沒有成就任何事），這是有志之士最大的悲痛啊！孔融等人已經去世，只有徐幹著有《中論》一書，自成一家之言。

文法修辭提示

1. 輕：轉品（形→動）
2. 小：轉品（形→動）
3. 各以所長，相輕所短：映襯
4. 家有敝帚，享之千金：引用、映襯、譬喻（借喻）
5. 咸以自騁驥騄於千里，仰齊足而並馳：譬喻
6. 貴遠賤近，向聲背實：對偶（句中對）
7. 「貴」遠「賤」近：轉品（形→動）、映襯
8. 奏議宜雅，書論宜理，銘誄尚實，詩賦欲麗：排比
9. 翰墨：借代
10. 飛馳：借代

11 故西伯幽而演易，周旦顯而制禮；不以隱約而弗務，不以康樂而加思：錯綜
12. 古人賤尺璧而重寸陰：映襯
13. 貧賤則懾於飢寒，富貴則流於逸樂，遂營目前之務，而遺千載之功：映襯
14. 遷化：婉曲

4 作者介紹

曹丕

作者	三國魏 曹丕
籍貫	沛國譙人
生平經歷	1.曹操次子，文武兼備：善騎射，博通古今經傳、諸子百家。 2.建安十六年，爲五官中郎將；建安二十二年，立爲魏太子。 3.建安二十五年，曹操死，嗣位爲丞相、魏王。篡東漢，自立爲帝，都洛陽，國號魏，改元黃初。在位七年崩，諡文帝。 4.博聞強識，好讀詩書，雅愛文學，常與徐幹、陳琳、應瑒、劉楨等文士遊宴唱和，對建安文學有倡導之功。
文學成就	1.《典論．論文》在文學史上具有劃時代的意義，宣告文學開始脫離經學，具有獨立生命。此外，也是中國最早的文學批評專著，啓發了對後世文學理論的發展。 2.詩歌創作，有四言、五言、六言、七言、雜言，但是以五言、七言成就最高。他的七言〈燕歌行〉二首，是現存最早最完整的七言詩。 3.詩歌內容多涉情愛，語言清麗，情致委婉，風格流於纖弱。

5 國學常識

三曹比較、建安文學

一、三曹比較

建安「三曹」	人名	字號	詩風	文學成就
1.東漢獻帝建安時期，曹操、曹丕、曹植，父子三人皆喜好並提倡文學，名重當時，流傳後世，後人合稱之「三曹」。 2.劉勰《文心雕龍》：「魏武（曹操）以相王之尊，雅愛詩章；文帝（曹丕）以副君之重，妙善辭賦；陳思（曹植，因曾被封爲陳思王，故稱）以公子之豪，下筆琳琅。」	曹操	1.字孟德 2.魏武帝 3.老曹	豪邁雄渾	1.五言詩反映現實，如〈蒿里行〉。 2.長於四言，以〈短歌行〉著稱。 3.鍾嶸《詩品》列爲「下品」，評論其詩「古直，甚有悲涼之句」，缺乏華茂的詞彩。
	曹丕	1.字子桓 2.魏文帝 3.大曹	婉約悱惻	1.〈燕歌行〉是現存最完整、最成熟的七言詩。 2.《典論．論文》探討各種與作者、作品、批評者有關的文學問題，發前人所未發，具有劃時代的意義。
	曹植	1.字子建 2.東阿王、陳思王 3.小曹	慷慨雋（ㄐㄩㄢˋ）逸	1.擴大五言詩題材，對五言詩發展影響很大。 2.善於辭賦，以〈洛神賦〉著稱。 3.鍾嶸《詩品》譽之爲「建安之傑」，並列爲「上品」，更讚美其詩「骨氣奇高，詞彩華茂，情兼雅怨，體被文質」。

文學成就	3.鍾嶸《詩品》列其為「中品」，評論其詩「皆鄙質如偶語」，不夠工麗。

二、建安文學

產生背景	1.社會動亂：東漢末年，戰爭連年，眼見人民生活困苦，激發了詩人建功立業之心。 2.寫實精神：當時的文人，繼承漢樂府「感於哀樂，緣事而發」的精神，創作出大量的作品。 3.文學自覺：除了政治上有領袖三曹的倡導，文學也開始逐漸從經學中分離，獨立成為一個學門，人們逐漸開始接受，文章也具有「經國之大業，不朽之盛事」的價值。【104學測】
代表人物	以三曹父子及孔融、陳琳、王粲、徐幹、阮瑀、應瑒、劉楨等建安七子為代表人物。
內容、風格	內容：反映社會離散和人民疾苦，同時也抒發詩人的個人情志。 風格：以反應現實為基礎，具強烈抒情性。表達個人理想及情志，稱為「風」，言辭懇切有眞實內涵，稱為「骨」，是以後人將當時那種「既悲涼慷慨、又剛健明朗的藝術風格，稱為「建安風骨」。

6 文法修辭

頂眞【91統測】

定義：語文中上句的末字，和下句的首字相同；或前段的末句，和後段的首句相同，這樣上遞下接敘說事理、表情達意的修辭，就叫作「頂眞」，使行文條理有序，富音韻美。

★古之學者必有師。師者，所以傳道、受業、解惑也（韓愈〈師說〉）

★孰能無惑？惑而不從師（韓愈〈師說〉）

★是故弟子不必不如師，師不必賢於弟子（韓愈〈師說〉）

★青青河畔草，綿綿思遠道；遠道不可思，夙昔夢見之。夢見在我傍，忽覺在他鄉，他鄉各異縣，輾轉不相見（〈飲馬長城窟行〉）

7 語文天地

一、形音義

相	音	義	例句
相	ㄒㄧㄤ	彼此、交互，兩方面都進行的	文人「相」輕，自古而然 以此「相」服，亦良難矣！ 駕一葉之扁舟，與匏樽以「相」屬（蘇軾〈赤壁賦〉）
		代詞性助詞，置於動詞之上，稱代動詞之下所省略的賓語。	瀝酒「相」賀（杜光庭〈虬髯客傳〉）
		無義，純粹只為湊足音節的用法	魯肅領了周瑜言語，逕來舟中「相」探孔明（《三國演義》）
	ㄒㄧㄤˋ	職官名：百官之長，輔佐國君治理國政的人	於是，梁王虛上位，以故「相」為上將軍（《戰國策．馮諼客孟嘗君》）
		占視、辨察，以斷吉凶禍福	有善「相」者思見郎君，請迎之（杜光庭〈虬髯客傳〉）

字	義	例句
向	面對、朝著	又北「向」，不能得日；日過午已昏（歸有光〈項脊軒志〉）
	崇尚、仰慕	常人貴遠賤近，「向」聲背實
	從前、先前	「向」之所欣，俛仰之間，已為陳跡（王羲之〈蘭亭集序〉）

字	義	例句
科	類	此四「科」不同，故能之者偏也
	法律條文	若有作姦犯「科」，及為忠善者，宜付有司，論其刑賞（諸葛亮〈出師表〉）

字	義	例句
幽	囚禁	西伯「幽」而演易，周旦顯而制禮
	幽深	舞「幽」壑之潛蛟，泣孤舟之嫠婦（蘇軾〈赤壁賦〉）
	清淡	野芳發而「幽」香，佳木秀而繁陰（歐陽脩〈醉翁亭記〉）

字	義	例句
體	文體	文非一「體」，鮮能備善
	身體	日月逝於上，「體」貌衰於下
	本性、氣質	孔融「體」氣高妙
	風格	文以氣為主，氣之清濁有「體」

字	音	義	例句
禱	ㄉㄠˇ	祭神而有所求	「禱」告
儔	ㄔㄡˊ	同類、同輩	及其所善，揚、班「儔」也（曹丕《典論．論文》）

字	注音	字義	例句
鑄	ㄓㄨˋ	鎔化金屬，注入模型製成器物	「鑄」造、「鑄」幣
		造成、釀成	「鑄」成大錯
躊	ㄔㄡˊ	用於複合詞，如：躊躇	「躊」躇不前（猶豫而不能做下決定）、「躊」躇滿志（自得的樣子）
疇	ㄔㄡˊ	田地	綠野平「疇」、平「疇」沃野
籌	ㄔㄡˊ	謀劃	運「籌」帷幄
		計數的器具	略勝一「籌」、觥「籌」交錯
擣	ㄉㄠˇ	舂、撞擊	「擣」米
濤	ㄊㄠˊ	大浪	驚「濤」裂岸
檮	ㄊㄠˊ	楚國史書名	「檮」杌

字	字義	例句
已	已經	庭有枇杷樹，吾妻死之年所手植也，今「已」亭亭如蓋矣（歸有光〈項脊軒志〉）
	止	雞鳴不「已」於風雨（顧炎武〈廉恥〉）
	太	以爲鬼物，亦「已」過矣（蘇軾〈留侯論〉） 而書又「已」舊（連橫〈臺灣通史序〉）
	助詞，無義	古人賤尺璧而重寸陰，懼乎時之過「已」（曹丕《典論·論文》）

字	字義	例句
加	轉移、改變	不以隱約而弗務，不以康樂而「加」思（曹丕《典論·論文》）
	增益	既富矣，又何「加」焉（《論語·子路》） 上有「加」餐食，下有長相憶（〈飲馬長城窟行〉）
	施加	恩所「加」，則思無因喜以謬賞（魏徵〈諫太宗十思疏〉）

字	字義	例句
功	功業	遂營目前之務，而遺千載之「功」（曹丕《典論·論文》）
	成功、成效	駑馬十駕，「功」在不舍（荀子〈勸學〉） 爲山九仞，「功」虧一簣（《孟子·公孫丑上》）
	指工作的時間	今張君不以謫爲患，竊會計之餘「功」（蘇轍〈黃州快哉亭記〉）
	一種喪服	外無期「功」彊近之親（李密〈陳情表〉）

字	注音	字義	例句
見	ㄐㄧㄢˋ	看見	又患闇於自「見」，謂己爲賢（曹丕《典論·論文》） 斯不自「見」之患也（曹丕《典論·論文》） 誠能「見」可欲，則思知足以自戒（魏徵〈諫太宗十思疏〉）
		被	匹夫「見」辱，拔劍而起（蘇軾〈留侯論〉）

字	讀音	解釋	例句
見	ㄐㄧㄢˋ	代詞性助詞，我	生孩六月，慈父「見」背（李密〈陳情表〉） 都督「見」委，自當效勞（《三國演義·用奇謀孔明借箭》）
	ㄒㄧㄢˋ	顯現、表現、顯露	夫人善於自「見」（曹丕《典論·論文》） 寄身於翰墨，「見」意於篇籍（曹丕《典論·論文》） 時窮節乃「見」，一一垂丹青（文天祥〈正氣歌並序〉） 高祖發怒，「見」於辭色（蘇軾〈留侯論〉）

字	解釋	例句
敝	破舊	家有「敝」帚，享之千金（曹丕《典論·論文》）
	損壞、毀壞	願車馬衣輕裘，與朋友共，「敝」之而無憾（《論語·公冶長》）
	自謙之詞	「敝」校、「敝」邑

字	讀音	解釋	例句
雋	ㄐㄩㄢˋ	言論或文句意味深長	文章「雋」永
	ㄐㄩㄣˋ	傑出、出眾	萬字萬石，才器「雋」秀（《晉書·謝安傳》）
		通「俊」，才能過人的人	琳、瑀之章表書記，今之「雋」也（曹丕《典論·論文》）

字	讀音	解釋	例句
屬	ㄓㄨˇ	連綴、綴輯	武仲以能「屬」文，爲蘭臺令史（曹丕《典論·論文》）
		叮嚀、請託	使人「屬」孟嘗君，願寄食門下（《戰國策·馮諼客孟嘗君》） 「屬」予作文以記之（范仲淹〈岳陽樓記〉）
		倒酒勸飲	舉酒「屬」客，誦明月之詩，歌窈窕之章（蘇軾〈赤壁賦〉） 舉匏樽以相「屬」（蘇軾〈赤壁賦〉）
	ㄕㄨˇ	隸屬	名「屬」教坊第一部（白居易〈琵琶行並序〉）
		類	有良田、美池、桑竹之「屬」（陶淵明〈桃花源記〉）
		輩	不者，若「屬」皆且爲所虜（《史記·鴻門宴》）

字	解釋	例句
素	本性（才情）	引氣不齊，巧拙有「素」（曹丕《典論·論文》）
	向來	文靜「素」奇其人，一旦聞有客善相（杜光庭〈虬髯客傳〉）
	質樸，不加裝飾	「素」面華衣而拜（杜光庭〈虬髯客傳〉）
	樸素	眾人皆以奢靡爲榮，吾心獨以儉「素」爲美（司馬光〈訓儉示康〉）
	平白的	尸位「素」餐
	蔬菜	茹「素」

度		
ㄉㄨˋ	過	「度」日如年
	曲調	曲「度」雖均
ㄉㄨㄛˋ	考慮、推測	審「度」
	衡量、度量	君子審己以「度」人（曹丕《典論．論文》）

氣	
才氣、才情氣質	文以「氣」爲主（曹丕《典論．論文》） 「氣」之清濁有體（曹丕《典論．論文》）
人體內的力量	引「氣」不齊（曹丕《典論．論文》） 【案：譬喻「才情氣質」】
辭氣、文章風格	徐幹時有齊「氣」（曹丕《典論．論文》） 孔融體「氣」高妙（曹丕《典論．論文》）

二、成語集錦

❶本文成語

成語	釋義	義近	反義
伯仲之間	彼此相差無幾。	不分軒輊、一時瑜亮、工力悉敵	天壤之別
敝帚自珍	比喻把自己不好的東西當作珍寶。	敝帚千金	
貴遠賤近	重視古代、遠方的事物，而輕視當今、眼前的事物。	貴古賤今、貴遠鄙近	
並駕齊驅	齊頭並進。比喻彼此能力、地位相當。	方駕齊驅、齊驅並駕、齊驅並驟	天淵之別、強弱懸殊、相去萬里
闇於自見	看不見自己的短處。	目不見睫	

❷與「三曹」及「建安七子」相關的成語

煮豆燃萁	比喻兄弟相殘。（《世說新語》中的曹植「七步成語」典故）
七步成詩	形容文思敏捷。（曹丕、曹植兄弟相殘典故）
才高八斗	才學極高。（謝靈運稱美曹植才華典故）
文癒頭風	稱讚人文章優美。（陳琳寫的各種書信和檄文受曹操讚賞典故）
倒屣相迎	形容熱情接待賓客。（王粲才學受蔡邕賞識典故）
小時了了	指人在幼年時聰敏捷，表現優良，長大之後未必能有所成就。（孔融、陳韙典故）

8 實力健身房

1. 單選（字義【103學測】）

（　）張錯〈十八弦〉中「爲有情，而才有聲，這樣的情發這樣的聲，那般的情發那般的聲」，其意義與下列何者相通？

(A) 雖世殊事異，所以興懷，其致一也
(B) 操千曲而後曉聲，觀千劍而後識器
(C) 在心爲志，發言爲詩，情動於中而形於言
(D) 古之作者，莫不寄身於翰墨，見意於篇籍。

2. 多選（國學【102學測】）

（　）框線內爲某一部《魏晉南北朝文學史》的目次，依目次選出對該書敘述正確的選項

第一章	建安風骨
第二章	兩晉詩壇
第三章	陶淵明別樹一幟的詩風
第四章	謝靈運與詩風的轉變
第五章	齊梁詩壇
第六章	庾信與南朝文風的北漸
第七章	南北朝駢文及散文

(A) 按照朝代先後次序進行介紹
(B) 詳於詩歌而略於駢文、散文
(C) 對曹氏父子的詩風有所著墨
(D) 強調陶淵明對南朝詩壇的影響
(E) 指出庾信對北朝文風的影響。

3. 單選（國學【102指考】）

（　）古人常有手書前人名句的習慣，下列不可能發生的選項是：

(A) 劉基手書「諮諏善道，察納雅言」
(B) 韓愈手書「蓋文章，經國之大業，不朽之盛事」
(C) 陶淵明手書「山不在高，有仙則名；水不在深，有龍則靈」
(D) 王安石手書「滄浪之水清兮，可以濯吾纓；滄浪之水濁兮，可以濯吾足」。

4. 非選（文章分析【104學測】）

閱讀框線內文章後，回答問題。答案請標明㈠、㈡書寫，㈠、㈡合計文長約二百五十至三百字（約十二至十四行）。

㈠ 爲何人可以透過書寫而不朽？請依據甲段文字，闡釋曹丕的看法。

㈡ 就「書寫對寫作者個人的價值和意義」這個議題，你認爲曹丕、高行健的觀點是否相同？請依據甲、乙二段文字，說明你的看法。

甲、蓋文章，經國之大業，不朽之盛事。年壽有時而盡，榮樂止乎其身，二者必至之常期，未若文章之無窮。是以古之作者，寄身於翰墨，見意於篇籍，不假良史之辭，不託飛馳之勢，而聲名自傳於後。（曹丕《典論．論文》）

乙、回顧我的寫作經歷，可以說，文學就其根本乃是人對自身價值的確認，書寫其時便已得到肯定。文學首先誕生於作者自我滿足的需要，有無社會效應則是作品完成之後的事，再說，這效應如何也不取決於作者的意願。（高行健〈文學的理由〉）

解答及名師解析

1. (C)

解析：

(A)語譯：雖然時代不同，事物變異，但是人們感慨的原因還是一樣的。出自王羲之〈蘭亭集序〉

(B)語譯：彈奏上千首曲子之後才懂得音樂，觀察了上千把劍之後才會識別寶劍。出自劉勰《文心雕龍．知音》

(C)語譯：詩，在心裡是「志」，抒發出來成爲優美的言語就是「詩」。情感鼓蕩在人心中，就會透過言語表達出來。出自《詩．大序》

(D)語譯：古代的作家，把生命寄託在文章中，將思想表現於著作裡。出自曹丕《典論．論文》

2. (A)(B)(C)(E)

解析：

(A)從第一章建安風骨，屬東漢末、三國時期→第二章兩晉詩壇、第三章陶淵明別樹一幟的詩風、第四章謝靈運與詩風的轉變，屬兩晉時期→第五章齊梁詩壇、第六章庾信與南朝文風的北漸，屬南朝時期。故目次爲「按照朝代先後次序」。

(B)前五章「建安風骨」、「兩晉詩壇」、「陶淵明的詩風」、「謝靈運與詩風」、「齊梁詩壇」皆與「詩」有關，最後兩章才提及「散文」、「駢文」。故目次「詳於詩歌而略於駢文、散文」。

(C)第一章談「建安風骨」，曹氏父子是當時的文學領袖，當時的文學代表人物建安七子，是曹家的幕客。「建安風骨」則是指在這亂離哀怨的時代中，文人詩歌多沉雄蒼壯、風格勁健，在淒苦的音調中仍表現出奮發昂揚的精神，給人鼓舞的力量。故目次「對曹氏父子的詩風有所著墨」。

(D)第三章「陶淵明別樹一幟的詩風」，可見陶淵明自然質樸，平淡有致的詩風，與當時詩壇注重辭采綺麗不同調，因此說目次「強調陶淵明對南朝詩壇的影響」，是錯誤的。

(E)庾信，早年曾與梁朝太子蕭綱（梁簡文帝）寫作綺豔詩歌。梁武帝末，建康失陷，被迫逃投奔梁元帝蕭繹。後奉命出使西魏，抵達長安後西魏攻克江陵，因此被留在長安，以南方文人的身份創作羈留北方不歸之詩文賦，一生創作不輟，影響北朝文風，故目次「第六章庾信與南朝文風的北漸」，是正確的。

3. (C)

解析：

(A)劉基爲明代人，可以引三國諸葛亮的〈前出師表〉。

(B)韓愈爲唐代人，可以引三國曹丕的《典論．論文》。

(C)陶淵明爲南朝 劉宋人，不可以引唐劉禹錫的〈陋室銘〉之語。

(D)王安石爲北宋人，可以引戰國屈原的〈漁父〉。

4. 參考答案：

(一)曹丕認爲榮華富貴或是人的生命，都有終止的一天，但文章卻是不朽。唯有將自身寄託於文字之中，才能將自己的想法、意志與聲名隨著文章的流傳，進而使人的價值不朽。

(二)兩者的想法不盡相同。兩者皆認爲透過寫作可以確認自身價值。但對文學的社會價值上卻有不同定位。曹丕認爲文章是「經國之大業，不朽之盛事」，除了可以寄託自身想法外，更重要的是藉由文章治理國家，並留名後世，建立起一己的政治與文學地位。而高行健則認爲文學是對自身生命價值的確立，因爲寫作主要是用於滿足自身的需求。有無社會效應、他人的肯定，不是作者需關注的，只需留由後人論斷即可。

9 與陳伯之書

◎丘遲

1 大考關注

【敬稱詞：99學測、97指考】

★「殿下」：古代對王侯的尊稱。

★「左右」是用於平輩的書信用語。「大鑒」的「大」雖是敬辭，但多用於平輩。「知悉」是知曉的意思，用於上對下的關係。「鈞鑒」的「鈞」是貴重，故用於下對上的關係。

★中軍臨川「殿下」：基於「因卑達尊」的思維，以殿前奔走者代稱太子、諸侯王。

【字詞義、字音、成語：96、95、90統測】

★「草長鶯飛」之「鶯」字字形。

★詞義解釋與成語：「燕巢飛幕」。

【句型、文法：日大】

★朱鮪涉血於友于，張繡剚刃於愛子，漢主不以爲疑，魏君視之若舊。其句型同於：

(1)句讀之不知，惑之不解，或師焉，或不焉。

(2)西伯幽而演易，周旦顯而制禮，不以隱約而弗務，不以康樂而加思。

【修辭：97、94、93、92統測】

★轉品、對偶、設問及倒裝等修辭

【閱讀理解：日大】

★魚游於沸鼎之中，燕巢於飛幕之上：意謂處境危殆。

★暮春三月，江南草長，雜花生樹，群鶯亂飛。見故國之旗鼓，感平生於疇日，撫弦登陴，豈不愴悢：觸動陳伯之故國之思，早日反正來歸。

★廉公之思趙將，吳子之泣西河：義近於「胡馬依北風，越鳥巢南枝。」

★夜郎、滇池，解辮請職；朝鮮、昌海，蹶角受化→意謂各國均稱臣請降，願意歸化。

【書信應用文101、100、99、97、89學測、102、101、100、99、98、96指考】

★應用文是近年學測、指考常考的重點，除了書信的格式應用，也常考措辭與敬語的運用。應用文是人際往來應對的文章，所以使用時必須考慮場合、時機與彼此間的關係調整措辭，其間細微的差異就是考試的重點，宜加以熟習。

2 文章解讀

丘遲是南朝齊、梁間著名的作家，擅長駢體文（或簡稱駢文）。本文雖是一篇降書，卻**充滿著對偶、典故、辭采**，呈現一種典麗的風格，是三十篇必讀選文當中，最能代表駢體文特色的一篇文章。

魏晉六朝開始產生「純文學」的概念，駢文是此種時代風潮下應運而生的文學形式，這種「唯美」的風格，有幾項特點：

1. 在結構上，追求對稱的美感，因此全篇皆用對偶的駢組成文；
2. 在內容上，嘗試用更少的文字表達更多的意義，因此大量運用典故；
3. 在用字遣詞上，爲了增加視覺意象，因此重視辭采；
4. 在聲韻上，爲求音聲悅耳，講究聲調韻律。

本文符合駢文特色篇名的「書」字，與〈諫逐客書〉不同，〈諫逐客「書」〉是臣下進奉君王的「上書」，與〈與陳伯之「書」〉則是親朋好友間互通訊息的「書信」。本文即是丘遲奉命寫給陳伯之的「勸降書」。

要讀懂這封降書，必須先了解陳伯之的立場。**陳伯之是梁的叛將，此時卻爲敵國領兵對抗祖國**，這種不義之舉，讓陳伯之**理虧在先**，給了丘遲大做文章的機會，先在心理上壓倒陳伯之。丘遲在文章前段著重於義（第一～三段），說明陳伯之輕率投敵的不智與不義，強調梁朝不計前嫌，希望陳伯之能迷途知返。文章中段著重於理（第四～五段）從利害上說明，說明歸降有封爵之利，滯外終有性命之憂。末段著重於情（第六～七段）首先述說江南春景，希望引起陳伯之思鄉之情。最後描述梁朝軍威壯盛，兵強將賢，以勢威嚇。

全文**情理兼備、軟硬兼施，充分考慮陳伯之的立場**，所以一方面解除陳伯之的顧慮，讓他能放心南歸，一方面出言恫嚇，讓陳伯之不敢北滯。內容周延，理直氣壯，最終順利說得陳伯之歸降。

3 文章精析

一 **遲頓首，陳將軍足下：無恙，幸甚！幸甚！**

頓首：以頭叩地，古代書信中開頭、結尾常用敬詞。

足下：書信中，對收信者的敬稱語。

翻譯

一 丘遲叩拜，陳將軍足下：聽說您身體健康，眞是十分慶幸！眞是十分慶幸！

段旨

一 以寒暄問候語開啟全文。

二 先稱讚陳伯之的才能與成就，再以今劣、昔壯的強烈對比，譏其投敵之不智，為下文勸降預作鋪陳。

三 曉之以恩：先解開陳伯之的叛梁心結，再敘說梁朝寬大的懷柔政策，並舉史實說服陳伯之歸附。

二 將軍勇冠三軍，才為世出，棄燕雀之小志，慕鴻鵠（ㄏㄨˊ）以高翔。昔因機變化，遭遇明主，立功立事，開國稱孤，朱輪華轂（ㄍㄨˇ），擁旄（ㄇㄠˊ）萬里，何其壯也！如何一旦為奔亡之虜，聞鳴鏑（ㄉㄧˊ）而股戰，對穹（ㄑㄩㄥ）廬以屈膝，又何劣邪！

- 鳴鏑：舊時軍中傳遞號令的響箭。鏑，箭頭。
- 燕雀：燕雀，比喻庸俗小人。
- 鴻鵠：鴻鵠，比喻豪傑志士。
- 棄燕雀之小志，慕鴻鵠以高翔：指陳伯之棄齊歸梁之事。語出《史記．陳涉世家》：「燕雀安知鴻鵠之志哉？」
- 昔因機變化，遭遇明主：指陳伯之背棄齊東昏侯投效梁武帝之事。
- 開國稱孤：孤，古時王侯自稱。開國，晉以後封爵，皆冠以「開國」的稱號。
- 轂：車輪中心用來納車軸的圓木。
- 擁旄：擁，持。旄，用犛（ㄌㄧˊ）牛尾裝飾的旗子。
- 擁旄萬里：形容統治面積廣大，亦指州牧之官。擁旄萬里暫句指手執旄節，號令一方。
- 虜：對敵方的蔑稱。
- 股戰：大腿戰慄發抖。股，大腿。戰，通「顫」，發抖。【96統測】
- 穹廬：胡人居住的氈（ㄓㄢ）帳，即今蒙古包，此借指北魏朝廷。穹，天空。

三 尋君去就之際，非有他故，直以不能內審諸己，外受流言，沉迷猖獗，以至於此。聖朝赦罪責功，棄瑕（ㄒㄧㄚˊ）錄用，推赤心於天下，安反側於萬物，此將軍之所知，不假僕一二談也。朱鮪（ㄨㄟˇ）涉（ㄉㄧㄝˊ）血於友于，張繡剚（ㄗˋ）刃於愛子；漢主不以為疑，魏君待之若舊。況將軍

- 尋：探究、探索。
- 直：只、僅。
- 猖獗：狂妄放肆。
- 責：求。
- 瑕：玉的斑點，比喻過失。
- 反側：輾轉不安，借指搖擺不定，有二心者。
- 萬物：此指眾人。
- 涉血於友于：涉，通「蹀」，踐踏。涉血，指殺人眾多，血流滿地。友于，指兄弟。
- 剚：以刀刺殺。

二 將軍您的英勇為三軍之首，才能傑出、舉世無雙。拋棄燕雀居處巢梁般的小志，企慕鴻鵠高飛一舉千里的大抱負。從前順應時機，改變志向（棄齊投梁），遇到英明的君王（梁武帝），（歸梁後）建立功績事業，得以封爵稱王，乘坐華麗的車輛，手拿旄節統領千里的廣大地域，這是何等雄壯啊！為何忽然成為逃亡敵虜，聽到傳發軍令的響箭便大腿發抖，對著北魏朝廷而卑躬屈膝，又是多麼卑微啊！

三 探究您當初離梁投魏的時候，並沒有其他原因，只因為自己內心沒有仔細審查，在外又受到謠言影響，一時迷惑而狂妄放肆，才會走到今天這樣的處境。聖明的梁朝（君王對臣子）赦免罪過而求立功，不計較過失而進用賢才，以誠心待天下人，使內心搖擺不定的眾人都安下心來，這是將軍您知道的，不須我一一細說了。歷史上朱鮪殺害漢光武帝的哥哥劉縯，張繡刺死曹操的長子曹昂，但漢光武帝一點也不懷疑朱鮪（仍接受其投降），曹操對待（再次歸降的）張繡如同往昔。何況將軍您

四 誘之以利：以梁國的文武功臣對比陳伯之的處境，悲嘆其未能明辨自己的利害形勢。

五 威之以勢：分析歷史（以南燕、後秦爲例），強調效忠夷狄必亡，點明陳伯之當前危殆的處境。

無昔人之罪，而動重於當世！夫迷途知反，往哲是與；不遠而復，先典攸高。主上屈法申恩，吞舟是漏。將軍松柏不翦，親戚安居，高臺未傾，愛妾尚在。悠悠爾心，亦何可言！

- 往哲是與：往哲，前賢。是，語助詞。與，稱許，動詞。
- 攸（ㄧㄡ）：所，語助詞。
- 吞舟是漏：「漏吞舟」的倒裝，魚網寬疏，能漏掉吞舟的大魚。比喻法網寬疏，連犯大罪的人都可以放過。是，助詞，無義。
- 松柏不翦（ㄐㄧㄢˇ）：松柏，因墓地多種松柏，故以松柏代稱墳墓。翦，砍伐。
- 高臺：指館邸。

四 今功臣名將，雁行有序，佩紫懷黃，讚帷幄之謀；乘軺建節，奉疆埸之任。並刑馬作誓，傳之子孫。將軍獨靦顏借命，驅馳氈裘之長，寧不哀哉？

- 雁行（ㄏㄤˊ）有序：行，行列。指朝中百官班次有序，如雁陣行列，按品級依官位大小排列。
- 佩紫懷黃：佩紫綬（綁繫官印的紫色絲帶），懷金印，指身居高官。
- 讚帷幄之謀：協助策畫軍事謀略。讚，同「贊」，協助、佐助。帷幄，軍帳。
- 乘軺（ㄧㄠˊ）建節：乘輕車，擁旄節。軺，兩匹馬拉的輕便小車。節，旄節。
- 疆埸（ㄧˋ）：邊界。
- 刑馬作誓：殺馬歃（ㄕㄚˋ）血，立誓爲信，爲古代諸侯盟誓的一種儀式。刑，殺。
- 靦（ㄊㄧㄢˇ）顏借命：靦，慚愧的樣子。借命，指苟且偷生。
- 驅馳：爲人奔走效命。
- 氈裘之長：借指北魏君主。氈裘，遊牧民族用獸毛織製的衣服。

五 夫以慕容超之強，身送東市；姚泓之盛，面縛西都。故知霜露所均，不育異類；姬、漢舊邦，無取雜種。北虜僭盜中原，多

- 東市：漢時在長安東邊市集處決犯人，後借指刑場。
- 面縛西都：面縛，即縛首、繫頸，指投降、被俘。西都，指長安。
- 異類：古代對漢族以外其他民族的稱。下文「雜種」義同。
- 北虜：指北魏。
- 僭（ㄐㄧㄢˋ）：踰越本分。

並無犯下朱鮪、張繡的罪過，而且您的功勛還被世人所推重！於路途中迷失但能知道回返，這是前賢所稱許的；迷途不遠而回復於正道，是古代典籍（《易經》）所推崇的。現在梁武帝寬緩刑法而伸展恩澤，法網寬疏到連犯大罪的人都可以放過。將軍您在梁地的先人祖墳未遭破壞，親戚安居樂業，館邸未曾被毀，心愛的妻妾仍在家中安居。您內心仔細想一想，對於這些厚恩還有什麼可說呢！

四 現在梁朝功臣名將，在朝廷中班次有序如雁陣行列，（文臣）腰部佩繫紫色印綬，懷著黃金印信，協助策畫軍事謀略；（武將）坐著輕車，手擁旄節，承擔防守邊疆的重任。而且梁皇殺馬飲血立盟誓，讓功臣名將的爵位可以傳給他們的子孫後代。只有將軍您厚顏苟活，爲北魏君主奔走效命，難道不覺得悲哀嗎？

五 以南燕君主慕容超那樣強大，結果身死刑場（被劉裕生擒後押送建康刑場斬首）；後秦君主姚泓那樣強盛，還是在長安被縛投降（劉裕攻克長安後迎降受縛，被送斬建康）。由此得知，霜露均霑的中原大地，不養育外族；周、漢故土，不容異族統治。北魏（道武

六 動之以情：以江南暮春景緻觸動思鄉歸國之情，勸陳伯之歸附。

七 陳說天下大勢：宣揚梁朝恩威，四方歸順，北伐軍容強盛，勸陳伯之及早返正歸來。

歷年所，¹惡積禍盈，理至燋爛。況僞孽昏狡，自相夷戮，部落攜離，酋豪猜貳。方當¹繫頸蠻邸，懸首藁街；而¹、²將軍魚游於沸鼎之中，燕巢於飛幕之上，不亦惑乎？

年所：年數。
燋爛（ㄐㄧㄠ）：喻滅亡。燋，通「焦」，燒焦。
蠻邸：外族使者居住的館舍。
藁街（ㄍㄠˇ）：漢代長安街名，蠻邸設於此。
巢：動詞，築巢。
飛幕：搖動的帳幕。【90統測】

六 暮春三月，江南草長，雜花生樹，群鶯亂飛。見故國之旗鼓，感生平於疇日；撫弦登陴，²豈不愴悢？所以¹廉公之思趙將，吳子之泣西河，人之情也，²將軍獨無情哉？想早勵良規，自求多福。

江南草長，雜花生樹，群鶯亂飛：成語：草長鶯飛。【95統測】
疇日（ㄔㄡˊ）：從前。
陴（ㄆㄧˊ）：城上小牆，指城牆。
愴悢（ㄔㄨㄤˋ ㄌㄧㄤˋ）：悲傷。
廉公之思趙將：廉頗原爲趙將，趙悼襄王以樂乘代廉頗，頗怒而奔魏，不爲魏國信用。

七 當今皇帝盛明，天下安樂。¹白環西獻，楛（ㄏㄨˋ）矢東來；¹夜郎、滇池，解辮請職；朝鮮、昌海，蹶角受化。唯北狄野心，倔強沙

白環西獻，楛矢東來：表示四方歸順。楛，其莖可製箭桿。傳說舜即帝位時，西王母獻白環玉玦（ㄐㄩㄝˊ），周武王克商，肅慎氏貢獻楛矢石砮（ㄋㄨˊ）。
夜郎、滇池，解辮：古西南夷部落，椎髻（如椎的髮髻）辮髮，故解髮改梳漢式，表示歸化。
請職：請求納貢，表示稱臣。
蹶角：以額角叩地，表恭敬之意。
倔強（ㄐㄩㄝˊ ㄐㄧㄤˋ）：頑強不馴。

帝拓跋珪）逾越本份竊取中原（建立國家），已經歷時多年（至此時已歷一百二十年），罪惡積累災禍滿盈，按理已至滅亡時候。何況北魏君主愚昧狡猾，互相殘殺，部落分裂離析，首領間互相猜忌，各存二心。此時（北魏首領）將被綑綁到京城蠻邸，頭顱懸掛在藁街上；而將軍您就像魚游在沸騰的鍋鼎中，又像燕子築巢在搖動的帳幕上，處境十分危險，這種處境不是令人感到迷惑嗎？

六 晚春三月時，江南的草木長得茂盛，各色雜花開滿樹上，成群黃鶯漫天飛舞。當您看見祖國的旌旗戰鼓，回想生活在梁國的過往日子；手撫弓箭登上城牆（遠望），難道不感到悲傷嗎？所以趙國廉頗（流亡魏國時）還是想當趙國的將領，魏國吳起（因讒言被解職而奔楚）臨行回望西河不禁落淚，這是人之常情啊！難道只有將軍您是無情之人嗎？希望您能及早謀劃良策歸梁，爲自己求得福祉。

七 當今皇上十分英明，天下人安居樂業。白玉環從西方異族進獻而至，紅楛矢由東方異族入貢而來；西南的夜郎、滇池等夷國，解開辮髮，請求歸化臣服；東北的朝鮮、西北的昌海也都叩頭接受教化歸順。只有北魏野心勃勃，

塞之間，欲延歲月之命耳。中軍臨川殿下，明德茂親，總茲戎重，弔民洛汭，伐罪秦中。若遂不改，方思僕言。聊布往懷，君其詳之！

丘遲頓首

中軍臨川殿下：指蕭宏。封臨川郡王，任中軍將軍。中軍，古軍制，分中左右三軍，中軍為主帥發號施令之所，故代稱統帥。【97指考】

茂親：至親。蕭宏為武帝之弟，故謂茂親。

弔：撫慰。

洛汭（ㄖㄨㄟˋ）：洛水入黃河處，在今河南省鞏義市，指北魏所統治的中原地區。汭，河流會合處。

秦中：今陝西省中部，為當時北魏領土。

其，祈使語氣詞，希望之意。詳，仔細考慮。之，指信中歸梁之事。

還在黃沙邊塞之間頑強抵抗，想要苟延殘喘一些時日罷了。我中軍將軍臨川王蕭宏殿下，有彰明的美德，為梁武帝至親，統領此次北伐的軍事重任，要撫慰洛水、黃河會合處受難的民眾，討伐秦中有罪的人。如果您終究不知悔改，將來會後悔沒考慮我的忠言。姑且以這封信來表達你我往日的情誼，希望您仔細考慮歸梁這件事！

丘遲拜上

文法修辭提示

1. 對偶

(1) 句中對：

a.朱輪華轂
b.赦罪責功
c.屈法申恩
d.功臣名將
e.佩紫懷黃
f.乘軺建節
g.惡積禍盈
h.撫弦登陴

(2) 單句對：

a.棄燕雀之小志，慕鴻鵠以高翔
b.聞鳴鏑而股戰，對穹廬以屈膝
c.推赤心於天下，安反側於萬物
d.繫頸蠻邸，懸首藁街
e.魚游於沸鼎之中，燕巢於飛幕之上
f.廉公之思趙將，吳子之泣西河
g.白環西獻，楛矢東來
h.弔民洛汭，伐罪秦中

(3) 隔句對

a.迷途知反，往哲是與；不遠而復，先典攸高
b.佩紫懷黃，讚帷幄之謀；乘軺建節，奉疆埸之任

c.慕容超之強，身送東市；姚泓之盛，面縛西都
d.霜露所均，不育異類；姬漢舊邦，無取雜種
e.夜郎滇池，解辮請職；朝鮮昌海，蹶角受化

2.設問
(1)寧不哀哉？
(2)將軍魚游於沸鼎之中，燕巢於飛幕之上，不亦惑乎？
(3)豈不愴悢？
(4)將軍獨無情哉？

4 作者介紹 丘遲

作者	南朝 丘遲，字希範
籍貫	吳興烏程（今併入浙江吳興縣）人
生平經歷	1.八歲能文，受到許多文壇長輩器重，長大成人後，擔任太學博士，官至南朝齊車騎錄事參軍。齊亡後，改事於梁，頗受禮遇。 2.梁武帝天監四年隨軍北伐，奉命作〈陳伯之書〉。 3.卒於梁武帝天監七年，年四十五。
文學成就	詩文辭采麗逸，鍾嶸《詩品》列爲中品。尤擅長駢文與山水詩，其文集已散佚，後人輯有《丘司空集》。

5 國學常識 駢文與散文比較

文體	駢文【102學測】	散文【95學測及93、98指考】
別稱	四六文（晚唐）	古文
發展	1.濫觴：始於先秦奇偶互用之文，有別於散文，如李斯〈諫逐客書〉、賈誼〈過秦論〉。 2.形成：南北朝演化爲駢儷之文，聲律說興起，著重聲色的誇張（音韻美）與詞語的藻飾（形式美），但並不嚴格限制駢四、儷六，而是駢散並用，劉勰、沈約、徐陵、庾信皆爲此期的重要作家。名篇佳作有如：陸機〈文賦〉、庾信〈哀江南賦〉。	1.形成：始於先秦樸實無華的史傳、諸子散文。 2.衰微：魏晉南北朝時，六朝崇尚唯美文風，走向形式駢儷化，內容空洞。 3.復興：唐、宋的古文運動 (1)先驅——初唐陳子昂、李華諸人，主張文章復古，欲掃六朝與隋代的華靡風氣。 (2)中唐——韓愈力主學習先秦、兩漢內容充實、形式自由的散文，來闡揚儒家思想，以此取代六朝以後華而不實的駢文。晚唐駢文又盛，古文中衰。 (3)北宋——歐陽脩領導文壇，主張明道致用，曾鞏、王安石、三蘇繼起，古文蔚爲文章之正宗，古文運動至此大功告成。

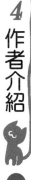

發展	性質	特點	主張
3.定型：唐代演進爲「四六」句法，開始嚴格對偶，重詞性，重平仄，駢文因而定型（每句四字或六字對偶、平仄調，謂之「四六」）名家如：初唐四傑、燕許大手筆（燕國公張說、許國公蘇頲）。 4.「四六文」之名：自晚唐李商隱《樊南四六甲乙集》駢文集出，方成爲駢文的別稱。 5.沒落：至南宋，四六文漸趨沒落。 6.復興：清代力追漢魏六朝，作家有汪中、袁枚等。	非韻文（半韻半散）	1.對偶工整，詞藻華麗，音韻和諧，多用典故。 2.句式以四、六爲主。	特重形式：追求形式美。
4.繼承、創新：明代分別發展出模擬派、唐宋派、公安派、竟陵派等。 5.矯正：清代鑑於明末心學束書不觀，遊談無根，則有桐城派起而矯正，樸學興起，以復古爲職志。方苞、劉大櫆、姚鼐，主張義理、考據、詞章三者並重，爲文宗《左傳》、《史記》，強調「義、法」。	非韻文（不用韻）	1.樸實無華，蘊含教化。 2.散文句法自由不受限制。	強調內容：文以明道。

6 文法修辭

對偶

定義：句子中上下兩句，字數相等，句法相似，平仄相對，詞性相當的修辭。

1. 句中對：

★惡積禍盈、撫弦登陴、朱輪華轂、赦罪責功、屈法申恩、功臣名將、佩紫懷黃、乘軺建節（丘遲〈與陳伯之書〉）

★綠煙紅霧（袁宏道〈晚遊六橋待月記〉）

★遷客騷人、檣傾楫摧、虎嘯猿啼、去國懷鄉、憂讒畏譏、春和景明、遷客騷人、心曠神怡（范仲淹〈岳陽樓記〉）

★開山撫番、析疆增吏、綱舉目張、郢書燕說、晉乘楚杌、斷簡殘篇（連橫〈臺灣通史序〉）

★以管窺天，以蠡測海（連橫〈臺灣通史序〉）

2. 單句對：

★廉公之思趙將，吳子之泣西河（丘遲〈與陳伯之書〉）

★花態柳情，山容水意（袁宏道〈晚遊六橋待月記〉）

★朝日始出，夕舂未下（袁宏道〈晚遊六橋待月記〉）

★攝緘縢，固扃鐍（黃宗羲〈原君〉）

3. 隔句對：

★迷途知反，往哲是與；不遠而復，先典攸高

★佩紫懷黃，讚帷幄之謀；乘軺建節，奉疆埸之任

★霜露所均，不育異類；姬漢舊邦，無取雜種

★夜郎滇池，解辮請職；朝鮮昌海，蹶角受化（丘遲〈與陳伯之書〉）

7 語文天地

一、形音義

字	注音	例詞
琅	ㄌㄤˊ	「琅」琅上口、琳「琅」滿目
踉	ㄌㄧㄤˊ	跳「踉」（跳躍）
	ㄌㄧㄤˋ	「踉」蹌
悢	ㄌㄧㄤˋ	愴「悢」
鋃	ㄌㄤˊ	「鋃」鐺入獄

字	注音	例詞
稗	ㄅㄞˋ	「稗」官野史、「稗」草（稻田中的雜草）
睥	ㄅㄧˋ	「睥」睨（音ㄋㄧˋ）
捭	ㄅㄞˇ	縱橫「捭」闔
陴	ㄆㄧˊ	撫弦登「陴」
婢	ㄅㄧˋ	「婢」女、奴顏「婢」膝（譏人卑屈取媚的樣子）【98指考】
裨	ㄆㄧˊ	「裨」海（小海）
	ㄅㄧˋ	「裨」益、「裨」補闕漏【98指考】
髀	ㄅㄧˋ	彈箏搏「髀」

尋	
探求	「尋」君去就之際，非有他故
平常	舊時王謝堂前燕，飛入「尋」常百姓家（劉禹錫〈烏衣巷〉）
不久	未果，「尋」病終（陶淵明〈桃花源記〉） 「尋」蒙國恩，除臣洗馬（李密〈陳情表〉）
尋找	「尋」向所誌，遂迷不復得路（陶淵明〈桃花源記〉）

二、成語集錦

成語	釋義	義近
朱輪華轂	華麗的車輛。	高車駟馬
迷途知返	比喻犯了錯誤知道悔改。	洗心革面
配紫懷黃	指身居高官要職。	出將入相

三、應用書信補充

詞語	例句
尺素	呼兒烹鯉魚，中有尺素書。（〈飲馬長城窟行〉）
尺牘	性善書，與人尺牘，主皆藏去以為榮。（《漢書．陳遵傳》）
書牘	書牘盈案。（《梁書．范雲傳》）

書劄	客從遠方來，遺我一書劄（《古詩十九首‧孟冬寒氣至》）
雙鯉魚	客從遠方來，遺我雙鯉魚（〈飲馬長城窟行〉）
魚雁	魚雁沉沉信不通（宋無〈次友人春別〉）
註：除上舉之詞語，尚有「雁帛」、「雁足」、「雁書」、「書簡」、「錦書」、「尺簡」、「簡牘」……等。	

8 實力健身房

1. 單選（書信應用文【100學測】）

（　）下列書信用語，敘述正確的選項是

(A)「世兄」可以用來稱呼晚輩

(B)給師長寫信，信首提稱語要用「硯右」

(C)書信結尾的問候語，「敬請　金安」多用於商界

(D)給師長寫信，爲了表示敬意，結尾署名時要稱「愚生」。

2. 單選（書信應用文【101學測】）

（　）下列□□中的詞語，依序最適合填入的選項是：

甲、近自海外旅遊歸來，特選購當地名產乙盒，敬希□□

乙、來訪未晤，因有要事相商，明早十時再趨拜，務請□□爲幸

丙、茲訂於元月十七日下午六時，敬備□□，恭候光臨

(A)哂納／賜見／菲酌

(B)拜收／稍待／嘉禮

(C)笑納／曲留／華筵

(D)惠存／恭候／賀儀。

3. 單選（書信應用文【101統測】）

（　）下列文句「　」內的成語，何者運用正確？

(A)這個案子疑雲重重，眞相「歷歷如繪」，讓警方辦案相當吃力

(B)此事事關重大，所有參與的人都「呶呶不休」，深怕走漏風聲

(C)在那「篳路藍縷」的年代，我們的先人留下了無數拓荒的足跡

(D)這家餐館的海鮮因爲「魚游鼎沸」的現場烹煮，所以特別鮮美。

4. 多選（書信應用文【97指考】）

（　）目前習用的敬稱對方之詞「閣下」，來自古代「因卑達尊」的思維，亦即言談中基於禮貌，提到對方時，刻意稱呼其近侍隨從，以表示「不敢當面進言，謹向位階較低的侍從報告」之意。下列文句「　」內的詞，屬於此一用法的選項是

(A)若亡鄭而有益於君，敢以煩「執事」

(B)蓋追先帝之殊遇，欲報之於「陛下」也

(C)孟子去齊，充虞路問曰：「夫子」若有不豫色然

(D) 中軍臨川「殿下」，明德茂親，總茲戎重

(E) 宋牼將之楚，孟子遇於石丘，曰：「先生」將何之。

5. 單選（敬稱詞【101指考】）

使用「題辭」，必須考量相應的社交場合。如：（甲），適用於新婚，以表達道賀之意；（乙），適用於長輩壽慶，以表達慶賀之意；（丙），適用於教育機構開辦，以表達祝賀之意。

（　）上文（甲）、（乙）、（丙）中，依序最適合填入的選項是

(A) 五世其昌／齒德俱尊／啓迪有方
(B) 宜爾室家／椿萱並茂／杏林春暖
(C) 珠聯璧合／福壽全歸／英才淵藪
(D) 琴瑟重調／松鶴延齡／時雨春風。

6. 單選（敬稱詞【102指考】）

（　）下列是一則摘自報紙上的謝啟，根據謝啟的內容，□□依序應是：

> 遺澤綿延　無盡感恩
> □□張公 諱光明府君
> 慟於民國一〇〇年六月五日壽終正寢
> 已擇日完成奉安
> 並於八月十九日假懷恩堂舉行追思紀念會
> 辱蒙　縣長與各級長官前輩至親好友親臨懷思
> 隆情厚誼　歿榮存感　節孝在身未克踵府叩謝
> 高誼雲情　謹申謝悃　伏祈
> □□
> 大華
> 棘人　　叩謝
> 大年
> 中華民國一〇〇年八月二十日

(A) 先妣／矜鑒
(B) 先嚴／鈞鑒
(C) 先慈／鈞鑒
(D) 先君／矜鑒。

解答及名師解析

1. (A)

解析：

(A) 稱世交晚輩爲「世兄」。
(B) 「硯右」是用於同學間的提稱語。
(C) 「金安」是用於祖父母及父母的頌候敬辭。
(D) 「愚」：一般是長輩對晚輩的自謙之詞。而給師長寫信，結尾署名沒有「愚生」這樣的用法，要用「受業」、「學生」。

2. (A)

解析：

(A)哂：ㄕㄣˇ，微笑。納：笑納，請別人接受禮物的敬詞。賜見：請尊長接見自己的敬辭。菲酌：菲薄的酒食，自謙之辭。

(B)拜收：指恭敬的收下禮物，請對方拜收是極爲不敬的。稍待：稍微等待。嘉禮：指婚禮，爲古代五禮（吉、凶、軍、賓、嘉）之一，後專指婚禮。

(C)笑納：與「哂納」同，請別人接受禮物的敬詞。曲留：委曲己意以留待自己。華筵：豐盛的筵席。

(D)惠存：敬詞，意爲請保存，多用於贈人照片、書籍等時所題的上款。恭候：敬詞，恭敬的等候。賀儀：賀禮。

3. (C)

解析：

(A)「歷歷如繪」，描寫、陳述得清楚，就像畫面呈現眼前一般。

(B)「呶呶不休」，嘮嘮叨叨說個不停。

(C)「篳路藍縷」：指駕著柴車（篳路，用荊條或竹子編成的車，也稱柴車），穿著破衣，來開墾山林。比喻創業艱難。

(D)「魚游鼎沸」，比喻處境極度危險。

4. (A)(B)(D)

解析：

敬詞之中，有些就直接爲敬稱，如「夫子」、「先生」、「大爺」等；有些則「因卑達尊」，如(A)「執事」，以君王左右辦事的人代稱秦君；再如(B)「陛下」，以陛下奔走之侍從代稱國君；也如(D)「殿下」，以殿前奔走者代稱太子、諸侯王。

5. (A)

解析：

(A)五世其昌：新婚的賀詞，祝賀子孫昌盛。齒德俱尊：用於賀男壽。指年紀大、德業有成，值得尊敬。啓迪有方：對教育界題辭，形容教師教學方法極佳。

(B)宜爾室家：祝賀女子出嫁的賀辭。形容女子會帶給夫家和諧美滿的生活。椿萱並茂：用於賀夫妻雙壽，比喻健康長壽。杏林春暖：用於醫界的題辭。稱頌醫生的仁心仁術，如春日的溫煦。

(C)珠聯璧合：祝賀新婚的頌辭，比喻人才或美好的事物相匹配或同時薈集。福壽全歸：對年高而有福者悼亡使用的題辭。英才淵藪：多用於教育界，比喻人才輩出。

(D)琴瑟重調：琴瑟合鳴用爲賀新婚，琴瑟重調則用於賀再婚。松鶴延齡：祝壽賀辭，松樹與鶴，古來爲長壽之表徵。時雨春風：用於教育界之題辭，比喻老師的教化（本指及時雨和春天溫暖的和風，能滋潤萬物的生長）。

6. (D)

解析：

由「張公」可知亡者爲男子故可選「先嚴」、「先君」（稱過世的父親）；由「壽終正寢」可知此爲訃聞，故應選訃聞用語「矜鑒」（憐憫體察之意）。

10 出師表

◎諸葛亮

1 大考關注

【字詞義、字音：102、101、100學測、101、99、96、95、94、93、91、90、89統測及101、98、93指考】

★是以先帝簡拔以「遺」陛下：遺留、留下。

★「裨」補闕漏：ㄅㄧˋ；諮「諏」善道：ㄗㄡ。

★至於「斟酌」損益，進盡忠言，則攸之、禕、允之任也：考慮取捨。

★先帝不以臣「卑鄙」，猥自枉屈，三顧臣於草廬之中：身分卑微、見識鄙陋。

★「願」陛下託臣以討賊興復之效：希望。吾誰「與」歸：從、跟。

★三「顧」臣於草廬之中：拜訪。

★後「值」傾覆，受任於敗軍之際：遇到。

★至於「斟酌」損益，進盡忠言，則攸之、禕、允之任也：考慮可否而決定取捨。

★先帝創業未半，而中道「崩」殂：在古代爲帝王過世的用語。

★三顧茅「廬」、妄自「菲」薄與其他字形的正確寫法。

★「課」、「而」、「使」等字義辨析。

★「大小」、「存亡」、「異同」、「爾來」、「斟酌」、「不毛」、「陟罰臧否」等詞語意義。

★「親小人，遠賢臣，此後漢所以傾頹也」中的「所以」與他課「所以」比較，測驗對「因果句」的掌握。

【文意理解：104、98學測及101、100、99指考】

★諸葛亮建議後主「開張聖聽，以光先帝遺德」：是希望後主能諮諏善道，察納雅言。

★「臨崩寄臣以大事」與「受命以來，夙夜憂嘆，恐託付不效，以傷先帝之明」。

★臣本布衣，躬耕於南陽，苟全性命於亂世，不求聞達於諸侯：論及「出仕」或「退隱」的態度。

★可託六尺之孤，可寄百里之命，君子人與？君子人也／隱居以求其志，行義以達其道，吾聞其語，吾見其人：成都諸葛忠武侯廟聯，可從「託孤」推測。

★臣本布衣，躬耕於南陽，苟全性命於亂世，不求聞達於諸侯：描述退隱的態度。

【翻譯、文化知識：102、98學測】

★宮中府中，俱爲一體，陟罰臧否，不宜異同。若有作姦犯科，及爲忠善者，宜付有司，論其刑賞，以昭陛下平明之理，不宜偏私，使內外異法也。

★「崩」，在古代為帝王過世的用語。

【文章分析：103、100、99學測及96、92統測】

★分析〈出師表〉中「謙遜原則」的運用處與目的。

★諸葛亮於〈出師表〉中，充分展現「其行己也恭，其事上也敬」的行事態度。

★他年錦里經祠廟，梁父吟成恨有餘／出師未捷身先死，長使英雄淚滿襟：所歌詠的歷史人物為諸葛亮。

★列出詩句，以抒發「朋友相聚的情誼」為題旨，測驗對文學作品的賞析能力。

★杜甫歌詠諸葛亮的〈蜀相〉必須精熟。

★以「以下諫上」篇章為題，測驗對上行文篇章作者，及呈文對象的充分認識與掌握。

【國學：97、89統測】

★由三國人物相關的古典詩詞、小說、史實，測驗對文史的了解。

【敬稱詞：97、94指考】

★庶竭「駑鈍」：「駑鈍」為謙詞，謙稱自己卑下的才能。

★蓋追先帝之殊遇，欲報之於「陛下」也：「陛下」為敬稱，以陛下奔走之侍從代稱國君。

2 文章解讀

《三國演義》是家喻戶曉的文學名著，諸葛亮足智多謀的形象更是深植人心。然而，歷史上的諸葛亮雖擅長軍事，但更受到推崇的，卻是輔國安民的政治才能。

諸葛亮年輕時躬耕南陽，有匡扶天下之志。建安十三年，劉備三顧茅廬，諸葛亮深受感動，決定加入劉備陣營，為劉備規劃天下三分的戰略，史稱「**隆中對**」。然而，天下三分鼎足之勢才剛成形，劉備攻吳失利，隨即病死，臨死之前，在白帝城將少帝劉禪託付給諸葛亮。

古代臣下向君上獻納諫言的文章，稱為上書（又可細分為章奏表議等型式），此文是諸葛亮出師北伐魏國之前的上書，故稱〈出師表〉，內容大致可分為兩個部分。第一部分描述劉備死後天下形勢的發展，與蜀國政治的現況，提醒後主劉禪「**親賢臣，遠小人**」，光大先帝的事業，同時列舉若干賢臣，作為後主施政的參考。第二部分，諸葛亮承諾要燃盡生命，以回報先帝之恩，同時提醒後主**接納諫言**，**開明公正**、**積極振作**的為君之道。

諸葛亮不以文學見長，但本文情理交融，感激之情，叮囑之意，溢於言表。而諸葛亮最後確實用生命實現了承諾，一肩扛起蜀國興衰的重責大任，鞠躬盡瘁，至死方終。昔人云：「**讀出師表而不下淚者，其人必不忠**」，確非虛言。

段旨

一 勸諫後主接納諫言，以光大先帝遺德。概括分析當時天下大勢，並激勵後主。分從正（宜）反（不宜）兩方面，勸諫後主廣開言路，不要妄自菲薄。

二 說明宮中府中，俱爲一體，勸後主賞善罰惡，不宜偏私。由「宮中」與「府中」的一體性，拈出賞罰公平的爲政要道。文中以老臣口吻，再就正（宜）反（不

3 文章精析

一 臣亮言：先帝創業未半，而中道[1]崩殂（ㄘㄨˊ）。今天下三分，益州疲弊，此誠危急存亡之秋也。然侍衛之臣，不懈於內；忠志之士，亡（ㄨㄤˋ）身於外者，蓋追先帝之殊遇，欲報之於[2]陛下也。誠宜開張聖聽，以光先帝遺德，恢弘志士之氣；不宜妄自菲（ㄈㄟˇ）薄，引喻失義，以塞忠諫之路也。

- 言：上奏。
- 先帝：劉備。先，稱已故之尊長。
- 而：連詞，無義。【91統測】
- 中道：中途。
- 崩殂：帝王死曰崩。殂，死。崩殂：增字鑲嵌。【102學測】
- 益州：借代蜀漢。
- 疲弊：人疲財弊、國力困乏。弊，通「敝」。
- 誠：實在。
- 秋：時候、關頭。
- 亡：同「忘」。
- 殊遇：特殊優渥的待遇。
- 陛下：借代爲皇帝。敬稱詞。【99指考】
- 開張聖聽：擴大見聞，廣聽意見。聖，尊稱天子，指劉禪。
- 恢弘：擴大、發揚。
- 妄：虛妄、隨意。【97統測】
- 菲薄：輕視。【99統測】
- 失義：不恰當。【92指考】

二 宮中府中，俱爲一體，[3]陟（ㄓˋ）罰臧（ㄗㄤ）否（ㄆㄧˇ），不宜異同。若有作姦犯科，及爲忠善者，宜付有司，論其刑賞，以昭陛下平明之理；不宜偏

- 宮中：皇宮。
- 府中：丞相府。
- 陟罰臧否：即「陟臧罰否」，賞善罰惡。陟，升遷、獎賞。臧，善。否，惡。
- 異同：偏義複詞，偏重「異」之意。【90統測】
- 姦：通「奸」，詐僞。
- 科：法令、條律。
- 有司：主管官吏。司，管理。

翻譯

一 臣亮上奏：先帝創業還未達成一半，就中途過世了。現在天下三分，益州人疲財困，這實在是危急存亡的緊要關頭啊！然而皇上身邊的侍衛之臣，在朝廷內努力不懈；忠誠的將士，在朝廷外捨身忘死，乃是追念先帝的厚待，想報答在陛下您身上啊！陛下實在應該開闊心胸，廣泛聽取各方意見，以發揚先帝的遺德，激揚志士的勇氣；不應隨意看輕自己，引喻失當，以致阻塞了忠臣進諫的管道。

二 皇宮中與丞相府中，互爲表裡，構成一個整體，賞善罰惡，不應該有不同標準。如果有爲非作歹、觸犯法令的，或是盡忠行善的人，應當交付主管官吏，判定刑賞，以彰顯您公正英明的治

宜）兩方面反覆曉喻、告誡。

※本段於98學測考過翻譯。

三 勸諫後主親賢臣，遠小人。前半著重闡明用人之道，推薦一批可以倚重的文武大臣。後半進一步論述了「親賢臣」與「親小人」的優劣得失，而以「先漢所以興隆」與「後漢所以傾頹」的鮮明對比作論證的依據。

私，使內外異法也。

- 使：令。【96統測】
- 內外：宮廷和丞相府。

三 侍中、侍郎郭攸（ㄧㄡ）之、費禕（ㄧ）、董允等，此皆良實，[4]志慮忠純，是以先帝簡拔以遺陛下。[5]愚以爲宮中之事，事無大小，悉以咨之，然後施行，必能裨（ㄅㄧˋ）補闕漏，有所廣益。將軍向寵，[6]性行淑均，曉暢軍事，[7]試用於昔日，先帝稱之曰「能」，是以眾議舉寵爲督。愚以爲營中之事，悉以咨之，必能使行（ㄏㄤˊ）陣和睦，優劣得所。[9]親賢臣，遠（ㄩㄢˋ）小人，此先漢所以興隆也；親小人，遠賢臣，此後漢所以傾頹也。先帝在時，每與臣論此事，未嘗不嘆息痛恨於桓、靈也。侍中、尚書、長

- 良實：善良誠實。
- 志慮忠純：即「志忠慮純」，錯綜修辭（交錯語次）。
- 簡：通「揀」，選擇。
- 遺：留。【100學測】
- 愚：謙詞。
- 咨：詢問、商量。
- 裨補闕漏：補救缺乏、不足。裨，助益。闕，通「缺」。漏，疏漏。【98指考】
- 性行淑均：即「性淑行均」，錯綜修辭（交錯語次）。淑，善良。均，公正。【98統測】
- 曉暢：精通。
- 試用於：鑲嵌增字。
- 督：都督。
- 使：令。【93統測】
- 行陣：借代爲軍隊。
- 所：處所，引申爲職位。
- 親：親近。
- 遠：疏離。
- 先漢：即西漢。
- ；：因果句。【91統測】
- 臣：【101統測】
- 後漢：即東漢。
- 桓、靈：桓帝、靈帝。

理；不應該偏袒徇私，使皇宮內和丞相府中形成兩種標準。

三 侍中郭攸之、費禕、侍郎董允等人，都是善良實在的人，心地忠誠，思慮純正，因此先帝特地挑選提拔，留給陛下。我認爲宮裡的事，無論大小，都可以先向他們徵詢意見，然後再推行，必定能夠修正缺失盲點，獲得更好的成效。將軍向寵，秉性善良，行事公正，通曉軍事，以前試用時，先帝稱讚他「有才能」，因此眾人決議推舉向寵擔任都督。我認爲軍隊的事，都向他諮詢意見，必能使部隊和睦相處，人才根據才幹高低，各得其所。親近賢臣，疏遠小人，這是西漢興盛的原因；親近小人，疏遠賢臣，這是東漢衰敗的理由啊！先帝在世時，每次和我談論到此事，沒有一次不感嘆、惋惜、悲痛、憤恨桓帝、靈帝的失政的！侍中、尚書、長史、參軍，這些人都是忠貞可信，能

四 表明以興復漢室為己任，並勉後主要察納雅言。【103學測】以老臣口吻，闡述先帝對自己的知遇之恩，與自己對先帝的報答之情。緊接著描述此時正是北伐的時機，應當率軍進取，申明自願承擔責任，同時對後主再作叮嚀。

史、參軍，此**悉**【100統測】**貞亮死節**之臣也，願陛下親之信之，則漢室之隆，可計日而待也。

- 悉：皆。
- 貞亮：正直誠信。貞，正，正直。亮：通「諒」，誠信。
- 死節：能以死盡忠守節。

四 臣本**布衣**[11]，躬耕於南陽，**苟全**性命於亂世，不求**聞**（ㄨㄣˋ）**達**於諸侯。先帝不以臣**卑鄙**，**猥**（ㄨㄟˇ）自**枉屈**，三**顧**臣於**草廬**之中，**諮**臣以當世之事，由是**感激**，遂許先帝以**驅馳**。後**值傾覆**，受任於敗軍之際，奉命於危難之間，**爾來**二十**有**（ㄧㄡˋ）一年矣！先帝知臣謹慎，故臨崩寄臣以**大事**也。受命以來，**夙夜**憂嘆，恐託付**不效**，以傷先帝之明。故五月渡瀘，深入**不毛**[12]。今南方已定，兵甲已足，當獎率三軍，北定中原，**庶**竭**駑**（ㄋㄨˊ）**鈍**，**攘除**[13]**姦凶**，興復漢

- 布衣：借代為平民。
- 躬：親自。
- 苟全：苟且保全。
- 聞達：揚名顯達。
- 卑鄙：身分卑微、見識鄙陋，謙詞。【103指考】
- 猥：屈辱。
- 枉屈：放低身段。
- 顧：拜訪。【100學測】
- 草廬：即「茅廬」。【94統測】【100指考】文意。
- 諮：徵詢求教。
- 感激：感動激奮。
- 驅馳：效力。轉化修辭，人比擬為馬。
- 值：遇到。
- 傾覆：失敗。
- 爾來：從那時以來。【93統測】
- 有：通「又」。
- 大事：指託孤一事。
- 夙夜：從早到晚、終日。
- 不效：不能成功。
- 本段文意。【99指考】
- 不毛：即「不毛之地」，借代為蠻荒地區。毛，草木、五穀。【99統測】
- 庶：希望。
- 駑鈍：謙稱自己才能低劣。【94指考】
- 攘除：排除、消滅，增字鑲嵌。
- 姦凶：曹魏。姦。

以死捍衛節義的臣子，希望陛下親近他們、信任他們，如此一來，漢朝的興盛，就指日可待了。

四 我本來是個平民百姓，在南陽耕田維生，只想在亂世中苟且保全性命，不求在諸侯間揚名顯達。先帝不介意我地位低，見識淺，委屈地降低身分，三次到草廬中拜訪我，徵詢我對天下大事的看法，我為此感動，就答應為先帝奔走效力。後來國家遭受重大挫敗，我在戰敗時接受任務，在危難中奉命籌劃，從那時到現在，已有二十一年了！先帝知道我謹慎，所以臨終時把國家大事託付給我。接受遺命以來，（我）早晚憂心嘆息，只怕不能完成先帝託付的任務，損傷了先帝的知人之明。所以在五月（率軍）渡過瀘水，深入蠻荒之地。現在南方已經平定，武器鎧甲已經準備充足，應當獎勵、率領全國軍隊，北伐平定中原，希望竭盡我低劣的才能，消滅曹魏，復興漢朝，將政府遷回舊都洛

室，還于舊都（指東漢首都洛陽。）。此臣所以報先帝而忠陛下之職分也。至於斟（ㄓㄣ）酌（ㄓㄨㄛˊ）損益（增減，不當者革除，有利者興辦。【101指考】；斟酌：衡量，取捨。【96統測、101指考】），進盡忠言，則攸之、禕、允之任也。願（希望。【93指考】）陛下託臣以討賊興復之效（任務，名詞。）；不效（成功，動詞。），則治臣之罪，以告先帝之靈。若無興德之言，則責攸之、禕、允等之慢，以彰其咎（ㄐㄧㄡˋ）（罪過。）。陛下亦宜自課（自我督促。課，考察。【89統測】），以[14]諮諏（ㄗㄡ）（詢問。）善道（治國的良策。【103統測】），察納雅言（正直的言論。），深追先帝遺詔（遺言，皇帝之言爲詔。），臣不勝受恩感激。今當遠離，臨表涕泣（流淚。），不知所云。

陽。這是我報答先帝和效忠陛下的份內之事啊！至於衡量情況、調整政策，盡力進諫忠言，那是郭攸之、費禕、董允等人的責任。希望陛下把討伐國賊、復興漢室的任務交付給我；如果不成功，就定我的罪，以告慰先帝的在天之靈。如果沒有增進德行的進言，就責罰郭攸之、費禕、董允等人的怠慢，以凸顯他們的過失。不過陛下也應該自我省察，向群臣徵詢治國的好辦法，考察採納正直的意見，深切追念先帝的遺詔，那我就覺得接受莫大的恩惠，感激不盡了。如今我就要出發遠行，在上表的時候，激動流淚，不知道自己說了些什麼。

文法修辭提示

1. 崩殂：鑲嵌（增字）
2. 陛下：借代【97指考→考敬稱】
3. 陟罰臧否：錯綜
4. 志慮忠純：錯綜
5. 愚：謙詞
6. 性行淑均：錯綜
7. 試用：鑲嵌（增字）
8. 行陣：借代
9. 親賢臣，遠小人，此先漢所以興隆也；親小人，遠賢臣，此後漢所以傾頹也：映襯
10. 遠：轉品（形→動）
11. 布衣：借代

12. 不毛：借代（蠻荒地區）
13. 攘除：鑲嵌（增字）
14. 諂諛：鑲嵌（增字）

4 作者介紹 諸葛亮

作者	東漢末～三國蜀漢諸葛亮，字孔明
籍貫	琅琊郡陽都縣人
生平經歷	1. 早年喪父，隨叔父諸葛玄避難荊州。叔父病逝後，與弟隱居隆中，躬耕而食 2. 博覽群書，靜觀時局，常以管仲、樂毅自比，時人稱之為「臥龍」。 3. 劉備三顧茅廬，故為劉備規劃大戰略，史稱〈隆中對〉。次年，在赤壁之戰中，聯合孫權，擊潰曹操大軍。 4. 三國鼎立，輔佐助劉備、劉禪，建立蜀國。 5. 屢次北伐未果，積勞成疾，病逝軍中。諡曰忠武，年五十四。
文章特色	眞摯樸實，後人謂「讀出師表不墮淚者，其人必不忠」。

5 國學常識 《昭明文選》【84學測及92、95指考】

編者	南朝梁蕭統（諡號昭明）召集文士所編，後世稱為《昭明文選》。
選文範圍	1. 選錄先秦至南朝梁的詩、賦、文、書、論等。 2. 不選經書、子書兩類，史書亦只偶取論、贊等部分。
選文標準	事出於沉思，義歸乎翰藻。
內容	分為六十卷，三十八類。《典論．論文》、〈出師表〉、〈陳情表〉、〈與陳伯之書〉均選自本書。
價值	1. 現存最早的詩文總集。 2. 四庫全書集部總集類之首。
注家	唐有李善注及五臣注，其中以李善注最有名。南宋後將兩者合刻為六臣注文選。

6 文法修辭 語氣詞

定義：說話的口吻。

1. 推測句：推測語氣，語氣介於陳述與疑問之間，表達一種推測，不能或不願肯定，常用的字有「其」、「殆」、「蓋」。

★聖人之所以為聖，愚人之所以為愚，「其」皆出於此乎？（韓愈〈師說〉）

★軒凡四遭火，得不焚，「殆」有神護者（歸有光〈項脊軒志〉）

2. 反詰句——反詰語氣：為激發本意而問，答案在問題反面，即激問，常見的有「獨」、「庸」、「豈」、「其」、「焉」、「寧」、「惡」、「安」，可譯為「難道」、「怎麼」、「怎能」。

★向使無君，人各得自私也，人各得其利也。嗚呼——「豈」設君之道固如是乎？（黃宗羲〈原君〉）

★況為大臣而無所不取，無所不為，則天下「其」有不亂，國家「其」有不亡者乎？（顧炎武〈廉恥〉）

3. 祈使句——祈使語氣：句中有「其」、「期」、「庶」「幸」、「希」、「冀」、「願」、「應」等字，造成一種命令、請求、勸告、拜託的語氣。

★計之詳矣，「幸」無疑焉。（杜光庭〈虬髯客傳〉）

★此悉貞亮死節之臣也，「願」陛下親之信之，則漢室之隆，可計日而待也（諸葛亮〈出師表〉）

7 語文天地

一、形音義

以		
	用來	誠宜開張聖聽，「以」光先帝遺德，恢弘志士之氣
	因為	先帝不「以」臣卑鄙，猥自枉屈，三顧臣於草廬之中 晉侯、秦伯圍鄭，「以」其無禮於晉，且貳於楚也【95指考】
	原因、緣故	古人秉燭夜遊，良有「以」也（李白〈春夜宴從弟桃花園序〉）
	因此	不宜妄自菲薄，引喻失義，「以」塞忠諫之路也

卑鄙		
	人格低劣	「卑鄙」之人
	身分卑微、見識鄙陋	先帝不以臣「卑鄙」，猥自枉屈，三顧臣於草廬之中，諮臣以當世之事（諸葛亮〈出師表〉）【103指考】

效		
	功效，引申成任務	願陛下託臣以討賊興復之「效」（諸葛亮〈出師表〉）
	成功	夙夜憂嘆，恐託付不「效」（諸葛亮〈出師表〉） 不「效」，則治臣之罪（諸葛亮〈出師表〉）

效	
奉獻	「效」忠
模仿	東施「效」顰

所以【91統測】	
何以、爲何、爲什麼	親賢臣，遠小人，此先漢「所以」興隆也（諸葛亮〈出師表〉） 聖人之「所以」爲聖，愚人之「所以」爲愚（韓愈〈師說〉） 「所以」然者，人之不廉而至於悖禮犯義，其原皆生於無恥也（顧炎武〈廉恥〉） 此其「所以」爲快哉者也、楚王之「所以」爲樂，與庶人之「所以」爲憂。此皆騷人思士之「所以」悲傷憔悴而不能勝者。（蘇轍〈黃州快哉亭記〉）
用以，用來	此臣「所以」報先帝而忠陛下之職分（諸葛亮〈出師表〉） 師者，「所以」傳道、受業、解惑也（韓愈〈師說〉）
因此	意其必來以冀免，「所以」縱之乎（歐陽脩〈縱囚論〉）
作爲	視其「所以」，觀其所由，察其所安（《論語．爲政》）

簡	
用來寫字的狹長竹片、竹簡	在齊太史「簡」，在晉董狐筆（文天祥〈正氣歌〉）
指「書籍」、「書信」	斷「簡」殘編（殘缺不齊的書籍） 書「簡」
通「（揀）」，選擇	是以先帝「簡」拔以遺陛下（諸葛亮〈出師表〉）

闕	
宮門外兩邊的樓（ㄑㄩㄝˋ）	九重城「闕」煙塵生，千乘萬騎西南行（白居易〈長恨歌〉）
指帝王居住的地方（ㄑㄩㄝˋ）	侍從頭收拾舊山河，朝天「闕」（岳飛〈滿江紅〉） 身在江海之中，心居乎魏「闕」之下（《莊子．讓王》）
缺口（ㄑㄩㄝ）	兩岸連山，略無「闕」處（酈道元《水經．江水注》）
虧損、損害（ㄑㄩㄝ）	三五而盈，三五而「闕」（月亮每十五天圓滿、虧缺）（《禮記．禮運》） 若不「闕」秦，將焉取之（《左傳．燭之武退秦師》）
欠缺、短少、脫漏（ㄑㄩㄝ）	荷人鄭氏之事，「闕」而弗錄（連橫〈臺灣通史序〉） 吾不「闕」此物（歐陽脩〈與十二姪書〉）
擱置一旁	君子於其所不知，蓋「闕」如也（《論語．子路》）
缺點、過失（ㄑㄩㄝ）	必能裨補「闕」漏，有所廣益（諸葛亮〈出師表〉） 【案：「闕」讀一聲時，意義大抵通「缺」，但用做名詞時，習慣上用「闕」】

字	義	例句
顧	回頭看	回「顧」
	看	瞻「顧」遺跡（歸有光〈項脊軒志〉） 每移案，「顧」視無可置者（歸有光〈項脊軒志〉） 乞其餘，不足，又「顧」而之他（《孟子．離婁下》）
	探望、拜訪	三「顧」臣於草廬之中（諸葛亮〈出師表〉）
	但是	「顧」人之常情，由儉入奢易，由奢入儉難（司馬光〈訓儉示康〉）
	反而、卻	儉，美德也，而流俗「顧」薄之（李文炤〈儉訓〉） 人之立志，「顧」不如蜀地之僧哉（彭端淑〈爲學一首示子姪〉）
臧	善	陟罰「臧」否（諸葛亮〈出師表〉）、人謀不「臧」
	稱讚	「臧」否人物（批評別人善惡好壞）
聞	名聲（ㄨㄣˋ）	不求「聞」達於諸侯（諸葛亮〈出師表〉）
	有名望的（ㄨㄣˋ）	「聞」人
	聽說（ㄨㄣˊ）	臣「聞」求木之長者，必固其根本【97學測】

二、與三國相關成語集錦

妄自菲薄	過於看輕自己，而不知自重。
危急存亡之秋	生死存亡的緊要關頭。
鞠躬盡瘁	形容爲國事而竭盡心力。 義近：宵衣旰食、枵（空）腹從公、席不暇暖、櫛風沐雨
不知所云	不知所言爲何，表示感慨至極。現指言語模糊或內容空洞，無法得知意旨爲何。
開張聖聽	擴大聖君的見聞，意指廣聽群臣意見。
作姦犯科	爲非作歹，觸犯法令。
計日可待	數著日子等待，意謂爲期不遠。
感激涕泣	形容萬分感激。
陟罰臧否	原作「陟臧罰否」，指獎勵好人，懲罰壞人。
引喻失義	引證譬喻均不得其當。
樂不思蜀	比喻樂而忘返或樂而忘本。爲蜀漢亡後，後主劉禪被送往洛陽，司馬昭設宴待，劉禪樂在其中的典故。
初出茅廬	比喻初入社會，缺乏歷練。
吳下阿蒙	比喻人學識淺陋。
如魚得水	好像魚和水般的契合。比喻得到和自己意氣相投的人或很適合的環境。

| 周郎顧曲 | 比喻精通音樂。周瑜精通音樂，雖酒過三巡，聽到別人奏曲有誤，必能辨知而顧看，時人因而曰：「曲有誤，周郎顧。」 |
| 髀肉復生 | 比喻或自嘆久處安逸，壯志未酬，虛度光陰。 |

8 實力健身房

1. 非選（文章分析【104學測】）

言語交際過程中，常見運用「謙遜原則」——儘量降低姿態，不彰顯自己，例如：「小弟不才，能力有限，請多包涵」。但基於某些目的，也可能刻意不採取這項原則。請就下引諸葛亮〈出師表〉的文字分析：㈠列出並簡要說明文中何處運用「謙遜原則」？何處刻意彰顯自己，不採取「謙遜原則」？㈡文中運用「謙遜原則」的同時，又刻意不採取「謙遜原則」，目的爲何？請將答案標明㈠㈡書寫，㈠㈡合計文長約二百五十至三百字（約十二至十四行）。

> 臣本布衣，躬耕於南陽，苟全性命於亂世，不求聞達於諸侯。先帝不以臣卑鄙，猥自枉屈，三顧臣於草廬之中，諮臣以當世之事，由是感激，遂許先帝以驅馳。後值傾覆，受任於敗軍之際，奉命於危難之間，爾來二十有一年矣。先帝知臣謹慎，故臨崩寄臣以大事也。受命以來，夙夜憂勤，恐託付不效，以傷先帝之明，故五月渡瀘，深入不毛。今南方已定，兵甲已足，當獎率三軍，北定中原，庶竭駑鈍，攘除姦凶，興復漢室，還於舊都，此臣所以報先帝而忠陛下之職分也。

2. 多選（字義【102學測】）

（　）下列有關古代文化知識的敘述，正確的選項是：
(A)孔門四科爲德行、言語、政事、文學
(B)古人以二十歲爲成年，一般貴族男女，於該年行冠禮
(C)諸葛亮〈出師表〉：「先帝創業未半，而中道崩殂。」「崩」，在古代爲帝王過世的用語
(D)張岱〈西湖七月半〉：「杭人遊湖，巳出酉歸。」「巳出酉歸」，是指：天未亮即出門，傍晚才回家
(E)吳敬梓〈范進中舉〉：「范進進學回家，母親、妻子俱各歡喜。」「進學」，是指：范進經「童試」及格，考取秀才。

3. 多選（字義【101學測】）

（　）下列各組文句，「　」內字義相同的選項是
(A)後「值」傾覆，受任於敗軍之際／復「值」接輿醉，狂歌五柳前
(B)軒凡四遭火，得不焚，「殆」有神護者／學而不思則

罔，思而不學則「殆」

(C) 況陽春召我以煙景，大塊「假」我以文章／願「假」東壁輝，餘光照貧女

(D) 梁使三反，孟嘗君「固」辭不往也／彼眾昏之日，「固」未嘗無獨醒之人也

(E) 「庸」奴！此何地也？而汝來前／吾師道也，夫「庸」知其年之先後生於吾乎。

4. 單選（字形【99統測】）

（ ）下列文句「 」內的字，何者是錯別字？

(A) 妄自「匪」薄，引喻失義
(B) 鍥而不舍，金石可「鏤」
(C) 觥「籌」交錯，眾賓懽也
(D) 心曠神怡，寵辱「偕」忘。

5. 多選（字義【101指考】）

（ ）下列各組文句，「 」內字詞意義相同的選項是

(A) 以「區區」之宋，猶有不欺人之臣／然秦以「區區」之地，致萬乘之權

(B) 傴僂「提攜」往來不絕者，滁人遊也／長者與之「提攜」，則兩手奉長者之手

(C) 一鼓作氣，「再」而衰，三而竭／季文子三思而後行。子聞之，曰：「再」，斯可矣

(D) 至於「斟酌」損益，進盡忠言，則攸之、禕、允之任也／過門更相呼，有酒「斟酌」之

(E) 日夜望將軍至，豈敢反乎？願伯具言臣之不敢「倍」德也／故事半古之人，功必「倍」之。

解答及名師解析

1. 參考答案：

(一) 運用謙遜原則者，如：

(1)臣本布衣，躬耕於南陽→說明自己的出身卑微。
(2)苟全性命於亂世，不求聞達於諸侯→說明自己的志業不高。
(3)先帝不以臣爲卑鄙→說明自己的出身低微、見識鄙陋。
(4)遂許先帝以驅馳→說明自己願如牛馬般被驅使差遣。
(5)庶竭駑鈍→說明自己才能低劣。

不採謙遜原則者，如：

(1)三顧臣於草廬之中，諮臣以當世之事→說明自己早已名聲大噪於外。
(2)後值傾覆，受任於敗軍之際，奉命於危難之間→強調受先帝之託的責任和使命，自己臨危受任之才。
(3)今南方已定，兵甲已足→說明自己具有平定南蠻之功。
(4)攘除姦凶，興復漢室，還於舊都→說明自己有能力打敗強敵，復興大業。

(二) 諸葛亮故刻意不採用全盤謙遜的原則，乃因其兼具臣

子和長輩的雙重身分：

(1)臣子身分：臣子上呈君王文書，自然必須謙遜。

(2)長輩身分：因為北伐在即，為惕勉軟弱後主勿妄自菲薄，諸葛亮必須適度彰顯個人才能，強調受先帝之託的責任和使命，方能讓後主堅定信念，親賢臣，遠小人，不妄自菲薄。

2. (A)(C)(E)

解析：

(B)冠禮，古代男子二十歲舉行的加冠之禮，表示其成人。選項中言「一般貴族男女」，不能包括女性是錯的。

(D)巳時，上午九時至十一時。酉時，十七時至十九時。選項中言「天未亮即出門」是錯的。

3. (A)(C)

解析：

(A)皆為遇到。後者語譯：又碰到有如古代接輿的裴迪，喝醉了酒，在我這個今之陶淵明面前狂歌。出自王維〈輞川閒居贈裴秀才迪〉。

(B)大概／危殆。前者語譯：項脊軒一共遭遇過四次火災，卻能不被焚毀，大概是有神靈在保護著它。出自歸有光〈項脊軒志〉。後者語譯：學習而不思考，終將迷惘無所得；光去思考而不去學習，那就會危殆不安了。出自《論語．為政》。

(C)皆為借、提供。前者語譯：何況溫暖的春天用如煙似霧的美景來召喚我們，大自然又提供我們如錦似繡的風光。出自李白〈春夜宴從弟桃花園序〉。後者語譯：希望提供只會照在東邊牆壁上的燈光，用來照亮貧女。典出《列女傳》。

(D)堅決／本來。前者語譯：梁使往返三次，孟嘗君堅辭，不肯前往任職。出自《戰國策．馮諼客孟嘗君》。後者語譯：在眾人沉迷昏醉時，必然不會沒有獨自清醒的人啊！出自顧炎武〈廉恥〉。

(E)庸愚／表反詰語氣，豈、何必。前者語譯：蠢材！這是什麼地方，你竟敢前來。出自方苞〈左忠毅公逸事〉。後者語譯：我學習的是道理啊，何必在乎他們出生比我早還是晚呢？出自韓愈〈師說〉。

4. (A)

解析：

(A)匪→菲。

5. (A)(C)

解析：

(A)均指小小的。

(B)孩童。／為動詞，由人扶持帶領而行。

(C)均指第二次。

(D)衡量考慮，以定取捨。／借指飲酒。斟，倒酒。酌，飲酒。

(E)背叛。／加倍、增加與原數相等之數。

11 桃花源記

◎陶淵明

1 大考關注

【字詞義、字音：103、101、100統測】

★微停數日，辭去。此「中」人語云：裡面。

「向」字及「不論」一詞的意義。

★未果，「尋」病終：不久。

「緣」溪行，忘路之遠近：沿著。

黃髮垂髫：借指老人、小孩。

陶淵明責子：「阿宣『行』志學，而不愛文術。」

「行」：將。

★男女衣著，「悉」如外人：全。

【文意理解：99、98學測、103統測及101、99指考】

★及郡下，詣太守，說如此。太守即淺人隨其往：先因後果。

★此人（漁人）一一爲具言所聞，皆嘆惋：表示桃花源居民對世事變化的慨嘆。

「來是仙源，去宜流水」由「仙源」、「流水」聯想陶淵明〈桃花源記〉、王維〈桃源行詩末〉：「春來遍是桃花水，不辨仙源何處尋。」

★「記」的敘述分別，理解作品的能力與文化常識。

★問今是何世？乃不知有漢，無論魏、晉！此人（漁人）一一爲具言所聞，皆嘆惋：桃花源居民的嘆惋，主因爲同情洞外人不斷遭受戰亂折磨。

★〈桃花源記〉：從漁人的角度追憶自我無意中發現美好世界的過程。

【章法、文法、國學：101、99學測及101、95指考】

★陶淵明〈飲酒〉詩中「此中有眞意，欲辨已忘言」：表達言不盡意、得意忘言的道家思想。

★陶淵明閒靜少言，崇尚自然，其詩樸質無華，眞淳恬淡，爲田園詩人之祖，隱逸詩人之宗，其詩風與當時詩壇迥然不同。

★〈桃花源記〉以漁人角度順敘手法寫成。描述漁人經過狹窄的山洞才進入桃花源，作者即用此一山洞區隔現實世界與理想世界。

★「及郡下，詣太守，說如此」爲因，「太守即遣人隨其往」爲果。

【文章分析：101學測及93、91統測非選】

★閱讀陶淵明桃花源記後，請分析：

1.「漁人甚異之」的「異」和漁人發現桃花源有何關聯？
2.陶淵明從哪些方面來描寫桃花源？
3.從中可看出陶淵明嚮往什麼樣的理想世界？

★作者的生活態度、人格理想與詩作。

★作者作品之思想涵義。

2 文章解讀

陶淵明生於東晉，當時的政治受到貴族壟斷，是中國歷史上政治最黑暗的時代之一。陶淵明爲了生活，也曾勉爲其難出仕爲官，但目睹官場的醜惡之後，還是決定辭官歸隱，自號五柳先生。

〈桃花源記〉是〈桃花源詩〉的序，採用小說筆法，說了一個耐人尋味的故事。內容描述一位漁人「無心」地闖入民風純樸，未受世俗汙染的世外仙境，經歷種種見聞後，返回原本的世界，之後「有心」想再入桃源，卻再也無法如願。【93指考】

本文值得注意的是**技巧層面**與**象徵層面**：

就**技巧層面**來說：文中情節全爲虛構，卻寫得生動逼眞；細節刻劃入微，夾雜各種眞實元素，如年號、朝代、衣著等，繪聲繪影，彷彿眞有其事。

在**象徵層面**來說：由隧道隔開的兩個世界，反應了陶淵明身處的眞實世界，與內心嚮往的理想世界。最後借劉子驥的尋訪不遇，象徵內心希望的破滅。【90學測】

本文天眞質樸，一反六朝風格，平淡中散發著一股令人想反覆咀嚼的韻味，這種理想感動了無數人的心靈，桃花源一詞，遂成爲「理想國」的代稱。

陶淵明也是晉代著名詩人，他晚期的詩作與文章，返璞歸眞，脫去多餘的雕飾，用字淺白，情深意遠，後人元好問評價說「一語天然萬古新，豪華落盡見眞淳」，一語道盡陶詩的特色成就。而鍾嶸在《詩品》一書，對陶詩多所讚賞，但是受限於時代的審美觀，僅將陶詩列於中品。【91統測、96學測】

3 文章精析

段旨

一 敘述漁夫「無心」，發現桃花源的經過，與桃花

一 晉太元中，武陵人，捕魚爲業，緣溪

太元：東晉孝武帝年號（西元三七六～三九六年）。

緣：沿著。【98學測】

翻譯

一 東晉太元年間，有一位武陵人，以捕魚維生，他沿著溪水划船前行，

源入口的沿途景緻。
※101學測：「漁人甚異之」的「異」和漁人發現桃花源有何關聯？

二 描寫漁人在桃花源中的見聞，描繪桃花源的民情淳厚、安樂祥和的景象。
※101學測
1.陶淵明從那些方面描寫桃花源？
2.從中可看出陶淵明嚮往什麼樣的理想世界？

行，忘路之遠近。忽逢桃花林，夾岸數百步，中無雜樹，芳草鮮美，落英繽紛。漁人甚異之，復前行，欲窮其林。林盡水源，便得一山，山有小口，彷彿若有光。便舍船，從口入。

遠近：偏義複詞，遠。指多遠的距離。【95學測】
英：花。

二 初極狹，纔通人；復行數十步，豁然開朗。土地平曠，屋舍儼然，有良田、美池、桑、竹之屬，阡陌交通，雞犬相聞。其中往來種作，男女衣著，悉如外人；黃髮垂髫，並怡然自樂。見漁人，乃大驚，問所從來，具答之。便要還家，設酒、殺雞、作食。村中聞有此人，咸來問訊。自云：「先世避秦

纔：通「才」，僅。
豁（ㄏㄨㄛˋ）然：開闊明朗的樣子。
儼（ㄧㄢˇ）然：整齊的樣子。
屬：類。
阡陌：南北曰阡，東西曰陌，此泛指田間小路。
悉如外人：是從漁夫的角度看，村中男女衣著與武陵地區百姓不同，有如外地人。
黃髮：老人髮色轉黃，故借代為老年人。【92指考】
垂髫（ㄊㄧㄠˊ）：小兒垂髮，借代為兒童。【93指考】
具：詳細。
要（ㄧㄠ）：邀請。

忘記走了多遠的路程。忽然遇到一大片桃花林，在溪兩岸幾百步的範圍內，沒有夾雜一棵別的樹，青草芬芳鮮美，落花繁多。漁人覺得十分驚奇，再向前划行，想探究這片桃花林。桃花林的盡處就是溪水的源頭，在這裡便發現一座山，山有個小洞口，好像透露著亮光。於是漁人就離開小船，從洞口進去。

二 山洞口剛開始很狹窄，僅容一個人通過；再走了幾十步後，忽然開闊明朗起來。土地平坦寬廣，房屋排列整齊，有肥沃的田地、優美的池塘、桑樹、竹林之類景物。田間的小路交錯通達，村間雞鳴狗叫的聲音能清楚地聽到。桃花源中的人往來耕作，男女所穿的衣服全像外地人；老人和孩子全都安適愉快而自得其樂。他們看到漁夫十分驚訝，問他是從哪裡來的，漁夫詳細地回答了他們。於是就邀請漁夫到家裡，備酒、殺雞、做飯來款待他。村裡聽說來了這個人，都來打聽消息。他們自我介紹說：

三 敘述漁夫「有意」尋訪桃花源，卻不可復得，暗示理想世界的幻滅，與首段形成強烈對比。

時亂，率妻子、邑人來此絕境，不復出焉，遂與外人間隔。」問今是何世？乃不知有漢，**無論**魏、晉！此人一一爲具言所聞，皆嘆**惋**。餘人各復**延**至其家，皆出酒食。停數日，辭去。此**中**人語云：「不足爲外人道也。」

無論：遑論。【96統測】
惋：ㄨㄢˋ 嘆惋：嘆惜。
延：邀請。
中：裡面。【100統測】

三 既出，得其船，便**扶向**路，處處誌**之**。及郡下，**詣**太守，說如此。太守即遣人隨其往，尋向所誌，遂迷不復得路。南陽**劉子驥**，高尚士也，聞之，欣然規往，未果，**尋**病終。後遂無**問津**者。

之：助詞，無義。【91統測】
扶：沿著。向：先前。【95統測】
詣：ㄧˋ 拜見。【98指考】
此段文意。【99指考、99統測】
此段文意。【99學測】
劉子驥爲東晉末隱士，好遊山玩水，見於《晉書．隱逸傳》。
尋：不久。【101統測】
問津：問路，指尋訪桃花源的路。津，渡口。

「祖先因爲躲避秦時的亂世，帶領妻兒、同鄉人來到這塊和外界隔絕的地方，便再也沒有離開過，於是就與外面的人隔絕往來。」詢問現在是什麼朝代？竟然不知道有漢朝，更不用說魏、晉了！漁人逐一爲桃花源的人詳細敘說自己所知道的外界事情，大家聽了都很感嘆。其餘的村人又各自邀請漁夫到他們家去，都拿出酒飯來招待他。停留了幾天後，漁夫要告辭回去。桃源中人告訴漁夫說：「這裡的事，不值得對外面人說啊！」

三 漁人出來以後，找到他的船，就沿著先前的來路回去，處處做記號。回到了郡城，拜見太守，報告自己進入桃花源的經過。太守立即派人隨他前往，尋找先前所做的記號，竟然迷失了方向，再也找不到通往桃花源的那條路了。南陽劉子驥先生，是個品德高潔的人士，聽到這件事後，高興地計劃前往，但沒有實現，不久就病逝了。以後就再也沒有尋訪桃花源的人了。

文法修辭提示

1. 鑲嵌：在詞語中，故意插入數目字、虛字、特定字、同義字或異義字，來拉長文句的修辭法，是爲「鑲嵌」。鑲嵌格的目的，在使詞語音節拉長，讓文氣舒緩鄭重，以引讀者聽者更多的注意，可分鑲字、嵌字、增字、配字。
2. 配字：在語句中，用一個平列而異義的字作陪襯，僅取其聲以舒緩語氣，而不取其義，稱爲「配字」。如果從文法上來看，「配字」即爲「偏義複詞」。例如：武陵人捕魚爲業，緣溪行，忘路之「遠近」。

4 作者介紹 陶淵明【93、91、90統測】

籍貫		東晉 潯陽柴桑人
字號		陶淵明，又名潛，字元亮。自稱五柳先生
生平		1.二十九歲以前家居讀書；二十九至四十一歲時官時隱；四十一至六十三歲隱居不仕。 2.出身世家，品格高尚，重視廉潔，最終清貧自守，不爲五斗米折腰。 3.隱居不仕的二十多年，是創作最豐富的時期。
文學成就	詩	田園詩樸素自然，感情深厚。最爲人們所傳誦，此外有許多出色的詠懷詩與詠史詩，表現孤獨、悲憤的心境。
文學成就	文	1.感情眞實質樸，文筆樸素簡潔，風格清新雋永。〈五柳先生傳〉是陶淵明自身形象的鮮明寫照，〈桃花源記〉則是他心目中理想社會的描繪。 2.辭賦方面，也有出色表現，〈歸去來辭〉、〈閒情賦〉，皆表達出他不願同流合汙的高尚情操。
後世評價		鍾嶸《詩品》推許陶淵明爲「古今隱逸詩人之宗」。後世譽陶淵明爲「田園詩人之祖」。

5 國學常識 〈桃花源記〉及〈桃花源詩〉比較

記與詩	〈桃花源記〉	〈桃花源詩〉
相同	1.描寫桃花源社會。 2.託言避秦，自闢一理想世界，寄託作者高尚情懷及生命價值，「桃花源」於是成爲理想社會的象徵。【101學測】	
相異	1.形式：散文 2.內容：記述漁人尋訪桃花源的寓言故事。（敘述詩的本事及相關創作背景） 3.文情：曲折新奇。以敘述故事爲主，具體描寫源中風景，再介紹桃花源內的社會制度、特點。【101學測】	1.形式：五言古詩 2.內容：介紹桃花源的由來及其社會風貌，並抒發作者的嚮往之情。 3.文情：平舖直述。以介紹桃花源內的社會制度和特點爲主，直白表達對純樸社會的嚮往。

相異	4.先寫景，後寫避世之因	4.先寫避世之因，再寫景
對應詩文	1.先世避秦時亂 2.來此絕境，遂與外人間隔 3.有良田、美池、桑、竹之屬 4.阡陌交通，雞犬相聞 5.男女衣著，悉如外人 6.黃髮垂髫，並怡然自樂 7.太守即遣人隨其往……未果，尋病終 8.後遂無問津者	1.嬴氏亂天紀……伊人亦云逝 2.往跡浸復湮，來逕遂蕪廢 3.桑竹垂餘蔭，菽稷隨時藝 4.荒路曖交通，雞犬互鳴吠 5.俎豆猶古法，衣裳無新製 6.童孺縱行歌，班白歡遊詣 7.淳薄既異源，旋復還幽蔽 8.借問游方士，焉測塵囂外？

6 文法修辭

鑲嵌

定義：在詞語中，故意插入數目字、虛字、特定字、同義字或異義字（偏義字），來拉長文句的修辭法，是為「鑲嵌」。

★配字：武陵人捕魚為業，緣溪行，忘路之「遠近」（陶淵明〈桃花源記〉）

★增字：中道「崩殂」、「試用」於昔日、「攘除」、「諮諏」（諸葛亮〈出師表〉）

7 語文天地

一、形音義

屬【89統測】			
ㄓㄨˇ	勸請	舉酒「屬」客 舉匏樽以相「屬」
	請託	「屬」予作文以記之（范仲淹〈岳陽樓記〉）
	連綴	武仲以能「屬」文，為蘭臺令史（曹丕《典論．論文》）
ㄕㄨˇ	隸屬	十三學得琵琶成，名「屬」教坊第一部（白居易〈琵琶行並序〉）
	類	有良田、美池、桑、竹之「屬」（陶淵明〈桃花源記〉）

要		
ㄧㄠˋ	重要	四者之中，恥尤為「要」（顧炎武〈廉恥〉）
ㄧㄠ	邀	便「要」還家

儼然	
整齊的樣子	土地平曠，屋舍「儼然」
宛然、彷彿	是那處曾相見，相看「儼然」（湯顯祖〈牡丹亭驚夢〉） 見浮圖於海中，光明照耀，「儼然」如新（楊衒之〈洛陽伽藍記〉）

儼然	嚴肅莊重的樣子	望之「儼然」，即之也溫，聽其言也厲（嚴正）（《論語．子張》） 君子正其衣冠，尊其瞻視，「儼然」人望而畏之（《論語．堯曰》）

向		
	先前	尋「向」所志，遂迷不復得路【96、95統測】
	假使、如果	「向」不出其技，虎雖猛，疑畏，卒不敢取（柳宗元〈黔之驢〉）
	對著	低頭「向」暗壁，千喚不一回（李白〈長干行〉）
	崇尚	「向」聲背實（注重虛名而不求實學或只重傳聞而不求事實）

二、與陶淵明相關成語集錦

不求甚解	本指讀書著重心領神會，而不過度鑽研字句上的解釋。後多指學習或工作的態度不認眞，只求略懂皮毛而不深入理解。
簞瓢屢空	形容生活極爲貧窮，缺乏食物。
北窗高臥	比喻悠閑自得。
欣欣向榮	本指辭官之後，見草木繁盛，萬物各得其所，生機盎然。後比喻蓬勃發展、繁榮興盛。
不爲五斗米折腰	不願爲微薄俸祿犧牲自己的人格。
雲出無心	本指陶淵明出仕本出無心，後比喻事非有意。

8 實力健身房

1. 非選（文章分析【101學測】）

閱讀框內文章之後，請分析：(一)「漁人甚異之」的「異」和漁人發現桃花源有何關聯？(二)陶潛從哪些方面來描寫桃花源？(三)從中可看出陶潛嚮往什麼樣的理想世界？答案必須標明(一)(二)(三)，分列書寫。(一)(二)(三)合計文長約二百五十至三百字（約十一至十四行）。

> 晉太元中，武陵人，捕魚爲業。緣溪行，忘路之遠近。忽逢桃花林，夾岸數百步，中無雜樹，芳草鮮美，落英繽紛。漁人甚異之。復前行，欲窮其林。林盡水源，便得一山，山有小口，彷彿若有光。便捨船，從口入。初極狹，才通人。復行數十步，豁然開朗。土地平曠，屋舍儼然，有良田、美池、桑竹之屬，阡陌交通，雞犬相聞。其中往來種作，男女衣著，悉如外人；黃髮垂髫，並怡然自樂。
> （陶潛〈桃花源記〉）

2. 多選（字義【104學測】）

（　）下列各組「　」內詞語，前後意義相同的選項是：

(A) 阡陌「交通」，雞犬相聞／賈赦「交通」外官，依勢凌弱

(B) 廉、恥，立人之「大節」／沈鍊每日間與地方人等，講論忠孝「大節」及古來忠臣義士的故事

(C) 室僅「方丈」，可容一人居／寺中若有此秘徑地道，

敝寺「方丈」事先自會知照各派首領，怎能容這些邪魔外道從容脫身

(D) 汝復「輕身」而昧大義，天下事誰可支拄者／不要短見！此非娘子自肯失身，這是所遭不幸，娘子立志自明，今若「輕身」一死，有許多不便

(E) 縱一葦之所如，凌萬頃之「茫然」／看守兵役，見多九公不是本處打扮，有幾個飛忙去請通使，一面預備車馬，將多九公送至迎賓館。唐敖「茫然」不解，只好跟在後面。

3. 單選（字義【103統測】）

（　）下列各組「　」內的詞，何者意義相同？

(A)「寄」蜉蝣於天地／到台北以後，學校宿舍成爲我的「寄」身之處

(B) 男女衣著，「悉」如外人／同學們得「悉」此事，都感到十分訝異

(C) 遷客「騷」人，多會於此／公司即將裁員的消息引起一陣「騷」動

(D) 引氣不齊，巧拙有「素」／領國家俸祿的公務員豈能尸位「素」餐。

4. 單選（章法【101指考】）

（　）下列有關「記」的敘述，正確的選項是

(A) 陶淵明〈桃花源記〉採倒敘手法，從漁人的角度追憶自我無意中發現美好世界的過程

(B) 柳宗元〈始得西山宴遊記〉以「始得」二字凸顯主旨，首段開門見山，細數宴遊見聞

(C) 范仲淹〈岳陽樓記〉旨在刻劃滕子京浮沉宦海、修葺岳陽樓之原委始末，雖名爲樓記，實爲史傳

(D) 歐陽脩〈醉翁亭記〉首段採用「由景而人」的手法，勾連山、水、亭、人物，終而拈出「樂」字。

5. 多選（文法【99學測】）

（　）對於因果關係的敘述，下列文句屬於「先果後因」的選項是

(A) 余時爲桃花所戀，竟不忍去湖上

(B)（項脊）軒凡四遭火，得不焚，殆有神護者

(C) 及郡下，詣太守，說如此。太守即遣人隨其往

(D) 孟嘗君爲相數十年，無纖介之禍者，馮諼之計也

(E) 前者呼，後者應，傴僂提攜，往來而不絕者，滁人遊也。

解答及名師解析

(一) 1. 參考答案：

「漁人甚異之」的「異」，和漁人發現桃花源的關聯有二：

(1) 上承「忽逢桃花林」的「忽」字，說明桃花林是漁人的偶然發現，而「忽逢桃花林」到「落英繽紛」諸句，則勾勒出一幅世外桃源之境，使人不禁悠然

神往，隨著漁人誤入桃花源的偶然，順勢前行，開啓下文「土地平曠……並怡然自樂」，將讀者帶入一個「異」於人間的樂土。

(2)說明上文一大片「中無雜樹」的桃花林景色和漁人生平所見的景色有所不同，因此「漁人甚異之」。

(二)先寫景後寫人，並運用虛實結構、白描手法描寫桃花源的景色、人物、情節的發展：

(1)景：由漁人眼中呈顯出桃花源的美景，由遠而近，由靜而動，依次爲「土地平曠，屋舍儼然」→「有良田，美池、桑、竹之屬」→「阡陌交通，雞犬相聞」等勾畫出一幅田園美景。

(2)人：描寫桃花源中人與人間的互動那份出於自然天性的情感和行爲，如：「見漁人便大驚」、「便邀還家」，夾有簡單的互動情節發展，如「問所從來，具答之」的坦率之問和漁人無有機心的細膩回答，表現出其所建構之桃花源世界內的眞、淳人情，與外界俗、薄的文化有所分別。

(3)虛實結構、白描手法的交互運用，賦予桃花源豐富的人文意涵，即順應自然、隨時處順的人生思維與態度，如：

a.「土地平曠，屋舍儼然」，象徵桃花源社會的井然有序。

b.「良田」、「美池」、「桑竹」，象徵桃花源自給自足。

c.「阡陌交通，雞犬相聞」，象徵桃花源農村的平和安詳。

d.「黃髮垂髫，並怡然自樂」，則反映桃花源社會的弱勢受到良好的照養。

(三)陶潛身處魏晉時期，一個兵禍連年，政權更迭的紛亂時代，加之以諸多人事的不順，使人在俗、薄的文化世界中時空錯置，傳統的價值觀面臨極大的挑戰。文人在面對自我的價值混淆之際，注重內心的感悟，催化其在生命的內蘊上產生思辨，重新觀照世界、體驗人生，期使自我的價值得到進一步的高揚。陶淵明正是在這種情況下，將生命回歸於人間的田園，所謂「結廬在人境，而無車馬喧……採菊東籬下，悠然見南山」，體現他既退隱田園耕讀，又不排斥追尋人間的眞、淳人情。

故知他以桃花源來寄託他所追尋的眞、淳理想人間！

漁人「追尋」桃花源過程中，「忘」路之遠近，毫無機巧之心的無爲追尋，是進入、安處、回歸於桃花源世界的唯一方法。

漁人「經歷」的桃花源：是景色優美，土地肥沃，風俗淳樸，和平安寧，生活豐足，一個和樂富足的景象。

2. (B)(D)

解析：

(A)交錯相通/結交。

(B)重要節操。

(C)一丈見方，指長寬各一丈的面積/寺院住持。

(D)不愛惜生命。
(E)水面空闊的樣子／無所知的樣子。

3. (A)

解析：

(A)暫時的託身。語譯：就像蜉蝣寄生在天地之間。出自蘇軾〈赤壁賦〉／暫時的託身。
(B)全。語譯：男女所穿戴的服飾，完全跟外界的人一樣。出自陶淵明〈桃花源記〉／知道。
(C)憂愁。語譯：遭貶謫流放的官吏、失意的文人，多聚集在此。出自范仲淹〈岳陽樓記〉／擾亂。
(D)本性。語譯：（演唱吹奏時）運氣吹送的輕重強弱程度不同，加上本性靈巧笨拙的差異。出自曹丕《典論・論文》／空的、平白的。「尸位素餐」：占著職位享受俸祿而不做事。

4. (D)

解析：

(A)〈桃花源記〉以漁人角度順敘手法寫成。
(B)〈始得西山宴遊記〉首段爲「未始」，並非開門見山，文中也未「細數宴遊見聞」，只著重於「始」得西山之感受。
(C)〈岳陽樓記〉未刻劃滕子京宦海浮沉，修葺岳陽樓也只簡筆代過，全篇亦與史傳毫無相關。
(D)〈醉翁亭記〉首段由「環滁皆山」的景，勾連山水亭人，最後到「醉翁」這人與「山水之樂」。

5. (B)(D)

解析：

(A)「余時爲桃花所戀」爲因，「竟不忍去湖上」爲果。出自袁宏道〈晚遊六橋待月記〉。
(B)「軒凡四遭火，得不焚」爲果，「殆有神護者」爲因。出自歸有光〈項脊軒志〉。
(C)「及郡下，詣太守，說如此」爲因，「太守即遣人隨其往」爲果。出自陶淵明〈桃花源記〉。
(D)「孟嘗君爲相數十年，無纖介之禍者」爲果，「馮諼之計也」爲因。出自《戰國策・馮諼客孟嘗君》。
(E)本選項是判斷句，無因果關係。出自歐陽脩〈醉翁亭記〉。

12 世說新語選

(一)詠絮之才 (二)絕妙好辭 (三)坦腹東床 (四)雪夜訪戴

◎劉義慶

1 大考關注

【字詞義、字音：92學測】

★「鳥」入「風」中銜去蟲：鳳；「馬」來「蘆」畔吃盡草：驢。

★「舉」字在不同語句上的字義。

【文意理解、類文閱讀：100、96學測、102、96、94指考】

★《世說新語》的篇章文意、文意排序。

★劉義慶《幽明錄》閱讀文意排序。

【國學：101、94學測、101指考】

★劉義慶《世說新語》是志人小說，內容由很多單篇小故事組成，不是一整部情節完整的小說。

★是中國魏晉南北朝時期「志人小說」的代表作，屬情節不完整的筆記式小說，由南朝宋劉義慶召集僚屬共同編撰。所記多東漢至東晉二百三十年間高士清談玄言、人物評論和機智對應的故事。

2 文章解讀

《世說新語》是一本特別的小說。**不是劉義慶個人的創作，而是由他召集文人共同編寫而成的**，內容由許多小故事組成。這些小故事，被分爲三十六小類，每一小類都有標題，如德行、言語、文學、雅量、方正等，反映出魏晉時代的價值觀。【101指考】

這些小故事都不長，類似今天的小品文與極短篇，也並非都是史實，但在文學史、美學史及魏晉史的研究上，都具有極高的價值。因爲這些故事**忠實反映出魏晉貴族的生活形態、政治活動與精神面貌**。【99學測】

世說新語描繪的重點是人，特別是「有特色的人」，而獨特的人，往往有不凡的氣質、個性、才能，表現出異於常人的言行。世說新語用**寫意的方式**，**凸顯故事主角異於常人的言行，藉此描繪出人物的精神面貌**。【95、90統測】

本書文字秀雅，呈現一種清新雋永的風格。課文選錄的四篇當中：

〈詠絮之才〉選自〈言語篇〉，除了讚賞謝道韞的**過人才氣**，還反映出世家大族長幼齊聚一堂，閒來寒暄的生活情趣。

〈絕妙好辭〉選自〈捷悟篇〉，寫曹操與楊修兩人才智過人，故事未必屬實，但充分反映出魏晉時代對個人才華氣質的欣賞與重視。

〈坦腹東床〉選自〈雅量篇〉，寫王羲之自然瀟灑，不肯做作逢迎，也寫郗太傅慧眼獨具，能從眾人中發現、欣賞王羲之的優點。氣量高雅，反映出魏晉時代的審美觀，並呈現當時政治聯姻的情形。

〈雪夜訪戴〉選自〈任誕篇〉，寫王徽之乘興而行，興盡而返，率性而為的審美情調，反映出時代的風氣。

這些故事反映出**生活的趣味、個人的才華，審美的態度**，而這正是重視氣質，認為氣質與才能息息相關的**魏晉時代，所看重的價值**。

3 文章精析

一、詠絮之才

謝太傅寒雪日**內集**，與兒女講論文義。**俄**（ㄜˊ）**而**雪**驟**（ㄗㄡˋ），公欣然曰：「白雪紛紛何所似？」**兄子胡兒**曰：「撒鹽空中**差**（ㄔㄚ）可擬。」**兄女**曰：「未若柳絮**因**風起。」公大笑樂。

（〈言語〉第二．七一）

謝太傅：謝安，東晉孝武帝時宰相，於淝水之戰大破前秦苻堅，卒後贈太傅，故稱謝太傅。

內集：家人聚會。

俄而：不久。

驟：急速。

兄子胡兒：指謝安二哥謝據的長子謝朗，小字胡兒。

差：略、尚。

兄女：指謝安大哥謝奕之女謝道韞，嫁王羲之次子凝之為妻，善詩賦，聰敏有辯才。

因：憑藉。

段旨

敘述謝安姪兒謝朗以「撒鹽空中」，姪女謝道韞以「柳絮因風起」，分別比喻白雪紛飛的意境與美感，凸顯出謝道韞文才的高妙。

翻譯

謝安在寒冷的下雪天裡舉行家庭聚會，和姪兒、女們講論文章的義理。不一會兒，雪下得很急，謝安高興地說：「這紛紛落下的白雪像什麼呢？」姪兒謝朗回答說：「把鹽撒在空中，約略可以比擬。」姪女謝道韞回答道：「不如說像柳絮憑藉風在空中飄揚。」謝安聽了大笑，感到很高興。

敘述曹操與楊修「析字」解題曹娥碑背上的題字，對比出兩人才氣之高下。【92學測】

二、絕妙好辭

魏武嘗過曹娥碑下，楊修從。碑背上見題作「黃絹幼婦外孫韲臼」八字。魏武謂修曰：「解不？」答曰：「解。」魏武曰：「卿未可言，待我思之。」行三十里，魏武乃曰：「吾已得。」令修別記所知。修曰：「『黃絹』，色絲也，於字為『絕』；『幼婦』，少女也，於字為『妙』；『外孫』，女子也，於字為『好』；『韲臼』，受辛也，於字為『辤』；所謂『絕妙好辤』也。」魏武亦記之，與修同。乃嘆曰：「我才不及卿，乃覺三十里。」

（〈捷悟〉第十一・三）

曹娥：東漢上虞縣孝女，其父曹盱（ㄒㄩ）溺死，曹娥沿江號哭十七日，投江而死。經五日，抱父屍浮出。縣令度尚為之改葬立碑，邯鄲淳為之作碑文。

魏武：曹操，字孟德，封魏王，卒諡武。

楊修：字德祖，好學能文，反應機敏，任曹操主簿，後為曹操所殺。

黃絹幼婦外孫韲（ㄐㄧ）臼：乃蔡邕讀曹娥碑文，題此八字於碑後。韲臼，用來搗碎辛辣食物的石臼。韲，機，也作「齏」，薑蒜或韭菜等辛辣物的細末。

不（ㄈㄡˇ）：通「否」。

辤（ㄘˊ）：同「辭」。

受辛：用以容受辛辣之物。

乃覺（ㄐㄧㄠˋ）：乃，竟。覺，通「較」，相差。

魏武帝（曹操）曾經經過曹娥碑旁，楊修跟隨著他。碑的背面題著「黃絹幼婦外孫韲臼」八字。魏武帝對楊修說：「你理解其意思嗎？」楊修答道：「理解。」魏武帝說：「你先不要說，等我想想看。」走了三十里後，魏武帝才說：「我已經想到了。」命令楊修另外記下他所知道的意思。楊修記下的是：「『黃絹』，是有顏色的絲，色和絲合起來是『絕』字；『幼婦』，是少女，少和女合起來是『妙』字；『外孫』，是女兒的孩子，女和子合起來是『好』字；『臼』，是用來容受辛辣食物的器皿，受和辛合起來是『辤』字；所以是『絕妙好辤』的意思啊。」魏武帝也記下所知道的意思，和楊修所記的一樣，便讚嘆說：「我解悟的才智比不上你，竟然差了三十里！」

敘寫郗太傅選婿，獨賞羲之秉性率眞的名士風尚。

寫王子猷雪夜訪戴逵，「乘興而行，興盡而返」的率性，呈現東晉名士獨特的審美風貌與人物形象。

三、坦腹東床【96指考：閱讀測驗】

郗太傅在京口，遣門生與王丞相書，求女婿。丞相語（ㄩˋ）郗信：「君往東廂，任意選之。」門生歸，白郗曰：「王家諸郎亦皆可嘉，聞來覓婿，咸自矜持，唯有一郎在東床上坦腹食，如不聞。」郗公云：「正此好！」訪之，乃是逸少，因嫁女與焉。（〈雅量〉第六．一九）

郗太傅：郗鑒，東晉人，官至司空、太尉，一作「郗太尉」。
京口：今江蘇省鎮江市。
門生：依附世族，在其門下供使役的人。
王丞相：王導，琅邪臨沂人，為東晉重臣，王羲之的堂伯父。
信：信使、使者。
白：稟告。
可嘉：映襯。
坦腹：裸露著肚子。坦，通「袒」，裸露。
如不聞：好像沒聽到選婿一事。
逸少：即王羲之，字逸少，詩、文、書法並稱於世，書法尤工，後人尊為「書聖」。因官至右軍將軍，世稱王右軍。
因：於是、就。

四、雪夜訪戴

王子猷（ㄧㄡˊ）居山陰，夜大雪，眠覺（ㄐㄩㄝˊ），開室，命酌酒。四望皎然，因起仿偟（ㄆㄤˊ ㄏㄨㄤˊ），詠左思〈招隱〉

王子猷：王徽之，王羲之第五子，性情卓犖不羈，好清談。
山陰：今浙江省紹興市，在會稽山北。
覺：醒。
仿偟：也作「仿徨」、「傍偟」、「徬徨」，徘徊。
〈招隱〉：左思有〈招隱詩〉二首，王子猷因吟誦此詩雪景句而想起故友。

郗太傅在京口時，派門生送給王導一封信，要在王家子姪中挑選一名女婿。王導對使者說：「您到東廂房去，任意挑選。」門生回來，稟告郗太傅說：「王家幾位公子都值得讚美，聽說來選女婿，個個都謹慎言行，只有一位公子，在東床上裸露肚子吃東西，好像沒聽到這件事似的。」郗太傅說：「就是這個人好！」派人詢問，原來是逸少（王羲之），於是就把女兒嫁給他了。

王子猷（徽之）住在山陰時，有一天夜裡下大雪，他從睡夢中醒來，打開房門，吩咐僕人斟酒。舉目四望，一片潔白明亮，於是起身來回走動，吟詠左思的〈招隱詩〉。忽然想起戴安道，當

戴逵，東晉人，博學能文，擅長書畫、鼓琴，高潔方正，終身不仕，隱居會稽剡山。

詩。忽憶**戴安道**，時戴在**剡**（ㄕㄢˋ），即便夜乘小船**就之**。**經宿**（ㄒㄧㄡˋ）**方至**，**造**門不前而返。人問其故，王曰：「吾本乘興而行，興盡而返，何必見戴？」

（〈任誕〉第二十三・四七）

- 剡：在今浙江省嵊（ㄕㄥˋ）縣。
- 就之：接近、親近，此指前往拜訪。
- 經宿方至：經過一夜才到。宿，量詞，用以計算夜。
- 造：至、到。

時戴安道住在剡縣，他立刻就在深夜乘坐小船去拜訪他。過了一夜才到達，到了門口卻不進去就折返了。人家問他原因，王子猷說：「我本來就是趁著興致而來的，現在興致盡了就回去，為何一定要見到戴安道呢？」

文法修辭提示

1. 譬喻
   - ★白雪紛紛（喻體）何所似（喻詞）？……灑鹽空中（喻依）差可擬。：屬「明喻」
   - ★未若柳絮（喻依）因風起。：屬「明喻」
2. 類疊：「紛紛」屬「疊字」，同一字詞連續反覆使用。
3. 析字：黃絹幼婦外孫齏臼：絕妙好辭。

4 作者介紹

劉義慶【91、90統測及94學測、101指考】

作者	1. 劉義慶招集門下客共同完成 2. 南朝梁劉孝標作注時，旁徵博引，為此書增色不少
內容	1. 為筆記體的志人小說，收錄的故事長短不一，共一千一百三十餘條。 2. 分為「德行、言語」等三十六類，標題反應出當時重視的各種價值。 3. 內容紀錄東漢到東晉末年三百年間，名士的各種軼聞瑣事、言行思想。 4. 內容或取自前人著作，或取自民間傳聞，所以書中人物皆真實存在，但書中內容卻不可盡信。

價值	文學成就
1.後世小品文典範，開說部先河。 2.反映魏晉社會風貌：從「小說」發展史來看，漢、魏、晉、南朝宋的小說是以「鬼神」爲本位的「志怪」體；但劉義慶的小說則以「人」爲本位，有意識的反映社會現實，刻劃人性，是唐人短篇小說「傳奇」的先導。 3.《四庫全書》中列入子部「小說家」。	1.表現人物特點：透過言談舉止寫出了獨特人物的獨特性格，使之躍然紙上。 2.文字簡約傳神：含蓄雋永、機趣橫生，擅長描繪人物，能用極少的文字，表現清晰的形象。

5 國學常識

魏晉南北朝小說【94學測及98、101指考】

類別	志怪小說	志人小說
背景	1.雖名爲小說，實皆零星記事，無完整之結構，屬於文言短篇小說。 2.魏晉六朝的小說反映時代的思潮，與當時士大夫的清談風尚與宗教迷信，有密切的關聯。 3.內容由「志怪」轉爲「志人」，爲小說創作的一大進步。	
反映時代思潮	1.屬神異鬼怪類 2.魯迅《中國小說史略》認爲志怪小說產生的原因是：「中國本信巫，秦漢以來，神仙之說盛行，漢末又大暢巫風，而鬼道愈熾；小乘佛教亦入中土，漸見流傳，凡此，皆張皇鬼神，稱道靈異，故自晉迄隋，特多鬼神志怪之書。」	1.屬名人軼事類 2.當時文士崇尚「清談」，或者相互論辯（談論內容爲玄學、美學、文學），或品評時人，或在言語上逞機鋒。這些言談舉止，被採集、記錄下來，經整理後，逐漸形成別具風格的名人軼事小說。
內容	記述鬼神靈異之事	記載名人軼事及雋語
代表作	干寶《搜神記》、劉義慶《幽明錄》	東晉裴啓《語林》（最早）、劉義慶《世說新語》

6 文法修辭

析字

定義：將一個字拆解開來，進而解釋成另外一個意思。

★黃絹幼婦外孫韲臼：絕妙好辭，屬於綜合析字

7 語文天地

一、形音義

凝	ㄋㄧㄥˊ	
	聚集、集中注意力	屏氣「凝」神、「凝」聚力量
	冰凍、結冰	「凝」結、「凝」固
	停止不動	「凝」滯不前

字	注音	字義	例句
擬	ㄋㄧˇ	模仿、仿效	「擬」古、模「擬」演習
		比方、比擬	比「擬」、無可比擬撒鹽空中差可「擬」（《世說新語．言語》）
		起草、編寫	草「擬」、「擬」訂

字	注音	字義	例句
灼	ㄓㄨㄛˊ	火燒、火燙	「灼」傷、「灼」熱
		明亮、透徹	真知「灼」見
酌	ㄓㄨㄛˊ	飲酒、斟酒	花間一壺酒，獨「酌」無相親（李白〈月下獨酌〉）
		考慮	至於斟「酌」損益，進盡忠言，則攸之、禕、允之任也（諸葛亮〈出師表〉）
杓	ㄅㄧㄠ	北斗七星的柄，指第五到第七顆星	歲月如流，眼見斗「杓」又將東指了（劉鶚〈老殘遊記〉）
	ㄕㄠˊ	取水、舀東西的器具。同「勺」	「杓」子
妁	ㄕㄨㄛˋ	媒人	媒「妁」之言

字	注音	字義	例句
覺	ㄐㄧㄠˋ	睡眠	睡午「覺」
		通「較」，相差	我才不及卿，乃「覺」三十里（《世說新語．捷悟》）

字	注音	字義	例句
覺	ㄐㄩㄝˊ	醒悟、感悟	實迷途其未遠，「覺」今是而昨非（陶淵明〈歸去來兮辭〉）
		醒	夜大雪，眠「覺」，開室，命酌酒（《世說新語．任誕》）
		喚醒、啓發	使先知「覺」後知（《孟子．萬章上》）

字	注音	字義	例句
差	ㄔㄞ	派遣、指使	鬼使神「差」
		受派遣去做事的人	欽「差」、信「差」
	ㄔㄚ	錯誤、差錯	此言「差」矣
		名詞，區別、不同	貴賤有等，長幼有「差」（《史記．禮書》）
		動詞，相差	失之毫釐，「差」以千里
	ㄘ	用於聯綿詞，如：參差（不整齊）	參「差」不齊

字	注音	字義	例句
就		完成、成就	三窟已「就」（《戰國策．馮諼客孟嘗君》）功成名「就」
		從事	科舉不第，棄文「就」武（施耐庵《水滸傳》）
		趨近、靠近、親近	敏於事而慎於言，「就」有道而正焉（《論語．學而》）

字	義	例句
就		待到重陽日，還來「就」菊花（孟浩然〈過故人莊〉）
		避重「就」輕、「就」近照顧
	到、往	客至無器皿、肴、果，故「就」酒家觴之（司馬光〈訓儉示康〉）
		孟嘗君「就」國於薛（《戰國策．馮諼客孟嘗君》）
	依順、依從	遷「就」、半推半「就」
	即刻、馬上。表示事情或動作很快就要發生	我去去「就」來
	依照	「就」事論事

字	義	例句
乃	才、這才	行三十里，魏武「乃」曰：「吾已得。」（《世說新語．捷悟》）
		同年曰：「君賜不可違也。」「乃」簪一花（司馬光〈訓儉示康〉）
	卻、竟	我才不及卿，「乃」覺三十里（《世說新語．捷悟》）
		「乃」不知有漢，無論魏、晉（陶淵明〈桃花源記〉）
		今其智「乃」反不能及（韓愈〈師說〉）
		古人以儉爲美德，今人「乃」以儉相詬病（司馬光〈訓儉示康〉）

字	義	例句
乃	是、就是	謂獄中語，「乃」親得之於史公云（方苞〈左忠毅公逸事〉）
	你、你的	家祭毋忘告「乃」翁（陸遊〈示兒〉詩）
	於是、就	魏武亦記之，與修同。「乃」嘆曰（《世說新語．捷悟》）
		見漁人，「乃」大驚（陶淵明〈桃花源記〉）
		四維不張，國「乃」滅亡（顧炎武〈廉恥〉）
		「乃」奮臂以指撥眥（方苞〈左忠毅公逸事〉）

二、成語集錦

成語	釋義
雪泥鴻爪	喻凡事經過所留之痕跡。
雪擁藍關	本指藍關大雪紛飛，後喻事後覺悟。
立雪神傷	用於哀悼師長喪。
羽扇綸巾	手拿羽毛扇、頭著青絲巾，喻從容不迫。
翠繞珠圍	繞以翡翠，圍以珠玉，喻婦女華麗的裝飾；或喻花木繁盛。
鶴立雞群	喻出類拔萃、超群之人才。
詠絮之才	謝道韞以柳絮比擬紛飛之雪，而贏得「詠絮之才」的美稱。後用來比喻女子有文才。
鶴髮童顏	如鶴毛般的白髮，孩童般紅潤的臉色。形容老人氣色好、有精神。
焚琴煮鶴	喻不解風雅、大殺風景的行爲。

拾人牙慧	比喻抄襲別人的言論、主張
吳牛喘月	比喻見到曾害怕的類似事物而產生驚懼。
枕流漱石	形容隱士情志高潔。

8 實力健身房

1.單選（閱讀理解【100學測】）

（　）下列是一段古文，請依文意選出排列順序最恰當的選項：

楚文王少時好獵，有一人獻一鷹。

甲、故為獵於雲夢，罝網雲布，烟燒漲天，

乙、此鷹軒頸瞪目，遠視雲際，無搏噬之志，

丙、王曰：「吾鷹所獲以百數，汝鷹曾無奮意，將欺余耶？」

丁、文王見之，爪短神爽，殊絕常鷹，

戊、毛群飛旋，爭噬競搏，

獻者曰：「若效於雉兔，臣豈敢獻？」（劉義慶《幽明錄》）

(A)甲乙戊丙丁
(B)丁甲戊乙丙
(C)戊丁乙甲丙
(D)丁甲丙乙戊。

2.單選（國學【91統測】）

（　）下列敘述，何者正確？

(A)《世說新語》是南北朝筆記小說
(B)《老殘遊記》是明代章回小說
(C)《三國志》是元代歷史演義小說
(D)《儒林外史》是清代俠義小說。

3.單選（國學【101指考】）

（　）下列有關「小說」的敘述，正確的選項是

(A)劉義慶《世說新語》是一部情節完整的志人小說
(B)杜光庭〈虬髯客傳〉是一篇結構完整的志怪小說
(C)曹雪芹《紅樓夢》是一部以家族大團圓為結局的言情小說
(D)劉鶚《老殘遊記》是一部反映政治黑暗與關心民生疾苦的章回小說。

4.單選（閱讀理解【96指考】）

（　）關於下引文字，敘述正確的選項是：

郗太傅（郗鑒）在京口，遣門生與王丞相（王導）書，求女婿。丞相語郗信：「君往東廂，任意選之。」門生歸，白郗曰：「王家諸郎，亦皆可嘉，聞來覓婿，咸自矜持。唯有一郎在床上坦腹臥，如不聞。」郗公云：「正此好！」訪之，乃是逸少（王羲之），因嫁女與焉。（《世說新語‧雅量》）

(A)「遣門生與王丞相書」，是送書卷作為見面禮

(B)「丞相語郗信」，是說王丞相口授回信給郗太傅
(C)「唯有一郎在床上坦腹臥，如不聞」，「一郎」是指王家的大少爺
(D)「郗公云：『正此好！』」郗鑒擇王羲之爲婿，是因爲他不做作，是個率真的人。

5. 多選（閱讀理解【102指考】）
（　）閱讀下列小說，選出符合文意的選項：
有鸚鵡飛集他山，山中禽獸輒相愛重。鸚鵡自念：雖樂不可久也，便去。後數月，山中大火，鸚鵡遙見，便入水沾羽，飛而灑水。天神言：「汝雖有志意，何足云也？」對曰：「雖知不能救，然嘗僑居是山，禽獸行善，皆爲兄弟，不忍見耳。」天神感應，即爲滅火。
（劉義慶《宣驗記・鸚鵡滅火》）
(A)「雖樂不可久也」意謂鸚鵡預知山中將有災禍
(B)「入水沾羽，飛而灑水」歌詠鸚鵡的渴望自由
(C)「汝雖有志意，何足云也」贊許鸚鵡的不屈不撓
(D)「禽獸行善，皆爲兄弟」呈現鸚鵡對山中禽獸的感恩
(E)作者描述了「不忍」以及「知其不可而爲之」的精神。

解答及名師解析

1. (B)
解析：
丁、文首「楚文王少時好獵，有一人獻一鷹（楚文王年少時喜歡打獵，有人獻了一隻獵鷹給楚王）」，應接續對此鷹的描述，故以「丁」項的「文王見之，爪短神爽，殊絕常鷹（楚王看那鷹爪雄健神俊，與其他獵鷹不同）」最適合。
甲→戊：當狩獵開始時，應先言「甲」項的「故爲獵於雲夢，置網雲布，烟燒漲天（因此便到雲夢大澤舉行狩獵。在狩獵場上，大網星羅雲布；用以驅趕野獸的煙火，熾烈布滿天空）」，再接「戊」項的「毛群飛旋，爭噬競搏（其他獵鷹成群的在天空盤旋，爭先恐後的對獵物爭吞噬搏鬥）」。
乙→丙：先「此鷹軒頸瞪目，遠視雲際，無搏噬之志（你這隻神鷹卻只是伸脖子瞪大眼睛，遠望雲端，沒有搏鬥的興趣）」，再「吾鷹所獲以百數，汝鷹曾無奮意，將欺余耶？（我的其他獵鷹已捕獲數百隻獵物，而你的獵鷹竟然沒有一點奮發的鬥志，你是在欺騙我嗎？）」。
最後則是先有「丙」「王曰」，才會有「獻者曰」之結語「若效於雉兔，臣豈敢獻？（若只是能抓到一些山雞、野兔的普通鷹，我哪敢獻給大王？）」。

2. (A)
解析：
(B)《老殘遊記》爲清代遊記兼諷刺性質的章回小說，作者是劉鶚。
(C)《三國志》爲正史，不是演義小說。晉陳壽所作，裴松之作注。
(D)《儒林外史》乃清代諷刺性質章回小說，作者是吳敬梓。

3. (D)

解析：

(A) 劉義慶《世說新語》爲筆記志人小說，情節不完整。

(B) 杜光庭〈虯髯客傳〉結構完整，但爲「傳奇」小說，非志怪小說。

(C) 曹雪芹《紅樓夢》是一部言情小說，但以悲劇收場，並未以家族大團圓作爲結局。

4. (D)

解析：

(A) 派門生送一封信給王丞相。

(B) 丞相告訴太傅的使者。

(C) 一名公子。

語譯：郗太傅在京口時，派門生送給王導一封信，要在王家子姪中挑選一名女婿。王導對使者說：「您到東廂房去，任意挑選。」門生回來，稟告郗太傅說：「王家幾位公子都值得讚美，聽說來選女婿，個個都矜持莊重，只有一位公子，在東床上裸露肚子吃東西，好像沒聽到這件事似的。」郗太傅說：「就是這個人好！」派人詢問，原來是逸少，於是就把女兒嫁給他了。

5. (D)(E)

解析：

選文藉鸚鵡「知其不可而爲之」——隻身滅火的行爲，彰顯鸚鵡知恩圖報的情操。

(A)「雖樂不可久也」意思爲「這裡雖然快樂，但終究不能長久居住。」並未言明鸚鵡有預知的能力。

(B) 歌詠鸚鵡即使力量薄弱，仍奮力滅火。

(C) 質疑鸚鵡隻身滅火的行爲毫無用處。

(D)「行善」此處指友善，所以鸚鵡懷著感恩之心。

(E)「不忍」指「不忍見耳」一句：我不忍見他們被燒死。「知其不可而爲之」指「雖知不能救，……不忍見耳」一段。

語譯：有一隻鸚鵡飛到別座山棲息，山中的禽獸都敬愛看重他。鸚鵡自己心想：「我在這裡雖然快樂，但終究不能長久住在這裡啊。」便飛走了。幾個月後，這山起了大火，鸚鵡遠遠見到，便飛到水中沾溼羽毛，飛到這座山上灑水滅火。天神看了說：「你雖然有意志要滅火，但是以你（小小身軀）怎麼能滅得了火？」鸚鵡回答說：「我雖然知道自己救不了火，但是我曾借住在這座山裡，那裡的禽獸對我很友善，所以都是我的兄弟，我不忍見他們被燒死。」天神聽了深受感動，就幫助他把火滅了。

13 蘭亭集序

◎王羲之

1 大考關注

【字詞義、字音、詞性、成語：91、90、89統測、101指考】

★一「觴」一詠，亦足以暢敘幽情：動詞，指飲酒。

★「向」之所欣：先前。

★群賢畢至：成語運用。

★脩「禊」事：ㄒㄧˋ，一種驅除不祥的祭祀。脩：通「修」，舉行。

★列敘「時人」，錄其所述：指當時參加脩禊盛事的眾人。

【文意理解：101、100指考】

★「固知一死生爲虛誕，齊彭殤爲妄作」的生死觀點。

★夫人之相與，俯仰一世，或取諸懷抱，晤言一室之內；或因寄所託，放浪形骸之外。

★下列文句□內最適合填入的詞語是：「語言的美不在一個一個句子，而在句與句之間的關係。包世臣論王羲之字，看來參差不齊，但如老翁攜帶幼孫，□□□□，痛癢相關。好的語言正當如此。」（董橋老翁帶幼孫閒步庭院） (A)顧盼有情 (B)前呼後擁 (C)黃髮垂髫 (D)舐犢情深。答：(A)

★一死生爲虛誕，齊彭殤爲妄作：人不可能對光陰的流逝、生命的終結無動於衷。

★古文中的詞語解釋，有的可以從上下文意直接判斷。如將王羲之〈蘭亭集序〉：「故列敘時人，錄其所述，雖世殊事異，所以興懷，其致一也」的「時人」解釋爲「參加蘭亭脩禊的人」。

【古文常識、閱讀排序：103學測、92、90統測及101、94指考】

★干支常識：古人以十天干依次配上十二地支，以六十爲一個循環，稱爲一甲子，其中的十二地支又可對應十二生肖，用來紀年，也可用來表示一天的十二個時辰。

★王羲之的生平與書法成就。

★生命態度的選擇：「夫人之相與，俯仰一世，或取諸懷抱，晤言一室之內；或因寄所託，放浪形骸之外。」

★對於古代歲次的理解。

【修辭、閱讀排序：90統測、103學測】

★對偶句的辨識：對偶的條件爲

1. 字數相同。
2. 詞性相稱。
3. 有時會平仄相對。

★ 現代文閱讀排序

2 文章解讀

自古以來，**中國有臨水祭祀，以水淨身，滌除不祥的傳統**。這種活動逐漸發展成爲一種固定的節慶，稱爲「祓禊」，於農曆三月三日舉行。

永和九年，東晉士紳們齊聚蘭亭，在水濱泛觴賦詩，飲酒作樂，慶祝佳節。《蘭亭集》，就是當天與會者即席創作的總集，**本文是王羲之爲《蘭亭集》所做的序**。

王羲之書法冠絕古今，被尊爲書聖，〈蘭亭集序〉是王羲之最負盛名的作品，原件已經失傳，但有許多臨摹作品傳世，筆法飄逸多姿，變化自如，被譽爲「**天下第一行書**」，本文亦因此聞名。

本文的結構，恰好符合文章寫作「起、承、轉、合」的四個基本要素。

第一段寫景敘事，說明**當日的盛況**（起）。第二段描述在舒適的情境之內，人人自然生出**快樂之情**（承）。第三段描述世間沒有永恆不變之事，一旦脫離了原先情境，快樂之情便可能在一瞬間，**轉化爲空虛**（轉）。第四段否定道家超脫形體，與天同壽的思想，指出面對死亡的傷感之情，是人性自然存在的部分，只有文字可以**超越時空限制，聯繫人類的心靈**，因此寫下此文，希望爲自己的存在找到證據，爲生命找到意義。

壽命有限，是人無法逃避的命運，而文學作品中，面對人生短暫的課題，有三種典型的人生觀：

1. 曹丕《典論．論文》：認爲生命短促，亟欲建立功業，找到生命的意義。
2. 蘇軾〈赤壁賦〉：相信精神可以超脫肉體，與宇宙合一，達到永恆。
3. 王羲之〈蘭亭集序〉：否定道家思想，肯定人性的脆弱面，企圖透過跨時代的心靈共鳴，找到生命存在的意義。

這三種人生觀，都是一種選擇，並沒有哪一種絕對正確，但這三種人生觀，都是對生命意義的探索，同學應當學習這種探索生命的精神，點亮自己生命的道路，活出生命的意義。

段旨

一 記聚會當日之盛況，蘭亭周邊之景致。

・記敘時間、地點及事由。

・描述會場環境甚佳，景致美麗。眾人在會場中流觴吟詩，暢敘幽情。

二 描述當日氣候宜人，觸發眾人雅興，陶醉在大自然中。

・天候甚佳，故能「仰觀」、「俯察」，縱情取樂。和風吹撫，呼應第一段的激湍、流觴，產生一種生動感。

3 文章精析

一 永和九年，**歲在癸丑**，**暮春**之初，會於會稽山陰之蘭亭，**脩禊**事也。群賢**畢**至，少長**咸**集。此地有崇山**峻**嶺，茂林**脩**竹，又有清流激湍，**映帶**左右，引以為**流觴曲水**，列坐其**次**。雖無**絲竹管弦**之盛，一**觴**一**詠**，亦足以**暢敘**幽情。

- 癸丑（ㄍㄨㄟˇ）：年份是癸丑年。歲，年份。【92統測、94指考】
- 暮春：晚春，農曆三月。
- 脩（通「修」，舉辦。）禊（ㄒㄧˋ）：古時一種在水邊舉辦，濯除不潔的節慶。【89、91統測】
- 畢：盡、都。句意。【101指考】
- 咸：全部。
- 峻：陡峭。
- 脩：通「修」，長。
- 映帶：映照環繞。文意。【90統測】
- 流觴（ㄕㄤ）曲水：將盛酒的酒杯，置於彎曲的水道上，順流而下。流，動詞，放流。觴：酒杯。
- 次：次序、位置。
- 絲竹管弦：借代為音樂。
- 觴：飲酒，名→動。【101指考】
- 詠：賦詩。
- 暢敘：盡情地抒發。

二 是日也，天朗氣清，**惠風**和暢。仰觀宇宙之大，俯察**品類**之盛，所以**遊目**騁懷，足以**極**視聽之娛，**信**可樂也。

- 惠風：和暖的風。
- 品類：各種分類，此文指萬物。
- 遊目：縱目遊覽。
- 騁（ㄔㄥˇ）：放開。
- 極：窮盡。
- 信：確實。

翻譯

一 永和九年，歲次干支是癸丑，三月初三，集會於會稽郡山陰縣的蘭亭，舉行祓禊之事。社會賢達們都來參與，（不分）年輕和年長全都聚在一起。這個地方有高山峻嶺，茂盛的樹林，修長的竹子，還有清澈湍急的溪水，水面反射出波光，映照在人群周圍，引來溪水注入曲折的水道，準備舉行放流酒杯的遊戲，大家依序坐在水邊。雖然沒有琴瑟簫笛演奏的盛況，但邊飲酒邊吟詩，也足以抒發高雅的情懷。

二 這一天，天色明朗，空氣清新，和風溫暖，徐徐吹來。仰望宇宙的無邊無際，俯看萬物的豐富繁盛，讓人縱目觀賞，放開胸懷，能夠窮盡耳目感官的歡愉，確實能使人快樂。

三 從「可樂」二句，思及世事無常，並無永恆的快樂，轉而抒發個人感慨、無奈與悲痛。

轉折

・前段說明人生之樂，乃是內心需求獲得滿足，但這種滿足，是一種因緣聚合的暫時現象。「不知老之將至」一句，提出時間的概念，作爲轉折。

層次：

・後段引出人生的感慨，有兩種層次：

1. 生命情懷，與時俱變，製造快樂的方式，無法複製，快樂的情緒，無法保存，因此產生感慨。
2. 生命長短，取決於天，快樂是無常的，生命也是無常的，人掌握不了快樂，也控制不了壽命，因此悲痛。

四 駁斥莊子「一死生」、「齊彭殤」的觀點。指出因生命無常而惆悵，是人類正常且普遍的情感。

・舉古人爲例，說明自己對生命無常的悲痛，並非特例，是人類正常的情感。接著批評道

三 夫人之**相與**，**俯仰**一世，[3]或取諸懷抱，**悟**言一室之內；或**因**寄所託，放浪**形骸**之外。雖[4]**趣舍萬殊**，**靜躁**不同，當其欣於所遇，暫得於己，快然自足，[5]不知老之將至。及其所**之**既倦，情隨事遷，感慨**係**之矣。**向**之所欣，俛仰之間，已爲**陳**跡，猶不能不以之**興**懷，況**脩短**隨**化**，終**期**於**盡**。[6]古人云：「死生亦大矣。」豈不痛哉！

四 每覽昔人興感之**由**，若合一**契**，未嘗不臨文**嗟悼**，不能**喻**之於懷。固知[7]**一死生**爲**虛誕**，齊[8]**彭殤**爲妄作。後之視今，亦猶今之視昔，悲夫！故列敘**時人**，錄其所述。雖世殊

- 相與：相處。
- 俯（ㄈㄨˇ）仰：來往互動。
- 悟：通「晤」，會面。
- 因：透過。
- 形骸（ㄏㄞˊ）：身軀。
- 本小段文意。【101指考】
- 趣舍：即「取捨」。
- 萬殊：差異。
- 靜躁：靜，指晤言一室者。躁，指放浪形骸者。
- 之：追求、嚮往。
- 係：連帶產生。
- 向：先前。【93學測】
- 陳：陳舊。【92統測】
- 興：引發。
- 脩短：長短，指壽命的長度。脩，長。【91統測】
- 化：造化，化育萬物的大自然。
- 盡：盡頭，死亡。
- 期：到期，動詞。
- 由：原因。
- 契：感受一致，密切無間。
- 嗟（ㄐㄧㄝ）悼（ㄉㄠˋ）：感嘆哀悼。
- 喻：明白。
- 文意。【100指考】
- 一死生：將死生看成一樣。一，名，把…看成一樣。
- 虛誕：虛妄怪誕。誕：怪異。
- 彭殤：彭祖，借代古代長壽之人，傳說中活了八百年。殤，未成年而死者。
- 時人：參加蘭亭脩禊的人。【102指考】

三 說到人與人之間，一輩子都在互動，有些人與朋友在室內暢談，訴說內心的情懷抱負；有些人掙脫禮俗的束縛，放縱言行，表現精神的自由超脫。雖然每個人對價值的取捨都不一樣，性格的活潑文靜也不相同，當他們碰上好的際遇時，暫時滿足了內心的追求，愉快滿足，無法察覺衰老即將來到。等到他們對追求的事物已經感到厭倦，思想感情受到外在環境影響而有所變化，感慨便隨之而來了。過去所喜歡的，在極短的時間內，已經成爲往事，尚且不能不因此有所感觸，更何況壽命長短，取決於造物主，終究有到頭的一天。（正如）古人說：「死生畢竟是一件大事啊！」怎麼可能不令人感到悲痛呢！

四 每次讀到前人興起感觸的原因，內心深感共鳴，彼此契合，沒有一次不對著文章嘆息悲傷的，可是心裡又說不清其中的道理。深深了解到將死生看成一樣的說法是空虛荒誕的，把長壽和短命視同相等是虛妄的說詞。後人看現在，也像現在的人看從前一樣，可悲啊！所以我逐一記下與會的人，抄錄他們的詩

家「一死生」、「齊彭殤」的看法，是種不近人情的妄想。

・說明創作動機：自己與前人作品產生共鳴，獲得啓發，因此仿效前人，寫下此文，希望啓發後人。

事異，**所以**興懷，其**致**一也。後之覽者，亦將有感於斯文。

所以：何以，爲何。
致：理由，此處指人的情感。
文意。【91統測】

作。雖然時代不同，事物有異，但是導致人們感慨的理由，還是一樣的。後世讀者，一定也會對這篇文章有所感悟！

文法修辭提示

1. 絲竹管弦：借代
2. 觴：轉品（名→動）
3. 或取諸懷抱，晤言一室之內；或因寄所託，放浪形骸之外：映襯
4. 趣舍萬殊，靜躁不同：對偶
5. 不知老之將至：引用
6. 古人云：「死生亦大矣。」：引用
7. 一：轉品（名→動）
8. 彭：借代

4 作者介紹 王羲之

作者	西晉～東晉 王羲之，字逸少，世稱王右軍、書聖
籍貫	琅邪臨沂人

生平經歷
1. 出身望族，爲宰相王導之姪。少有美譽，曾任右軍將軍等職，世稱王右軍。關心國政，曾勸請謝安不要沉迷清談，擔任會稽內史時，曾開倉賑荒，減輕賦役，後與上司不和，遂稱病辭官，寄情山水。 2. 相傳王羲之七歲開始學習書法，遍學名家碑體，博採眾長。創造了靈活多變的藝術風格，尤擅行、草。論者稱其筆勢「飄若浮雲，矯若驚龍」。對當代與後世都有巨大影響，被譽爲「書聖」。 3. 王羲之文學造詣頗深，書牋雜帖，或道家常，或說情懷，辭采清麗，文字飄逸，是當時的人爭相收藏的逸品。後人輯有《王右軍集》。〈蘭亭集序〉，有「天下第一行書」的美稱，據傳已成爲唐太宗的殉葬品。

5 國學常識

序體及序跋類概述

一、序體概述

類別	贈序類	序跋類
釋名	1.贈人以言之作。用來表達敬愛、友誼、道別之意，也可以用來陳述忠告、議論時事。 2.本是爲贈別的詩歌作序，其後發展爲一種獨立的文體，用來送別。如：唐韓愈〈送董邵南序〉。 3.因爲避諱關係，有些序又稱「引」或「說」。如：唐劉禹錫〈汝洛集引〉、北宋蘇洵〈送石昌言使北引〉、北宋蘇軾〈稼說送張琥〉。	1.說明著作的旨趣、內容、創作經過、體例。 2.原本置於書末，如西漢司馬遷〈太史公自序〉、東漢許慎〈說文解字敘〉。 3.後人於序後又有增補，乃移序於書前，如南朝梁蕭統〈文選序〉，因而稱書前者爲「序」，書後者爲「跋」，合稱「序跋體」。 4.序又可稱敘、前言、引言、弁言。跋又稱後序、後記、書後、題後、後題。

二、序跋類概述

書序	自序	作者自己寫序，如：北宋歐陽脩〈新五代史伶官傳序〉、民國連橫〈臺灣通史序〉
	他序	由他人代寫序，如：民國孫文〈黃花岡烈士事略序〉
詩文序		晉王羲之〈蘭亭集序〉、唐白居易〈琵琶行序〉、南宋文天祥〈正氣歌序〉

6 文法修辭

借代

定義：不直接說出原來的本名或語詞，而借用與其關係密切的名稱或語詞來代替，稱爲「借代」。

★「草澤」群雄→民間、輒起「兵戎」→戰爭、半付「祝融」→火災、「名山」之業→著作、十「稔」之間→年（連橫〈臺灣通史序〉）

★絲竹管弦→音樂（王羲之〈蘭亭集序〉）

★齊「彭」殤爲妄作→長壽的人（王羲之〈蘭亭集序〉）

★行陣→軍隊（諸葛亮〈出師表〉）

★布衣→平民、不毛→蠻荒地區（諸葛亮〈出師表〉）

7 語文天地

一、形音義

字	注音	字義	例詞
契	ㄑㄧˋ	合約、合同	「契」約
契	ㄑㄧˋ	投合、切合	「契」合
契	ㄑㄧㄝˋ	人名。殷代始祖	
禊	ㄒㄧˋ	一種驅除不祥的祭祀	「脩」禊、【89統測】
楔	ㄒㄧㄝ	上平厚、下尖扁的木塊。塞在榫頭縫隙中，使之固定門兩旁的木柱	木「楔」
挈	ㄑㄧㄝˋ	提、舉	提綱「挈」領
鍥	ㄑㄧㄝˋ	雕刻	「鍥」而不舍

字	注音	字義	例詞
躁	ㄗㄠˋ	性急、不冷靜	「躁」進、暴「躁」
噪	ㄗㄠˋ	喧鬧、吵鬧	聒「噪」
燥	ㄗㄠˋ	乾的，缺少水分的	乾「燥」
燥	ㄙㄠˋ	剁成細碎的肉	肉「燥」
臊	ㄙㄠ	腥臭的氣味	腥「臊」
臊	ㄙㄠˋ	碎肉	肉「臊」
臊	ㄙㄠˋ	羞愧、害羞、難爲情	害「臊」

字	注音	字義	例詞
嗟	ㄐㄧㄝ	嘆詞。表示感傷、哀痛的語氣	「嗟」悼
瘥	ㄔㄞˋ	病癒	病「瘥」
搓	ㄘㄨㄛ	用兩手揉物或自相揉擦	「搓」湯圓
磋	ㄘㄨㄛ	琢磨、磨製	「磋」玉
磋	ㄘㄨㄛ	相互研究、商討	「磋」商
蹉	ㄘㄨㄛ	踩踏	「蹉」跎

字	注音	字義	例詞
觴【101指考】	ㄕㄤ	酒杯、盛滿酒的酒杯	引「觴」滿酌、銜「觴」賦詩（陶淵明〈五柳先生傳〉）
觴【101指考】	ㄕㄤ	向人敬酒或自飲	宋范成大九月三日宿胥口始聞雁：「把酒不能『觴』，送目問行李」
殤	ㄕㄤ	未成年而死	夭「殤」

字	字義	例句
信	相信、信任	公雖自「信」清約，外人頗有公孫布被之譏（司馬光〈訓儉示康〉）
信	相信、信任	願陛下親之「信」之（諸葛亮〈出師表〉）
信	約定、約信	「信」近於義，言可復也（《論語．學而》）
信	誠信、信實	常存抱柱「信」，豈上望夫臺（李白〈長干行〉）
信	誠信、信實	講「信」修睦（《禮記．大同與小康》）

字	意義	例句
信	確實、實在	足以極視聽之娛，「信」可樂也（王羲之〈蘭亭集序〉）
	隨意	「信」手把筆，隨意亂書（白居易〈與元微之書〉） 低眉「信」手續續彈，說盡心中無限事（白居易〈琵琶行〉）
	眞實	美言不「信」（《老子》） 此爲其故跡，豈「信」然邪（曾鞏〈墨池記〉）

字	意義	例句
致	招致、獲致	「致」昆山之玉，有隨和之寶（李斯〈諫逐客書〉） 吾故謂非君所能「致」也（杜光庭〈虬髯客傳〉）
	旨趣、情致	雖世殊事異，所以興懷，其「致」一也（王羲之〈蘭亭集序〉）

字	意義	例句
一【95統測】	全、整個	而或長煙「一」空，皓月千里（范仲淹〈岳陽樓記〉） 拂了「一」身還滿（李煜〈清平樂〉） 端而言，蝡而動，「一」可以爲法則（荀子〈勸學〉）
	一旦	「一」失足成千古恨
	一樣、相同	所以興懷，其致「一」也（王羲之〈蘭亭集序〉） 縈青繚白，外與天際，四望如「一」（柳宗元〈始得西山宴遊記〉）

字	意義	例句
一【95統測】	數詞	俯仰「一」世、晤言「一」室之內、若合「一」契（王羲之〈蘭亭集序〉） 予觀夫巴陵勝狀，在洞庭「一」湖（范仲淹〈岳陽樓記〉） 麒驥「一」躍，不能十步（荀子〈勸學〉）
	純一、專一	螾無爪牙之利、筋骨之強，上食埃土，下飲黃泉，用心「一」也（荀子〈勸學〉）
	助詞，表加強語氣，何其、多麼	使君「一」何愚（〈陌上桑〉） 吏呼「一」何怒，婦啼「一」何苦（杜甫〈石壕吏〉）

字	意義	例句
脩、修	長、高	崇山峻嶺，茂林「脩」竹、「脩」短隨化（王羲之〈蘭亭集序〉）【91統測】
	興建、建造	乃重「修」岳陽樓（范仲淹〈岳陽樓記〉）
	學習、培養	欲齊其家者，先「修」其身（《大學・大學之道》）、「修」己安民
	舉行、從事活動	會於會稽山陰之蘭亭，「脩」禊事也（王羲之〈蘭亭集序〉）
	註解：「脩」和「修」是異體字。從文字演變的先後說明：二字都有長、遠的含義，只是「脩」使用最早。但做修飾的含義，「修」是正字。做長條狀的乾肉的含義，「脩」是正字。	

字	字義	例句
之	此、這	「之」子於歸，宜其家室（《詩經．周南．桃夭》） 欲報「之」德，昊天罔極（《詩經．小雅．蓼莪》）
	往、至	及其所「之」既倦（王羲之〈蘭亭集序〉）〔此指「追求、嚮往」〕 項伯乃夜馳「之」沛公軍（《史記．項羽本紀．鴻門宴》）
	助詞（一說：介詞，不等於「的」）	嗟乎！師道「之」不傳也久矣（韓愈〈師說〉） 缾「之」罄矣，維罍之恥（《詩經．小雅．蓼莪》）
	助詞，表賓語提前	父母唯其疾「之」憂（《論語．爲政》） 無恥「之」恥，無恥矣（《孟子．盡心上》）
	語助詞，無義	頃「之」，持一象笏至（歸有光〈項脊軒志〉）
左右	左方與右方〔引伸爲兩旁、周圍〕	清流激湍，映帶「左右」 參差荇菜，「左右」流之（《詩經．周南．關雎》）
	稱跟從的侍臣	「左右」以君賤之也，食以草具（《戰國策．馮諼客孟嘗君》）

二、成語集錦

1 與「書法」相關的成語

成語	解釋
入木三分	本形容王羲之筆力遒勁。後比喻評論深刻中肯或描寫精到生動。
力透紙背	謂書法之筆力蒼勁，可透紙背。也可喻文章深刻有力。
黃庭換鵝	比喻以高才絕技換取心愛之物或讚揚書法高妙。
鐵畫銀鉤	形容筆畫如鐵般的剛勁，如銀般的柔媚。
簪花妙格	喻書法娟秀妍麗。
美女簪花	形容書法或詩文風格的娟秀多姿。
仙露明珠	比喻書法晶瑩圓潤。
如錐畫沙	字體蒼勁，筆力雄威。
筆老墨秀	指筆姿老到，墨韻清秀。
筆走龍蛇	形容書法生動而有氣勢。
龍飛鳳舞	原形容氣勢奔放雄壯。現多形容書法筆勢活潑生動。
浮雲驚龍	飄浮的雲彩，驚動的神龍，多用以形容書法的遒勁、奔放。
鸞翔鳳翥	本指鸞飛鳳舞。後比喻書法筆勢飛動，或喻書法家運筆神妙。翥，音ㄓㄨˋ，高高地飛起。
運筆如飛	形容書法寫作之快、運筆流暢。
顏筋柳骨	唐代顏眞卿、柳公權的書法，筆力遒勁，故稱爲「顏筋柳骨」。

劍拔弩張	形容書法筆力雄健。後亦形容情勢緊張或聲勢逼人。
筆墨橫姿	形容書畫詩文美妙多姿。
翰苑之光	祝賀人書法比賽獲勝的賀辭。
春蚓秋蛇	比喻書法拙劣，如蚯蚓和蛇般彎曲。

❷與「壽命」相關的成語

形容高壽	松喬之壽、彭祖之壽、百齡眉壽、壽比南山、松鶴遐齡、龜鶴遐齡、東海之壽、年登耄耋（八十歲以上）、期頤之年（百歲高齡）
形容短命	蜉蝣之命、朝生暮死、浮雲朝露、蘭摧玉折（用於賢才早逝）、香消玉殞（哀女子早逝）

8 實力健身房

1.單選（國學【101指考】）

（ ）下列文句「 」內詞語的運用，最適當的選項是
(A)領導者必須「目光如炬」，通觀全局，洞察先機
(B)李爺爺的身體硬朗，如「松柏後凋」，老而彌堅
(C)父母要子女專精一種才藝，常落得「梧鼠技窮」
(D)兒童科學營活動，學員「群賢畢至」，齊聚一堂。

2.單選（字義【91統測】）

（ ）下列各組文句「 」內的字，何者意義相同？
(A)會於會稽山陰之蘭亭，「脩」禊事也／況「脩」短隨化，終期於盡
(B)便扶向路，處處誌「之」／嘗趨百里外，從鄉「之」先達執經叩問
(C)時窮節乃「見」，一一垂丹青／觀其所以微「見」其意者，皆聖賢相與警戒之義
(D)外人頗有公孫布「被」之譏／況仁人莊士之遺風餘思，「被」於來世者如何哉。

3.單選（修辭【90統測】）

（ ）下列何者不是對偶句？
(A)流觴曲水，列坐其次（〈蘭亭集序〉）
(B)日出而林霏開，雲歸而巖穴暝（〈醉翁亭記〉）
(C)滿招損，謙受益（〈新五代史．伶官傳序〉）
(D)進思盡忠，退思補過（《史記．晏子傳》）。

4.單選（國學【102指考】）

（ ）古文中的詞語解釋，有的可以從上下文意直接判斷，有的可從文化傳統中尋思其長期累積的意義。下列屬於後者的選項是
(A)將〈燭之武退秦師〉：「子犯請擊之，公曰：不可。微夫人之力不及此」的「夫人」解釋爲「秦伯」
(B)將范仲淹〈岳陽樓記〉：「遷客騷人，多會於此，覽

物之情，得無異乎」的「騷人」解釋爲「失意文人」

(C) 將王羲之〈蘭亭集序〉：「故列敘時人，錄其所述，雖世殊事異，所以興懷，其致一也」的「時人」解釋爲「參加蘭亭脩禊的人」

(D) 將蒲松齡〈勞山道士〉：「乃以箸擲月中。見一美人，自光中出，初不盈尺，至地，遂與人等。纖腰秀項，翩翩作霓裳舞」的「美人」解釋爲「嫦娥」。

5. 單選（閱讀排序【103學測】）

（　）下列是一段散文，依文意選出排列順序最恰當的選項：

千百年後凝視王羲之的〈蘭亭序〉，
甲、碰到紙上的纖維，順勢微微迴轉，
乙、單鞭蓄勢，繼續向左緩緩推出……
丙、太極雲手般向右下沉去，力道隱含未盡，
丁、仍然可以感受王羲之筆尖每一個纖細的動作，
戊、永和九年歲在癸丑，那永字的一點如凌空而來風聲，
光是那麼一點，可以領略的內涵，用十年時間去理解都不嫌多。
（侯吉諒〈紙上太極〉）

(A) 丁、乙、甲、戊、丙
(B) 丁、戊、甲、丙、乙
(C) 戊、乙、甲、丙、丁
(D) 戊、丁、乙、丙、甲。

解答及名師解析

1. (A)

解析：

(A) 目光如炬：形容人怒視、或目光炯炯有神、或見識遠大。
(B) 松柏後凋：比喻君子處亂世或逆境時，仍能守正不苟，不變其節操。
(C) 梧鼠技窮：比喻技能雖多而不精。
(D) 群賢畢至：眾多賢能的人全部聚集在一起。

2. (C)

解析：

(A)舉行／長。(B)助詞，無義／介詞，的。(C)同「現」，表現、表露。(D)被蓋／影響。

3. (A)

解析：

對偶的條件爲：(1)字數相同。(2)詞性相稱。(3)有時會平仄相對。

(A) 字數雖然相同，但詞性不稱；流觴爲動詞轉形容詞＋名詞，而列坐則爲副詞＋動詞。

4. (B)

解析：

題幹「從文化傳統中尋思其長期累積的意義」的是泛指。

(A) 從上下文意判斷，「夫人」此處專指「秦穆公」。
(B) 遷客「騷人」：泛指失意文人。此乃源自中國文化中

的屈原作品〈離騷〉而來，騷，憂愁之意，屈原爲失意的文人，因此騷人指失意文人。

(C)「時人」指當時參加脩禊盛事的眾人。

(D)美人：此處專指「嫦娥」，一般而言，「美人」並不指「嫦娥」。

5. (B)

解析：

作者描述以毛筆書寫「永」字的「點」、「側」法的運筆順序。

段首「千百年後凝視王羲之的〈蘭亭序〉」，說明時間已經久遠，因此要接用「丁」「仍然可以……」，故答案只可選(A)(B)二者。

「丙」「雲手」與「乙」「單鞭」皆與太極拳有關，宜相連，故答案選(B)。

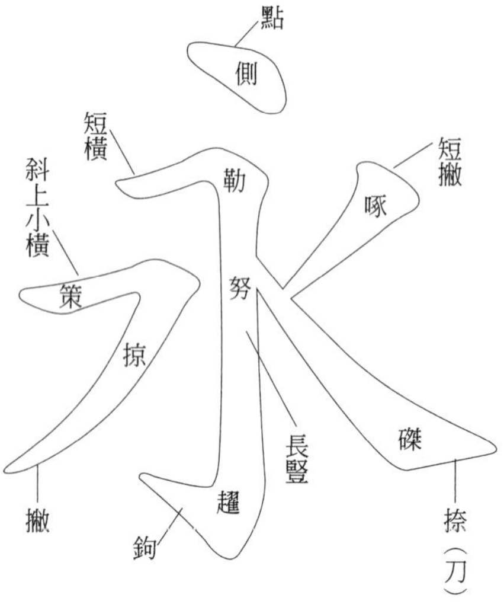

14 師說

◎韓愈

1 大考關注

【字詞義、字音、文法修辭：103、100、95學測、103、102、100統測及102、97、94指考】

★生乎吾前，其聞道也，「固」先乎吾：本來。

★位卑則「足」羞，官盛則近諛：副詞，非常。

★「三」人行，必有我師焉：多人，「虛指」。

★「六」藝經傳，皆通習之：六藝，指六經，即《詩》、《書》、《禮》、《樂》、《易》、《春秋》，爲「實指」。

★「不恥」相師：不認爲可恥／君子「不齒」→不屑與之同列。

★聖人「之」所以爲聖→助詞，無義／古之聖人，其出人也遠矣，猶且從師而問「焉」：猶「之」，代詞，指老師。

★吾師道也，夫「庸」知其年之先後生於吾乎：表反問語氣，豈、何必。

★「師者，所以傳道、受業、解惑也」：「者」的用法。

★判斷「所以」一詞在不同語句上的用法。

★判斷「不齒」一詞的近義詞。

★彼與彼年相「若」也：像、似。

★「句讀之不知，或師焉；惑之不解，或不焉」是錯綜中「交蹉語次」的修辭：在語文中，將詞語的次序，故意安排得前後參差不同的一種修辭手法。。

★吾師道也，夫庸知其年之先後生於吾乎：激問，明知故問，意在強調預設的觀點。

【國學：92學測、95指考】

★韓愈事蹟。

★韓愈字「退之」，乃因其名「愈」，而以反義的「退之」爲其字。

★韓愈耿介堅毅，敢於直諫，其散文雄渾剛健，氣勢磅礴。

★「文起八代之衰」：主張用先秦、兩漢的散文，來取代六朝華而不實的駢文，強調韓愈在古文運動上的貢獻，「文」指古文。

★「道濟天下之溺」：指排斥佛、老，建立儒家道統，強調韓愈在思想史上的貢獻。

【文意理解：104、101、95學測、100統測】

★聞道有先後，術業有專攻：藉贈文李蟠的機會批判世人恥於從師問學的風氣。

★人非生而知之者，孰能無惑。

★聞道有先後，術業有專攻。

★「聖人無常師。孔子師郯子、萇弘、師襄、老聃。郯子之徒，其賢不及孔子」：後面句子是對其前面的文句「聖人無常師」進行「描述、解說」。

2 文章解讀

韓愈死後二百餘年，宋人蘇軾稱讚他「**道濟天下之溺，文起八代之衰**」，再過五百餘年，明朝茅坤挑選唐宋古文八大家時，依然將韓愈列爲八大家之首。究竟韓愈有何種魅力，受到後人如此推崇？【89統測、99學測】

盛行於六朝的駢文，在唐代又進一步發展。然而，因過度追求形式之美，最終使駢文成爲一種華而不實的文體。有鑑於此，韓愈開始提倡秦漢間語意流暢、富有生命力的散文（古文），促成了古文的復興，這是韓愈一生最大的成就。【96、99學測】

「說」是一種闡明事理，表達己見的文體。〈師說〉一文呼籲眾人「**尊師重道**」，反應出當時「不尊師重道」的社會風氣。在寫作技巧上，〈師說〉不刻意用典，不強求對偶，不賣弄詞采，不沉迷聲律，**以通順的散文寫作，融入少量駢文句式**，使文章整齊中富有變化；善用頂眞修辭，讓文意通順，詞氣連貫，形成渾厚的氣勢；營造出一種蒼勁古直的風格。

全文扣緊「**師**」字，強調「從師」是爲了「學道」，「老師」的功能是「傳道」，因此「**道之所存，師之所存**」。全文大致可以分爲三個部分，第一部分從正面論述（第一～三段）暢談「老師」的功能與價値，說明能不能從師學道，是一個人成聖成愚的關鍵。第二部分從反面論述（第四～五）指出唐代士大夫不明事理，恥學於師的怪異風氣。第三個部分引例說明（第六～七段）引「孔子」「六藝」爲例，可以看出韓愈對儒家思想的推崇，並補述了寫作此文的緣由。

千餘年後的今日，「師者，所以傳道，授業，解惑也」已成爲眾人琅琅上口的金玉良言，蘇軾稱美其「一言而爲天下法，匹夫而爲百世師」，確實是中肯允當的評價。

段旨

一 老師的價值——點出從師的重要性。

開門見山，說明老師存在的目的、功能與價值，全文的議論，都環繞此段展開。首句「必」字凸顯一種必要性與緊迫感，爲文章帶來一種剛健的力量。

二 擇師的原則——道之所存，師之所存。

・拜師求學，年齡、身分都不是問題，有沒有內涵，才決定一個人夠不夠資格當老師。

三 成聖成愚的關鍵——從師問學的作用。

・先說明求師問道，可以解惑，而減一分惑，便是添一分智慧，文中

3 文章精析

一 古之學者必有[1]師。師者，所以傳道、受業、解惑也。[2]人非生而知之者，孰能[3]無惑？惑而不從師，其爲惑也終不解矣！

- 學者：學習的人。
- 者：語助詞，無義。【97統測】
- 受業：傳授學業。受，通「授」；業，學業。
- 惑：學道、修業上的迷惑。
- 之：代詞，上文「道」與「業」。
- 孰：誰。
- 人非生而知之者……終不解矣：文意。【97統測】
- 孰能無惑：反問句型。【100統測】
- 其：代詞，那些問題。
- 全段文意。【91統測】

二 生乎吾前，其聞道也，固先乎[4]吾，吾從而師之；生乎吾後，其聞道也，亦先乎[5]吾，吾從而師之。吾師道也，[6]夫庸知其年之先後生於吾乎？是故[7]無貴無賤、無長無少，道之所存，師之所存也。

- 乎：介詞，於、在。
- 其：代詞，「生乎吾前」者。
- 固：本來。【100學測】
- 師：動詞，學習、師從。
- 其：代詞，「生乎吾後」者。
- 師：動詞，學習。
- 夫：發語詞。
- 庸：豈，哪裡，表示反詰語氣。【101學測】
- 之：助詞，無義。
- 夫庸知其年之先後生於吾乎：本句爲激問/反問句型。【100指考】
- 是故：因此，所以。是，代詞，總括上文。故，所以。

三 嗟乎！師道之不傳也久矣！欲人之無惑也難矣！[8]古之聖人，其出人也遠矣，猶且從

- 師道：名詞，從師問學之道。【95統測】
- 出人：超出眾人。

翻譯

一 古代的求學者必定有老師。老師，是負責傳授眞理、講授學業、解答疑惑的人。人不是天生就明白道理的，誰能沒有疑惑？有了疑惑卻不向老師請教，那些疑惑就永遠得不到解答了。

二 出生在我之前的人，他們懂得道理本來就比我早，我拜他爲師，向他學習；出生在我之後的人，懂得道理如果也比我早，我也拜他爲師，向他學習。我學習的是道理，怎麼會在乎他生得比我早還是比我晚呢？所以，無論地位尊卑、年紀大小，「道」所存在的地方，也就是老師存在的地方了！

三 唉呀！從師問學之道失傳的情況，已經持續很久了，期望人們沒有疑惑也就很難了！古代的聖人，他們超出眾人

以「古」、「今」、「聖」、「愚」對比，強調學習態度，是導致「聖」、「愚」之間的差距擴大的關鍵。

- 批評當時恥於從師學習的風氣。
- 此段以「古聖」來凸顯出「今愚」。

四 說明士大夫只為兒子擇師，自身卻恥於拜師，為子謀則明，為己謀則惑。透過這種矛盾凸顯士大夫「恥學於師」的荒謬與糊塗。

五 舉巫、醫、樂師、百工之人不恥相師，凸顯士大夫恥學於師的荒謬。諷刺士大夫階層恥於相師的情形：

1. 不僅自己不願拜師，還一起嘲笑拜師求道者。
2. 觀念迂腐，態度虛榮，

師而問**焉**；今之眾人，其**下**聖人也亦遠矣，而恥學於師。是故聖益聖，愚益愚，聖人**之**所**以**為聖，愚人之所以為愚，**其**皆出於此乎？

焉：猶「之」，代詞，老師。【94、98學測】
下：在…之下、比不上，動詞。
之：助詞，無義。【98學測】
所以：何以、為何。
其：推測語氣，大概。

四 愛其子，擇師而教之，於其身也則恥**師**焉，**惑**矣！彼童子之師，授之書而習其**句讀**者也，非吾所謂傳其道、解其惑者也。[9]句讀之不知，惑之不解，**或**師**焉**，或**不焉**，**小**學而**大遺**，吾未見其明也。

師：從師學習。
惑：糊塗。
句讀（ㄉㄡˋ）：文章斷句。讀，通「逗」。
或：有的。
焉（師焉）：代詞，此指句讀。
不（ㄈㄡˇ）：同「否」。
焉（不焉）：代詞，此指道、業。
小：句讀。
大：道與業。
遺：遺漏。【100學測】

五 巫、醫、樂師、百工之人，不**恥**相**師**；士大夫之**族**，曰師、曰弟子**云者**，則群聚而笑**之**，問**之**，則曰：「彼與彼年相**若**也，道

相師：拜師學習。
恥：以…為恥。【91指考】
族：類。
云者：諸如此類的話。
之（笑之）：代詞，笑人的士大夫。
之（問之）：代詞，「曰師、曰弟子云者」。
若：似。【102統測】

很多，尚且還要拜師，向老師請教；如今的人們，遠不如古代的聖人，反而認為向老師學習是一種恥辱。所以聖人更加聖明，愚人也更加愚笨，聖人為什麼會成為聖人，愚人為什麼會成為愚人，原因大概就出自於（從師與不從師）這點吧！

四 一般人愛自己的孩子，會挑選名師來教育他們，但對於自己而言，卻把跟隨老師學習視為一種恥辱，糊塗啊！那些小孩子的老師，是教孩子們誦讀文章、學習斷句的人，不是我所說的傳授道理、解決疑惑的人！不懂斷句還肯向老師學習，感到困惑卻不願向老師求教。學到了小知識卻遺漏了大道理，我真看不出這些父母有何明智的。

五 巫、醫、樂師和從事各種技藝的人，不認為互相拜師學習是羞恥；士大夫們，一說到誰是誰的「老師」或「學生」，就會聚在一起譏笑他們。問他們為什麼笑，就說：「某某和某某年齡相近，

以年齡地位作爲衡量標準，不了解「道之所存，師之所存」的道理。

六 舉孔子無常師、亦不以身分地位擇師，以凸顯士大夫恥學於師的錯誤。以孔子爲例，論述擇師的原則——「聞道有先後，術業有專攻」，再以「弟子不必不如師，師不必賢於弟子」再次補充身分地位與擇師求道，毫不相關。

七 說明撰寫本文動機——李蟠不恥相師，故作文贈之。嘉許李蟠的同時，也針砭當時「不從師」的落後風氣。

・全文以「師」字爲文眼，貫串全文；文中正、反兩面對比說理，歸結於「尊師重道」。

相似也。」位卑則**足**羞，官盛則近**諛**。嗚呼！師道之不復可知矣！巫、醫、樂師、百工之人，君子**不齒**[10]，今其智乃反不能及，其可怪也歟！

- 諛：ㄩˊ，諂媚。
- 足：足以。【97指考】
- 官盛則近諛：文意。【93統測】
- 不齒：不屑與之並列。齒：名→動，並列。【91指考及99、90、89統測及96學測】

六 聖人無**常**師：孔子師**郯**子、**萇**弘、師襄、**老聃**。郯子之**徒**，其賢不及孔子。孔子曰：「**三人行，則必有我師**。」是故弟子[11]不必不如[12]師，師不必賢於弟子。聞道有先後，術業有專**攻**，如是而已。

- 常：固定不變。
- 郯：ㄊㄢˊ
- 萇：ㄔㄤˊ
- 聃：ㄉㄢ
- 老聃：老子。
- 徒：輩、類。
- 三人行，則必有我師：本段文意。【99統測】引用《論語・述而》子曰：「三人行，必有我師焉。擇其善者而從之，其不善者而改之。」【101學測】
- 攻：研究。
- 聞道有先後，術業有專攻：佳句文意。【101學測】

七 李氏子**蟠**，年十七，好**古文**，**六藝****經傳**，皆**通**習之。不拘於**時**，請學於[13]余，余**嘉**其能行**古道**，作師說以**貽**之。

- 蟠：ㄆㄢˊ
- 古文：在唐代，魏、晉以後盛行的駢儷文，稱爲「時文」。先秦兩漢魏的散文，稱爲「古文」。
- 六藝：「詩、書、禮、樂、易、春秋」六經。
- 經：先聖之著作。
- 傳：ㄓㄨㄢˋ，後賢解經之書。
- 通：通曉。
- 時：當時「恥於相師」的風氣。
- 嘉：長輩勉勵晚輩。【99統測】
- 古道：古人從師問學之道。
- 貽：ㄧˊ，贈送。【92統測】

學問也差不多啊。」向地位低的人學習，就感到十分羞恥，向地位高的人學習，又覺得近於阿諛。唉！從師問學之道不能恢復，便可想而知了！巫、醫、樂師和從事各種技藝的人，是士大夫所看不起的，現在他們的智慧竟然反而不及這些人，這難道不奇怪嗎！

六 聖人沒有固定的老師：孔子曾拜郯子、萇弘、師襄、老聃等人爲師。郯子這些人，爲人處事都比不上孔子。孔子說：「三人同行，其中一定有可以當我老師的人。」由此可以知道，學生不一定要不如老師，老師也不一定要比學生高明。因爲接觸道理有先後之別，技能和學業各有專精，只是這樣罷了。

七 李蟠先生，十七歲，喜歡古文。六經的經文和傳文，都已通曉熟習。他不拘泥於時下的風氣，來向我請教。我爲了嘉許他能實踐古人從師問學的正道，寫了這篇師說來送給他。

文法修辭提示

1. 師：頂眞
2. 人非生而知之者，孰能無惑：設問（激問）
3. 惑：頂眞
4. 吾：頂眞
5. 吾：頂眞
6. 夫庸知其年之先後生於吾乎：設問（激問）
7. 無：類疊
8. 古之聖人，其出人也遠矣，猶且從師而問焉；今之眾人，其下聖人也亦遠矣，而恥學於師：映襯
9. 句讀之不知，惑之不解，或師焉，或不焉：錯綜
10. 齒：轉品（名→動）
11. 弟子不必不如師，師不必賢於弟子：回文
12. 師：頂眞
13. 余：頂眞

4 作者介紹 韓愈【95指考、92學測】

作者	中唐韓愈，字退之，又以昌黎爲其郡望，故撰文常自稱昌黎韓愈
籍貫	河南河陽人
生平思想【99學測】	1.自小命途多舛，三歲而孤，由長兄韓會及嫂鄭氏教養成人。 2.早年刻苦勤學，盡通六經百家之書，二十五歲中進士。歷任國子監祭酒、京兆尹、吏部侍郎等職。個性耿介，因直言兩度被貶。 3.(1)「文起八代之衰」：主張用先秦兩漢散文，取代六朝華而不實的美文。 (2)「道濟天下之溺」：以繼承儒家道統，立志宣揚孔、孟學說，排斥佛、老思想。 4.諡爲「文」，世稱韓文公；宋神宗元豐年間追封爲昌黎伯，世稱韓昌黎。
文學成就	1.倡導古文運動：主張以先秦兩漢內容充實、形式自由的散文，取代六朝以後講究藻飾、對偶的駢文。 2.散文成就：以發揚儒家之道爲宗旨，文筆雄渾剛健，蒼勁古樸，用字精鍊，備受後人推崇。 3.詩歌成就：力求新奇，以散文句法入詩，對宋詩影響很大。

5 國學常識 唐宋古文運動

背景	六朝	六朝以來，崇尚「駢文」，注重形式，內容空洞，遠離教化與實用。
發展	唐初、中	唐初陳子昂等人，爲唐代古文運動之先驅；中唐柳冕等人也大力提倡古文，初步建立起宗經尊聖、重教化實用的道統文學觀。至中唐韓愈、柳宗元，更是雙管齊下，在思想上尊奉儒家道統，排拒佛、老思想；形式

發展		上提倡形式自由的散文，反對徒具形式的駢文，除了有理論，更有優秀的作品，古文蔚為一時風氣。
中輟	晚唐	靡麗之風再起，唯美的駢文又盛。
	北宋前期	西崑體：粉飾太平、內容空洞、形式華美，繼承晚唐駢麗風格。
復倡	北宋前期	柳開、王禹偁等人大力提倡復古，繼承韓愈，學習聖人之道。是宋代古文運動的前奏。
大功告成	北宋中期	1. 北宋古文運動的成功，歐陽脩居功厥偉，歐陽脩不僅自己提倡古文，寫得一手好古文，更在自己主政期間，擔任文壇盟主，提拔了蘇洵、蘇軾、蘇轍、曾鞏、王安石等人，為古文運動奠下了扎實的基礎，於是文壇文風丕變，古文正式成為文章正宗。 2. 歐陽脩提倡文道並重，明道致用，為文古樸平易、婉轉多姿。蘇軾等人的文章則各有淵源，或學《國策》，或學《史記》，或學《莊子》，一時之間，文壇群星爭輝，呈現百花齊放的崢嶸氣象，但這股盛況背後，是因為蘇軾等人都有深厚學養基礎，才使得古文運動得以開花結果、大鳴大放。
附錄	唐宋八大家	1. 明茅坤選錄《唐宋八大家文鈔》為習文範本，始有唐宋古文八大家之名。 2. 韓愈、柳宗元並稱「韓柳」；歐陽脩、曾鞏並稱「歐曾」；蘇洵父子並稱「三蘇」。

6 文法修辭

回文

定義：是正讀反讀都能讀通的句子，亦能將文字排列成圓圈，是一種修辭方式和文字遊戲，可表現兩種事物或現象相互依靠或排斥的關係。

★是故弟子不必不如師，師不必賢於弟子→師、弟子（韓愈〈師說〉）

★非一妹不能識李郎，非李郎不能榮一妹→李郎、一妹（杜光庭〈虬髯客傳〉）

7 語文天地

一、形音義

足			
ㄐㄩˋ	過分		巧言、令色、「足」恭
ㄗㄨˊ	十分，非常，表示程度的副詞		位卑則「足」羞 閩南語，如「足」好（非常好）、「足」歹勢（非常不好意思）
	腳		手「足」重繭
	充足		「足」食「足」兵，民信之矣
	滿足		寡欲易「足」

子	
ㄗˇ	
你	「子」何恃而往
孩子	愛其「子」，擇師而教之
年幼者	彼童「子」之師
學生	曰弟「子」云者，則群聚而笑之
有地位者	君「子」不齒
男子美稱，多指有學問、道德或地位的人	孔「子」師郯子
爵位	郯「子」之徒，其賢不及孔子

其	
代詞	「其」爲惑也終不解矣 夫庸知「其」年之先後生於吾乎？
大概（推測語氣）	聖人之所以爲聖，愚人之所以爲愚。「其」皆出於此乎？ 人知之者，「其」謂與埳井之蛙何異？（歸有光〈項脊軒志〉）
通「豈」（反詰語氣）	則天下其有不亂？國家「其」有不亡者乎？（顧炎武〈廉恥〉） 不可爲常者，「其」聖人之法乎？（歐陽脩〈縱囚論〉）
假如（假設語氣）	蘭槐之根是爲芷，「其」漸之滫，君子不近，庶人不服（荀子〈勸學〉） 「其」無知，悲不幾時，而不悲者無窮期矣（韓愈〈祭十二郎文〉）
應當、希望（期望語氣）	聊布往懷，君「其」詳之（丘遲〈與陳伯之書〉）

不齒	「齒」，本義爲牙齒，引申有並列之意。「不齒」，不屑與之同列，表示輕視。【91指考、99統測】	巫醫、樂師、百工之人，君子「不齒」
不恥	「恥」爲羞恥。「不恥」，即不以爲羞恥。	巫醫、樂師、百工之人，「不恥」相師 敏而好學，「不恥」下問，是以謂之文也《論語．公冶長》

二、「師」字的詞性與用法

詞性	意義	例句
名詞	老師	1.古之學者必有「師」。「師」者，所以傳道、受業、解惑也 2.古之聖人，其出人也遠矣，猶且從「師」而問焉；今之眾人，其下聖人也亦遠矣，而恥學於「師」 3.愛其子，擇「師」而教之，於其身也則恥師焉 4.彼童子之「師」，授之書而習其句讀者也 5.惑而不從「師」，其爲惑也終不解矣！ 6.道之所存，「師」之所存也 7.聖人無常「師」：孔子師郯子、萇弘、師襄、老聃 8.士大夫之族，曰「師」，曰弟子云者，則群聚而笑之

詞性	意義	例句
名詞	老師	9.孔子曰：「三人行，則必有我『師』。」是故弟子不必不如「師」，師不必賢於弟子
	具專門技藝的人	「師」襄、樂「師」、藥劑「師」
	軍隊編制的單位	一「師」，有二千五百人
動詞	師法、學習	1.生乎吾前，其聞道也，固先乎吾，吾從而「師」之；生乎吾後，其聞道也，亦先乎吾，吾從而「師」之。吾「師」道也，夫庸知其年之先後生於吾乎？ 2.巫醫、樂師、百工之人，不恥相「師」 3.孔子「師」郯子、萇弘、師襄、老聃

三、和老師相關成語集錦

春風化雨	比喻師長和藹親切的教育。
化雨均霑	喻蒙受教誨的人很多。
桃李滿門	指所教育的學生眾多，比喻作育英才眾多。
百年樹人	比喻培養人才非常不易或培育人才是長久之計。
萬世師表	對至聖先師孔子的尊稱。
程門立雪	指恭敬地等候老師的教誨。
因材施教	依據受教者不同的資質、才能，給予適合學生的教導。
作育菁莪	培養造就人才。「菁莪」皆指美才。《詩經．蓼莪》：「蓼蓼者莪，匪莪伊蒿。」（莪，指美才；蒿，指庸才。）
北面執經	向老師請教，行敬師之禮。
頑廉懦立	使貪婪的人廉潔，使儒弱的人立志。形容仁德之人對社會有很大的感化力量。

8 實力健身房

1.多選（文章分析【104學測】）

（　）《論語》：「吾日三省吾身。為人謀而不忠乎？與朋友交而不信乎？傳不習乎？」句中畫底線處描述、解說「三省吾身」的內容。下列畫底線的文句，是對其前面的文句（未畫底線者）進行「描述、解說」的選項是：

(A)予觀夫巴陵勝狀，在洞庭一湖。銜遠山，吞長江，浩浩湯湯，橫無際涯

(B)復越峻坂五六，值大溪。溪廣四五丈，水潺潺巉石間，與石皆作藍靛色

(C)聖人無常師。孔子師郯子、萇弘、師襄、老聃。郯子之徒，其賢不及孔子

(D)一道士坐蒲團上，素髮垂領，而神觀爽邁。叩而與語，理甚玄妙。請師之

(E)禽鳥知山林之樂，而不知人之樂；人知從太守遊而樂，而不知太守之樂其樂也。

2.多選（修辭【103學測】）

（　）蘇軾〈赤壁賦〉：「惟江上之清風，與山間之明月，耳得之而爲聲，目遇之而成色」，此四句的文意可理解爲：「江上之清風，耳得之而爲聲；山間之明月，目遇之而成色」，但作者改變句子的銜接順序，故閱讀時，宜就文意調節對應關係。下列文句，與此表達方式相似的選項是：

(A)句讀之不知，惑之不解，或師焉，或不焉
(B)西伯幽而演《易》，周旦顯而制《禮》；不以隱約而弗務，不以康樂而加思
(C)禽鳥知山林之樂，而不知人之樂；人知從太守遊而樂，而不知太守之樂其樂
(D)牠們曾交錯湧疊，也曾高速接近船舷又敏捷地側翻；如在表演水中疊羅漢，如流星一樣劃一道弧線拋射離去
(E)老和尚竟哽咽起來，掉了幾滴眼淚，他趕緊用袈裟的寬袖子，搵了一搵眼睛；秦義方也掏出手帕，狠狠擤了一下鼻子。

3.單選（字義【103統測】）

（　）下列文句「　」內的數字，何者可理解爲「虛指」？

(A)「三」人行，必有我師焉
(B)「四」維不張，國乃滅亡
(C)「五」帝三王之所以無敵
(D)「六」藝經傳，皆通習之。

4.單選（字義【102統測】）

（　）下列選項「　」內的詞義，何者兩兩相同？

(A)眾人皆醉我獨醒，是以見「放」／齊國「放」其大臣孟嘗君於諸侯
(B)彼與彼年相「若」也，道相似也／是非「若」所知也，吾之患在鼠
(C)外人頗有公孫布被之譏，公宜「少」從眾／「少」焉，月出於東山之上
(D)今乃棄黔首以資敵國，「卻」賓客以業諸侯／才下眉頭，「卻」上心頭。

5.多選（修辭【102指考】）

（　）「反問」雖採問句形式，卻屬無疑而問、明知故問，意在強調預設的觀點。下列屬於反問句的選項是：

(A)壯士，能復飲乎
(B)誰習計會，能爲文收責於薛者乎
(C)吾師道也，夫庸知其年之先後生於吾乎
(D)風俗頹敝如是，居位者雖不能禁，忍助之乎
(E)況爲大臣而無所不取，無所不爲，則天下其有不亂，國家其有不亡者乎。

解答及名師解析

1. (A)(B)(C)

解析：

(A) 銜遠山，吞長江，浩浩湯湯，橫無際涯：描述「洞庭一湖」。是對其前面的文句進行「描述、解說」。

(B) 溪廣四五丈，水潺潺巉石間，與石皆作藍靛色：描述「大溪」。是對其前面的文句進行「描述、解說」。

(C) 孔子師郯子、萇弘、師襄、老聃。郯子之徒，其賢不及孔子：解說「聖人無常師」。是對其前面的文句進行「描述、解說」。

(D) 為順承關係複句，敘述連續發生的動作或事件。不是對其前面的文句進行「描述、解說」。

(E) 補充關係複句，為上下分句文意互相補足。不是對其前面的文句進行「描述、解說」。

2. (A)(B)(D)

解析：

題幹為錯綜中「交蹉語次」的修辭：在語文中，將詞語的次序，故意安排得前後參差不同的一種修辭手法。

(A) 錯綜：文意可理解為「句讀之不知，或師焉；惑之不解，或不焉」。出自韓愈〈師說〉。

(B) 錯綜：文意可理解為「西伯幽而演《易》，不以隱約而弗務；周旦顯而制《禮》，不以康樂而加思」。出自曹丕《典論・論文》。

(C) 層遞：禽鳥的山林之樂→人之樂→太守之樂。句子形式整齊，未將詞語的順序故意安排的前後參差不同。出自歐陽脩〈醉翁亭記〉。

(D) 錯綜：文意可理解為「牠們曾交錯湧疊，如在表演水中疊羅漢；也曾高速接近船舷又敏捷地側翻，如流星一樣劃一道弧線拋射離去」。出自廖鴻基〈黑與白——虎鯨〉。

(E) 句子形式整齊，未將詞語的順序故意安排的前後參差不同。出自白先勇〈國葬〉。

3. (A)

解析：

(A) 多人，為「虛指」。語譯：多人同行，必定有我可以效法的人。出自《論語・述而》。

(B) 指禮義廉恥四種綱紀，為「實指」。語譯：四種綱紀若不得伸張，國家就要滅亡了。出自《管子・牧民》。

(C) 指古代五位著名君王，為「實指」。《史記》以五帝為黃帝、顓頊、帝嚳、唐堯、虞舜。語譯：五帝三王之所以無敵的原因。出自李斯〈諫逐客書〉。

(D) 六藝，指六經，即《詩》、《書》、《禮》、《樂》、《易》、《春秋》，為「實指」。語譯：對於六藝經傳，都能通曉學習。出自韓愈〈師說〉。

4. (A)

解析：

(A) 放逐。語譯：大家都昏醉了，只有我獨自清醒，所以被放逐。出自屈原〈漁父〉／放逐。語譯：齊國放逐了大臣孟嘗君在諸侯國間。出自《戰國策・馮諼客孟嘗君》。

(B)像、似。語譯：他與他年紀相似，所明白的道理也相近。出自韓愈〈師說〉／你。語譯：這不是你所能知道的，我所擔憂的是老鼠。出自劉基《郁離子・趙人患鼠》。

(C)通「稍」，稍微。語譯：可是外面卻有人譏笑您跟漢朝宰相公孫弘蓋粗布被一樣沽名釣譽。您應該稍微順應一般人的習俗。出自司馬光〈訓儉示康〉／不久。語譯：不久，月亮從東方的山峰冉冉上升。出自蘇軾〈赤壁賦〉。

(D)推辭、拒絕。語譯：現在您竟然拋棄百姓來資助敵國，驅逐客卿以成就其他諸侯的功業。出自李斯〈諫逐客書〉／又。語譯：緊鎖的眉頭剛剛鬆開，但在心裡卻又惦念了。出自李清照〈一剪梅〉。

5. (C)(D)(E)

解析：

(A)疑問。語譯：壯士，你還能喝嗎？。出自司馬遷〈鴻門宴〉。

(B)屬疑問。語譯：哪一位熟悉會計，能爲我到薛邑去收債。出自劉向〈馮諼客孟嘗君〉。

(C)激問。語譯：我所要學習的是「道」啊，又何必知道對方是生在我之前或生在我之後呢？。出自韓愈〈師說〉。

(D)激問。語譯：唉！風俗這樣的敗壞，在上位的人縱然不能禁止，難道還忍心助長它嗎？出自司馬光〈訓儉示康〉。

(E)激問。語譯：何況身爲朝廷大臣的人什麼東西都想要，什麼事情都敢做，天下那有不敗亂、不滅亡的道理？出自顧炎武〈廉恥〉。

15 始得西山宴遊記

◎柳宗元

1 大考關注

【字詞義、字音、成語、翻譯：104、102、101、100、98、97、96學測、100統測及102、101、100、99、98、93指考】

★洋洋乎與造物者「遊」而不知其所窮：同在、同遊。

★日與其徒「上」高山，入深林，窮迴谿：登上、攀登。

★若「垤」若穴：意有所極，夢亦同趣：小山丘。

★語譯：然後知是山之特出，不與培塿爲類，悠悠乎與灝氣俱，而莫得其涯。

★悠悠乎與「灝氣」俱：大氣、大自然。

★「覺」而起，起而歸：睡醒。到則披草而「坐」：坐著。

★洋洋乎與造物者「遊」：遨遊。

★「心」凝形釋，與萬化冥合／山水之樂，得之「心」而寓之酒也：皆指精神。

★引「觴」滿酌：酒杯。

★縈青繚白，外與天「際」／海外獨身遊，風雲「際」會秋→「際」意義相同：接合。

★「岈」然：ㄒㄧㄚ。「惴」惴不安：ㄓㄨㄟˋ。

★字音：若「垤」若穴／「喋」血山河：ㄉㄧㄝˊ。

★「心凝形釋」的成語應用：指精神專注，達到忘形的境界。

★「尺寸千里」的成語應用：指登高而望，千里的遠景，就像在尺寸之間。

【文體、文意、類文理解：95學測、103、91統測及101、100、97指考】

★然後知是山之特出，不與培塿爲類，悠悠乎與灝氣俱，而莫得其涯：寫西山的特立蒼茫。

★藉「始得」二字，表現作者初次尋得心靈寄託的喜悅感受。

★以「始得」二字凸顯主旨，但是並沒有開門見山，細數宴遊見聞。

★有關「記」的敘述。

★貶謫文學的辨析。

★柳宗元的寓言賞析。

2 文章解讀

《始得西山宴遊記》，《永州八記》的第一篇，是一篇山水遊記，卻不單單只是一篇山水遊記，柳宗元記錄的是山水，更是心境。

本文關鍵在「**始得**」與「**宴遊**」兩詞，宴字有安樂之意，而既然遊完西山之後，才「始得」安樂，便說明在遊西山之前，柳宗元的心境仍然「不得安樂」。因此文章破題第一句，便提到自己因帶罪之身而惶惶不安，尋幽訪勝，只是消磨時間，根本無法享受。

然而，偶然間發現西山，是柳宗元生命轉變的契機。在文章中段，柳宗元描述登上西山後，發現一群小山環繞著西山，正是自己被一群小人包圍的寫照，然而居高臨下，也正顯出自己如西山一般卓然不凡。於是，就在西山之顛，「**心凝形釋，與萬化冥合**」，心靈超脫了形體的侷限，尋找到寄託，從恐懼中得到解脫。

文章末段，柳宗元描述自己第一次萬緣放下，泯除心靈界線，境與心合，心與天通。自從被貶出朝廷後，首度獲得心靈的平靜與安樂，於是，他又飲起了酒，但不是爲了痲痺自己，而是爲了享受，於是，他再度沉醉入眠，但不需要灌醉自己，而是爲山水陶醉；他依然醉醒而歸，但已是興盡而歸，不再是夢中驚醒後，不得不歸。於是，柳宗元**重新體會到生命的喜悅**，寫下此文，作爲人生重新開始的紀念，此即篇名「始得」之意。【95學測】

本文修辭已臻純青之境，讀來絲毫不覺拗口，卻是常考重點，宜仔細留意。但更重要的是柳宗元應對困境的智慧，在一生當中，我們無法總是改變事實，但永遠可以改變面對事情的態度，柳宗元用他的生命，爲我們做出最好的示範。

段旨

一 貶謫永州，驚懼未定，雖然以山水遺懷，但不曾發現西山怪特。

關鍵字：

・「恆惴慄」指出柳宗元驚魂未定，雖然企圖藉縱情山水來沖淡這種心情，

3 文章精析

一 自余爲僇人，居是州，恆惴慄；其隟也，則施施而行，漫漫而遊。日與其徒上[1]高山，入深林，窮迴谿；幽泉怪石，無遠不[2]

僇（ㄌㄨˋ）人：罪人，被貶謫的人。
是：此。
惴慄（ㄓㄨㄟˋ ㄌㄧˋ）：憂懼驚慌。
隟（ㄒㄧˋ）：通「隙」，閒暇。
施施：從容緩慢。
漫漫：無拘無束。
徒：同好。
上：登。【100統測】
窮：窮盡，動詞，指走到盡頭。
谿：ㄒㄧ，通「溪」。

翻譯

一 自從我被貶爲罪人後，居住在永州，心中一直憂懼不安。在閒暇之時，就緩緩散步，隨心所欲地遊賞。每天和朋友們爬上高山，穿入密林，上溯曲折的小溪，直到源頭；有深泉奇石的地方，不論多遠沒有不到的。

但內心始終耿耿於懷。

・「施施而行，漫漫而遊」點出「遊」字。「傾壺而醉；相枕以臥」點出「宴」字，但此時的柳宗元心不在焉，遊不成遊，宴不成宴。

・「未始知西山之怪特」，點出「始」字，始字是一篇關鍵，說明心情由緊繃到放鬆，從轉移內心焦慮到享受山水景致的轉折，宜特別注意。【101指考】

主旨：未開門見山，細數宴遊見聞。

二 敘發現西山及開路登覽的經過。

文章關鍵：

・交代發現西山的時間及經過。「始指異之」的「始」字與第一段「未始知西山之怪特」的「未始」呼應。

・「箕踞而遨」藉由形體的放鬆，來暗示內心已開始放鬆。

三 敘西山之獨特超群。

文章關鍵：

・此段描述山勢的修辭，極爲精彩。

・從登高望遠，觀覽四周景致，聯想到自身的處

到。到則**披**草而**坐**，**傾**[3]壺而醉；[4]醉則**更**[5]相**枕**以[6]臥，臥而夢。意有所**極**，夢亦同**趣**。**覺**而[7]起，起而歸。以爲**凡**是州之山水有**異態**者，皆我有也，而未始知西山之**怪特**。

- 披：撥開。坐：坐下。【98學測】
- 傾（ㄑㄧㄥ）：完全倒出。
- 更（ㄍㄥ）
- 枕：以…爲枕，轉品（名→動）。
- 極：至。
- 趣（ㄑㄩ）：往，通「趨」。
- 覺（ㄐㄩㄝˊ）：睡醒。【96學測】
- 凡：總共、全部。
- 異態：特殊。
- 怪特：文意。【99統測】

二 今年九月二十八日，因坐**法華西亭**，望西山，始指異之。遂命僕[8]過湘江，**緣**染溪，**斫榛莽**，焚茅**茷**，窮山之高而止。攀援而登，[9]**箕踞**而**遨**，則凡數州之**土壤**，皆在**衽席**之下。

- 法華西亭：法華寺的西亭。
- 緣：沿著。
- 斫（ㄓㄨㄛˊ）：砍伐。
- 榛（ㄓㄣ）莽：雜亂叢生的草木。
- 茷（ㄈㄚˊ）：草葉茂密。
- 箕（ㄐㄧ）踞：兩腿舒展而坐，形如畚箕，是一種隨性不拘束的坐法，在此有身心放鬆之意。箕：轉品（名→副）。【90統測】
- 遨：隨意遊賞。
- 土壤：土地，此指地表景觀。
- 衽（ㄖㄣˋ）席：同「衽」，臥席。

三 其高下之勢，[10]**岈然窪然**，若**垤**若穴，[11]尺寸千里，**攢蹙**累積，莫得**遯**隱；**縈**[12]**青繚**白，外與天**際**，四望如一。然後知是山之特

- 岈（ㄒㄧㄚ）然：隆起的樣子。
- 窪（ㄨㄚ）然：深陷的樣子。窪，同「窪」。
- 垤（ㄉㄧㄝˊ），小土丘。
- 攢（ㄘㄨㄢˊ）蹙（ㄘㄨˋ）：攢，聚集。蹙，收縮。【102學測】
- 遯（ㄉㄨㄣˋ）：同「遁」，逃避。
- 縈（ㄧㄥˊ）青繚（ㄌㄧㄠˊ）白：縈、繚，字意皆纏繞。青，指青山。白，指白雲或白水。
- 際：交接。

到了就撥開草叢直接坐在上面，倒盡壺裡的酒喝個醉；醉了就互相把頭靠在彼此身上，直接入睡，睡了就做夢。心中想到哪裡，夢中也到了哪裡。睡醒了就起身，起身後就直接回家。自以爲所有永州山水裡有特殊景致的地方，都被我征服了！然而卻不曾發覺西山的奇特。

二 今年九月二十八日，因爲坐在法華寺的西亭，遠望看見西山，才指著它，感到非常驚異。於是吩咐僕人一起渡過湘水，沿著染溪，砍開茂密的叢林，燒掉茂密的野草，（一路前進）直到山頂才停止。攀援著爬上山頂，伸開兩腳坐在地上遊目四顧，於是附近幾州的土地，全都在我們的座席下面。

三 眼前的景色，呈現出高低不平的形勢，有的凸起像土堆，有的深陷像窟窿。千里之內的景物收縮聚集在眼前尺寸之間，沒有一絲景物能逃出視野之外。四周被青山白雲環繞，向四方望去，最遠處與天相接，都是如此。然後才知道西山的奇怪獨特，

出，不與**培塿**爲類。**悠悠**乎與**灝氣**俱，而莫得其**涯**；**洋洋**乎與**造物者遊**，而不知其所窮。

培塿：ㄆㄡˇ ㄌㄡˇ，小土丘。
悠悠：渺遠無盡的樣子。
灝氣：ㄏㄠˋ，浩大之氣。灝，通「浩」，浩大。氣，大氣。【93指考】
涯：ㄧㄚˊ，邊際。
洋洋：廣闊無際的樣子。
造物者：指天地自然。
遊：同存。【98指考】
本小段文章。【100指考】

四 引**觴**滿**酌**，**頹然**就醉，不知日之入。蒼然暮色，自遠而至，至無所見，而猶不欲歸。**心凝形釋**，與**萬化**冥合。然後知吾**嚮**之未始遊，遊於是乎始，故爲之文以**志**。

觴：ㄕㄤ，酒杯。【101指考】
酌：ㄓㄨㄛˊ，倒酒。
頹然：乏力欲倒的樣子，指醉倒。
文意。【98學測】
萬化：自然萬物。
心凝形釋：心靈凝聚，因此感覺形體消逝，到達無拘無束的忘我境界。【97指考及100、97學測】
冥合：暗中。
嚮：ㄒㄧㄤˋ，從前。
志：通「誌」，記。

是歲，元和四年也。

不能跟一般小山相提並論。西山久遠和天地大氣同生，而不知始於何時；廣闊與天地同在共存，而看不到盡頭。

四 舉起酒杯，斟滿了酒，喝到醉倒下來，不知道太陽下山了。昏暗的暮色從遠處漸漸來到，直到什麼也看不見，仍然不想回去。此時心靈凝聚，身體放鬆，與大自然融爲一體。在這時候，我才知道以前我不曾眞正的遊玩，眞正的遊賞，從這一次開始，所以寫了這篇文章來紀念。

這年是元和四年。

境。卓然特出、「不與培塿爲類」的，不僅是西山，也是自己。

・末四句從時間、空間描寫西山的永恆廣大，暗示自己精神層次的昇華。

四 頓悟之樂，令人流連忘返，此即作記之緣由。

此段應與第一段對看，第一段遊歷各處，心情緊繃，雖然藉酒壓驚，但一旦喝醉，又遇夢魘，驚醒之後，便即返家，宛如例行公事。本段則盡情飲酒，舉止隨性，心境宴樂，流連忘返。「心凝形釋，與萬化冥合」說明天人合一的心靈頓悟。從此以後，才能眞正領會山水景致的好處，重新點出「始」字，這個始字，是一種全新的心境，全新的眼光，全新的人生，爲了紀念這個轉折，是以寫下此篇文章。

文法修辭提示

1. 上高山，入深林，窮迴谿：排比
2. 到：頂眞
3. 壺：借代
4. 醉：頂眞
5. 枕：轉品（名→動）
6. 臥：頂眞
7. 起：頂眞
8. 過湘江，緣染溪，斫榛莽，焚茅茷：對偶
9. 箕：轉品（名→副）
10. 岈然窪然，若垤若穴：譬喻、錯綜、映襯
11. 尺寸千里：映襯（反襯）
12. 青、白：借代

4 作者介紹　柳宗元

作者	中唐 柳宗元，字子厚，世稱柳河東，柳州刺史任內，政績卓著，深獲百姓愛戴，又稱柳柳州
籍貫	河東解縣（今山西省永濟市。解，音ㄒㄧㄝˋ）人
生平經歷	柳宗元自幼聰敏，文章精妙，爲同輩推崇。四歲作古賦十四篇，少年時期隨父宦遊大江南北，十三歲時寫〈爲崔中丞賀平李懷光表〉，見者稱奇。貞元九年（西元七九三年），登進士第。貶永州司馬，作永州八記。
其他	韓愈稱柳文：雄深雅健，似司馬子長（司馬遷）

5 國學常識

韓愈、柳宗元比較【93、96、99學測及99統測】

	韓愈	柳宗元
籍貫	中唐，河南河陽。	中唐，河東解縣。
字號	字退之。世稱韓昌黎。	字子厚。世稱柳柳州、柳河東。
諡號	諡號文，世稱韓文公。	
郡望	郡望昌黎，自稱昌黎韓愈。	
仕宦	國子監祭酒、京兆尹、吏部侍郎等職。	監察御史、禮部員外郎、永州司馬、柳州刺史
政績	潮州：潮州人建韓文公廟以祀。	柳州：卒於任所，柳州人建羅池廟以祀。
貶謫	諫迎佛骨，貶爲潮州刺史。	坐王叔文黨，貶爲永州司馬，作〈永州八記〉。
思想	尊儒術，排斥佛老	兼涉儒釋道
傳道	抗顏爲師。〈作師說表明立場〉	提攜後進卻不爲人師。〈答韋中立論師道書〉
文評	蘇軾讚韓愈：匹夫而爲百世師，一言而爲天下法。文起八代之衰，道濟天下之溺。	韓愈稱柳宗元：雄深雅健，似司馬子長（司馬遷）
文學主張	文以載道：反對駢儷之文，視文章爲闡發儒道思想之工具。	文以明道：重視道在文章中的重要作用，但認爲優美的文辭與深刻的內容並重。
文風	氣魄雄渾，語言精鍊，擅長議論，有如波濤滾滾的長江大河，有壯闊之美。	雄深雅健、沉鬱凝斂，擅長山水遊記，如淒清悠深的山澗，有幽靜之美。
著作	昌黎先生集	柳河東集
文學成就	1.使古文運動蔚爲風潮的第一人。 2.奇險詩派的開創者。	1.同爲唐代古文運動的倡導者。 2.山水遊記：《永州八記》最著名。 3.寓言故事：多以動物、小人物爲題材，蘊含深厚的諷刺意味，發人深省。【99統測】 4.人物傳記：〈段太尉逸事狀〉。

文學成就	5.山水詩：有唐代山水詩四大家之稱。

6 文法修辭

對比

定義：將兩種不同的，特別是相反的觀念或事實，並列起來，兩相比較，從而使語氣增強，意義明顯的修辭法，叫做映襯法。

★岈然窪然，若垤若穴：岈然對窪然（柳宗元〈始得西山宴遊記〉）

★尺寸千里：尺寸對千里（柳宗元〈始得西山宴遊記〉）

★醉翁之意不在酒，在乎山水之間也：不在對在（歐陽脩〈醉翁亭記〉）

★禽鳥知山林之樂，而不知人之樂，人知從太守遊而樂，而不知太守之樂其樂也：知對不知（歐陽脩〈醉翁亭記〉）

7 語文天地

一、形音義

施	從容舒緩	「施施」而行，漫漫而遊
	張揚	願無伐善，無「施」勞（《論語・公冶長》）
	喜悅自得貌	「施施」從外來，驕其妻妾（《孟子・離婁下》）
	斜曲著行走	「施」從良人之所之（《孟子・離婁下》）
	延續（ㄧˋ）	功「施」到今（李斯〈諫逐客書〉）
		「施」及子孫
趣	通「趨」，向、到（ㄑㄩ）	意有所極，夢亦同「趣」
	通「取」	「趣」舍萬殊，靜躁不同（王羲之〈蘭亭集序〉）
	趣味	湊「趣」兒
	催促（ㄘㄨˋ）	數使使「趣」齊兵（《史記・項羽本紀》）
覺	睡醒（ㄐㄩㄝˊ）	「覺」而起，起而歸
	覺醒（ㄐㄩㄝˊ）	天之生此民也，使先知「覺」後知（《孟子・萬章上》）
	悟	實迷途其未遠，「覺」今是而昨非（陶淵明〈歸去來辭〉）
	通「較」，相差（ㄐㄧㄠˋ）	我才不及卿，乃「覺」三十里（《世說新語》）

更		
ㄍㄥ	交互	醉則「更」相枕以臥
	更換	使史公「更」敝衣草屨（方苞〈左忠毅公逸事〉）
	更改	過也，人皆見之；「更」也，人皆仰之（《論語．子張》）
	輪替	使將士「更」休（方苞〈左忠毅公逸事〉）
ㄍㄥˋ	再	莫辭「更」坐彈一曲（白居易〈琵琶行〉）
ㄍㄥ	古代自晚上七時起，每二小時爲一更	三「更」半夜
	經歷	少不「更」事
ㄍㄥˋ	愈、越	顧修史固難，修臺之史「更」難（連橫〈臺灣通史序〉）

悠悠	
久遠的樣子	念天地之「悠悠」，獨愴然而涕下（陳子昂〈登幽州臺歌〉）
悠然飄盪的樣子	白雲千載空「悠悠」（崔顥〈黃鶴樓〉）
憂思的樣子	青青子衿，「悠悠」我心（曹操〈短歌行〉）
眾人	「悠悠」之口

枕	
以物墊頭	醉則更相「枕」以臥（柳宗元〈始得西山宴遊記〉） 相與「枕」藉乎舟中，不知東方之既白（蘇軾〈赤壁賦〉） 飯疏食，飲水，曲肱而「枕」之（《論語．述而》） 三窟已就，君姑高「枕」爲樂矣（《戰國策．馮諼客孟嘗君》） 「枕」戈待旦、「枕」流漱石

洋洋	
水勢盛大的樣子	河水「洋洋」
得意的樣子	把酒臨風，其喜「洋洋」者矣（范仲淹〈岳陽樓記〉） 「洋洋」自得
眾多的樣子	「洋洋」灑灑
廣闊無際的樣子	「洋洋」乎與造物者遊

窮	
困窘、困厄	君子固「窮」，小人「窮」斯濫矣（《論語．衛靈公》） 時「窮」節乃見，一一垂丹青（文天祥〈正氣歌〉）
不得志	「窮」則獨善其身，達則兼善天下（《孟子．盡心上》） 故士「窮」不失義，達不離道（《孟子．盡心上》）

窮	
窮盡、盡、完，作動詞	入深林，「窮」迴谿 斫榛莽，焚茅茷，「窮」山之高而止 復前行，欲「窮」其林 （陶淵明〈桃花源記〉） 欲「窮」千里目，更上一層樓 （王之渙〈登鸛鵲樓〉） 「窮」耳目之勝，以自適也哉 （蘇轍〈黃州快哉亭記〉） 轉腔換調之處，百變不「窮」 （劉鶚〈明湖居聽書〉）
窮盡、盡、完，作形容詞	以俄頃淫樂，不易無「窮」之悲 （黃宗羲〈原君〉）

二、成語集錦

心凝形釋	心神凝聚，形體了無拘束，即物我交融、物我兩忘之意。
引觴滿酌	拿起酒杯倒滿了酒。
尺寸千里	登高而望，千里遠景在尺寸間。
縈青繚白	青指青山，白指白雲。青山白雲，相互環繞。形容風景秀麗。

8 實力健身房

1.單選（成語的運用【104學測】）

（　）下列文句「　」內成語的運用，正確的選項是：

(A)思螢爲了準備朗讀比賽，常「念念有詞」地大聲誦讀課文，以提升臨場表現效果

(B)澤于登上101觀景臺後，發現遠處的景物盡收眼底，這才眞正體會「尺寸千里」的意涵

(C)阿拓熱愛登山，不斷接受各種訓練，希望能早日完成他挑戰臺灣百岳的「名山事業」

(D)原本打算丟棄的舊掃帚，竟然有復古餐廳願意高價收購，讓暴哥喜呼果眞是「敝帚千金」。

2～4單選（閱讀理解【103統測】）

▼閱讀下文，回答第2～4題

其高下之勢，岈然洼然，若垤若穴。尺寸千里，攢蹙累積，莫得遯隱。縈青繚白，外與天際，四望如一。然後知是山之特立，不與培塿爲類。悠悠乎與灝氣俱，而莫得其涯！洋洋乎與造物者遊，而不知其所窮！引觴滿酌，頹然就醉，不知日之入。蒼然暮色，自遠而至，至無所見，而猶不欲歸。心凝形釋，與萬化冥合。然後知吾嚮之未始遊，遊於是乎始，故爲之文以志。

（柳宗元〈始得西山宴遊記〉）

由斷橋至蘇隄一帶，綠煙紅霧，彌漫二十餘里。歌吹爲風，粉汗爲雨，羅紈之盛，多於隄畔之草，豔冶極矣。然杭人遊湖，止午、未、申三時，其實湖光染翠之工，山嵐設色之妙，皆在朝日始出，夕舂未下，始極其濃媚。月景尤不可言，花態柳情，山容水意，別是一種趣味。此樂留與山僧遊客受用，安可爲俗士道哉！

（袁宏道〈晚遊六橋待月記〉）

2.（　）下列關於柳、袁二文寫景的敘述，何者正確？
(A) 柳文的「縈青繚白」形容山嵐；袁文的「綠煙紅霧」形容湖水
(B) 柳文的西山樣貌帶有個人遭遇的投射；袁文的西湖風姿多爲景色直觀的感受
(C) 柳、袁二文皆敘述夜景之動人，故前者於日落後「猶不欲歸」，後者謂月色「別是一種趣味」
(D) 柳文以「尺寸千里」的角度敘寫沿途美景；袁文以「彌漫二十餘里」的視野歷數環湖名勝。

3.（　）柳宗元、袁宏道於遊歷中各有體會。下列敘述，何者正確？
(A) 柳宗元發現「遊」始於登臨名嶽；袁宏道感慨自己實爲俗士
(B) 柳宗元發現「遊」始於登臨名嶽；袁宏道暗詡自己並非俗士
(C) 柳宗元發現「遊」始於心靈感悟；袁宏道感慨自己實爲俗士
(D) 柳宗元發現「遊」始於心靈感悟；袁宏道暗詡自己並非俗士。

4.（　）某出版社編輯若想依據柳、袁二文的內容，各以一句古典詩大致形容其特色，則下列何者是最恰當的安排？
(A) 獨立蒼茫自詠詩——柳宗元〈始得西山宴遊記〉；正是江南好風景——袁宏道〈晚遊六橋待月記〉
(B) 獨立蒼茫自詠詩——柳宗元〈始得西山宴遊記〉；萬里歸心對月明——袁宏道〈晚遊六橋待月記〉
(C) 四顧山光接水光——柳宗元〈始得西山宴遊記〉；正是江南好風景——袁宏道〈晚遊六橋待月記〉
(D) 四顧山光接水光——柳宗元〈始得西山宴遊記〉；萬里歸心對月明——袁宏道〈晚遊六橋待月記〉。

5. 多選（文意理解【100指考】）

（　）風花雪月等景物，作者都可藉之寄情，以表達思念愛悅之意，曹植〈七哀〉「願爲西南風，長逝入君懷」即是其例。下列文句，運用相同寫作手法的選項是：
(A) 白露橫江，水光接天，縱一葦之所如，凌萬頃之茫然
(B) 海水夢悠悠，君愁我亦愁，南風知我意，吹夢到西洲
(C) 霪雨霏霏，連月不開，陰風怒號，濁浪排空，日星隱耀，山岳潛形
(D) 然後知是山之特出，不與培塿爲類，悠悠乎與灝氣俱，而莫得其涯
(E) 玉戶簾中卷不去，搗衣砧上拂還來，此時相望不相聞，願逐月華流照君。

1. (B)

解析：

(A)念念有詞：通常指令人不知所云的唸誦，例如僧道作法或個人喃喃自語，不宜形容字正腔圓的朗讀

(B)尺寸千里：指登高而望，千里的遠景，就像在尺寸之間。合乎文意。

(C)名山事業：比喻不朽的著述。不宜用於登山。

(D)敝帚千金：比喻自己極爲珍惜的事物。不宜用來指舊掃帚。

2. (B)

解析：

(A)「綠煙紅霧」形容花木繁茂穠麗。

(C)前者「猶不欲歸」並非因夜景動人，乃因沉醉在自然中，達到物我兩忘的境界。

(D)「尺寸千里」爲登上山頂遠眺四周之景象。袁文以「彌漫二十餘里」概括湖畔花木之盛。

3. (D)

解析：

(D)「然後知吾嚮之未始遊，遊於是乎始」指出眞正用心體會山水景色的出遊從本次開始；「此樂留與山僧遊客受用，安可爲俗士道哉」則以爲自己是眞正懂得遊賞之趣的人，並非一般俗人。

4. (A)

解析：

〈始得西山宴遊記〉呈現登山賞景之樂，未有水光場景的描寫；〈晚遊六橋待月記〉則是作者辭官後遊歷西湖的系列遊記之一，非離鄉思家之作。

(A)語譯：獨自一人，在暮色蒼茫中吟詠詩歌。出自杜甫〈樂遊園歌〉／語譯：如今正是江南風景最美的時刻。出自杜甫〈江南逢李龜年〉

(B)「萬里歸心對月明」語譯：離家萬里，一片歸心伴著明月前行。出自盧綸〈晚次鄂州〉

(C)「四顧山光接水光」語譯：站在南樓上倚靠欄杆向四周遠望，只見山光水色連接成一片。出自黃庭堅〈鄂州南樓書事〉。

5. (B)(E)

解析：

(A)僅寫江上風光、泛舟之樂。出自蘇軾〈赤壁賦〉。

(B)藉南風寄託思念愛悅之意。出自佚名〈西洲曲〉。

(C)僅寫雨中情景。出自范仲淹〈岳陽樓記〉。

(D)寫登西山所見所感，並未藉景表達思念愛悅之意。出自柳宗元〈始得西山宴遊記〉。

(E)藉月光表達思念愛悅之意。出自張若虛〈春江花月夜〉。

語譯：

(A)白霧彌漫江面，水天相連一片。任憑小舟隨處飄流在這煙波浩渺的廣大江面上。

(B)海水像夢一般地悠悠然，你憂愁我也憂愁。南風知道

我的情意，把夢中的我吹到西洲與您相聚。

(C)久雨綿密地下著，連續幾個月不放晴；冷風呼呼地怒號，濁浪衝向天空，太陽星辰的光輝被遮掩，高山峰巒的形體被遮蔽。

(D)然後才知道西山的奇特，和一般小山並不一樣。西山久遠和天地大氣同生，而不知始於何時。

(E)美好的閨房中的門簾捲不去月光，在擣衣石上拂去月光但它又來了。這時互相望著月亮可是互相聽不到聲音，我希望隨著月光流去照耀著您。

16 諫太宗十思疏

◎魏徵

1 大考關注

【字詞義：97、96學測、94統測】

★「有善始者實繁，能克終者蓋寡」之「蓋」：實在。

★「將崇極天之峻，永保無疆之休」之「休」：美善、福祉。

★臣「聞」求木之長者：聽説。

【文意理解：104學測】

★「怨不在大，可畏惟人，載舟覆舟，所宜深慎」：旨在説明「得民者昌，失民者亡」、民心向背對主政者的重要。

【文法、修辭、國學：101、96學測、103、96、92統測】

★「竭誠以待下」：非使動用法。

★「竭誠則胡越爲一體，傲物則骨肉爲行路」屬「因果關係」之語法。

★「求木之長者，必固其根本；欲流之遠者，必浚其泉源；思國之安者，必積其德義」爲排比修辭。而前兩者爲譬喻，藉以襯托出最後一句的主題。語出魏徵〈諫太宗十思疏〉。

★〈諫太宗十思疏〉：屬「以下諫上」、奏議類之文章。

★求木之長者，必固其根本；欲流之遠者，必浚其泉源；思國之安者，必積其德義：運用層層遞進手法。

★判斷各篇文章之屬性：本課和諸葛亮出師表曾考過皆屬「以下諫上」之文章。

2 文章解讀

魏徵以直言著稱，深受唐太宗敬重，魏徵過世後，唐太宗惋惜不已，發出「以人爲鏡，可以明得失」的慨嘆。

古代臣子向君王陳述意見的文書，稱爲奏，漢代以後改稱**疏**（ㄕㄨˋ）。本文是魏徵勸諫唐太宗慎思慎行的上疏，原無題目，因爲內容具體提到「十思」，又是勸諫之言，所以後人命名爲〈諫太宗十思疏〉。

唐太宗英明睿智，登基後勤於政事，開創了貞觀盛世，然而志得意滿之際，難免萌生輕忽之心，因此魏徵提醒太宗，要一直保持「**治國的態度**」，有了**謙虛**的態度，才能樹立典範，在臣民順服的基礎上推行政務，才能事半功倍。有了**謹慎**的態度，才懂得居安思危，從而避免盛極而衰，自取滅亡的結局。

文章分成三段，第一段**正面說明「務本」**的重要，治國應當廣積德義，才能穩居君位，使國家長治久安。第二段**反面說明「不務本」**的危害，一個國君如果失去謹慎與謙虛的態度，不再「積德義」，就會導致國家分崩離析。第三段提出**「固本」的具體方法**，要積德義，共有十項原則，如果切實履行，必能收到成效，使臣民各司其職，自己則可無為而治。

魏徵在一段與三段都運用了排比句型，除了增加論述的深度與廣度，也增添了文章的氣勢。

用今天的觀點來看，魏徵談論的是**「領導統御的藝術」**、**「建立企業文化」**。領導者的職責，絕非事必躬親，而是樹立一種典範，型塑一種價值，以此凝聚員工向心力，而後充分授權，合理管理，組織能夠自行運作，領導者即使「當神器之重」，「處域中之大」，依然能夠「無為而治」，「崇極天之峻，永保無疆之休。」

段旨

一 以固本思源為喻，說明治國應當務本。治國之本，在於積德義。

- 前段正面立論，用排比方式，說明「欲求國安，必須積德義」，正如「欲樹長必固根本」，「欲流遠必深泉源」一樣。
- 「人君當神器之重」以下從反面申述，說明君王必須提升高度，廣積德義，並將積德義的內涵擴充為「居安思危，

3 文章精析

一 臣聞：[1]求木之長（ㄓㄤˇ）者，必固其根本；欲流之遠者，必浚（ㄐㄩㄣˋ）其泉源；思國之安者，必積其德義。源不深而望流之遠，根不固而求木之長，德不厚而思國之治，臣雖下愚，知其不可，[2]而況於明哲乎？人君當[3]神器之重，居

- 聞：聽說。【97學測】
- 長：長得好，動詞。
- 固：強固，動詞。
- 浚：疏通水道，通「濬」。
- 「求木之長者……德義」三句為排比修辭。【101學測】
- 明哲：聰明睿智的人。
- 當：擔當。
- 神器：借代為君位。
- 居：位處。

翻譯

一 臣聽說，想讓樹木長得高大，一定要先牢固它的根本；想讓河水流得長遠，一定要先疏通它的泉源；想讓國家長治久安，一定要先積養道德仁義。泉源疏濬得不深，卻希望水流流得長遠，樹根扎得不牢，卻希望樹木長得高大，德義不夠篤厚，卻盼望國家安定繁榮，臣下雖是愚笨的人，也知道這是不可能，何況是聰明睿智的人呢？國君擔當帝位的重任，身居天下的大位，（應

戒奢以儉。」
・段末照應開頭「水」與「木」的比喻。

二 闡述居安思危，才能竭誠得民。說明失國者，皆因忘本，不積德義，才不能克終。
以「古代君王」引起，增加文章的權威感與說服力，探討歷代君王「多善始者，少克終者」背後的理由，而後以正反立論：
・能克終者，始終「心存殷憂而竭誠待物」。
・不能克終者，「得志後便縱情傲物」，這就是魏徵勸諫唐太宗的地方。

應。

域中之大，將崇極天之峻，永保無疆之休。

- 域（ㄩˋ）：疆域，指天下。
- 崇：使自己提升，動詞。
- 峻（ㄐㄩㄣˋ）：尊位，形→名。
- 無疆：沒有極限。
- 休：美善。【94統測】

不念居安思危，戒奢以儉，德不處其厚，情不勝其欲，[4]斯亦伐根以求木茂，塞源而欲流長者也。

- 奢（ㄕㄜ）：奢侈浪費。
- 德：美德，此指行為。
- 勝：克制、節制。
- 斯：此，指「不積德義，卻想長治久安。」
- 塞（ㄙㄜˋ）：阻塞。

二 凡百元首，承天景命，莫不[5]殷憂而道著，功成而德衰，[6]有善始者實繁，能克終者蓋寡。豈其取之易而守之難乎？昔取之而有餘，今守之而不足，何也？夫[7]在殷憂，必竭誠以待下；既得志，則縱情以傲物。竭誠則[8]胡、越為一體，傲物則[9]骨肉為行路。雖[10]董之以嚴刑，震之以威怒，終苟免而不懷仁，貌恭而不心服。怨不在大，可畏惟人，載舟

- 凡百：形容眾多。全部。
- 元首：首領，指國君。
- 承：承受。
- 景命：偉大的使命。景，大。
- 殷：深切。
- 道：良好正確的行為。
- 著（ㄓㄨˋ）：顯著。
- 克終：堅持至終。
- 蓋：實在。
- 豈：難道。
- 之：指天下。
- 竭（ㄐㄧㄝˊ）：盡。
- 既：已經。
- 物：此指人。
- 胡、越：胡國與越國，一在南，一在北，此指關係疏遠的異己。【91指考】
- 骨肉：有血緣關係的人，借代為親人。
- 行路：路人。
- 兩句為因果句型。【96統測】
- 董：督責，動詞。
- 之：人民。
- 震：使…覺得恐懼，動詞。
- 苟：苟且、暫且，副詞。
- 仁：愛心。
- 載舟：人民如水，國君如舟，人民能擁護國君，也能推翻國君，有如水能載舟、亦能覆舟，借喻取得民心的重要。

當）將（自己的高度）提升至天一般的崇高，永保無窮的美善。如果不提醒（自己）在身居安逸時心存警惕，用節儉戒除奢華，德義累積得不夠篤厚，情感不能克制欲望，這也像是砍伐樹根卻希望樹木茂盛，堵塞泉源卻希望河流長遠一樣了。

二 歷代所有君王，承受上天偉大的使命，沒有不是在憂患深重中道德顯著，功成名就後道德衰微的，有好開始的人實在很多，能堅持到底的人真的很少。難道是取得天下容易，而保有天下反而困難嗎？從前取天下而尚有餘力，如今保有天下卻覺得力量不足，為什麼呢？憂患深重時，必定竭盡誠意地對待屬下；一旦得志，就縱情任性，傲氣凌人。能竭盡誠意待人，就是北胡南越也能結成一體；傲氣凌人，就是至親骨肉，也會疏遠如同路人。（這時）就算用嚴峻的刑罰來督責，以威勢來嚇止，終究只能使人苟且逃避刑罰，而不會感懷君上的仁德，表面假裝恭順，而內心並不臣服。可怕的不是民怨的大小，而在於民心的向背，（民心是莫大的力量，猶如）水能載舟，亦能覆舟，所以

三 提出人君治國的具體作法，即「十思」。

・十思是人君「居安思危」時，「積德義」的十項原則，又可分爲五組：知足知止、謙沖包容、節遊勤政、納諫黜惡、正賞明罰。

・總括十項原則，具體落實時有兩項具體作法：「知人善任」與「接納善言」。

・最後又反扣第一段，一個稱職的領導者，應當有治國的高度，領導團隊充分發揮所長，自己拱手而治，清靜無爲。而不是事必躬親，累死自己。

覆舟，所宜深愼，奔車朽索[11]，其可忽乎！

三 君人者，誠[12]能見可欲，則思知足以自戒；將所作，則思知止以安人；念高危，則思謙沖而自牧；懼滿溢，則思江海而下百川；樂（一ㄠˋ）盤遊，則思三驅以爲度；憂懈怠（ㄒ一ㄝˋ ㄉㄞˋ），則思愼始而敬終；慮壅（ㄩㄥ）蔽，則思虛心以納下；想讒邪（ㄔㄢˊ ㄒ一ㄝˊ），則思正身以黜（ㄔㄨˋ）惡；恩所加，則思無因喜以謬（ㄇ一ㄡˋ）賞；罰所及，則思無因怒而濫（ㄌㄢˋ）刑。

總此十思，弘茲（ㄗ）九德。簡能而任之，擇善而從之，則[13]智者盡其謀，勇者竭其力，仁者播其惠，信者效其忠。文武爭馳，君臣無事，可以盡豫（ㄩˋ）遊之樂，可以養松、喬之壽，鳴琴

- 奔車朽索：用腐朽的繩子駕馭狂奔的馬車，借喻極其危險。
- 其：難道，通「豈」。
- 君人：君臨、統治，動詞。
- 誠：假如。
- 作：建築、大興土木。
- 安人：使……安，爲使動詞用。【96學測】
- 而：以。【91統測】
- 沖：虛。
- 自牧：修養。
- 滿溢：驕傲自滿。
- 下：處於……之下，指接受。
- 樂：喜歡。
- 盤遊：玩樂，此指田獵。
- 驅：驅趕、追逐。
- 度：限度。
- 壅蔽：堵塞。
- 讒邪：亂說話挑撥是非的人。讒：說人壞話。邪：行事不正。
- 黜：退。
- 加：施加。
- 謬：胡亂、不按規矩。
- 濫：隨意、超過規定。
- 弘：發揚，動詞。
- 茲：此。
- 九：虛數，形容眾多。
- 簡：通「揀」，選拔。
- 竭：窮盡。
- 播：傳遞。
- 惠：恩惠。
- 爭馳：爭相效力。
- 豫遊：喜樂。
- 松、喬：赤松子、王子喬，傳說中長壽的仙人。

應該要非常謹愼。（爲政不積德義，不能竭誠以待下，）就像用朽爛的繩索駕御奔馳的馬車，怎麼可以疏忽大意呢？

三 身爲國君的人，如果眞的能夠在見到喜歡事物時，就想到知足的道理來自己警惕；打算大興土木時，就想到必須適可而止，以安定人民；擔心位高勢危，就想到用謙虛的態度來自我修養；懼怕自滿驕傲，就想到學習江海居下包容百川的器量；喜歡田獵取樂，就想到一年應有三次的限度；憂心鬆懈怠惰，就想到做任何事，自始至終都該謹愼小心；憂慮遭到蒙蔽時，就想到虛心以接納臣下的諍諫；擔心奸邪之輩進讒言，就想到端正自己來斥退惡人；施恩於人時，就想到不可以因一時興起而獎賞過當；降罰於人時，就想到別因一時惱怒而濫用刑罰。總括上述十種反省的工夫，弘揚前述種種美德。選拔有才能的人來任用，選擇善言來聽從；那麼，有智慧的人就會貢獻他的謀略，有勇氣的人就會竭盡他的氣力，有愛心的人就會散佈他的恩惠，講信用的人就會獻出他的忠誠，文武百官爭相爲國奔走效力，君臣之間，相安無事。可以享受逸遊的樂趣，可以怡養如赤松子、王子喬的高

垂拱，不言而**化**。何必勞神苦思，代下**司職**，**役**聰明之耳目，**虧無為之大道**哉？

垂拱：垂衣拱手，無為而治。化：教化。司職：管理職務。役：役使、勞動。虧：虧損。無為之大道：充分授權下屬、自己無為而治。

壽，可以逍遙彈琴，垂衣拱手，不用多言就能治化天下。何必勞苦自己的精神思慮，代替屬下司理事務，勞碌自己聰明的耳目，損害了無為而治的大道呢？

文法修辭提示

1. 求木之長者，必固其根本；欲流之遠者，必浚其泉源；思國之安者，必積其德義：排比，略喻
2. 而況於明哲乎？：激問
3. 神器：借代帝位
4. 斯亦伐根以求木茂，塞源而欲流長者也：譬喻（隱喻）
5. 殷憂而道著，功成而德衰：映襯
6. 有善始者實繁，能克終者蓋寡：映襯
7. 在殷憂，必竭誠以待下；既得志，則縱情以傲物。映襯
8. 胡、越：借喻關係疏遠
9. 骨肉：借代為血親
10. 董之以嚴刑，震之以威怒：倒裝，原句為：以嚴刑董之，以威怒震之。
11. 奔車朽索：借喻為極危急之處境
12. 誠能：無因怒以濫刑：排比
13. 智者盡其謀，勇者竭其力，仁者播其惠，信者效其忠：排比。

4 作者介紹

魏徵

作者	初唐 魏徵，字玄成
籍貫	魏州曲城人
生平經歷	1. 最初擔任李密書記，不受重用。後隨李密投唐。 2. 原本輔佐太子李建成，「玄武門之變」後，轉佐李世民，李世民即位，是為唐太宗，拜魏徵為諫議大夫，魏徵終於得以一展長才。 3. 唐太宗對魏徵十分禮遇，屢次以國家大事相詢，魏徵亦殫精竭慮，知無不言，深受倚重。貞觀十七年元月，魏徵病逝。魏徵死後，太宗十分思念，曾於臨朝時對侍臣說：「夫以銅為鏡，可以正衣冠；以古為鏡，可以知興替；以人為鏡，可以明得失。朕常保此三鏡，以防己過。今魏徵殂逝，遂亡一鏡矣！」 4. 著有《魏徵集》二十卷，已佚，《全唐文》存其文三卷，《全唐詩》存其詩一卷。另編有《群書治要》。

5 國學常識

政論文

篇目	文體	作者	出處	背景與內容	文章深義
諫逐客書	奏議類（上書）	秦 李斯	《史記・李斯列傳》	1.秦王政十年，韓國間諜國遊說秦王築渠，意圖耗損秦國國力，事發，秦王下令驅逐境內所有客卿。 2.李斯上書力諫，指出逐客將陷國家於危亡。結果秦王收回逐客令，重用李斯。	主張王者不卻眾庶，秦王不應逐客卿，而應「廣納人才」。
出師表	奏議類（上書）	蜀漢 諸葛亮	《昭明文選》	1.蜀漢後主劉禪建興五年，諸葛亮準備北伐曹魏，出師前上書劉禪。 2.誠懇勸諫後主廣開言路、秉公執法、親賢遠佞。並表明自己堅貞不移的心志與身爲先帝託孤老臣的一片赤忱。	以「親賢臣、遠小人」勉勵後主，以討賊興復自誓。
諫太宗十思疏	奏議類（上書）	唐 魏徵	《貞觀政要》	1.唐太宗貞觀十一年，大興土木。魏徵於是上疏「十思」進諫，陳述興亡的歷史教訓和人君應該敬慎守成的治國要道。 2.具體列舉十事，請太宗慎思慎行。	論人君當「居安思危，積其德義」。

6 文法修辭

倒裝

定義：爲了強調、突出某些文意，而顛倒原有語序的句式。

★董之以嚴刑，震之以威怒→倒裝，原句爲「以嚴刑董之，以威怒震之。」（魏徵〈諫太宗十思疏〉）

★孰與：是疑問語氣的固定句式，相當於「甲與乙相比，哪個……？」（有時省略了形容詞）例如：

(1)「沛公曰：『（項伯）孰與君少長？』良曰：『長於臣。』」→（項伯）與君比，孰少孰長？（《史記・項羽本紀》）

(2)「大王自料勇悍仁強孰與項王？」→大王自料與項王孰勇悍仁強？（《史記・項羽本紀》）

(3)「夫無故而動民，雖有小怨，然孰與夫一旦之危哉？」→然與夫一旦之危，孰危哉？省略「危」字，為省略倒裝句。（蘇軾〈教戰守策〉）

(4)「我孰與城北徐公美？」→我與城北徐公孰美？（《戰國策・齊策》）

7 語文天地

一、形音義

咄	ㄉㄨㄛˋ	書空「咄」咄（喻失意、激憤的狀態）
詘	ㄑㄩ	道不可「詘」（枉曲）
屈	ㄑㄩ	委「屈」、佶「屈」聱牙（文章艱深難讀）
茁	ㄓㄨㄛˊ	「茁」壯
拙	ㄓㄨㄛˊ	巧「拙」有素
黜	ㄔㄨˋ	罷「黜」
絀	ㄔㄨˋ	左支右「絀」

凋	ㄉㄧㄠ	「凋」零、「凋」謝、民生「凋」敝
雕		「雕」刻、「雕」琢、「雕」梁畫棟
鵰		一箭雙「鵰」
稠	ㄔㄡˊ	地廣人「稠」、人煙「稠」密
綢		「綢」緞、未雨「綢」繆
惆		「惆」悵、「惆」惋
賙	ㄓㄡ	「賙」濟

二、成語集錦

解釋	相關成語
賀人高壽	鶴算蔆齡、松柏長春、松鶴遐齡、松喬之壽
形容危險的情況	厝火積薪、燕雀處堂、虎尾春冰、危如累卵、奔車朽索
無為而治	鳴琴垂拱

8 實力健身房

1. 單選（文法【103統測】）

（　）「帝使徐之範飲以毒藥」句中的「飲以毒藥」，「飲」意謂「使人喝下」，「以毒藥」補充說明使人喝下之物。下列文句「　」內，何者使用相同的構句方式？

(A) 夫在殷憂，必「竭誠以待下」

(B) 左右以君賤之也，「食以草具」

(C) 若亡鄭而有益於君，「敢以煩執事」

(D)如有不由此者，在勢者去，「眾以爲殃」。

2.多選（字義【97學測】）

（　）下列各組文句「　」內的字，意義相同的選項是：

(A)聽寒「更」，聞雁遠，半夜蕭娘深院／莫辭「更」坐彈一曲，爲君翻作琵琶行

(B)「俟」案子查明，本府回明了撫台，仍舊還你／君子居易以「俟」命，小人行險以徼幸

(C)臣「聞」求木之長者，必固其根本／文靜素奇其人，一旦「聞」有客善相，遽致使延之

(D)無何天寶大徵兵，戶有三「丁」點一丁／明兒有了事，我也「丁」是丁，卯是卯的，你也別抱怨

(E)僕自到九江，已涉三載，形骸且健，方寸「甚」安／夫子房受書於圯上之老人也，其事「甚」怪。

3.單選（文法【96學測】）

（　）古代漢語有一種用來表示「認爲某（人、事、物）是……的」的用法，例如《戰國策．齊策》：「吾妻之美我者，私我也」，句中的「美我」即是「認爲我是美的」之意。下列文句「　」內文字屬於此一用法的選項是

(A)《論語．里仁》：唯仁者能「好人」，能惡人

(B)魏徵〈諫太宗十思疏〉：將有作，則思知止以「安人」

(C)《孟子．盡心》：孔子登東山而「小魯」，登泰山而小天下

(D)司馬光〈訓儉示康〉：小人寡欲，則能謹身節用，遠罪「豐家」。

4.多選（修辭【101學測】）

（　）文學作品中，可運用層層遞進手法，來增加文意的層次感。下列屬於此種用法的選項是

(A)天有情，天亦老；春有意，春須瘦；雲無心，雲也生愁

(B)所謂老教授不過是新來的講師變成，講師曾是新刮臉的學生

(C)地名可以忘記，地方不會忘記；地方可以忘記，事件不會忘記

(D)求木之長者，必固其根本；欲流之遠者，必浚其泉源；思國之安者，必積其德義

(E)有些人是特別的善於講價；他有政治家的臉皮，外交家的嘴巴，殺人的膽量，釣魚的耐心。

5.單選（文意理解【92統測】）

（　）下列篇章，何組皆屬於「以下諫上」的性質？

(A)韓愈師說／司馬光訓儉示康

(B)歐陽脩縱囚論／顧炎武廉恥

(C)范仲淹岳陽樓記／蘇軾教戰守策

(D)諸葛亮出師表／魏徵諫太宗十思疏。

1. (B)

解析：

題幹考使動用法

(A) 非使動用法。語譯：在憂患深重時，必能「竭盡誠意來對待屬下」。出自魏徵〈諫太宗十思疏〉

(B) 「食以草具」：「拿粗劣的食物給他吃」，爲使動用法。語譯：左右的人認爲孟嘗君看不起他，所以「拿粗劣的食物給他吃」。出自《戰國策・馮諼客孟嘗君》

(C) 非使動用法。語譯：如果滅亡鄭國對秦國有利，那「麻煩您來攻打吧」。出自《左傳・燭之武退秦師》

(D) 非使動用法。語譯：如果不依禮而行，即使在位者也會被罷黜，「百姓會視他爲災禍」。出自《禮記・禮運》。

2. (B)(C)(E)

解析：

(A) 打更聲。出自唐孫光憲〈更漏子〉／再。出自白居易〈琵琶行并序〉。

(B) 等待。出自劉鶚《老殘遊記》第十八回／等待。出自《禮記・中庸》。

(C) 聽說。出自魏徵〈諫太宗十思疏〉／聽說。出自杜光庭〈虬髯客傳〉。

(D) 男丁。出自白居易〈新豐折臂翁〉／天干的第四位。出自曹雪芹《紅樓夢》第四十三回。

(E) 很、非常。出自白居易〈與元微之書〉／很、非常。出自蘇軾〈留侯論〉。

3. (C)

解析：

意動用法，其動詞多半是由形容詞「轉品」而來，用於表心理活動，對於其賓語含有「認爲」、「以爲」的意思。

(A) 愛、喜愛。音ㄏㄠˋ。爲一般動詞。

(B) 使……安，爲使動用法。主語並不施行這個動詞所代表的動作，而是使賓語施行這個動作。

(C) 認爲……小，爲意動用法。

(D) 使……豐厚，爲使動用法。

4. (B)(C)

解析：

把三個以上有深淺、先後、大小等層次關係的語句，依序加以排列，稱爲層遞修辭法。

(A) 爲排比修辭。所謂排比，指對於同一範圍、同一性質的意念，用兩個以上結構相似的句法來表達的一種修辭技巧。語出喬吉〈杜牧之詩酒揚州夢〉。

(B) 依「老教授→講師→學生」的層次排列。語出余光中〈或者所謂春天〉。

(C) 依「地名→地方→事件」的層次排列。語出王鼎鈞〈大氣遊虹〉。

(D) 「求木之長者，必固其根本；欲流之遠者，必浚其泉源；思國之安者，必積其德義」爲排比修辭。而前兩者爲譬喻，藉以襯托出最後一句的主題。語出魏徵〈諫太宗十思疏〉。

(E) 爲譬喻的修辭。語出梁實秋〈講價〉。

5. (D)

解析：

(A) 師長贈送給「能行古道」的學生／父親寫給兒子司馬康。

(B) 翻案文章，針對歷史事件提出自己不同的看法／論理文章，針對當時媚清的漢人有感而發。

(C) 融敘事、寫景、抒情、說理之文，爲作者受人之託爲此樓所作之記／對策文章，針對當時政策陳述自己看法的對策文章。

(D) 皆臣子對君王，故屬「以下諫上」。前者爲出征前老臣上表規勸後主從政之道的文章；後者爲魏徵勸諫唐太宗的文章。

17 唐傳奇選：虬髯客傳

◎杜光庭

1 大考關注

【字詞義、字音：97、91學測、90統測及102、101、98指考】

★侍「婢」羅列：ㄅㄧˋ。

★西方有木焉，名曰「射」干／每公卿入言，賓客上「謁」：ㄧㄝˋ。

★文靜素奇其人，一旦「聞」有客善相，遽致使延之：聽說。

★一妓有殊色，執紅拂，立於前，獨「目」靖：動詞，注視。

★「踞床而見」意謂伸開雙腿坐於床上，是一種輕佻傲慢的坐姿。

【國學：95、94學測、89統測及101、99、94指考】

★虬髯客傳的作者是唐杜光庭，體裁是唐人傳奇小說。

★「傳奇」本指情節曲折離奇的唐代文言短篇小說，虬髯客傳即其代表作。

★漢代散文的代表是史記，唐代傳奇爲文言短篇小說的體裁，不適合作爲「唐代散文」的代表。

★文學常識：唐傳奇與明傳奇的差異。

★虬髯客傳是結構完整的傳奇小說，而不是志怪小說。

★「唐傳奇」和「明傳奇」的不同。

【文意理解：104、103學測、99、95指考】

★文學作品中人物說話的「語氣」，可呈現其性格、情緒與心情：「道士對弈，虬髯與靖旁侍焉。俄而文皇來，……道士一見慘然，斂棋子曰：『此局全輸矣！於此失卻局，奇哉！救無路矣！復奚言！』罷弈請去，既出，謂虬髯曰：『此世界非公世界也，他方可圖。勉之，勿以爲念！』」一段語氣，顯現道士由失望惆悵，轉而寬慰、勸勉虬髯重新振作的心情轉折。

★紅拂女：「妾侍楊司空久，閱天下之人多矣，未有如公者。絲蘿非獨生，願託喬木，故來奔耳」，是讚美的語氣。

★有關女性的描寫，紅拂居於主導的形象，顛覆文學作品中的傳統女性形象（常被塑造成順從男性意志、以男性爲中心的形象）。

★「局」：兼指「棋局」與「世局」兩義，以棋局影射天下大勢，而棋局之輸，雙關角逐天下已無希望。

【文法修辭：103學測、97指考】

★不衫不履，「褐裘」而來，神氣揚揚，貌與常異：動詞，指穿著褐衣和皮衣。

★「此局全輸矣！於此失卻局，奇哉！救無路矣！」是「雙關」。

2 文章解讀

虬髯客是一代奇人，〈虬髯客傳〉則是一代奇文。

「奇」是不尋常的意思；唐「傳奇」，是一種描述不尋常故事的短篇小說。以內容完整的小故事，傳達哲理，爲了引人入勝，在**設計故事情節**，**控制敘事節奏**，**深化人物形象**三方面下了許多苦心。

〈虬髯客傳〉是唐「**傳奇**」「**豪俠類**」小說的經典之作，講述風塵三俠（虬髯客、紅拂女、李靖）的故事，英雄豪俠的題材，本就容易引起讀者興趣，但本文除了題材本身，還有三大特點，是以千餘年來，始終膾炙人口。

一、**虛構人物形象生動**。故事中的歷史人物——李靖等人，存在感並不強，反而是虛構人物——紅拂女與虬髯客，令人印象深刻。紅拂女膽識過人、眼光獨到，虬髯客則豪邁精明、慷慨磊落，個性細膩豐富、形象光彩照人，顯示出杜光庭塑造人物形象的精深功力。

二、**故事情節精彩動人**。作者精心設計故事情節，是爲了傳達「李唐天命所歸」的主題。故藉虬髯客象徵擁兵自重的軍閥，又以虬髯客一遇見眞人李世民，便主動遠走他鄉，來勸喻有心之人不可輕舉妄動。然而，因爲情節安排巧妙，人物維妙維肖，讀者無不神往三俠的風采，卻不見得領略到文章的主題。

三、**虛實夾雜若有其事**。杜光庭擅長刻劃細節，如屋內擺設、人物衣著等，增加了故事的眞實感；敘述節奏掌握得宜，令人讀之欲罷不能；此外情節離奇曲折，卻又合於情理，令讀者不得不信。

虬髯客來去無蹤，行事詭異，令人難以捉摸，雖然是個虛構人物，但他的氣度風采，卻擄獲了無數讀者，永遠活在他們的心中。

3 文章精析

段旨

一 交代故事背景。敘述

一 隋煬帝之幸江都也，命司空楊素守西

幸（ㄒㄧㄥˋ）：帝王親臨。

翻譯

一 隋煬帝駕臨揚州，命令司空楊素留

隋末西京留守楊素驕貴僭越，無心救國。

文章關鍵

・點出故事背景：以隋煬帝、楊素帶出時間與地點，展開故事。

・楊素無心「扶危持顛」，使天下英雄有了逐鹿中原的機會，讓故事更加合理可信。

二 李靖登場。敘李靖覲見楊素，藉以引出紅拂。

文章關鍵

・楊素與李靖為一組對照，一貴一賤，一踞傲、一慷慨，楊素無心政務，李靖積極進取。

三 紅拂登場。敘紅拂慧眼識英雄。

紅拂閱人極多，見識非凡，認出李靖可託付終

京。素驕貴，又以時亂，天下之權重望崇者，莫我若也，奢貴自奉，禮異人臣。每公卿入言，賓客上謁，未嘗不踞床而見，令美人捧出，侍婢羅列，頗僭於上，末年益甚。無復知所負荷、有扶危持顛之心。

京：隋煬帝實有兩個首都，東京為洛陽，西京為大興。京，首都。
以：因。
莫我若也：即「莫若我」，沒有人比得上我。若，如。倒裝修辭。
異：不同，此指超越。
謁（ㄧㄝˋ）：拜見。
踞（ㄐㄩˋ）：伸開雙足而坐，有輕佻倨傲之意。【90統測】
床：坐臥的器具，此處指舁（ㄩˊ）床——可用手抬著走的床。
婢（ㄅㄧˋ）
羅列：排列。【98指考、100學測】
僭（ㄐㄧㄢˋ）：超越本分。
益：更加。
無復：不再。
荷（ㄏㄜˋ）
有：無復有，承前省略。
顛：倒落。

二 一日，衛公李靖以布衣來謁，獻奇策，素亦踞見之。靖前揖曰：「天下方亂，英雄競起，公為帝室重臣，須以收羅豪傑為心，不宜踞見賓客。」素斂容而起，與語大悅，收其策而退。

衛公：李靖日後封衛國公，故此作者稱呼他衛公。
布衣：借代平民。
素：楊素。
揖（ㄧ）：拱手行禮。
方：正。
帝室：國家。
斂（ㄌㄧㄢˇ）容：端正容貌，表示肅敬。

三 當靖之騁辯也，一妓有殊色，執紅拂，立於前，獨目靖。靖既去，而執拂妓臨軒，

靖：李靖。
騁辯：施展辯才，議論不絕。
妓：歌妓。
殊色：出眾的容貌。
執：拿。
拂：拂塵，拂拭灰塵或驅趕蚊蠅的用具。
目：注視，名→動。【101指考】
既：已經。
臨軒：來到窗邊。臨，來到。軒，窗。

守大興。楊素貴顯驕橫，又認為在動亂的時局中，天下權重望高的人，沒有一個比得上自己。生活奢侈豪華，禮儀僭越了人臣應有的分際。每當公卿大臣入府奏事，賓客上門謁見，沒有不是坐在舁床上接見的，（接見時）讓一群美女抬出來，侍從婢女成行排列，排場很像皇帝，晚年更變本加厲，不再記得自己所承擔的責任、也不再有扶危救亡的心志。

二 有一天，衛公李靖以平民身份來拜謁，呈獻治國妙計，楊素也是坐在舁床上接見。李靖上前作揖，說道：「天下正亂，英雄競相而起。您是肩負國家重任的大臣，該以延攬豪傑為職志，不應坐在舁床上接見賓客。」楊素收斂起驕橫的神色，站了起來，和李靖相談甚歡，在聽取建言後才讓李靖回去。

三 當李靖馳騁議論的時候，有位姿色出眾的歌妓，手中拿著紅色的拂塵站在前排，直盯著李靖看。李靖離去後，手執拂塵的歌妓走到窗前，指著李靖背

身，特意探詢李靖的身分、住處，引出下文夜奔的情節。

四 二俠相會。敘紅拂夜奔李靖，二人逃出西京，赴太原避難。

人物：

・紅拂行事果決，一旦傾心，義無反顧。李靖喜從天降，乍驚乍喜，亦不失小心。

人物性格：

・紅拂舉止大方，談吐高雅，兼之心思細膩，思慮周延。「絲蘿願託喬木」含蓄而不流於扭捏，「尸居餘氣」直接又不流於鄙俗。

・李靖謹慎的個性，從行為舉止流露出來，起初「驚」見佳人，一番對話之後，便冷靜下來，冷靜「審視」，喜獲佳人之後，「坐立不安」，事後數日仍持續探訪「追訪之聲」。

關鍵：

將歸太原，又引出下文。

指吏問曰：「去者**處士**第**幾**？住何處？」吏**具**以對，妓[2]**頷**而去。

處士：有才學而隱居不做官的人。
第幾：於兄弟中排行第幾。
具：詳細。
頷：微微點頭。

四 靖歸**逆旅**，其夜五更初，忽聞**叩**門而聲低者，靖起問**焉**。乃紫衣戴帽人，杖**揭**一**囊**。靖問：「誰？」曰：「妾楊家之紅拂妓也。」靖**遽**延入。脫衣去帽，乃十八九佳麗人也。**素面**華衣而拜。靖驚。答曰：「妾侍楊司空久，**閱**天下之人多矣，未有如公者**。**[3]**絲蘿非獨生，願託喬木**，故來**奔**耳。」靖曰：「楊司空權重京師，如何？」曰：「彼**尸居餘氣**，不足畏也。諸妓知其無成，去者眾矣。彼亦不甚**逐**也。**計**之詳矣，**幸無疑**

逆旅：旅舍、旅館。逆，迎接。
叩：敲。
焉：之，代詞，指敲門者。
揭：挑。
囊（ㄋㄤˊ）：袋子。
遽：急忙。
素面：沒有化妝。
閱：觀察。
者。：讚美的語氣。【99指考】
絲蘿非獨生，願託喬木：表明自己希望託付終生，有如絲羅攀附喬木一般，為借喻修辭。絲蘿，菟絲和女蘿，都是蔓生植物，指紅拂女。喬木，高大挺拔的樹木，指李靖。
奔：私奔。
尸居餘氣：像死屍般的躺著，向存留一口氣，無所作為。
逐：追逐、追究。
計：考慮，動詞。
幸：希望。
無疑：不要懷疑。

後，向侍從小吏問道：「那位離去的處士排行第幾？家住哪裡？」小吏詳盡地回答她，歌妓微微點頭走了。

四 李靖回到旅舍。這天夜裡五更初，忽然聽見有人敲門，聲音很低，李靖起身察問。原來是個身穿紫衣，戴著帽子的人，用木棍挑著一個行囊。李靖問：「誰？」答道：「我是楊家手執紅拂的歌妓。」李靖急忙請她進來。（女子）脫下外衣帽子，原來是十八、九歲的美女。沒有化妝，身穿華服，向李靖下拜。李靖慌忙答禮。女子說：「我侍奉楊司空很久，見識過很多人，沒有一位比得上您。菟絲和女蘿不能獨立生長，希望能依託在高大的喬木上，所以來投奔您。」李靖說：「楊司空的權力是京城中最大的，怎麼辦呢？」女子說：「他是個老朽將死的人，不值得畏懼。歌妓們知道他成不了事，逃走的人很多。他也不詳細追捕。我已經考慮得很周詳了，希望您不要疑慮。」問她姓什

焉。」問其姓，曰：「張。」問伯仲之次（兄弟長幼的次序。），曰：「最長。」觀其肌膚、儀狀、言詞、氣性（氣質。），眞天人（有如天仙，非同凡人。）也。靖不自意獲之，愈（更加。）喜懼，瞬息萬慮不安，而窺戶者足無停屨（ㄐㄩˋ；不斷地走來走去。屨，鞋，此指腳步。）。既數日，聞追訪之聲，意亦非峻（嚴峻。），乃雄服（女扮男裝。）乘馬，排闥（ㄊㄚˋ；推開大門。）而去，將歸太原。

五 行次（住宿。）靈石旅舍，既設床，爐中烹肉且（將。）熟，張氏以髮長委地（垂落至地。），立梳床前。靖方刷馬，忽有一人，中形，赤髯（長鬚。）而虬（ㄑㄧㄡˊ；如龍一般盤繞蜷曲的樣子。），乘蹇（ㄐㄧㄢˇ；跛腳。）驢而來，投（丟。）革囊（皮袋。）於爐前，取枕攲（ㄑㄧ；斜靠。）臥，看張氏梳頭。靖怒甚，未決，猶刷馬。張氏熟（仔細。）觀其（虬髯客。）面，一手握髮，一手映身搖示（藏在身後，搖動示意。映，隱蔽。），令勿怒。急

麼，說：「姓張。」問排行第幾，說：「最長。」看她的肌膚、儀態、談吐、氣質，眞像天仙一般。李靖沒有料到會得到她，非常高興也非常害怕，一時間思慮起伏不定、焦躁不安，頻頻向門外偷看，腳步幾乎沒停過。過了幾天，聽到追訪的風聲並不是很緊急，於是讓她改扮男裝騎上馬匹，推開大門而去，打算回到太原。

五 旅途上，在靈石旅舍留宿，已經安排好床位，爐中煮著肉，都快熟了。張氏因爲長髮拖地，站在床前梳頭。李靖正在門外刷馬，忽然有一個人，中等身材，紅色鬍子蜷曲似龍，騎著一匹瘦弱的驢子前來，扔一隻皮囊在火爐前，拿個枕頭來斜靠在床上，看著張氏梳頭。李靖非常生氣，卻忍著沒有發作，仍然繼續刷馬。張氏細看來人的面目，一手握著頭髮，一手暗置身後，向李靖搖動示意，叫他不要發怒。急忙把頭髮

五 虬髯客登場。寫三人在靈石旅舍相遇，並相約於太原相會，往訪異人（李世民）。

前半段三俠聚會，充滿戲劇性張力，爲全文最精采之處，情節中呈現出三人個性：

・虬髯客來去如風，豪邁不羈，旁若無人，積極主動，但帶有幾分邪氣。生食心肝處更顯傳奇色彩，銜恨十年顯現虬髯客的意志堅強。其言行處處流露出領導者與創業者的特質。

·紅拂機智冷靜，勇氣過人，虬髯客舉止無禮，紅拂卻能夠以柔克剛，三言兩語，便將劍拔弩張的情勢，消弭殆盡，同時更再次展現過人的眼光，將潛在敵人，轉化爲有力盟友。

·李靖隱忍溫和，謹慎多慮，但並非膽小，與虬髯客幾番互動後，甚至敢生食心肝，終於逐漸贏得虬髯客的肯定。

後半段由將赴太原一事，引出本文的主題——「逐鹿中原」。

文章關鍵：

·虬髯客問「異人」，李靖答「眞人」，與其立場心態有關。虬髯客有意問鼎天下，對李世民早有耳聞，但尚未查證之前，絕不服氣，故稱呼李世民「異人」，李靖希望輔佐眞主，平定天下，在閱覽天下英雄之後，認定李世民爲「眞人」。

·帶出劉文靜與李世民，將故事場景轉移到太原。故事重心，從李靖三人互動，轉爲虬髯客與李世民的暗中較勁。

急梳頭畢，**斂衽**前問其姓。臥客答曰：「姓張。」對曰：「妾亦姓張，**合**是妹。」遽拜之。問：「第幾？」曰：「第三。」問：「妹第幾？」曰：「最長。」遂喜曰：「今日多幸，遇一妹。」張氏遙呼曰：「李郎且來拜三兄！」靖驟拜，遂環坐。曰：「煮者何肉？」曰：「羊肉，**計**已熟矣。」客曰：「飢甚！」靖出**市**胡餅。客抽腰間匕首，切肉共食。食竟，餘肉亂切送驢前食之，甚速。客曰：「觀李郎之行，貧士也，何以致斯**異人**？」曰：「靖雖貧，亦有心者焉。他人**見問**，**固**不言，兄之問，則無隱耳。」具

斂衽（ㄖㄣˋ）：整衣行禮，表示恭敬。衽，衣襟。他本「衽」作「袂」。

合：應該。

計：估計。

市：買。

異人：非比尋常的人，指紅拂女。

見問：問我。

固：本來。

梳完，整理衣襟上前請教來人的姓氏。斜躺的客人答說：「姓張。」張氏答說：「我也姓張，算來該是妹妹了。」急忙下拜。張氏問：「排行第幾？」回答說：「第三。」反問：「一妹排行第幾？」張氏說：「最長。」來人高興地說：「今天很幸，能遇見一妹。」張氏遠遠地招呼李靖道：「李郎來拜見三哥！」李靖急忙進來行禮，於是三人圍著坐下。虬髯客問道：「煮的是什麼肉？」李靖說：「羊肉，估計已經熟了。」虬髯客說：「我很餓！」李靖出門買來燒餅。虬髯客抽出腰間匕首，切開肉一起吃了。吃完，將剩下的肉隨便切一切拿去餵驢子，動作很迅速。虬髯客說：「我看李郎的模樣是個窮書生，怎會得到這位佳人？」李靖答道：「我李靖雖然貧窮，也是個有雄心的人。這事若是別人問我，我一定不會說。兄長問，就不隱瞞了。」把事情的

言其由。曰：「然則將何之？」曰：「將避地太原耳。」客曰：「然，吾故謂非君所能致也。」曰：「有酒乎？」靖曰：「主人西則酒肆也。」靖取酒一斗，酒既巡，客曰：「吾有少下酒物，李郎能同之乎？」靖曰：「不敢。」於是開革囊，取一人頭並心肝，卻收頭囊中，以匕首切心肝共食之。曰：「此人乃天下負心者也，銜之十年，今始獲，吾憾釋矣。」又曰：「觀李郎儀形器宇，眞丈夫也。亦知太原有異人乎？」曰：「嘗見一人，愚謂之眞人；其餘，將相而已。」曰：「何姓？」曰：「靖之同姓。」

之：往。
主人：旅舍店主，此指旅舍。
巡：敬酒一輪稱一巡。
卻：放回。
乃：是。【94統測】
銜（ㄒㄧㄢˊ）：懷恨於心。
儀形器宇：儀表氣度。
愚：我，謙稱。
眞人：即眞命天子。

始末詳細說了。虬髯客說：「既然如此，那麼打算到哪裡去呢？」李靖說：「打算到太原避禍。」虬髯客說：「是了，我本來就認爲這樣的佳人，不是你這窮書生所能得到的。」又說：「有酒嗎？」李靖說：「旅舍的西面，就是酒店。」李靖買了一斗酒回來。喝了一杯之後，虬髯客說：「我有些下酒的東西，李郎能一起吃嗎？」李靖說：「不敢當。」於是打開皮囊，取出一顆人頭和一副心肝，把人頭放回袋中，然後用短劍切著心肝和李靖一起吃了。虬髯客說：「這傢伙是天下最負心的人，我對他懷恨了十年，現在才追捕到他，可洩我心頭之恨了。」又說：「我看李郎的儀表氣概，眞是個大丈夫。你也聽說太原有非凡的人士嗎？」李靖說：「曾經見過一個人，我認爲他具有帝王之相，其餘眾人，不過將相之才罷了。」虬髯客問：「姓什麼？」李靖說：「和我同

六 敘李靖與虯髯客初見李世民。

曰：「年幾？」曰：「近二十。」曰：「今何為？」曰：「州將之愛子也。」曰：「似矣，亦須見之，李郎能致吾一見否？」曰：「靖之友劉文靜者與之狎，因文靜見之可也。兄欲何為？」曰：「望氣者言太原有奇氣，使吾訪之。李郎明發，何日到太原？」靖計之，曰：「某日當到。」曰：「達之明日，方曙，候我於汾陽橋。」言訖，乘驢而去，其行若飛，回顧已遠。靖與張氏且驚懼。久之，曰：「烈士不欺人，固無畏。」促鞭而行。

六 及期，入太原候之，相見大喜，偕詣劉

李淵與李世民的親信。字肇仁，武功（今陝西省武功縣）人。隋末任晉陽令，與李世民為莫逆之交，曾助高祖、太宗起兵反隋。

為何。

太守，此指太原太守李淵。

友好親近。藉著、透過。

觀望雲氣推斷未來的奇人異士。

天剛亮時。

畢。

尚且。

豪邁慷慨的人。

一同去拜訪。詣，拜訪。

姓。」虯髯客問：「年紀多大？」李靖說：「將近二十歲。」虯髯客問：「現在他做什麼？」李靖說：「是州將的愛子。」虯髯客說：「應該就是我要拜訪的人了，不過也得見個面看看才行。李郎能設法讓我見他一面嗎？」李靖說：「我的朋友劉文靜和他很親密，透過劉文靜就可以見到他了。但是兄長見他，想作什麼呢？」虯髯客說：「望氣的人說太原有股奇氣，要我去探訪一下。李郎明天出發，哪一天能到太原？」李靖算一下日期，說道：「某日應該會到。」虯髯客說：「到達太原的第二天，黎明時分，在汾陽橋等我。」說完，跨上驢背馳去，行動如飛，轉眼間已不見蹤跡。李靖和張氏又驚又喜，過了好久才說：「重義氣的俠士是不會欺騙人的，根本無須害怕。」於是二人快馬加鞭地趕路。

六 到了約期，進入太原等候，果然再次相見，三人非常高興，一同到劉文

文章關鍵

・李世民初次登場，不拘小節，神采飛揚，折服在場眾人，虬髯客一見傾心，大方認輸。
・虬髯客並未徹底死心，因此決定尋訪助力，再來較量。
・虬髯客要李靖安頓紅拂，再回太原等候。埋下文末的伏筆。

氏，詐謂文靜曰：「有善相者思見郎君，請迎之。」文靜素奇其人，一旦聞有客善相，遽致酒延焉。既而太宗至，不衫不履，裼裘（ㄒㄧˊ ㄑㄧㄡˊ）而來，神氣揚揚，貌與常異。虬髯默居坐末，見之心死。飲數巡，起招靖曰：「眞天子也！」靖以告劉，劉益喜，自負。既出，而虬髯曰：「吾得十八九矣，然須道兄見之。李郎宜與一妹復入京，某日午時，訪我於馬行（ㄏㄤˊ）東酒樓下，下有此驢及一瘦騾，即我與道兄俱在其上矣，到即登焉。」又別而去，公與張氏復應之。及期訪焉，即見二乘（ㄕㄥˋ）。攬衣登樓，虬髯與一道士方對飲，見靖

- 詐：說謊。
- 郎君：李世民。
- 素：一向。
- 其人：李世民。
- 一旦聞：聽說。【97學測】
- 延：請。
- 太宗：李世民。
- 不衫不履：未穿正式服裝，不拘小節，輕便瀟灑。
- 6 裼裘：指在裘衣外罩袍衣。兩字皆轉品（名→動）。【97指考】
- 常：常人。
- 自負：自得。
- 道兄：稱同道長者，即下文所云道士。
- 乘：此指驢和瘦騾。

靜家拜訪。李靖對劉文靜假稱說：「有個善於看相的人想拜見郎君，請接他前來。」劉文靜向來覺得李世民很特殊，這時聽說有人善於看相，就急忙備酒邀請李世民。沒多久李世民到了，沒穿士服皮履，敞著皮袍子就來了；神采自得，儀表與眾不同。虬髯客默默地坐在最末的席次，見到他就死了稱帝之心。喝了幾杯酒後，起身招呼李靖說：「眞是個天子！」李靖把這話告訴劉文靜，劉文靜更加高興，自認爲眼力不凡。走出劉宅後，虬髯客說：「我看準了十之八九，不過還是得讓道兄看看。李郎最好和一妹再進京一趟。某天午時，到馬行東邊的酒樓下找我，（如果看到）樓下有這匹驢和一匹瘦騾，就表示我和道兄都在那座樓上，見到了就立刻上樓來。」又辭別離去，李靖和張氏再次答應了邀約。到了約期去拜訪，就見了那兩匹牲口。提起衣裳上樓，虬髯正和一名道士對坐飲酒，見到李靖又驚又喜，

七 寫虬髯客、李靖與道兄再見李世民，確認為真命天子，而不敢與之爭天下。

文章關鍵

・第二次會晤，虬髯客尋來高人，未料這位道士「一見慘然」，再次暗示李世民的王者風範，渾然天成。天命所歸，確然無疑。

・「奕棋」一事，象徵著逐鹿天下，道士對虬髯客一番談話，表面是說對奕無勝算，其實暗示著逐鹿中原，已經毫無指望，故而建議虬髯客另謀發展。

・段末邀請李靖夫婦，又再引出下文。

驚喜，召坐環飲。十數巡，曰：「樓下櫃中有銀十萬，擇一深隱處，**駐**一妹畢，某日復會我於汾陽橋。」

駐：安頓。

七 如期至，道士與虬髯已先坐矣。俱謁文靜，時方**弈**棋，起揖而語。**少**（ㄕㄠˇ）焉，文靜飛書迎**文皇**看棋。道士對弈，虬髯與靖旁侍焉。**俄**（ㄜˊ）而文皇來，**精采**驚人，長揖就坐，神清氣朗，**滿坐風生**，**顧盼暐**（ㄨㄟˇ）**如**也。道士一見慘然，**斂**棋子曰：「**此局**全輸矣！於此失卻局，奇哉！救無路矣！復**奚**（ㄒㄧ）言！」罷弈請去，既出，謂虬髯曰：「此世界非公世界也，他方可**圖**。**勉之**，勿以為念！」因共入

弈：下圍棋。
少：一下子。
文皇：唐太宗謚號為文皇帝。
俄：一下子。
精采：精神風采。
滿坐風生：言談出色，使全場氣氛活絡。
顧盼暐如：左右環顧，目光炯炯有神。暐，日光。
斂：收。
此局：雙關語，指棋局，更指天下之局勢。
奚：何。
復奚言：失落的語氣。【95指考】
圖：圖謀。
勉之：加油。
勿以為念：勉勵的語氣。【95指考】

招呼二人圍坐共飲。互相敬了十幾杯後，虬髯客說：「樓下櫃子裡有十萬錢，你找個僻靜的地方安頓好一妹，某天再到汾陽橋和我相會。」

七 李靖如期前往，上樓時發現道士和虬髯已先到了。於是一起去拜訪劉文靜，當時劉文靜正在下棋，（見他們來）起身作揖聊了幾句。過一會，劉文靜寫了封信，火速派人邀請李世民前來看棋。這時道士和劉文靜下棋，虬髯客和李靖侍立一旁，不久李世民來了，精神風采令人驚奇，作個長揖後坐下。神色清明，意態爽朗，和在座的人談笑風生，目光炯炯有神。道士一見如此，神色悽慘，收起棋子說：「這盤棋全輸了！在這一著上輸掉了全局，沒法挽救了！還有什麼好說的呢？」就停止對弈，起身告辭。走出劉宅，對虬髯客說：「這裡的天下不屬於你所有，可以到別的地方去發展。加油！別把這事放在心上。」於是一起回京。虬髯客說：

京。虬髯曰：「計李郎之程，某日方到。到之明日，可與一妹同詣某坊曲小宅相訪。李郎相從，一妹[28]懸然如磬，欲令新婦祗謁，兼議從容，無前卻也。」言畢，吁嗟而去。

八 靖策馬而歸，即到京，遂與張氏同往，乃一小板門，叩之，有應者拜曰：「三郎令候李郎、一娘子久矣。」延入重門，門益壯麗，婢四十人羅列庭前，奴二十人引靖入東廳。廳之陳設，窮極珍異，箱中妝奩、冠鏡、首飾之盛，非人間之物。巾櫛妝飾畢，請更衣，衣又珍奇。既畢，傳云：「三郎來！」乃虬髯紗帽褐裘而來，有龍虎之姿，相見歡

- 某：不定詞，某一天。
- 方：才。
- 坊曲：ㄈㄤ 街坊。曲，小巷。
- 懸然如磬：借喻無依孤單，如吊懸的磬。磬，ㄑㄧㄥˋ 用玉、石或金屬製成的一種樂器。
- 新婦：虬髯謙稱自己的妻子。
- 祗謁：祗，ㄓ，敬，謙詞。正式拜見。
- 從容：舉動。
- 無前卻：事先推辭。
- 吁嗟：ㄒㄩ ㄐㄧㄝ 感嘆。
- 三郎：虬髯客，因其在家中排行第三。
- 重：ㄔㄨㄥˊ 層。
- 陳設：陳放擺設。
- 妝奩：ㄌㄧㄢˊ 化妝用品。
- 巾櫛：洗臉梳頭。巾，面巾。櫛，梳子。二字名→動。
- 龍虎之姿：舉止非凡，有帝王之相。

八 敘虬髯客將家產贈李靖，勉他佐英主定天下；自己則與妻子遠走海外，另謀出路。

文章關鍵

- 借李靖到訪補述虬髯客來歷，原來虬髯客實力雄厚，富甲一方，為圖大業，早已籌備良久。
- 虬髯客雖然認輸，但一山不容二虎，因此毅然將家產轉贈李靖，輔佐李世民完成大業。自己則遠走他鄉，另闢戰場。
- 虬髯客起初對李靖並未另眼相待。見到李世民後，才逐漸肯定李靖的識人之明與傑出才幹，預言他能夠輔佐真主，位極人臣。

「算算李郎的行程，要某天才會到達。到京城後第二天，可和一妹同到某街坊的小宅找我。李郎隨我出來，而大妹留置家中，就像懸掛的石磬，孤單無依，我想讓內人拜見二位，並且商議今後的行動，可別先推辭呀！」說完，嘆口氣走了。

八 李靖策馬疾行，不久就回到了京城，於是和張氏一同前往。是一座小木門，敲了門，有人應聲出來，行禮說道：「三爺等候李爺和一娘子很久了。」帶領二人穿過重重門戶，門愈來愈壯麗。四十名丫鬟排列在庭院中，二十名小廝帶領李靖進入東廳。廳內的陳設，極其新奇華麗，箱中鏡匣、帽子、鏡子、首飾極多，都不像是人間的東西。梳洗妝扮後，又請他們更換衣服，衣服也是珍貴新奇。更衣後，才傳下話說：「三爺來了！」只見虬髯客戴著紗帽、敞著皮袍子進來，頗有龍行虎步的氣派，大家高興的見了面。虬髯催促妻

・虬髯客與李世民皆是領導型人才，因此作者對兩人許多特質的描述極為相似，可惜李世民天命所歸，虬髯客只能黯然退出，「天命」正是本文的主旨。

然。催其妻出拜，蓋亦天人也。遂延中堂，陳設盤筵之盛，雖王公家不侔也。四人對饌訖，陳女樂二十人，列奏於前。飲食妓樂，若從天降，非人間之曲度，食畢，行酒。家人自東堂舁出二十床，各以錦繡帕覆之，既陳，盡去其帕，乃文簿鎖匙耳。虬髯曰：「此盡是寶貨泉貝之數，吾之所有，悉以充贈。何者？某本欲於此世界求事，或當龍戰三二十載，建少功業。今既有主，住亦何為？太原李氏真英主也。三五年內，即當太平。李郎以英特之才，輔清平之主，竭心盡善，必極人臣。一妹以天人之姿，蘊不世之

- 侔（ㄇㄡˊ）：相比。
- 饌（ㄓㄨㄢˋ）：飲食，動詞。
- 女樂（ㄩㄝˋ）：歌妓。
- 行（ㄒㄧㄥˊ）酒：倒酒勸飲。
- 舁（ㄩˊ）：扛抬。
- 床：此指置物的架子。
- 文簿：記載資料的簿冊。
- 泉貝：錢幣。
- 數（ㄕㄨˋ）：數目。
- 某：我。
- 龍戰：借喻群雄爭霸。
- 蘊（ㄩㄣˋ）：懷藏。
- 不世：世上所無，極為傑出。

子出來見禮，原來也是天仙般的美女。於是請二人到中堂。四人對坐吃完飯，有二十名女子樂隊，排列在面前演奏。飯局上演奏的音樂，彷彿從天而降，不是人間的曲子，飯後，又敬了一回酒。家丁從東側房間抬出二十個架子來，上面都以錦繡絲帕覆蓋著。陳列妥當後，揭開所有的絲帕，都是些帳冊和鑰匙。虬髯客說：「這些都是珍寶錢財的帳目，我所有的財產，全部送給你們。為什麼呢？我本想在此世界上開創一番事業，或許要和群雄爭戰三二十年，建立一些功業。現在既然有真命天子，我留下還有何用？太原李氏真是個英主。三五年內，天下應該就會太平。李郎以英俊特出的才能，輔佐清明公正的君主，竭盡心力與才幹，一定會成為群臣之首。一妹以神仙般的姿容，懷藏世間少

九 敘李靖得虬髯客之資產，助唐太宗平定天下。印證了虬髯客的預言。

十 敘虬髯客入主扶餘國。

藝，從夫而貴，榮極**軒裳**（有帷幕的車子，大夫以上所乘。）。[9]非一妹不能識李郎，非李郎不能榮一妹。聖賢**起陸之漸**（乘勢而起，事業蒸蒸日上。引用自〈易經．漸卦〉。），**際會**（君臣相會。）如期。虎嘯風生，**龍吟雲萃**（ㄘㄨㄟˋ）（比喻帝王開創基業時，輔佐的英傑，從四面八方前來相助。引用自《易經》「雲從龍，風從虎，聖人作而萬物睹。」萃，聚集。），固非偶然也。**將**（持。）余之贈，以佐眞主，**贊**（助。）功業。勉之哉！此後十餘年，當東南數千里外有異事，是吾得志之**秋**（時候。）也。一妹與李郎可**瀝**（ㄌㄧˋ）酒（灑酒於地。瀝，滴下、灑落。）東南**相賀**（賀我。）。」因命家童列拜曰：「李郎、一妹，是汝主也。」言訖，與其妻**從**（ㄗㄨㄥˋ）（使…隨從。）一奴乘馬而去；數步，遂不復見。

九 靖據其宅，遂爲**豪家**（富有的人。豪，大。），得以助文皇**締構**（締結構造，指建立，同義複詞。）之**資**（資產。），遂**匡**（扶正。）天下。

十 貞觀十年，靖位至**左僕射**（ㄧㄝˋ）**平章事**（官名，位等宰相。），**適**（恰逢。）東

有的才藝，將來妻隨夫貴，乘軒車披霞帔，享盡榮華。不是一妹不能賞識李郎，不是李郎無法榮顯一妹。聖賢乘時並起，君臣及時遇合，就像老虎咆哮，狂風並起；蛟龍吟嘯，祥雲密聚，本來就不是偶然的。拿我送你的財物，去輔佐眞命天子，協助他建立功業。好好努力吧！今後十年，當東南幾千里外發生不尋常的事情，那就是我得遂心願的時候。一妹和李郎可以將酒灑向東南方來慶賀我。」就命僕役列隊行禮，說：「李郎和一妹，是你們的主人了！」說完，他和妻子帶著一名僕人騎馬離去。沒幾步，就不見蹤影。

九 李靖擁有這座宅第，就成了富豪之家，得以資助李世民建立王業，終於平定了天下。

十 貞觀十年，李靖任職左僕射平章

並點明主題：唐爲天命所歸，人臣不可心存異志。

文章關鍵

・虬髯客不愧爲英雄豪傑，另闢蹊徑，在海外建立功業。

・「乃知眞人之興也，非英雄所冀，況非英雄者乎？」一段議論，是本文主題，全篇故事都是根據這段議論設計出來的，目的是警告晚唐作亂的藩鎮，李唐乃天命所歸，不可螳臂當車，逆上作亂，自取滅亡。

南蠻入奏曰：「有海船千艘，甲兵十萬，入扶餘國，殺其主自立，國已定矣。」靖心知虬髯得事也，歸告張氏，**具**禮相賀，瀝酒東南祝拜之。乃知眞人之興也，非英雄所**冀**，況非英雄者乎？10 人臣之**謬**思**亂**者，乃**螳臂之拒走輪**耳。我**皇家**垂福**萬葉**，豈**虛然**哉！**或曰**：「**衛公**之兵法，半是虬髯所傳也。」

具：準備，動詞。
冀（ㄐㄧˋ）：希望，動詞。
謬（ㄇㄧㄡˋ）：錯誤的。
亂：作亂。
螳臂之拒走輪：螳螂用臂膀抵擋疾馳的車輪；比喻不自量力。拒，抵抗。
皇家：李唐。
萬葉：世代。
虛然：空虛不實。
衛公：李靖。
或曰：另有一說。

事。正好東南蠻入京啓奏道：「有千艘海船，十萬甲兵，入侵扶餘國，殺了國君自立爲王。扶餘國已被平定了。」李靖心裡明白虬髯客大事已成，回家告訴張氏，準備了禮品道賀，將酒灑向東南祝禱拜謝。由此可知帝王的興起，不是一般英雄所能覬覦的，何況不是英雄的人物呢？妄想作亂的臣子，就像螳螂用臂膀去阻擋疾馳的車輪一樣。我大唐帝國福祉綿遠，永垂萬世，哪是僥倖所得來的呢？有人說：「李衛公的兵法，有一半是由虬髯客所傳授的。」

文法修辭提示

1. 目：轉品（名→動）
2. 頷：轉品（名→動）
3. 絲蘿非獨生，願託喬木：譬喻（借喻）
4. 市：轉品（名→動）
5. 不敢：謙詞
6. 裼、裘：轉品（名→動）
7. 此局全輸矣！於此失卻局哉！救無路矣：雙關。（局除了指「棋局」外，亦兼指「世局」）
8. 一妹懸然如磬：譬喻
9. 非一妹不能識李郎，非李郎不能榮一妹：回文
10. 人臣之謬思亂者，乃螳臂之拒走輪耳：譬喻（隱喻／暗喻）

4 作者介紹　杜光庭

作者	晚唐 杜光庭（西元八五〇～九三三年）爲唐末五代著名道教人物。字聖賓，號東瀛子
籍貫	處州縉雲人
生平經歷	1.唐懿宗時，應舉不第，心生感慨，乃入天臺山修道。 2.避亂入蜀，留成都，唐亡，前蜀王建稱帝，賜號廣成先生，特別禮遇，累官戶部侍郎。 3.後主王衍受道籙於苑中，以杜光庭爲傳眞天師，崇眞館大學士。杜光庭辭官不就，隱居青城山白雲溪，潛心修道終老。
其他	擅長詩文，精通道教經典多，歸納道教科範儀規，是唐末五代道教學術集大成者。著有《諫書》、《廣成集》、《神仙感遇傳》。

5 國學常識

傳奇的演變【94學測及94、98、91指考、89統測】

一、歷代之「傳奇」【89統測】

唐	宋、金	元	明
文言短篇小說	諸宮調	戲曲（元雜劇）	南曲戲文

二、唐「傳奇」與後代之「傳奇」比較【101指考】

唐人傳奇小說	宋、金諸宮調	元、明雜劇	明、清傳奇南曲戲文
陳鴻《長恨歌傳》		白樸《梧桐雨》	洪昇《長生殿》
陳玄祐《離魂記》		鄭光祖《倩女離魂》	
元稹《鶯鶯傳》（又名《會眞記》）	董解元《西廂記諸宮調》	王實甫《西廂記》	李日華《南西廂》
杜光庭《虬髯客傳》【94學測】		明．凌濛初《虬髯翁》（明代的雜劇）	張鳳翼《紅拂記》 張太和《紅拂記》
沈既濟《枕中記》		馬致遠《黃粱夢》	湯顯祖《邯鄲記》
李公佐《南柯太守傳》			湯顯祖《南柯記》
蔣防《霍小玉傳》			湯顯祖《紫釵記》

6 文法修辭

雙關【103學測】

定義：用一個詞語同時關顧兩種不同事物，或一段語言同時兼有兩個以上意涵。

★亞父受玉斗，置之地，拔劍撞而破之，曰：「唉！豎子！不足與謀！奪項王天下者，必沛公也，吾屬今為之虜矣！」→明指項莊，暗指項羽不用其謀。（司馬遷〈鴻門宴〉）

★道士一見慘然，斂棋子曰：「此局全輸矣！於此失卻局，奇哉！救無路矣！復奚言！」罷弈請去→局除了指「棋局」外，亦兼指「世局」。（杜光庭〈虬髯客傳〉）【103學測】

7 語文天地

一、形音義

因	
憑藉	「因」文靜見之可也
	未若柳絮「因」風起（《世說新語》）
	「因」人之力而敝之，不仁（《左傳·燭之武退秦師》）
因為	恩所加，則思無「因」喜以謬賞（魏徵〈諫太宗十思疏〉）
依順	批大郤，導大窾，「因」其固然（莊子〈庖丁解牛〉）
親近	「因」不失其親，亦可宗也（《論語·學而》）
接連	加之以師旅，「因」之以饑饉（《論語·先進》）
乘、趁	此天之亡楚之時也，不如「因」其機而遂取之（《史記·項羽本紀》）
於是、就	「因」摸地上刑械，作投擊勢（方苞〈左忠毅公逸事〉）

卻	
退	「卻」收頭囊中
	感我此言良久立，「卻」坐促絃絃轉急（白居易〈琵琶行〉）
了	於此失「卻」局
推辭	兼議從容，無前「卻」也
	此係公事，先生幸勿推「卻」（〈用奇謀孔明借箭〉）
正	魯智深提起禪杖，「卻」待要發作（〈花和尚大鬧桃花村〉）
排拒	「卻」賓客以業諸侯（李斯〈諫逐客書〉）
豈	明日即將來射曹軍，「卻」不甚便（〈用奇謀孔明借箭〉）
但是	肅允諾，「卻」不解其意（〈用奇謀孔明借箭〉）
擊退	後秦擊趙者再，李牧連「卻」之（蘇洵〈六國論〉）
再、且	「卻」說魯肅領了周瑜言語（〈用奇謀孔明借箭〉）
	公今可去探他虛實，「卻」來回報（〈用奇謀孔明借箭〉）
	我且與夫人廝見了，「卻」來吃酒未遲（〈花和尚大鬧桃花村〉）

且	
句中助詞	李郎「且」來拜三兄 爐中烹肉「且」熟
將	聞左公被炮烙，旦夕「且」死（方苞〈左忠毅公逸事〉）
況且	「且」臣少事僞朝，歷職郎署（李密〈陳情表〉） 「且」君爲晉君賜矣（《左傳．燭之武退秦師》）
尚且	身衣口食，「且」免求人（白居易〈與元微之書〉）

將	
打算	乃雄服乘馬，排闥而去，「將」歸太原
拿	有酒「將」些來吃（〈花和尚大鬧桃花村〉） 明日即「將」來射曹軍（〈用奇謀孔明借箭〉）
把	可「將」身後託汝（韓愈〈祭十二郎文〉） 還「將」兩行淚，遙寄海西頭（孟浩然〈宿桐廬江寄廣陵舊遊〉）
了	小嘍囉把鼓樂就廳前擂「將」起來（〈花和尚大鬧桃花村〉）
則、那麼	使其中不自得，「將」何往而非病（蘇轍〈黃州快哉亭記〉） 使其中坦然，不以物傷性，「將」何適而非快（蘇轍〈黃州快哉亭記〉）
如果	蓋「將」自其變者而觀之（蘇軾〈赤壁賦〉）

將	
將近	今滕（滕，地名），絕長補短，「將」五十里也（《孟子．滕文公上》）
將要	不知老之「將」至云爾（《論語．述而》）
唯、只	「將」恐今之視古，亦猶後之視今也（《世說新語》）
將領，名詞（ㄐㄧㄤˋ）	刺客不行，良「將」猶在（蘇洵〈六國論〉） 使「將」士更休，而自坐幄幕外（方苞〈左忠毅公逸事〉）
率領，動詞（ㄐㄧㄤˋ）	欲「將」輕騎逐，大雪滿弓刀（盧綸〈塞下曲〉）

逆	
ㄋㄧˋ	
迎接	靖歸「逆」旅 楚莊王伐鄭，鄭伯肉袒牽羊以「逆」（蘇軾〈留侯論〉）
違背、觸犯	順天者存，「逆」天者亡（《孟子．離婁上》）
違法亂紀	「逆」閹防伺甚嚴（方苞〈左忠毅公逸事〉）

二、成語集錦

群雄逐鹿	喻群雄爭取天下或爭奪地位，即起陸之漸、逐鹿中原、先後崛起。
絲蘿託喬	絲蘿不能獨自生存，願依附大樹。喻女子嫁人，得所依託。
尸居餘氣	比死人只多一口氣，猶言「苟延殘喘」。

不衫不履	未穿著正式士服皮屨，只穿便衣便鞋。多指不拘小節。
滿座風生	意指言談出色，舉座爲之吸引。風生，即談吐風生，形容健談而動聽。
顧盼暐如	視盼之間神采奕奕。
龍虎之姿	有龍行虎步之態。謂英雄儀表，帝王之姿。
不世之藝	比喻難得的才藝、非凡的才能。
虎嘯風生	比喻帝王的興起，必有佐命之臣隨之而生。
螳臂拒輪	螳螂用臂膀抵擋疾馳的車輪。比喻不自量力。

8 實力健身房

1.多選（文章分析【104學測】）

（　）許多文學作品中的女性，常被塑造成順從男性意志、以男性爲中心的形象。下列有關女性的描寫，顛覆這種形象的選項是：

(A)賣花擔上，買得一枝春欲放。淚染輕勻，猶帶彤霞曉露痕。怕郎猜道，奴面不如花面好。雲鬢斜簪，徒要教郎比並看

(B)張氏（紅拂）熟視其面，一手握髮，一手映身搖示（李）靖，令勿怒。急急梳頭畢，斂衽前問其姓。臥客答曰：「姓張。」對曰：「妾亦姓張，合是妹。」遽拜之

(C)愛太傷／不愛最大／請人間蒸發／月光下／有的王子／原來是青蛙／愛錯又怎樣／難免會遇上／愛的黑魔法／我沒在怕／因爲女生／越戰越堅強

(D)姨娘梳各式各樣的頭，什麼鳳凰髻、羽扇髻、同心髻、燕尾髻，常常換樣子，襯托著姨娘細潔的肌膚，嬝嬝婷婷的水蛇腰兒，越發引得父親笑瞇了眼

(E)秀潔沒有回答，金發伯也沒有繼續說下去，……她（秀潔）竟在一種自己無法控制的、莫名其妙的情緒下提高嗓門，朗聲答道：「你不要妄想！……就是你逼我唱，我死也不唱，看你這小小的開封府尹，又怎麼奈何得了本宮！」

2.多選（文章分析【101學測】）

（　）《後宮甄嬛傳》中，華妃陪皇后看戲時說：「到底是樊梨花有身家，出身西涼將門的嫡出女兒。若是換作庶出女兒，再沒有這移山倒海的本事，可眞是死路一條了。」華妃表面上是評論戲中角色，實則藉以影射皇后是庶出女兒。下列文句畫底線處的文字，也在表面意義之外另有影射的選項是：

(A)鳳姐拉過劉姥姥來，把一盤子花橫三豎四的插了一頭，賈母和眾人笑得不得了，劉姥姥笑道：「我雖老了，年輕時也風流，愛個花兒粉兒的，今兒索性做個老風流。」

(B)范進想向丈人胡屠戶借鄉試的路費，被胡屠戶罵了一個狗血噴頭：「你問我借盤纏，我一天殺一個豬還賺

不得錢把銀子，都把與你去丟在水裡，叫我一家老小嗑西北風？」

(C) 華歆勸曹丕殺曹植。曹丕召曹植入見，限七步吟詩一首，須以「兄弟」爲題，但不許犯「兄弟」字樣，方可免死。曹植略不思索，即吟曰：「煮豆燃豆萁，豆在釜中泣。本是同根生，相煎何太急！」

(D) 虬髯客想請道士觀察李世民是否具天子之相，以決定自己是否退出逐鹿之局，乃由劉文靜邀李世民前來看棋。弈棋中的道士見李世民神采驚人，慘然曰：「此局全輸矣！於此失卻局，奇哉！救無路矣！」

(E) 歐陽鋒將柯鎮惡震下屋頂，郭靖、黃蓉分別以降龍十八掌、落英神劍掌對付歐陽鋒。一旁窺見的楊過，後來故意說給黃蓉聽：「一個大蟋蟀跟一隻老蟋蟀對打，老蟋蟀輸了，又來了兩隻小蟋蟀幫著，三隻打一個。大蟋蟀跳來跳去，這邊彈一腳，那邊咬一口，嘿嘿，那可厲害了……」。

3. 單選（字義【90統測】）

（　）下列各句「　」中之字、詞，何者有輕視傲慢之意？

(A) 長「跪」讀素書（〈飲馬長城窟行〉）

(B) 項王按劍而「跽」（司馬遷〈鴻門宴〉）

(C) 攀緣而登，「箕踞」而遊（柳宗元〈始得西山宴遊記〉）

(D) 賓客上謁，未嘗不「踞」床而見（杜光庭〈虬髯客傳〉）。

---

4. 多選（文意理解【99指考】）

（　）在言談書寫中讚美對方，除了能讓受話的對方有好印象，也有助於達成交際目的。下列敘述，敘說者選用「讚美對方」的技巧的選項是

(A) 紅拂投奔李靖時對李靖說：「妾侍楊司空久，閱天下之人多矣，未有如公者。絲蘿非獨生，願託喬木，故來奔耳。」

(B) 張良對項羽說：「沛公不勝桮杓，不能辭。謹使臣良奉白璧一雙，再拜獻大王足下；玉斗一雙，再拜奉大將軍足下。」

(C) 劉姥姥遇見賈惜春時說：「我的姑娘！你這麼大年紀兒，又這麼個好模樣兒，還有這個能幹，別是個神仙托生的罷。」

(D) 孟嘗君對馮諼說：「文倦於事，憒於憂，而性懧愚，沉於國家之事，開罪於先生。先生不羞，乃有意欲爲收責於薛乎？」

(E) 蘇轍在給韓琦的信中說：「轍之來也，於山見終南、嵩、華之高，於水見黃河之大且深，於人見歐陽公，而猶以爲未見太尉也！」

5. 多選（文法修辭【97指考】）

（　）下列文句「　」內，屬於名詞做動詞用的選項是：

(A) 位卑則「足」羞，官盛則近諛

(B) 獨「樂」樂，與人樂樂，孰樂

(C) 孟嘗君怪其疾也，「衣冠」而見之

(D) 不衫不屨，「裼裘」而來，神氣揚揚，貌與常異

(E) 是君臣、父子、兄弟去利懷仁義以相接也，然而不「王」者，未之有也。

解答及名師解析

1. (B)(C)(E)

解析：

題幹中文學作品中的傳統女性形象，源自《周易．坤卦》以柔順爲德，象徵婦德。如孟子所謂：「以順爲正者，妾婦之道也。」女性的傳統形象就是順從男性意志，以男性爲中心。

(A) 文意爲：女子怕意中人覺得自己不如花美，於是把花簪在頭上，是「女爲悅己者容」，以男性爲中心的形象。語譯：從賣花擔子上，買來一枝含苞待放的春花。宛如紅霞的花瓣上帶有曉露痕跡，就像美女俏臉上輕輕染著清淚。怕情郎猜疑我的容顏比不上花美。於是把花斜斜簪在如雲鬢髮上，只是要教情郎一起比較著看。

(B) 紅拂在本段中居於主導權，先請李靖息怒，又以禮對待虬髯客，智解虬髯客的愛慕之情，轉化爲兄妹關係。這是顛覆傳統以男子爲中心的主動形象。

(C) 文意爲：女生看透某些男生齷齪的本質：「有的王子／原來是青蛙」，但仍主張「愛錯又怎樣／難免會遇上／愛的黑魔法／我沒在怕／因爲女生／越戰越堅強」。表現女生主動追求愛情，愈挫愈強，而非一味順從男性。這是顛覆傳統以男子爲中心的主動形象。

(D) 文中姨娘梳各式各樣的髻，是爲了「引得父親笑瞇了眼」，「女爲悅己者容」，仍是以男性爲中心的形象。

(E) 文中秀潔的回答：「就是你逼我唱，我死也不唱」顯現一種反抗金發伯的氣勢，甚至引用駙馬唱詞：「看你這小小的開封府尹，又怎麼奈何得了本宮！」可知她已擺脫傳統女子順從形象，這是顛覆傳統以男子爲中心的主動形象。

2. (C)(D)(E)

解析：

(A) 劉姥姥自我解嘲，語中並無影射之意。出自曹雪芹《紅樓夢．劉姥姥》。

(B) 胡屠戶痛斥女婿范進，語中並無影射之意。出自吳敬梓《儒林外史．范進中舉》。

(C) 「豆」和「豆萁」（豆莖）比喻同父母所生的兄弟，以燃燒豆莖來煮豆影射兄弟相殘。出自劉義慶《世說新語》。

(D) 「局」兼指「棋局」與「世局」兩義，以棋局影射天下大勢，而棋局之輸，雙關角逐天下已無希望。出自杜光庭〈虬髯客傳〉。

(E) 「蟋蟀」喻人，以蟋蟀相鬥影射柯鎮惡與郭靖、黃蓉夫婦聯手圍攻歐陽鋒，語帶譏刺之意。出自金庸《神雕俠侶》。

3. (D)

解析：

(A) 長跪：古人席地而坐時，兩膝著地，以臀部緊貼腳後跟。長跪時，將腰及臀部挺起，以示莊重。

(B) 跽：音ㄐㄧˋ，長跪，項王按劍而跪，有防衛之意。

(C) 箕踞：伸其兩腿而坐，意爲恣意享受自然風光，逍遙自在。

(D) 踞：伸開兩腿彎膝而坐。「踞床而見」意謂伸開雙腿坐於床上，是一種輕佻傲慢的坐姿。

4. (A)(C)(E)

解析：

(A) 說明紅拂慧眼識英雄，果決地將自己的終身依託給李靖。「閱天下之人多矣，未有如公者」是對李靖的讚美肯定。出自杜光庭〈虬髯客傳〉。

(B) 鴻門宴中，劉邦尿遁，留下張良獻出禮物善後。張良說明劉邦已先離開，再致送禮物，並未讚美項羽或范增。出自司馬遷〈鴻門宴〉。

(C) 劉姥姥表面憨厚，其實有她慧黠的一面。進大觀園，帶來無限歡樂，賈母指著惜春說她會畫畫，這位老貴婦流露出得意的心態，劉姥姥的回應是把惜春大捧特捧，不但捧她的畫藝，還捧她的美貌。出自曹雪芹《紅樓夢・劉姥姥》。

(D) 孟嘗君用一套冠冕堂皇的客氣話表示對馮諼的歉意，然後問是否願去收債？孟嘗君並不清楚馮諼的能耐，此處並未讚美他。出自《戰國策・馮諼客孟嘗君》。

(E) 本文中，蘇轍寫自己走出家門，遠遊名山大川後，緊接著寫與豪俊交游，引出歐陽公，再切入題旨，提出要求謁見韓太尉。他以見山見水的大、高、深，襯太尉之雄才大略，以爲見不著太尉，就沒有盡天下之大觀。這是對太尉至高無上的讚美。出自蘇轍〈上樞密韓太尉書〉。

5. (B)(C)(D)(E)

解析：

(A) 「足」：副詞，非常。「向地位低的人學習，就感到十分羞恥，向官位高的人學習，又覺得近於諂媚。」出自韓愈〈師說〉。

(B) 「樂」：動詞，享受音樂。「獨自聽音樂感到快樂，與他人一同聽音樂感到快樂，哪一種比較快樂？」出自《孟子・梁惠王下》。

(C) 「衣冠」：動詞，指穿好衣服，戴好帽子。「孟嘗君覺得他如此迅速就返回，十分奇怪，穿好衣服、戴好帽子接見他。」出自《戰國策・馮諼客孟嘗君》。

(D) 「褐裘」：動詞，指穿著褐衣和皮衣。「（李世民）沒有穿正式服裝，在皮衣外披上袍衣前來，神采飛揚，超越平凡人甚遠。」出自杜光庭〈虬髯客傳〉。

(E) 「王」：動詞，指稱王天下。「如此即是君臣、父子、兄弟相處都去除好利的心，懷抱仁義的態度相互對待，如此一來，不稱王天下，是不可能的。」出自《孟子・告子下》。

18 岳陽樓記

◎范仲淹

1 大考關注

【字詞義、翻譯、字音：103、100學測、103、101統測及100、98、95、94指考】

★悲：因爲。「吾誰『與』歸」字義：向。

★不『以』物喜：因爲。遷客「騷」人：憂愁，泛稱詩人或失意的文人。

★而或長煙「一」空，皓月千里：全。

★「屬」予作文以記之：請託。

★「薄」暮冥冥：接近。「郁郁」：茂盛的樣子。

★「去」國懷鄉：離開。

★字形、字義：心曠神怡，寵辱「偕」忘：都。

★翻譯「白露橫江，水光接天，縱一葦之所如，淩萬頃之茫然」。

★翻譯「至若春和景明……而或長煙一空，皓月千里，浮光躍金，靜影沉璧，漁歌互答，此樂何極！」

【篇章結構、文法：96學測、101、96、94指考】

★宋代〈岳陽樓記〉、〈醉翁亭記〉、〈黃州快哉亭記〉三則貶謫文學章法與文情。

★唐、宋以來，「記」體文學迭有名篇，或抒寫山水名勝，或描寫特定名物，不一而足。范仲淹岳陽樓記即屬前者。

★岳陽樓記旨在抒發「不以物喜、不以己悲」及「先憂後樂」的抱負，爲亭臺樓閣記。

★范仲淹【蘇幕遮】：「碧雲天，黃葉地」→以思鄉爲主題，以先景後情的手法寫別情，爲別後之場景與心情。

【文學史、岳陽樓詩、對聯、文意閱讀理解：101學測、102、100、99、98、96、95、93指考】

★「予觀夫巴陵勝狀，在洞庭一湖。銜遠山，吞長江，浩浩湯湯，橫無際涯」：爲後對前進行「描述、解說」。

★互文足義：不以物喜、不以己悲。

★對聯對應之建築：四面湖山歸眼底，萬家憂樂到心頭→岳陽樓。

★范仲淹「不以物喜，不以己悲。居廟堂之高，則憂其民；處江湖之遠，則憂其君。是進亦憂，退亦憂；然則何時而樂耶？其必曰：『先天下之憂而憂，後天下之樂而樂。』」這種生命情懷與任事態度，與伊尹「治亦進，亂亦進」的「聖之任者」（生命情懷與任事態度）最爲接近。

★「上下天光」意謂天與水色相映，並非湖面與山色相互輝映。「郁郁青青」意指小洲上香氣濃郁，草色青蔥，並非洋溢青春的色彩。

★「而或長煙一空，皓月千里，浮光躍金，靜影沉璧，漁歌互答，此樂何極」：是敘述因月景而興發愉悅之情。

★古文中的詞語解釋，有的可以從上下文意直接判斷，有的可從文化傳統中尋思其長期累積的意義：本文屬於後者的是：「遷客騷人，多會於此，覽物之情，得無異乎」的「騷人」解釋爲「失意文人」。

★「浩浩湯湯，橫無際涯，朝暉夕陰，氣象萬千，此則岳陽樓之大觀也」的文意理解。

2 文章解讀

慶曆四年，范仲淹收到滕子京邀請，爲重修岳陽樓一事做記，范仲淹有感於滕子京身爲貶謫之臣，卻勤勞政事，僅一年便將轄區治理得「政通人和，百廢俱興」，遂一口答應此事，於是留下這篇名傳千古的佳作。【101指考】

〈岳陽樓記〉屬於臺閣名勝記，一般臺閣名勝記，不外乎講述臺閣名勝的修葺過程、歷史沿革、周遭景致、象徵意義，但大文豪的臺閣名勝記，常常**借題發揮，抒發個人議論**，如〈岳陽樓記〉、〈醉翁亭記〉。

全文可以分爲三個部分：

第一個部分（第一～二段）以**敘事**爲主，是一般臺閣名勝記較重視的部分，包括第一段**交代作記緣由**。第二段描述**形勢與景觀**，但范仲淹認爲前人作品甚多，很難再出新意，於是提出「遷客騷人，多會於此，覽物之情，得無異乎」的議論，將被人排擠的心境跟景物變化結合，引出三、四兩段。

第二個部分（第三～四段）**兼具寫景與抒情**，描述岳陽樓的兩大盛景「雨景」「晴景」，並藉由兩大盛景引出「雨悲」「晴喜」兩種情懷，而「悲」、「喜」正是一般人在「失志」、「得志」時的兩種心境。這兩段運用很多四字句與對偶，辭采極美，韻律和諧，將岳陽樓與洞庭湖周遭景致描繪得極其生動。

第三個部分（第五段）是**議論**。總結前文，指出因境遇而「悲」「喜」，本是人之常情。然而有種崇高情懷，使人心境超然，能不計得失，永遠心繫天下——「先天下之憂而憂，後天下之樂而樂」。而這種儒家的情懷，正是范仲淹畢生的志向。【89統測、96學測及96指考】

段旨

一 第一段導讀：說明作記之緣由。

・交代「人、事、時、地、物」。

・「謫」字是全文的文眼。

二 描寫洞庭湖的勝景。簡述岳陽樓的盛景，在於洞庭湖的山光水色。以「前人之述備矣」收結，筆鋒一轉，以此地爲交通樞紐，帶出「遷人騷客」往往於此有「覽物之情」——觀雨而悲，賞晴而喜。

3 文章精析

一 慶曆四年春，滕子京謫守巴陵郡。越明年，政通人和，百廢具興，乃重修岳陽樓，增其舊制，刻唐賢今人詩賦於其上，屬予作文以記之。

- 謫：ㄓㄜˊ，被貶官。【92指考】
- 守：動詞，擔任……的太守。
- 越：到了。
- 百廢：各種廢弛的政事。
- 具：通「俱」，全部。
- 舊制：舊有規模。
- 屬：ㄓㄨˇ，通「囑」，請託。

二 予觀夫巴陵勝狀，在洞庭一湖。[1]銜遠山，吞長江，[2]浩浩湯湯，橫無際涯，[3]朝暉夕陰，氣象萬千，此則岳陽樓之大觀也，前人之述備矣！然則[4]北通巫峽，南極瀟、湘，[5]遷客騷人，多會於此，覽物之情，[6]得無異乎？

- 夫：發語詞。
- 勝狀：美景。
- 一：一，表數目。【92統測】
- 銜：用嘴含或叼。岳陽樓與對岸的君山遙遙相對，如人張口，故用銜字。
- 遠山：指洞庭湖中的君山。
- 吞：吸納。
- 浩浩湯湯：ㄕㄤ ㄕㄤ，水流廣大湍急。浩浩，水體廣大。湯湯，水勢湍急。
- 際涯：邊際。
- 文意。【100統測】
- 暉：日光。
- 陰：昏暗。
- 氣象：景象。
- 大觀：壯盛的景觀。
- 述：描述。
- 然則：然而。
- 極：窮、盡，引申爲到達，動詞。
- 遷客：被貶謫放逐的人。
- 騷人：失意的文人。騷，《離騷》。【102指考】

翻譯

一 慶曆四年的春天，滕子京獲罪貶官，掌管巴陵郡。到了隔年（即慶曆五年），政事通達，人民和樂，所有廢弛的政事全都興辦起來，於是便重新修建岳陽樓，擴大舊有的規模，刻上唐代賢人和當代人的詩賦，並囑託我寫篇文章紀念這件事。

二 我觀察到巴陵郡的美景，全聚集在洞庭湖。湖口被遠處的君山包夾，好像人的嘴巴含著東西，吞納著長江的流水，湖面極廣，水流很急，遼闊彷彿沒有邊際；日夜景色，變化多端；這就是岳陽樓所見的壯麗景象，前人的作品中已經描述得很完備了。然而它北方連接巫峽，南邊遠達瀟水、湘江，被貶謫放逐的人與失意憂愁的文人，往往在此相會，觀覽景物萌生的情思，能夠沒有不同嗎？

三 雨悲——寫遷客騷人感物而悲的情懷。

・本段「雨悲」與下段「晴喜」，都是先寫「覽物」，再寫內心被牽動出的「覽物之情」。

・寫景用駢句、四字句與對偶句，形成文字整齊之美。

・「形」「行」「冥」押韻，「啼」「譏」押韻，配合駢體，形成一種節奏感與音樂感。

・寫雨景極具動態，陰風、濁浪、客船為視覺摹寫，虎嘯猿啼為聽覺摹寫。

四 晴喜——寫遷客騷人覽物而喜的情懷。段析先寫「覽物」，再寫內心被牽動出的「覽物之情」。

・「明」「驚」「頃」「泳」「青」押韻，讀來清晰明快。

・先寫朝暉之景，再寫夕陰之景，大都以視覺摹寫描述湖面反映光影的情形。「岸芷汀蘭，鬱鬱青青」則添入嗅覺摹寫。

三 若夫霪雨霏霏[7]，連月不開；陰風[8]怒號，濁浪排空；日星[9]隱耀，山岳潛形；商旅不行，檣[10]傾楫摧；薄暮冥冥[11]，虎嘯[12]猿啼。登斯樓也，則有去國[13]懷鄉，憂讒[14]畏譏，滿目蕭然，感極而悲者矣！

- 若夫：轉折詞，相當於「至於」，意同下文「至若」。
- 霪（ㄧㄣˊ）雨：下了很久的雨。
- 霏霏（ㄈㄟ ㄈㄟ）：細雨綿密的樣子。
- 開：雲開、放晴。
- 若夫霪雨霏霏，連月不開：本小段文意。【100指考】
- 號：ㄏㄠˊ
- 排：推向。
- 潛：隱藏。【98學測】
- 檣（ㄑㄧㄤˊ）：船桅。
- 楫（ㄐㄧˊ）：船槳。
- 薄（ㄅㄛˊ）：迫近。【89、92統測】
- 薄暮冥冥，虎嘯猿啼：句中對。【97統測】
- 去國：離開首都。去，離開。國，國都。【100、92指考】
- 讒（ㄔㄢˊ）：毀謗。
- 蕭然：蕭條淒涼的樣子。

四 至若春和[15]景明，波瀾不驚，上下天光，一碧萬頃，沙鷗[16]翔集，錦鱗[17]游泳，岸芷汀蘭，鬱鬱[18]青青。而或長煙一空，皓月千里，[19]浮光躍金，靜影沉璧，漁歌互答，此樂何極！登斯樓也，則有心曠[20]神怡，寵辱偕忘，把酒臨風，其喜洋洋者矣！

- 景：日光。
- 上下天光：日光與湖面反射的水光。
- 萬頃：廣大無邊。頃，百畝。
- 錦鱗：借代為魚。【97統測】
- 本小段文意。【97統測】
- 芷（ㄓˇ）、汀（ㄊㄧㄥ）：芷、蘭，皆香草。汀，水邊平地或河流中的小沙洲。
- 鬱鬱（ㄩˋ ㄩˋ）青青（ㄐㄧㄥ ㄐㄧㄥ）：鬱鬱，香氣濃烈。青青，通「菁菁」，茂盛的樣子。
- 一：盡，完全。【95統測】
- 沉璧：沉在水中的圓璧。
- 浮光躍金：浮動的水面，反射出的月光，彷彿有生命一般，跳動不已。【98、97學測】
- 本小段文意。【99指考】
- 曠：開朗舒暢。
- 偕（ㄒㄧㄝˊ）：皆。【99統測】

三 至於連日下著綿密細雨，幾個月都不放晴；冷風呼呼地吹，好像人在發怒一樣，濁浪衝向空中；遮住了太陽星辰的光輝，與山岳峰巒的形體；商人旅客不敢航行，桅杆傾倒，船槳摧折；傍晚時天色昏暗，老虎長嘯、猿猴哀鳴（從遠處傳來）；（這種時候）登上岳陽樓，則會有股遠離國都、心繫朝廷，憂慮遭到詆毀，畏懼他人譏諷的心情，在滿目淒涼蕭瑟的景色中，越加感到苦澀，乃至悲痛。

四 至於春天溫暖宜人，陽光明朗，湖面水波不起，天光水色上下相連，一片碧綠廣闊無邊；沙鷗在湖上飛翔棲息，五顏六色的魚兒在水中浮游；岸邊和小洲上的香草，香氣濃烈而茂盛【98指考：考翻譯】。而有時滿天的雲霧一掃而空，明月普照千里大地，在浮動的水面上，反射出躍動的金光，在平靜的水面，則倒映出整個月亮，如同沉在水底的璧玉。漁歌互相答唱，這種樂趣，真是無窮啊！此時登上岳陽樓，就會有種心胸開闊、精神愉快，寵辱得失全都忘懷，拿著酒杯迎著和風的喜悅心情，洋溢而生。

五 寫古仁人以天下為己任，「先憂後樂」的情懷。

・開頭以問句總結以上兩段，帶出仁人志士的志向。

・寫仁人志士處，處處與前文的遷客騷人對比，遷客騷人因晴雨而悲喜，因個人得失而動心，而仁人志士超脫這種情緒，時時刻刻以天下蒼生為念，「先天下之憂而憂，後天下之樂而樂」，而這正是范仲淹的理想。【98學測】

※【91統測】考本段標點符號。

五 **嗟夫**！予嘗求古仁人之心，**或**異**二者**之為，何哉？[21]不**以**物喜，不以己悲。[22]居[23]**廟堂**之高，則憂其民；處[24]**江湖**之遠，則憂其君。**是**進亦憂，退亦憂。然則何時而樂耶？其必曰：「[25]**先天下之憂而憂，後天下之樂而樂**」乎！噫！**微斯人**，**吾誰與歸**？

時**六年**九月十五日。

- 嗟夫：感嘆詞，唉。
- 或：還有，表示選擇之意。
- 二者：雨悲、晴喜。
- 以：因。【95指考】
- 廟堂：借代為朝廷。
- 江湖：借代為在野。
- 是：如此一來。
- 先天下之憂而憂，後天下之樂而樂：化用孟子對齊宣王語：「樂以天下，憂以天下。」【91統測、90學測及93指考】
- 微斯人：沒有這樣的人。微，無。斯人，古仁人。
- 吾誰與歸：即「吾歸與誰」，歸，歸附。
- 六年：慶曆六年。

五 唉！我曾經探究古代仁人的心志，有些反應和以上兩者（常人因晴喜，因雨悲）不同，這是為什麼呢？他們不因外在環境的美惡而悲喜，不因個人的窮達而哀樂。不論在朝為官或退居在野，都會憂慮人民的生活，與君王施政的得失。如此一來，入朝為官也憂心，退隱在野也憂心；那麼要到什麼時候才會感到快樂呢？他一定會說：「天下人感到憂慮前就先憂慮，天下人都感到快樂後才快樂！」唉！如果沒有這樣的仁人，我要贊同、歸向誰呢？

慶曆六年九月十五日。

文法修辭提示

1. 銜遠山，吞長江：對偶、擬人
2. 浩浩湯湯：疊字
3. 朝暉夕陰：句中對
4. 北通巫峽，南極瀟湘：對偶
5. 遷客騷人：句中對
6. 得無異乎？：激問
7. 霏霏：疊字
8. 陰風怒號：擬人
9. 日星隱耀，山岳潛形：對偶
10. 檣傾楫摧：句中對
11. 冥冥：疊字
12. 虎嘯猿啼：句中對
13. 去國懷鄉：句中對
14. 憂讒畏譏：句中對
15. 春和景明：句中對
16. 沙鷗翔集，錦鱗游泳：對偶

17. 錦鱗：借代
18. 鬱鬱青青：疊字
19. 浮光躍金，靜影沉璧：對偶、略喻
20. 心曠神怡：句中對
21. 不以物喜，不以己悲：互文
22. 居廟堂之高，則憂其民；處江湖之遠，則憂其君：隔句對
23. 廟堂：借代
24. 江湖：借代
25. 先天下之憂而憂，後天下之樂而樂：引用，化用

4 作者介紹 范仲淹

字號	宋 范仲淹，字希文，卒謚文正
籍貫	吳縣（今江蘇省蘇州市）人
生平	1. 范仲淹二歲喪父，母親改嫁，遂從繼父姓朱，名說（ㄩㄝˋ）。舉進士後，迎母歸養，並還姓更名。 2. 以龍圖閣直學士經略陝西。守邊數年，號令嚴明，軍民愛戴；羌人呼為「龍圖老子」，西夏人也說：「小范老子，胸中自有數萬甲兵！」相約不敢侵犯，邊境安服。當時邊民有歌謠言道：「軍中有一韓，西賊聞之心膽寒；軍中有一范，西賊聞之驚破膽！」 3. 慶曆三年（西元一〇四三），任參知政事，推行政治革新，史稱「慶曆新政」，但因招致反對，乃自請罷政事。後出知各州，最後卒於任上。 4. 自奉儉約，卻樂善好施，常接濟天下才俊之士，並設置義田，以養濟族人；尤以興學育才，激勵士風。
文學成就	范仲淹提倡古文，反對西崑體，可說是宋代古文運動之先驅，所做詩文，以傳道教化為主，又多闡述民胞物與的胸懷；詞作傳世者僅五首，豪放、婉約兼而有之。有《范文正公集》傳世。

5 國學常識 明清古文運動的流變、貶謫文學佳篇

一、明清古文運動的流變

朝代	背景	發展特色	
明代	明初宋濂、劉基同為古文大家，復古成為風潮	古文	
		秦漢派（擬古）	1. 主張「文必秦漢，詩必盛唐」，流於模仿。 2. 以前後七子為代表。
		唐宋派	1. 以歸有光、茅坤等為代表，為明代古文正宗。 2. 歸有光為文取法史記及唐宋古文，深受清代桐城派的推崇。 3. 茅坤編撰唐《宋八大家文鈔》，確立了唐宋古文八大家的歷史地位。

明代		小品：公安派	1.袁宏道與兄宗道、弟中道並稱「三袁」，並爲公安派大家。 2.反對擬古、復古，主張文學應「重性靈、貴獨創」。 3.締造晚明小品文的盛況。
		小品：竟陵派	1.補救公安派末流輕薄通俗之不足，追求幽深孤峭。 2.以鍾惺、譚元春爲代表。
清代	清代學者鑑於明代末流，束書不觀，遊談無根，於是樸學興起，以復古爲職志。古文大致以唐宋爲主流。	桐城派：安徽桐城人方苞、劉大櫆、姚鼐，主張義理、考據、詞章三者並重，爲文宗《左傳》、《史記》。	

二、貶謫文學佳篇

篇名	作者	被貶原因	貶地
《永州八記》	柳宗元	王叔文案	永州
《琵琶行並序》、《與元微之書》	白居易	盜殺武元衡，上疏請亟捕賊	江州
《岳陽樓記》	范仲淹	慶曆新政失敗	鄧州
《醉翁亭記》	歐陽脩	上書請求重新起用范仲淹等人未被採納	滁州
《赤壁賦》、《念奴嬌赤壁懷古》	蘇軾	烏臺詩案	黃州

6 文法修辭

互文

定義：互文是省略若干詞語，以達成精簡文句的表達方式。將兩個或兩個以上結構相近的詞句，節省部分文字，利用相互補充解釋的方式，綜合起來以表達完整的文意。

★東犬西吠，客踰庖而宴：爲當句互文，「東（西）犬西（東）吠」之意（歸有光〈項脊軒志〉）

★不以物喜，不以己悲：不以己喜，不以物悲（范仲淹〈岳陽樓記〉）

★負者歌於塗，行者休於樹，前者呼，後者應：負（行）者歌於途，行（負）者修於樹，前（後）者呼，後（前）者呼（歐陽脩〈醉翁亭記〉）

7 語文天地

一、形音義

字	注音	字義	例句
薄	ㄅㄛˊ	迫近	「薄」暮冥冥，虎嘯猿啼（范仲淹〈岳陽樓記〉）
		微薄	會數而禮勤，物「薄」而情厚（司馬光〈訓儉示康〉）
		沒有厚度	如履「薄」冰（《詩經・小雅・小旻》）
		輕、減輕	躬自厚，而「薄」責於人（《論語・衛靈公》）
		輕視	不宜妄自菲「薄」，引喻失義（諸葛亮〈出師表〉）
		刻薄	故聞柳下惠之風者，鄙夫寬，「薄」夫敦（《孟子・萬章下》）

字	注音	字義	例句
微	ㄨㄟˊ	無、沒有	「微」斯人，吾誰與歸？（范仲淹〈岳陽樓記〉）
		衰微	吾觀三代以下，世衰道「微」（顧炎武〈廉恥〉）
		暗中、祕密	引入，「微」指左公處（方苞〈左忠毅公逸事〉）
		小	具體而「微」

字	注音	字義	例句
霏	ㄈㄟ	雨雪綿密的樣子	「霏」雨霏霏
緋	ㄈㄟ	紅色	「緋」聞（比喻感情、婚姻方面的傳聞）
蜚	ㄈㄟ	流傳於眾人之口的閒言閒語	「蜚」短流長
	ㄈㄟˇ	一種專食稻花的害蟲	「蜚」蠊（或稱爲蟑螂）
悱	ㄈㄟˇ	心裡有意見想表露卻說不出來的樣子	不憤不啓，不「悱」不發（《論語・述而》）
		悲切動人的樣子	纏綿「悱」惻
斐	ㄈㄟˇ	有文采的樣子	「斐」然成章，不知所以裁之（《論語・公冶長》）

二、義近詞

浩浩湯湯	浩浩蕩蕩、浩浩淼淼、洶湧澎湃、白浪滔天
遷客騷人	騷人墨客、逐客愁人、謫宦詩人
春和景明	春風澹蕩、淑氣迎人、風和日麗、惠風和暢
政通人和	安和樂利、康樂之治、風行草偃、路不拾遺
寵辱偕忘	寵辱不驚、物我兩忘、心凝形釋、陶然自適
勝狀	美景、大觀、勝景
騷人	詩人、墨客、詩家
遷客	謫吏、逐臣、謫臣
薄暮	黃昏、向晚、向暮
鬱鬱	馥烈、芳香、濃馥
青青【90統測、98指考】	菁菁、蒼蒼、萋萋、離離、蔚蔚、蓊蓊、芊芊、蓁蓁、鬱鬱

8 實力健身房

1、2單選（閱讀理解與字義【103學測】）

1、2題爲題組閱讀下文，回答1、2題。

　昌他亡西周，之東周，盡輸西周之情於東周。東周大喜，西周大怒。馮且曰：「臣能殺之。」君予金三十斤。馮且使人操金與書，間遺昌他書曰：「告昌他，事可成，勉成之；不可成，亟亡來亡來。事久且泄，自令身死。」因使人告東周之候曰：「今夕有姦人當入者矣。」候得而獻東周，東周立殺昌他。候：斥候，探子。

（《戰國策．東周策》）

1.（　）下列各組「　」內的文字，前後意義相同的選項是：

(A)昌他亡西周，「之」東周／嚮「之」來，非有取於升斗之祿

(B)馮且使人操金「與」書／噫！微斯人，吾誰「與」歸

(C)事久「且」泄，自令身死／今疾「且」成，已非三月不能瘳

(D)「因」使人告東周之候曰／「因」人之力而敝之，不仁。

2.（　）依據文意，選出敘述正確的選項：

(A)馮且收買昌他爲西周間諜，遭東周查獲而遇害

(B)馮且命昌他策反東周斥候，反令昌他被捕遇害

(C)馮且誣陷昌他收賄通敵，昌他逃至東周而遭戮

(D)馮且故布疑陣，使昌他被東周誤爲間諜而遭戮。

3.單選（文學史【101學測】）

（　）閱讀以下金庸《射鵰英雄傳》文字，根據文意、情境，依序選出最適合填入＿＿的選項：

　黃蓉道：「做這篇文章的范文正公，當年威震西夏，文才武略，可說得上並世無雙。」郭靖央她將范仲淹的事跡說了一些，聽她說到他幼年家貧、父親早死、母親改嫁種種苦況，富貴後儉樸異常，處處爲百姓著想，不禁油然起敬，在飯碗中滿滿斟了一碗酒，仰脖子一飲而盡，說道：「＿＿，大英雄大豪傑固當如此胸懷！」（第二十六回）

　黃蓉道：「當面撒謊！你有這許多女人陪你，還寂寞甚麼？」歐陽克張開摺扇，搧了兩搧，雙眼凝視著她，微笑吟道：「＿＿。」黃蓉向他做個鬼臉，笑道：「我不用你討好，更加不用你思念。」（第十二回）

甲、心曠神怡，寵辱偕忘

乙、先天下之憂而憂，後天下之樂而樂

丙、悠悠我心，豈無他人？唯君之故，沉吟至今

丁、日暮長江裏，相邀歸渡頭。落花如有意，來去逐船流

(A)甲丙　(B)甲丁　(C)乙丙　(D)乙丁。

4.單選（文意閱讀理解【93指考】）

（　）范仲淹〈岳陽樓記〉：「不以物喜，不以己悲。居廟堂之高，則憂其民；處江湖之遠，則憂其君。是進亦憂，退亦憂。然則何時而樂耶？其必曰：『先天下之憂而憂，後天下之樂而樂乎！』」這種生命情懷與任事態度，與下列人物哪一位最爲接近：
(A)伊尹　(B)伯夷　(C)莊子　(D)柳下惠。

5.多選（閱讀理解【96指考】）

（　）滕宗諒重修岳陽樓，「刻唐賢今人詩賦於其上」，並請范仲淹作記。范仲淹讀了前人作品，將其歸納爲悲、喜兩類。下列有關岳陽樓的唐詩，抒發悲懷的選項是
(A)白首看黃葉，徂顏復幾何。空慚棠樹下，不見政成歌（張說〈岳州看黃葉〉）
(B)日長風暖柳青青，北雁歸飛入窅冥。岳陽樓上聞吹笛，能使春心滿洞庭（賈至〈西亭春望〉）
(C)昔聞洞庭水，今上岳陽樓。吳楚東南坼，乾坤日夜浮。親朋無一字，老病有孤舟。戎馬關山北，憑軒涕泗流（杜甫〈登岳陽樓〉）
(D)倚樓高望極，展轉念前途。晚葉紅殘楚，秋江碧入吳。雲中來雁急，天末去帆孤。明月誰同我，悠悠上帝都（江爲〈岳陽樓〉）
(E)萬古巴丘戍，平湖此望長。問人何淼淼，愁暮更蒼蒼。疊浪浮元氣，中流沒太陽。孤舟有歸客，早晚達瀟湘（劉長卿〈岳陽館中望洞庭湖〉）。

解答及名師解析

1.(C)

解析：
(A)往、至／助詞。出自蘇轍〈上樞密韓太尉書〉。語譯：先前來到京師，不是想謀取微薄的俸祿。
(B)和、同／向。出自范仲淹〈岳陽樓記〉。語譯：哎！如果沒有古代先憂後樂的仁人志士，我將歸向誰呢？
(C)將／將。出自方孝孺〈指喻〉。語譯：現在病症將要形成，沒有三個月是治不好的了。
(D)於是、從而／憑藉、依靠。出自《左傳．燭之武退秦師》。語譯：憑藉別人的助力卻反過來擊敗他，這是不仁德的。

2.(D)

解析：
(A)昌他由西周叛逃至東周，並非西周間諜。之所以被殺是遭馮且以反間計謀害。
(B)馮且並未下命給昌他，也無策反一事。
(C)馮且行反間計，讓昌他被誤爲間諜，並非誣陷昌他收賄通敵。

語譯：（西周大臣）昌他逃離西周，前往東周，把西周國家機密的實情全都告訴了東周。東周君主十分高興，西周君主知道後非常生氣。馮且對西周君主說：「我能殺掉昌他。」西周君主給馮且三十斤黃金運用。馮且派人帶著黃金與書信，用反間計送

給昌他，信上說：「告訴昌他，事情可以辦成，就努力完成；如果無法辦成，就趕快逃回來。時間一久，事情恐怕洩漏，你就會自身難保。」於是又派人告訴邊境的東周探子說：「今天晚上有奸細要潛入東周。」探子抓到西周派出去送信的人（搜出書信）獻給東周君主，東周君主立即殺了昌他。

3. (C)

解析：

從「他幼年家貧、父親早死、母親改嫁種種苦況，富貴後儉樸異常，處處爲百姓著想」來判讀，表現的就是范仲淹「先天下之憂而憂，後天下之樂而樂」的精神；從「你有這許多女人陪你，還寂寞什麼」和「我不用你討好，更加不用你思念」來判斷，丙較貼切。

甲、出自范仲淹〈岳陽樓記〉。語譯：心神開闊怡悅，無論榮寵或恥辱全都忘卻。

乙、出自范仲淹〈岳陽樓記〉。語譯：在天下人憂愁之前就先憂愁了，在天下人都快樂了之後才能享受快樂。

丙、改寫自曹操〈短歌行〉。語譯：我憂思滿懷，難道沒有別人了嗎？只因爲你的緣故，讓我深思至今。

丁、出自儲光羲〈江南曲〉。語譯：夕陽的餘暉映照在長江上，大家互相招呼著一起把船划向渡口回家。那落花也好像有了情意，無論來去，都跟在小船的後頭不肯離去。

4. (A)

解析：

范仲淹表現的是積極入世，進亦憂，退亦憂的儒家精神。

(A) 伊尹是「治亦進，亂亦進」的「聖之任者」。

(B) 伯夷是「治則進，亂則退」的「聖之清者」。

(C) 莊子爲視名利地位如糞土腐鼠，追求自然逍遙，出世精神的道家代表人物。

(D) 柳下惠爲「不羞汙君，不辭小官」、「爾爲爾，我爲我，雖袒裼裸裎於我側，爾焉能浼我哉？」的「聖之和者」。

5. (A)(C)(D)(E)

解析：

(A) 由「白首」、「黃葉」、「空」可知乃抒發悲懷。

語譯：年華老逝時，看著黃葉紛飛，已逝的時光如此多，未來還有多少可以把握？在棠樹下，想及往日賢者爲地方爭得福祉，一事無成的我只能徒存慚愧之心，因爲至今我的政績成果，還不足以被歌頌。

(B) 由「風暖」、「春心」可見喜樂。

語譯：在長長白日間，享受暖風吹拂，見得青青楊柳，極目北送飛舞的雁群往遙遠的天空飛去。岳陽樓上聞聽吹笛的喜樂，讓處身洞庭的我，春心自在洋溢。

(C) 由「親朋無一字，老病有孤舟。戎馬關山北，憑軒涕泗流」可明顯得知抒發悲懷。

語譯：從前風聞洞庭湖有著廣闊的水面，如今眞登上了岳陽樓遠眺。春秋時吳、楚兩國的土地，在湖的東南方被湖水隔開（另解即洞庭湖是那樣廣闊，好像把東南方的吳和楚的土地打開了個大缺口）。湖面廣闊宏偉，天地日月好像都浮在湖水上。親戚朋友音訊全無，只有我這個病老頭子伴著孤獨的小船。國家西北的邊疆還在打仗，我倚著欄杆，不禁涕泗縱橫。

(D)由「晚葉紅殘」、「帆孤」、「悠悠」可知抒發悲懷。

語譯：倚著高樓遠望他方，反覆想著未來如何面對。夜晚時分，殘餘的紅葉在楚地飄零，秋天深碧的江水流往吳地。雲端上雁群急飛，天際只見孤帆遠行，不知此刻還有誰跟我及明月一同，滿懷憂思趕往朝廷？

(E)由「愁暮」、「孤舟」可知抒發悲懷。

語譯：巴陵山萬古長戍於此，洞庭湖長久在此映帶。我問旁人這水怎能如何壯闊，在愁苦的傍晚，更讓人感到蒼茫。層層疊疊的浪潮浮動著大自然的氣息，大股大股的水流，常能吞沒太陽。孤舟中歸心愁苦的旅客，早晚由此抵達瀟湘。

19 醉翁亭記

◎歐陽脩

1 大考關注

【字詞義、翻譯、字音：97學測、100統測及101、99、93指考】

★「觥」籌交錯：ㄍㄨㄥ。

★寄「蜉」蝣於天地：ㄈㄨˊ。

★「觥籌」交錯：酒器及酒籌。

★「浮光躍金」：月光照射在浮動水面，如同金光閃爍。

★綱舉「目」張：網的孔目。引申為施政大綱的細目。

★傴僂「提攜」：孩童。

【文法修辭、章法：104、103學測、101、97、96指考】

★禽鳥知山林之樂，而不知人之樂；人知從太守遊而樂，而不知太守之樂其樂也：為補充關係複句。上、下句的文意互相補足。

★禽鳥知山林之樂，而不知人之樂；人知從太守遊而樂，而不知太守之樂其樂：層遞：禽鳥的山林之樂→人之樂→太守之樂。句子形式整齊，未將詞語的順序故意安排的前後參差不同。

★「有亭翼然臨於泉上者」→造句語法：「有」（述詞）＋「亭」（受詞）＋「翼然臨於泉上者」（受詞補語），其中受詞補語是補充受詞特徵。

★全文共用二十一個「也」字，使用「也」字形成特殊風格。

★〈醉翁亭記〉「記」的敘述→首段採用「由景而人」的手法，勾連山、水、亭、人物，終而拈出「樂」字。

【文意理解：99、98、95學測、100統測】

★「已而夕陽在山……而不知太守之樂其樂也」→推斷「太守之樂」與他人不同之由：傳達作者能夠自適謫官的心境和與民同樂的襟懷。。

★前者呼，後者應，傴僂提攜，往來而不絕者，滁人遊也→先因後果，前者呼（因），後者應（果）。

★「人知從太守遊而樂，而不知太守之樂其樂也」→展現個人襟抱：不以貶謫為意，而能樂民之樂。

★醉翁亭記作為文學之旅→未有「農田」景象。

【國學常識（文人與詞風的辨識能力）：96、95學測、96、94指考】

★唐、宋以來，記體文學迭有名篇→歐陽脩醉翁亭記屬「抒寫山水名勝」之作。

★范仲淹〈岳陽樓記〉、歐陽脩〈醉翁亭記〉、蘇轍〈黃州快哉亭記〉，三篇「宋代貶謫文學」的比較
→①三篇皆爲貶謫文學中未露惆悵感慨的名篇。②醉翁亭記未有官運難卜，也未見及時行樂的心境。③岳陽樓記認爲儘管仕途受挫，知識分子仍當以百姓安樂爲念。④黃州快哉亭記認爲心胸坦然，超越人生的缺憾，才能擁有自在的生命。

★以「也」字爲句尾詞，論語、孟子及先秦諸子已多見，宋人散文亦好用之，其中使用「也」字形成特殊風格而最爲後人所稱頌的文章是→歐陽脩〈醉翁亭記〉

2 文章解讀

歐陽脩是北宋著名的政治家與文學家，領導北宋的文學革新運動，提出文章必須「明道致用」的主張，作品用字平易，**內容充實**，擅長**抒情與說理**，具有**條理清晰**、**婉轉多姿**的特性。

一篇出色的臺閣名勝記，往往都會藉題發揮，如〈岳陽樓記〉藉寫景帶出議論，暢談儒家政治理念。〈醉翁亭記〉**看似只有寫景與敘事**，**實則內容提到的「使民安樂，與民同樂」就是歐陽脩的議論**。歐陽脩受人牽連，才被貶至滁州，卻從不怨天尤人，能夠很快調整心境，盡力做好本分，實在難能可貴，體現出他過人的才幹與修養。【90學測、91統測】

〈醉翁亭記〉用字平易，但字字珠璣，文意豐富。修辭佈局，有著歐文的兩大特色：

一、**條理清晰**：全文以樂字貫穿，善用層遞修辭。首先以「醉翁之意不在酒，在乎山水之間也」帶出山水之樂、緊接著以四季朝暮變化描寫山林之樂、藉此引出滁人遊山之樂，而太守一行人混跡於遊山的隊伍之中，享受著宴飲之樂，然而自得其樂的歐陽脩，既不是爲山林而樂、也不因飲宴而樂、而是以能爲人民創造幸福而自豪，只有人民幸福，太守才可能與民同樂。

二、**婉轉多姿**：全文用而字二十五個，也字二十一個。全文可分爲許多小段，以「也」字收結，整齊複沓，令人琅琅上口。而多用而字，則讓文章婉轉多姿，韻味橫生。【96指考】

本篇雖然沒有激昂的措辭，嚴正的宣示，但歐陽脩仁民愛物的情懷，洋溢在字裡行間在在令人體會到他與民同樂的喜悅。

段旨

一 寫醉翁亭四周環境與命名由來。

- 由遠至近，層層遞進。「環滁皆」山→「西南諸峰」→「琅邪」→「讓泉」→「醉翁亭」。
- 「醉翁亭」帶出建亭者、命名者、醉翁的由來，點出「山水之樂」。

3 文章精析

一 [1]環滁(ㄔㄨˊ)皆山也。其西南諸峰，林壑(ㄏㄨㄛˋ)尤美。望之蔚然而深秀者，琅邪(ㄌㄤˊ ㄧㄝˊ)也。山行六七里，漸聞水聲潺潺(ㄔㄢˊ ㄔㄢˊ)，而瀉出於兩峰之間者，讓泉也。峰回路轉，有亭[2]翼然臨於泉上者，醉翁亭也。[3]作亭者誰？山之僧智僊(ㄒㄧㄢ)也。[4]名之者誰？太守自謂也。太守與客來飲於此，飲少輒醉，而年又最高，故自號曰醉翁也。[5]醉翁之意不在酒，在乎山水之間也。山水之樂，得之心而寓之酒也。

- 環：環繞，名→動。
- 壑：山谷。
- 蔚然：草木茂盛狀。
- 深秀：濃厚秀美。
- 琅邪：或作琅琊、瑯琊，山名。
- 潺潺：流水聲。
- 峰回路轉：山勢周折迴旋。
- 翼然：亭子的飛簷翹起，其勢宛如鳥兒張開翅膀，副詞。【97指考】
- 臨：位於高處，往下方看。亭比擬為鳥，為轉化修辭。
- 謂：稱呼。
- 輒：就。
- 翁：男性老者。
- 心：心靈。【99指考】
- 寓：寄託。

翻譯

一 環繞滁州四面的都是山，而西南方各座山峰的樹林、山谷尤其優美。看上去草木茂盛、景色幽深秀麗的，是琅邪山。沿山步行六七里，逐漸聽到潺潺的流水聲，從兩座山峰之間傾洩出來的，是讓泉。山勢迴環曲折，路也隨著轉彎。山裡面有座亭子，簷角翹起如鳥兒展翅之勢，高踞在泉水之上，就是醉翁亭。修建亭子的是誰？是山中的和尚智僊。替它取名的是誰？就是太守自己呀！太守和賓客到這兒飲酒，稍微喝點就醉，而且年紀又最大，所以自稱醉翁。醉翁醉心的不在酒，而是美好的山水。觀賞山水的樂趣，領會在心裡而寄託在喝酒上。

二 描繪琅邪山朝暮四時的不同景色。寫「山林之樂」，分朝暮春夏秋冬六個部分。這段是個人觀賞山林之樂，帶出下一段滁人遊山之樂及太守與民共遊之樂。

三 寫滁人遊山之樂與太守宴遊之樂。四段皆是人事之樂。「滁人遊」「太守宴」「眾賓歡」「太守醉」，亦是由大範圍逐漸遞進焦點↓「太守自己」。

二 若夫日出而林霏開，雲歸而巖穴暝，晦明變化者，山間之朝暮也。野芳發而幽香，佳木秀而繁陰，6風霜高潔，水落而石出者，山間之四時也。朝而往，暮而歸，四時之景不同，而樂亦無窮也。

- 林霏（ㄈㄟ）：樹林間的霧氣。霏，霧氣。
- 歸：收聚。
- 暝（ㄇㄧㄥˊ）：昏暗。
- 晦（ㄏㄨㄟˋ）：幽暗。
- 晦明……暝：對偶句型。【90統測】
- 芳：花。
- 發：綻放。
- 幽：清幽，淡而不絕。
- 陰（ㄧㄣˋ）：通「蔭」。
- 風霜高潔：錯綜，即「風高霜潔」。【98統測】
- 水落而石出：此指水枯石現，後延伸出成語「水落石出」，指事件真相大白。【97學測、92統測】
- 四時：四季。

三 至於7負者歌於塗，行者休於樹，前者呼，後者應，8傴僂提攜，往來而不絕者，滁人遊也。臨谿而漁，谿深而魚肥；釀泉為酒，泉香而酒洌；山肴野蔌，雜然而前陳者，太守宴也。宴酣之樂，非9絲非竹。射者中，弈者勝，觥籌交錯，起坐而諠譁者，眾賓懽也。蒼顏白髮，頹然乎其間者，太守醉也。

- 負者：背東西的人。
- 塗：通「途」，道路。
- 休：休息。【94統測】
- 傴僂（ㄩˇ ㄌㄡˊ）：駝背，借代老人。【90統測】
- 提攜：牽扶，借代孩童。【101指考】
- 谿（ㄒㄧ）：山谷。
- 漁：捕魚，動詞。
- 臨谿而漁……雜然而前陳者：整句文意。【99學測】
- 洌（ㄌㄧㄝˋ）：清澈。
- 肴（ㄧㄠˊ）：煮熟的肉類。
- 蔌（ㄙㄨˋ）：蔬菜。
- 陳：陳列。
- 酣（ㄏㄢ）：盡情喝酒。
- 絲竹：借代為音樂。絲，絃樂器。竹，管樂器。
- 射：擲矢投壺的遊戲。
- 弈（ㄧˋ）：下圍棋，動詞。
- 觥籌（ㄍㄨㄥ ㄔㄡˊ）：酒杯、酒籌。觥，酒杯。籌，酒籌。【100、99統測、93指考】
- 懽（ㄏㄨㄢ）：同「歡」。
- 頹然：醉倒的樣子。

二 當日出而林間霧氣消散；雲霧聚集而岩洞昏暗。明暗的光景變化，是山間早晚不同的景象。野花綻放散出清幽的香氣；林木秀美繁衍出濃密的綠蔭；天高氣爽，霜色潔白；溪水枯落而石頭浮出水面，這是山中四季的景色。早上入山，晚上回來，四季景色不同，給人的樂趣也無窮無盡啊！

三 至於那些背東西的人與走路的人，或在路上唱著歌，或在樹下歇息，前面的人呼喚，後面的人回應，老人與小孩來往不絕，這是滁州人們在遊山啊！到溪邊釣魚，溪水深，魚兒肥；用泉水釀酒，泉水清芳，酒味香醇；山中的野味野菜混雜交錯擺放在面前，這是太守設的宴席啊！宴飲的快樂並非因為有音樂助興。這裡有人投中了壺，那裡有人下贏了棋，酒杯和酒籌交雜擺放，人們時站時坐，諠譁不已，這是眾位賓客歡樂的場面。蒼顏白髮醉倒在眾人之中的那位老人，是喝醉的太守。

四 寫太守盡興賦歸的情景。總結。以禽鳥不知人之樂，人不知太守之樂其樂，層層點出「與民同樂」主旨。

四 **已而**，夕陽在山，人影散亂，太守歸而賓客從也。樹林陰**翳**，鳴聲上下，遊人去而禽鳥**樂**也。然而[10]禽鳥知山林之樂，而不知人之樂；人知從太守遊而樂，而不知太守之樂**其樂**也。醉能同其樂，醒能述以文者，太守也。[11]太守**謂誰**？盧陵歐陽脩也。

已而：不久。【93統測】
賓客從也：文意。【99統測】
翳（ㄧˋ）：晦暗。
樂：動詞，以…為樂。
其樂：他們的快樂。其，代詞，指滁人、賓客和禽鳥。樂，名詞，快樂。【98、90學測】
謂誰：是誰。

四 不久，夕陽將要下山，人影散亂，太守歸去，賓客們跟著走了。樹林昏暗，鳥兒在高處低處鳴叫，遊人離去，鳥兒們就快活了。然而鳥兒只知道在山林的快樂，卻不明白人們的快樂；人們知道跟隨太守遊玩而快樂，卻不明白太守因人們的快樂而感到快樂。喝醉時能與眾人同樂，酒醒後能把這些寫成文章的，那是太守啊！太守是誰？就是我這個盧陵人歐陽脩呀。

文法修辭提示

1. 環：轉品（名→動）
2. 翼：轉品（名→副）
3. 作亭者誰？山之僧智僊也：設問（提問）
4. 名之者誰？太守自謂也：設問（提問）
5. 醉翁之意不在酒，在乎山水之間也：映襯
6. 風霜高潔：錯綜
7. 負者歌於塗，行者休於樹，前者呼，後者應：互文
8. 傴僂提攜：借代
9. 絲、竹：借代
10. 禽鳥知山林之樂，而不知人之樂，人知從太守遊而樂，而不知太守之樂其樂也：映襯、層遞
11. 太守謂誰？盧陵歐陽脩也：設問（提問）

4 作者介紹 歐陽脩

作者	北宋 歐陽脩
字號	字永叔，號醉翁，晚號六一居士，諡文忠
籍貫	宋吉州廬陵人
生平經歷	1.四歲喪父，家境清寒的歐陽脩，是在母親鄭氏的教養下，讀書識字。 2.在二十四歲，以第一名高中進士，後因支持范仲淹新政，被貶為貶任滁州知府。 3.被調回京後，累官至參知政事，進封開國公。神宗年間，與王安石意見不合，歸隱杭州。六十六歲，病逝家中，諡號文忠。
文學	1.歐陽脩是北宋詩文革新運動的領袖，反對「西崑體」，文學成就以散文最高，中唐時韓、柳的古文運動，到歐陽脩手上大功告成。 2.主張文章要明道致用。其散文平易清新，長於說理與抒情。詩、詞清麗婉約，情味深長，有《六一詞》傳世。此外，亦精於史學，著有《新五代史》，後人輯其詩文為《歐陽文忠公集》。

5 國學常識 記遊文學比較【95~98學測及94、96、98、101指考】

篇名	類別	作者、時代	境遇	動機背景	主旨	特色、文眼	備註
始得西山宴遊記	山水遊記	中唐 柳宗元	貶為永州司馬	參與永貞新政失敗，坐王叔文黨。	記始得登覽西山之勝。並寄託心凝、物我兩忘的情懷。	永州八記之首篇。以「始得」二字為主線。	題目特加「始得」二字，不僅說明遊賞山水自此開始，且暗示心境上的一大轉折。
醉翁亭記	山水遊記	北宋 歐陽脩	貶為滁州太守	記太守、賓客與滁州人出遊之樂，並暗點政績卓著。	寫山水之美與作者遊宴之樂，以「與民同樂」為主旨。	以「樂」為文眼。用剝筍法，由外而內。	

晚遊六橋待月記	岳陽樓記
山水遊記	臺閣名勝記
明 袁宏道	北宋 范仲淹
辭去吳縣知縣	貶爲鄧州知州
與友人出遊西湖之作	因滕子京囑託而作，勉人勉己。
獨特觀點，以爲西湖之美，在於春天的月夜。	抒古仁人先憂後樂之襟懷，以超越雨悲晴喜之俗情，勉友勉人。
以「待月」爲文眼。公安派獨抒性靈之作。	「謫」爲文眼。先敘後議，融敘事、寫景、抒情、議論於一爐。
文中無「待」字而題稱「待月」暗示作者特殊欣賞觀點也造成讀者期待的性味。	

6 文法修辭

錯綜

定義：將文句中形式整齊的行句故意抽換詞面、交錯語次、伸縮文句、變化句式，使文句的形式參差，詞彙別異。

★句讀之不知，惑之不解，或師焉，或不焉↓句讀之不知，或師焉，惑之不解，或不焉（韓愈〈師說〉）

★陟罰臧否、志慮忠純、性行淑均↓陟臧罰否、志忠慮純、性淑行均（諸葛亮〈出師表〉）

★風霜高潔↓風霜高潔（歐陽脩〈醉翁亭記〉）

★漁樵於江渚之上，侶魚蝦而友麋鹿↓漁於江之上而侶魚蝦，樵於渚之上而友麋鹿（蘇軾〈赤壁賦〉）

★惟江上之清風，與山間之明月，耳得之而爲聲，目遇之而成色↓惟江上之清風，耳得之而爲聲，山間之明月，目遇之而成色（蘇軾〈赤壁賦〉）

7 語文天地

一、形音義

行		
ㄏㄤˊ	行列	昔別君未婚，兒女忽成「行」（杜甫〈贈衛八處士〉）
ㄏㄤˋ	剛強的樣子	閔子侍側誾誾如也，子路「行」行如也（《論語．先進》）
ㄒㄧㄥˊ	步行、行走	山「行」六七里，漸聞水聲潺潺
	又、且	空乏其身，「行」拂亂其所爲（《孟子．告子下》）
ㄒㄧㄥˋ	德行、行爲舉止	子以四教：文、「行」、忠、信（《論語．述而》）

字形	注音	釋義	例
晦	ㄏㄨㄟˋ	昏暗、幽暗	「晦」明變化者，山間之朝暮也（歐陽脩〈醉翁亭記〉）
晦	ㄏㄨㄟˋ	夜晚	風雨如「晦」
誨	ㄏㄨㄟˋ	教導	「誨」人不倦

字形	注音	釋義	例
洌	ㄌㄧㄝˋ	清澄、清醇	下見小潭，水尤清「洌」（柳宗元〈小石潭記〉） 釀泉爲酒，泉香而酒「洌」（歐陽脩〈醉翁亭記〉）
冽	ㄌㄧㄝˋ	寒冷	凜「冽」
咧	ㄌㄧㄝˇ	嘴角向兩旁張開	「咧」嘴而笑

字形	注音	釋義	例
蔌	ㄙㄨˋ	蔬菜	山肴野「蔌」，雜然而前陳者（歐陽脩〈醉翁亭記〉）
簌	ㄙㄨˋ	紛紛墜下的樣子	懊惱傷懷抱，撲「簌簌」淚點拋（關漢卿〈大德歌‧秋〉）

字形	釋義	例
壑	水坑、水溝	以鄰爲「壑」（戰國時白圭築堤治水，將本國氾濫的洪水排入鄰國，把其當成洩洪的水泊。比喻損人利己）
壑	坑谷、山谷	其西南諸峰，林「壑」尤美（歐陽脩〈醉翁亭記〉）
辨析：「壑」與「豁」音同義異。「豁」，從谷害聲，本義作「通谷」，即長江大河中途所歷山峽。豁達、豁然則有開闊、廣通之意		

字形	釋義	例
蔚	草木茂盛	望之「蔚」然而深秀者，琅邪也（歐陽脩〈醉翁亭記〉）
蔚	薈萃、聚集	「蔚」爲風氣、「蔚」爲大觀

字形	釋義	例
秀	草木繁茂	野芳發而幽香，佳木「秀」而繁陰（歐陽脩〈醉翁亭記〉）
秀	優異、傑出	一枝獨「秀」
秀	才智傑出的人	後起之「秀」
秀	泛指草木開花	苗而不「秀」者，有矣夫！「秀」而不實者，有矣夫（《論語‧子罕》）

字形	釋義	例
臨	由上往下看	居高「臨」下 有亭翼然「臨」於泉上者，醉翁亭也（歐陽脩〈醉翁亭記〉）
臨	靠，靠近	兵「臨」城下 「臨」谿而漁，谿深而魚肥（歐陽脩〈醉翁亭記〉）
臨	面對	「臨」危不亂
臨	來到	蒞「臨」指導
臨	遇見、碰到	「臨」財毋苟得，「臨」難毋苟免（《禮記‧曲禮上》）
臨	對著字畫模仿學習	臨帖、臨寫
臨	將、正、當	「臨」行、「臨」終、「臨」時抱佛腳

字	意義	例句
輒	就	淺嘗「輒」止 飲少「輒」醉，而年又最高，故自號曰醉翁也（歐陽脩〈醉翁亭記〉）
	往往、總是	動「輒」得咎

字	意義	例句
霏	細雨綿密的樣子	若夫霪雨「霏霏」，連月不開（范仲淹〈岳陽樓記〉）
	霧氣、雲氣	日出而林「霏」開（歐陽脩〈醉翁亭記〉）
	飄散	煙「霏」雲斂（歐陽脩〈秋聲賦〉）

字	意義	例句
負	背負	「負」者歌於塗（歐陽脩〈醉翁亭記〉） 頒白者不「負」戴於道路矣（《孟子．五十步笑百步》）
	靠、背對	「負」山面海
	擔當	身「負」重任
	享有	頗「負」盛名
	辜負、違背	吾上恐「負」朝廷，下恐愧吾師（方苞〈左忠毅公逸事〉）

二、成語集錦

成語		解釋
醉翁之意不在酒	原義	喝酒時意不在酒，而在寄情山水，舒放心胸。
	衍生義	後比喻別有用心。

成語		解釋
水落石出	原義	冬季水位下降，使石頭顯露出來。
	衍生義	後比喻事情真相大白。
峰回路轉	原義	山路曲折蜿蜒。
	衍生義	事情出現轉機。
前呼後應	原義	前行的向後呼喚，後繼的向前應答。
	衍生義	可指文章結構嚴謹，前後意思互相照應。
牛山濯濯	原義	山無草木貌。
	衍生義	今多用以戲喻人禿頂無髮。
雨過天青	原義	雨後初放晴時的天色。泛指青色。本形容瓷器的顏色。
	衍生義	後比喻情況由壞轉好。
朝三暮四	原義	本指一養猴人以果子飼養猴子，施以詐術騙猴的故事。
	衍生義	後比喻心意不定、反覆無常。
出爾反爾	原義	你怎麼對待人，別人就如何待你。
	衍生義	後比喻人的言行前後反覆，自相矛盾。
鉤心鬥角	原義	形容宮室的建築結構精緻巧妙。
	衍生義	後比喻刻意經營，競鬥心機。
如火如荼	原義	形容軍容壯盛。
	衍生義	後形容氣勢或氣氛等的蓬勃、熱烈。
難兄難弟	原義	稱人兄弟學品均佳之讚辭。
	衍生義	1.以諷稱兩人為差不多的貨色，有貶斥的意味。難，音ㄋㄢˊ。 2.共患難或處於同樣困境的人。難，音ㄋㄢˋ。

落花流水	原義	原指春去花落，春景衰歇。
	衍生義	形容打鬥時，被打敗的狼狽相。
八面玲瓏	原義	指四面八方通明透亮。
	衍生義	後多形容待人處事機巧圓滑，面面俱到。
左右逢源	原義	指學道有得，即可得心應手，取用不竭
	衍生義	指做事得心應手或處事圓滑

8 實力健身房

1. 多選（文意理解【98學測】）

（　）下列關於古代士人在其文章中展現襟抱的敘述，正確的選項是：

(A) 范仲淹〈岳陽樓記〉以「遷客騷人」和「古仁人」對照，顯示自我「先天下之憂而憂，後天下之樂而樂」的胸懷

(B) 歐陽脩〈醉翁亭記〉以「人知從太守遊而樂，而不知太守之樂其樂也」，陳述個人不以貶謫爲意，而能樂民之樂

(C) 蘇轍在〈上樞密韓太尉書〉中認爲「文者，氣之所形」，故歷覽名山大川，求謁賢達，藉以充養其氣，宏博其文

(D) 蘇軾在〈赤壁賦〉中藉「蘇子」與「客」討論水與月的「變」與「不變」，申明其濟世之志絕不因憂患而改易的態度

(E) 顧炎武〈廉恥〉藉顏之推「不得已而仕於亂世」的自警自戒，與「閹然媚於世者」對比，寄託自我處身明清易代之際的選擇。

2. 單選（字義【103統測】）

（　）下列各組「　」內的字，何者讀音不同？

(A) 諂「諛」善道／渡大海，入荒「陬」

(B) 「傴」僂提攜／「嘔」啞嘲哳難爲聽

(C) 「跫」音不響／秋蟬兒噪罷寒「蛩」兒叫

(D) 形容枯「槁」／阿「縞」之衣，錦繡之飾。

3. 單選（字音【100統測】）

（　）下列各組「　」內的字，何者讀音相同？

(A) 「觥」籌交錯／曲「肱」而枕之

(B) 一碗紅「麴」酒／「掬」全國之至誠

(C) 寄「蜉」蝣於天地／民有飢色，野有餓「莩」

(D) 倦於事，「憒」於憂／不積「跬」步，無以至千里。

4. 單選（國學常識【96指考】）

（　）以「也」字爲句尾詞，《論語》、《孟子》及先秦諸子已多見，宋人散文亦好用之，其中使用「也」字形成特殊風格而最爲後人所稱頌的文章是

(A) 蘇洵〈六國論〉

(B) 蘇軾〈留侯論〉

(C)曾鞏〈墨池記〉
(D)歐陽脩〈醉翁亭記〉。

5.多選（文意理解【99指考】）

（　）對於因果關係的敘述，下列文句屬於「先果後因」的選項是
(A)余時為桃花所戀，竟不忍去湖上
(B)（項脊）軒凡四遭火，得不焚，殆有神護者
(C)及郡下，詣太守，說如此。太守即遣人隨其往
(D)孟嘗君為相數十年，無纖介之禍者，馮諼之計也
(E)前者呼，後者應，傴僂提攜往來而不絕者，滁人遊也。

解答及名師解析

1. (A)(B)(C)(E)

解析：
(D)「蘇子」藉水與月的「變」與「不變」，表現出對生命的隨緣自適，是屬於「生命安頓」的闡發，與「濟世之志」無關。

2. (B)

解析：
(A)ㄗㄡ。語譯：諮詢治國良策。諸葛亮〈出師表〉／ㄗㄡ。語譯：橫渡大海，進入蠻荒。連橫〈臺灣通史序〉。
(B)ㄩˇ。語譯：老人小孩。歐陽脩〈醉翁亭記〉／ㄡ。語譯：嘈雜不和諧難以入耳。白居易〈琵琶行并序〉。
(C)ㄑㄩㄥˊ。跫音，腳步聲。鄭愁予〈錯誤〉／ㄑㄩㄥˊ。語譯：只聽著秋蟬和蟋蟀不停的鳴叫。關漢卿〈大德歌・秋〉。
(D)ㄍㄠˇ。語譯：體貌枯瘦。屈原〈漁父〉／ㄍㄠˇ。語譯：東阿白絹做的衣服、織錦刺繡的飾物。李斯〈諫逐客書〉。

3. (A)

解析：
(A)ㄍㄨㄥ。歐陽脩〈醉翁亭記〉／ㄍㄨㄥ。《論語・述而》。
(B)ㄑㄩ。張曉風〈詠物篇〉／ㄐㄩˊ。陳之藩〈自己的路〉。
(C)ㄈㄨˊ。蘇軾〈赤壁賦〉。／ㄆㄧㄠˇ。《孟子・梁惠王上》。※「莩」，教育部審定音為「ㄈㄨˊ」，如：葭莩、莩甲、莩末。但「莩」通「殍」時，音「ㄆㄧㄠˇ」。
(D)ㄎㄨㄟˋ。《戰國策・馮諼客孟嘗君》／ㄎㄨㄟˋ。荀子〈勸學〉。

4. (D)

解析：
歐陽脩在〈醉翁亭記〉裡連用二十一個「也」字收句，是創造性地使用虛詞的一個範例，讀來只覺得循環往復，搖

曳生姿。

5. (B)(D)

解析：

(A) 先因後果。「余時爲桃花所戀」爲因，「竟不忍去湖上」爲果。出自袁宏道〈晚遊六橋待月記〉。

(B) 「軒凡四遭火，得不焚」爲果，「殆有神護者」爲因。出自歸有光〈項脊軒志〉。

(C) 先因後果。「及郡下，詣太守，說如此」爲因，「太守即遣人隨其往」爲果。出自陶淵明〈桃花源記〉。

(D) 「孟嘗君爲相數十年，無纖介之禍者」爲果，「馮諼之計也」爲因。出自《戰國策‧馮諼客孟嘗君》。

(E) 是判斷句，無因果關係。出自歐陽脩〈醉翁亭記〉。

20 赤壁賦

◎蘇軾

1 大考關注

【字音、字義：104、103、102、101、97學測、103、100、99、98、94、93、91統測及102、98、97、91指考】

★寄「蜉」蝣於天地：ㄈㄨˊ。

★不知軍之不可以退而謂之退，是謂「縻」軍／侶魚蝦而友「麋」鹿：ㄇㄧˊ。

★字音與字形的辨識：「愀」然變色：ㄑㄧㄠˇ。

★凌萬頃之「茫然」：水面空闊的樣子。

★是造物者之無盡藏也，而吾與子之所共「適」：享受。

★「寄」蜉蝣於天地：託身。

★滄海之一粟：指極爲渺小。

★正襟危坐：形容嚴肅或拘謹的樣子。

★吾與子之所共「適」：享用。

★徘徊於「斗牛」之間：二十八星宿中的斗宿和牛宿。

★「方」其破荊州，下江陵：當……之時，介詞。

★山川相繆，鬱乎「蒼蒼」：茂盛貌。

★「少焉」，月出於東山之上，徘徊於斗牛之間：短暫的時間。

★侶魚蝦「而」友麋鹿：連詞，無義。

★「逝者如『斯』，而未嘗往也；盈虛者如『彼』，而卒莫消長也」：「斯」指江水，「彼」指明月。

【文意解讀：99、98、95學測、100、93統測及93指考】

★改變句子的銜接順序→惟江上之清風，與山間之明月，耳得之而爲聲，目遇之而成色」，此四句的文意可理解爲：「江上之清風，耳得之而爲聲；山間之明月，目遇之而成色」。

★蘇軾〈赤壁賦〉藉「蘇子」與「客」討論水與月的「變」與「不變」：表現出對生命的隨緣自適，是屬於「生命安頓」的闡發。

★客亦知夫水與月乎？→此句無因果關係。

★蘇軾〈前赤壁賦〉藉變與不變之辯證，表現作者通達的人生觀。

★蘇軾在其文章中展現襟抱的敘述：蘇軾在赤壁賦中藉「蘇子」與「客」討論水與月的「變」與「不變」，引出面對逆境時，曠達自得的態度。

★「哀吾生之須臾，羨長江之無窮」感慨人的生命短淺。

★「挾飛仙以遨遊，抱明月而長終」之文意理解。

★以蘇軾文章入題：〈答秦太虛書〉。

★「寄蜉蝣於天地」比喻人生短暫。

【修辭文法：103、98學測、103、99指考】

★「惟江上之清風，與山間之明月，耳得之而爲聲，目遇之而成色」：是文意順序「交蹉語次」的錯綜修辭。

★「月出於東山之上，徘徊於斗牛之間」→擬人化動詞「徘徊」寫月亮。

★「舳艫千里，旌旗蔽空」→借代，以船尾「舳」和船首「艫」代替「船」。

★「此非孟德之困於周郎者乎？」→被動句，「於」爲「被」之意。

★「山川相繆，鬱乎蒼蒼，此非孟德之困於周郎者乎？」屬於「被動句」。

★一「葉」扁舟「葉」本指葉片，爲名詞，此處用爲扁舟的量詞。

【國學常識（文人與詞風的辨識能力）：102、96、95、94、93、92學測、95指考】

★「三蘇」作品→《唐宋八大家文鈔》。

★蘇軾→開啓豪放詞風。

★蘇軾詩詞皆著名，嘗試了各種前人未有的題材，且呈現極複雜多樣的風格。至於對詞壇貢獻「精研音律，創製長調慢詞」的是柳永。

★蘇軾字、號：蘇軾自號「東坡居士」，乃因其謫居黃州，築室於東坡之故。

★蘇軾的生平、成就、掌故與相關作品。

★張之洞題蘇軾故居對聯：五年間謫宦栖遲，較量惠州麥飯、儋耳蠻花，哪得此清幽山水／三蘇中天才獨絕，若論東坡八詩、赤壁兩賦，還是公遊戲文章。

【文章分析：100學測】

★閱讀〈赤壁賦〉「客曰：「『月明星稀，烏鵲南飛』……託遺響於悲風」（洞簫客解釋簫聲爲何轉爲淒涼嗚咽）一段回答：

1.客所以有「而今安在哉」的感嘆，是因何而起？

2.「寄蜉蝣於天地，渺滄海之一粟」所提示的人生問題是什麼？

3.客云：「知不可乎驟得，託遺響於悲風。」請解釋他對於問題2.要如何解決？

2 文章解讀

蘇軾是位天才文人，在詩、詞、文、書畫四方面都有極高造詣。文章風格汪洋宏肆，汪洋是形容文章內容廣泛精深，宏肆是形容文章氣勢縱橫奔放。而蘇軾駕馭文字的功力更是一絕，收放自如，曾自稱作文「**如行雲流水，行於所當行，止於所不可不止。**」【96學測】

〈赤壁賦〉是一篇散賦，散賦又稱散文賦，不注重格律，摻入大量散文句，但仍保有賦文特色，譬如〈赤壁賦〉保留駢偶的句型、與問答成文的寫作方式，因此散賦並非「有韻的散文」，而是可以用來敘事、寫景、抒情、議論的韻文。

〈赤壁賦〉**融敘事、寫景、抒情、議論於一爐**，內容出入古今，佈局層次分明，筆法縱橫開合。藉朋友問答，道出蘇軾的心路轉折；以水月為喻，說明物象流轉，本質不變的道理。文中引用了《莊子》、《楚辭》、《詩經》、道家思想、歷史掌故，內容豐富，而蘇軾卻只以「水」「月」為線索，就巧妙地串起全文，十分高明。

第一部分（第一段）以敘事帶出寫景，點出一行人在水光月色中，心情舒爽，有飄飄欲仙之感。

第二部分（第二段）以敘事與抒情為主，透過歌詞，說明泛舟的快樂，與遭貶的苦澀，簫聲是苦澀心情的具體形象，歌詞「擊空明兮溯流光」則呼應「水」「月」的線索。

第三部分（第三～四段）以抒情為主。借蘇軾一問，引出客人答辯，說明簫聲哀怨，乃因觸景生情，回憶起三國往事，發現個人生命短暫渺小，不可能如「水」「月」般永恆，於是飄飄欲仙之心，頓時消散，唯有將苦澀惆悵，寄託在簫聲之中。

第四部分（第五～六段）是議論，取水月為喻，說明從變處看，宇宙萬物變化流轉，無法掌握。從不變處看，物象變化，只是一種循環，如果學會轉換觀點，便會發現宇宙的神祕寶藏，俯拾即是，取之不盡，用之不竭。

文中提到了情緒轉折、觀念轉換、心靈轉化，描述蘇軾自身面對挫折，尋找心靈出口的過程。一般文人遭到貶謫，免不了怨天尤人，但就是有些人能在逆境中找到力量，例如屈原找到榮譽與堅持、柳宗元找到自信與自在、范仲淹找到使命與責任，歐陽脩找到隨緣與貢獻，而蘇軾則找到超脫與曠達。**面對需要勇氣，超越需要智慧，無論是勇氣還是智慧**，都值得我們學習。

3 文章精析

段旨

一 略述事件緣起，寫月夜泛舟，有飄飄欲仙、遺世獨立之感。交代遊覽的時間、地點、人物，鋪寫秋夜泛舟赤壁

一 壬戌之秋，七月既望，蘇子與客泛舟，遊於赤壁之下。清風徐來，水波不興。舉酒屬（ㄓㄨˇ）

既望：指陰曆每月十六日。既，已經經過。望，陰曆十五日。

徐：緩慢。

赤壁：湖北省的「黃岡赤壁」，又稱「東坡赤壁」，不是三國時孫、曹交兵的赤壁。

翻譯

一 元豐五年，歲次干支壬戌，這一年秋天，七月十六日，蘇先生和客人划著船，在赤壁下遊覽。清風緩緩吹來，水面不起波紋。舉起酒來勸客飲酒，吟

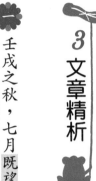

所見江景和遊玩的樂趣，作為下文寫景、懷古、主客議論的伏筆。

二 寫飲酒樂甚，扣舷而歌，客以簫聲相和，極其哀怨。心情「由樂而悲」。用大量的譬喻描寫簫聲，強化憂愁的強度。

三-四 東坡提問，洞簫客懷

客，誦明月之詩，歌窈窕之章。少焉，月出於東山之上，[1]徘徊於[2]斗牛之間。[3]白露橫江，水光接天。[4]縱一葦之所如，凌萬頃之茫然。浩浩乎如馮虛御風，而不知其所止；飄飄乎如遺世獨立，羽化而登仙。

客：勸酒。
明月：明月，《詩經．陳風月出》篇。窈窕，〈月出〉首章。
少焉：不久。少，焉，助詞。【102、93統測】
斗牛：原指南斗星和牽牛星，此處泛指星斗。【97指考】
橫：籠罩。
縱：任憑。葦：蘆葦，借喻為小舟。如：往。凌：駕、乘。
茫然：廣遠的樣子。本段文意【100指考】
馮虛：乘風漂浮於天空中。馮，通「憑」，依託。【91統測】
遺世：遠離人世。
羽化：身生羽翼，化身成仙，屬於道教的觀點。

二 於是飲酒樂甚，扣舷而歌之。歌曰：「桂櫂兮蘭槳，擊空明兮泝流光。渺渺兮予懷，望美人兮天一方。」客有吹洞簫者，倚歌而和之，[5]其聲嗚嗚然：[6]如怨、如慕、如泣、如訴；[7]餘音嫋嫋，不絕如縷；舞幽壑之潛蛟，泣孤舟之嫠婦。

扣：敲擊。舷：船邊。
之：代詞，指第一段的遊樂心情。
櫂：同「棹」，船槳。
空明：江面反射出的月影。
泝：通「溯」，逆水上行。流光：游動的波光。
渺渺：悠遠的樣子。
美人：國君，或指意中人。
嫋嫋：柔細悠長。嫋，通「嬝」。
縷：細線。
舞：使……起舞，致使動詞。
蛟：似龍的傳奇生物。

三 蘇子愀然，正襟危坐而問客曰：「何為

愀然：神色突然嚴肅起來。
正：整理，動詞。
危坐：立直上身坐好。【92指考、97學測】
何為：為何。

詠著詩經月出首章的詩句。不久，月亮從東邊山頭爬了上來，在群星間緩緩移動。白霧瀰漫江面，水天相連一片。任憑小舟隨處飄盪在煙波浩渺的廣大江面上。無邊無際地，彷彿依憑著天空駕風遨遊，不知道將要停在何處；飄飄然，好像遠離塵世而超群特立，身生羽翼而飛升成仙。

二 這時大家開懷暢飲，敲著船側唱起歌來。唱道：「用桂木做的櫂、木蘭木做的槳啊，划破澄澈的江水，在閃耀的波光中逆水上行。我的心境悠然邈遠啊，想念起遠在天邊的國君。」有位吹洞簫的客人，就和著歌聲吹奏起來，簫聲嗚嗚然：彷彿在埋怨、在思慕、在低泣、在傾訴；餘音柔細悠揚，像一縷輕絲般不絕於耳；使深壑中潛藏的蛟龍舞動，使孤舟裡寂寞的寡婦涕泣。

三 蘇先生神色變得嚴肅，整理一下衣襟而直身端坐，請教客人說：「簫聲為

古傷今，感嘆人生短暫渺小。古今對照、英雄凡人對照，強調人的渺小。客人的哀嘆，實際上也是作者的看法，吐露出面對生命困境時，內心的苦悶和無可奈何。【100學測】

其然也？」（然：如此。）

四 客曰：「『月明星稀，烏鵲南飛』，此非曹孟德之詩乎？西望夏口，東望武昌；山川相繆，鬱乎蒼蒼。此非孟德之困於周郎者乎？方其破荊州，下江陵，順流而東也，舳艫千里，旌旗蔽空，釃酒臨江，橫槊賦詩，固一世之雄也，而今安在哉？況吾與子，漁樵於江渚之上，侶魚蝦而友麋鹿；駕一葉之扁舟，舉匏樽以相屬；寄蜉蝣於天地，渺滄海之一粟。哀吾生之須臾，羨長江之無窮；挾飛仙以遨遊，抱明月而長終；知不可乎驟得，託遺響於悲風。」

8 月明星稀，烏鵲南飛：曹孟德：三國曹操，發起赤壁之戰。
繆（ㄌㄧㄠˊ）：通「繚」，環繞。
鬱：茂盛的樣子。蒼蒼：深青色。【91統測】
於：介詞，被。【99指考】
周郎：三國周瑜，赤壁之戰時為孫權軍指揮官。
方：當。【98統測】
9、10 舳艫（ㄓㄡˊ ㄌㄨˊ）：借代為戰艦。舳，船尾。艫，船首。
旌（ㄐㄧㄥ）旗蔽空：蔽，遮蔽。
釃（ㄕ）酒：濾酒，此指斟酒。
槊（ㄕㄨㄛˋ）：丈八長矛。
固：實在。
11 漁樵：砍柴，動詞。
渚（ㄓㄨˇ）：水中小洲。
侶魚蝦而友麋（ㄇㄧˊ）鹿：以……為侶，轉品：名→動。以……為友，轉品：名→動。
而：連詞【94統測、102指考】
扁（ㄆㄧㄢ）舟：小。
匏（ㄆㄠˊ）樽（ㄗㄨㄣ）：匏，葫蘆的一種。樽，酒器。
12 寄：寄生，依託。【103統測】
蜉蝣（ㄈㄨˊ ㄧㄡˊ）：生命極短的小蟲。【92指考、97學測、100統測、】
粟（ㄙㄨˋ）：小米。【91指考、94統測】
13 須臾：極短的時間。
哀吾生之須臾，羨長江之無窮：本小段文意。【93統測】
挾（ㄒㄧㄚˊ）：挽，跟隨。
本段文意。【99學測】
驟（ㄗㄡˋ）：立即。
遺響：洞簫的餘韻，暗示客人的無奈悵惘之情。

什麼這樣悲切呢？」

四 客人說：「『月明星稀，烏鵲南飛』，這不是曹孟德的詩句嗎？西望夏口，東望武昌；山環水繞，林木茂盛青翠。這不是當年曹孟德被周瑜圍困的地方嗎？當他攻破荊州，進兵江陵，順流而東時，戰艦綿延千里，軍旗遮蔽了天空；面對著大江飲酒，橫執長矛吟詩，實在是一代的英雄啊！可是如今卻在哪裡呢？何況我和您，只不過是江中捕魚、沙洲上砍柴的漁夫、樵父，和魚蝦作伴、與麋鹿為友；駕著一艘小船，拿著匏樽彼此勸飲；生命短暫就像寄生在天地間的蜉蝣，個體渺小如大海中的一粒米粟。感傷生命的短暫，羨慕長江的無窮；希望和神仙同遊，能伴隨明月永世長存；但我知道這是一時辦不到的事，只好把悲涼的簫聲寄託在秋風中了。」

五 東坡以水月為喻，說明人生萬物常與變之理，並言自適之道。【98學測】

- 首先扣緊水月，進行論述，闡述一念之差，將使事物產生不同意義：如果從現象著眼，執著於我，那麼生命既短暫又終歸消殞，毫無意義；如果從本體著眼，則物我為一，宇宙生生不息，生命困境也從中解脫。
- 緊接著勸吹簫客臣服於宇宙的安排，享受造物的滋養，充實自己的心靈。

六 敘主客悟道後，盡歡大樂，醉臥舟中。

第二段由喜轉悲，此段寫客人接受蘇軾的議論後，由悲轉喜。

五 蘇子曰：「客亦知夫水與月乎？[14]逝者如斯，而未嘗往也；盈虛者如彼，而卒莫消長也。[15]蓋將自其變者而觀之，則天地曾不能以一瞬；自其不變者而觀之，則物與我皆無盡也。而又何羨乎？且夫天地之間，物各有主。苟非吾之所有，雖一毫而莫取；[16]惟江上之清風，與山間之明月，耳得之而為聲，目遇之而成色。取之無禁，用之不竭。是造物者之無盡藏也，而吾與子之所共食。」

- 客亦知夫水與月乎：自問自答為提問句型。【100統測】
- 斯：江水。【91統測】
- 往：遠去、消逝。
- 彼：月亮。【91統測】
- 盈虛：月滿、月缺。
- 卒：最終。
- 15 蓋：如果，有「假設這樣說」的意思。／發語詞，無義，通常用於引起結論。
- 曾（ㄗㄥ）：竟。
- 苟：如果。
- 一毫：借喻微不足道的事物。
- 無盡藏（ㄗㄤˋ）：數不盡的寶藏。
- 共食：享用。或作「適」。【98指考】

六 客喜而笑，洗盞更酌。肴核既盡，杯盤狼藉。相與枕藉乎舟中，不知東方之既白。

- 盞：小杯。
- 更（ㄍㄥ）酌：換上新酒。更，重新。酌，酒。
- 肴核：菜餚水果。
- 狼藉（ㄐㄧˊ）：散亂。
- 枕藉（ㄓㄣˇ ㄐㄧㄝˋ）：相枕而臥。枕，以物墊頭。藉，襯墊。
- 既白：已經轉白。

五 蘇先生說：「您也知道江水流逝和月兒盈虧的道理嗎？江水雖不斷流去，可是本體卻不曾變動；月兒雖有圓缺，可是本體卻始終不曾增減。如果我們從變動的角度來看，那麼天地萬物竟然沒有一刻不變化的；從不變的角度來看，那麼萬物和我都是無窮盡的，還有什麼可羨慕的呢？再說天地之間，萬物各有它的主人。如果不屬於我的，即使是一絲一毫也不占為己有；只有江上的清風和山間的明月，耳朵聽了就是賞心的音樂，眼睛看了就是悅目的景致。取用它既無人干涉，享用它也不虞匱乏。這是自然界的無盡寶藏，正是我和您所共用的啊！」

六 客人高興地笑了，洗淨酒杯後重新斟酒勸飲。菜餚水果吃完以後，酒杯餐盤散亂不整。彼此交橫相枕地睡在船上，不知不覺中東方天際已經泛白。

文法修辭提示

1. 徘徊於斗牛之間：擬人
2. 斗牛：借代
3. 白露橫江，水光接天：對偶
4. 縱一葦之所如，淩萬頃之茫然：譬喻（借喻）
5. 其聲嗚嗚然，如怨、如慕、如泣、如訴：譬喻（明喻、博喻）
6. 如怨、如慕、如泣、如訴：類疊
7. 餘音嫋嫋，不絕如縷：譬喻（明喻）
8. 月明星稀，烏鵲南飛：引用
9. 舳艫千里，旌旗蔽空：誇飾
10. 舳艫：借代
11. 漁樵於江渚之上，侶魚蝦而友麋鹿：錯綜，原句爲「漁於江之上而侶魚蝦，樵於渚之上而友麋鹿」
12. 寄蜉蝣於天地，渺滄海之一粟：譬喻（借喻）
13. 哀吾生之須臾，羨長江之無窮：映襯
14. 逝者如斯，而未嘗往也；盈虛者如彼，而卒莫消長也：映襯（反襯）
15. 蓋將自其變者而觀之，則天地曾不能以一瞬；自其不變者而觀之，則物與我皆無盡也：映襯
16. 惟江上之清風，與山間之明月，耳得之而爲聲，目遇之而成色：錯綜

4 作者介紹 蘇軾

作者	北宋 蘇軾
字號	字子瞻，號東坡居士
籍貫	眉州眉山人
生平經歷	1. 父親蘇洵少不喜學，後來雖發奮苦讀卻屢試不第，於是決心認眞研究古今治亂，精心培養蘇軾兄弟。 2. 母親程氏親自教蘇軾兄弟讀書。因此蘇軾從小就熟讀經史，心懷壯志，並在二十二歲時一舉進士及第。 3. 神宗熙寧年間，與王安石意見不合，自請外放，歷官杭州等地。元豐二年，因「烏臺詩案」，被貶爲黃州團練副使。曾一度回京，卻再被貶至儋州（今海南省）。徽宗即位，遇赦北還，病逝於北返途中。
文學成就	1. 蘇軾多才多藝，詩、詞、文、書畫都有很高成就，是歐陽脩所倡導的北宋詩文革新運動的主將，又是唐宋散文八大家之一；是歐陽脩之後的文壇領袖。 2. 蘇軾思想恢弘，才氣橫溢，文章風格汪洋宏肆，長於說理，曾自評其文曰：「常行於所當行，常止於不可不止。」與父洵、弟轍並稱「三蘇」。其詩題材廣泛，想像豐富。其詞則突破音律的限制，注入雄健清剛之氣，爲豪放派大家。

5 國學常識

東坡品評人物、三蘇的生平、賦體概述及流變

一、東坡品評人物

對象	評語
陶淵明	質而實綺，臒而實腴。
王維	觀摩詰之畫，畫中有詩；味摩詰之詩，詩中有畫。
韓愈	文起八代之衰，道濟天下之溺；匹夫而為百世師，一言而為天下法。（潮州韓文公廟碑）
韋應物	樂天長短三千首，卻遜韋郎五字詩。
柳宗元	詩：外枯而中膏，似淡而實美。
元稹、白居易	元輕白俗。
孟郊、賈島	郊寒島瘦。
歐陽脩	論大道似韓愈，記事似司馬遷，論事似陸贄，詩賦似李白。
錢公輔	帶規矩而蹈繩墨，佩芝蘭而服明月。
蘇轍	子由之文，辭理精確，有不及吾；而體氣高妙，吾所不及。
自己	文如行雲流水，初無定質，但常行於所當行，止於所不可不止。

二、三蘇的生平【96、93、92學測及95指考】

姓名	籍貫	字號	經歷
蘇洵	北宋眉州眉山人（今四川省眉山縣）	1.字明允 2.號老泉	1.年二十七始發憤為學。 2.與二子軾、轍並以文名，世稱三蘇。
蘇軾		1.字子瞻 2.字號東坡居士 3.諡文忠	1.仁宗時，試禮部，主考歐陽脩擢置第二，嘗云：「吾當避此人出一頭地。」 2.神宗時，王安石倡新法，軾上書反對，出為杭州通判。 3.後謫黃州團練副使，築室於東坡，自號東坡居士。 4.嘗知杭州，疏濬西湖，築長堤，杭人呼為蘇公堤。
蘇轍		1.字子由 2.號欒城，字號潁濱遺老 3.卒諡文定	1.神宗時，因反對青苗法忤王安石，出為河南推官。 2.後因兄軾作詩譏評時政，又被貶。 3.新黨復得勢之時，轍又屢遭貶謫。 4.衛宗時歸隱於許州，築室潁水之濱，字號潁冰遺老，讀書學禪以終。

三、賦體的概述

賦是介於詩文之間的一種文體，著重用鋪陳的手法、對仗的句式、華麗的文藻，來描寫客觀現實或發表議論。

起源	1.始於《楚辭》：屈原爲中國辭賦之祖（屈原著離騷等二十五篇，爲中國最早之辭賦）。 2.肇名於荀子：荀子賦篇最早用「賦」作篇名。 3.導源於《詩經》，興於《楚辭》，盛於兩漢。
性質	1.賦是中國獨具的文體，介於詩與文之間。 2.賦原是「誦說」之意，不指文體，故班固在《漢書．藝文志》說：「不歌而誦謂之賦」。在詩經六義中賦、比、興的「賦」，則指敷陳其事。 3.《文心雕龍．詮賦》：「賦者鋪也，鋪采摛文，體物寫志也。」
特色	1.押韻如詩，形式結構似散文。 2.「問答成文」爲辭賦的通體。 3.具有優美形式，重排比句式、鋪陳手法、華麗辭藻。
名稱由來	1.班固云：「賦者，古詩之流也。」又云：「不歌而誦謂之賦。」 2.賦之名當產生於詩經六義之賦。但以實質而言，漢賦之博大宏肆，與詩經中之賦體並無直接關係。 3.漢賦實承楚辭與荀子賦篇而來。
盛行時代	1.漢代爲賦之黃金時代。 2.賈誼有〈弔屈原賦〉、〈惜誓〉、〈鵩鳥賦〉之作，上承屈、宋，下開枚、馬，開漢賦之先聲。 3.司馬相如有「賦聖」之譽，其名作有〈子虛賦〉、〈上林賦〉、〈長門賦〉等。 4.司馬相如、揚雄、班固、張衡、賈誼、蔡邕皆爲漢賦名家，前四人被稱「漢賦四傑」。

四、賦體流變【94學測、101指考】

時代	名稱	異稱	代表作品	說明
先秦	短賦		1.荀子：賦篇（由禮賦、知賦、雲賦、蠶賦、箴賦等五篇短賦組成） 2.屈原：離騷（屈原賦又稱騷賦） 3.宋玉：風賦、登徒子好色賦	李斯〈諫逐客書〉爲駢文初祖、漢賦先聲。
兩漢	漢賦	古賦 大賦	1.賈誼：鵩鳥賦、弔屈原賦、惜誓（賈誼地位上承屈、宋，下開枚、馬） 2.揚雄：甘泉賦、長揚賦 3.司馬相如：長門賦（相傳爲陳皇后阿嬌所作）、子虛賦、上林賦 4.班固：兩都賦（西都賦、東都賦）、幽通賦	1.長篇鉅製，詞藻華麗，筆勢誇張，好堆砌冷僻生字，艱澀難解。 2.作者多爲文字學家，內容多歌頌漢朝帝王功業。 3.開創期：賈誼、枚乘。 全盛期：司馬相如、東方朔、王褒。 模擬期：揚雄、班固。

時代	類型	別稱	代表作品	特色
			5.張衡：二京賦、歸田賦（內容寫個人情懷，開啓魏、晉、六朝駢體之端緒）	轉變期：張衡、禰衡、蔡邕。
魏晉	俳賦	駢賦 小賦 儷賦	1.王粲：登樓賦。 2.曹植：洛神賦、幽思賦 3.陸機：文賦（以駢體書寫的賦作文學理論） 4.左思：三都賦（傳頌一時，造成洛陽紙貴） 5.江淹：別賦、恨賦（江郎才盡） 6.庾信：哀江南賦（杜甫．詠懷古蹟其一：「庾信平生最蕭瑟，暮年詩賦動江關」）	受駢文影響，篇幅小，多用典故，音韻和諧，抒情多於鋪陳。
唐代	律賦		1.白居易：賦賦 2.杜甫：三大禮賦（非律賦，接近散賦） 3.杜牧：阿房宮賦（非律賦，接近散賦）	賦因近體詩格式而呈格律化，音韻協調，對偶精工，重形式，缺乏內容。

時代	類型	別稱	代表作品	特色
宋代	散賦	文賦 散文賦	1.歐陽脩：秋聲賦 2.蘇軾：赤壁賦	受古文運動影響，化典重為流利，崇尚說理，不重格律規制，無異有韻之古文。
明清	股賦			受八股取士影響，重形式輕內容，對偶中加入八股文句法。
附註	1.詩經六義中的賦指「鋪陳」。 2.賦以（問答）成文。 3.漢賦四大家：揚雄、司馬相如（賦聖）、班固、張衡。			

6 文法修辭

致使動詞

定義：致使動詞又稱使令動詞，在句中的功能為使賓語發生此動詞之動作，較常見於文言文中。可直接翻譯為「使…如何」。

★春風又「綠」江南岸王安石〈泊船瓜洲〉：使江南岸綠。

★「舞」幽壑之潛蛟，「泣」孤舟之嫠婦蘇軾〈赤壁賦〉：使幽壑之潛蛟舞動，使孤舟之嫠婦哭泣。

★會盟而謀「弱」秦賈誼〈過秦論〉：使秦國衰弱。

★求也退，故「進」之；由也兼人，故「退」之《論語．先進》：使積極進取／使謙讓退縮。

7 語文天地

一、形音義

字	音	義	例句
適	ㄕˋ	悅樂、快意，有享受、享用之意	吾與子之所共「適」
		恰好	貞觀十年，靖以左僕射平章事，「適」東南蠻入奏（杜光庭〈虬髯客傳〉）
		往	將何「適」而非快？（蘇轍〈黃州快哉亭記〉）
		適合、符合	快意當前，「適」觀而已矣（李斯〈諫逐客書〉）
	ㄉㄧˊ	專主，即「絕對如此」	無「適」也，無莫也（《論語．里仁》）

字	義	例句
遺	遺棄	飄飄乎如「遺」世而獨立 未有仁而「遺」其親者也（《孟子．梁惠王上》）
	餘	託「遺」響於悲風
	遺留	獨高其義，因以「遺」於世云（錢公輔〈義田記〉） 是以先帝簡拔以「遺」陛下（諸葛亮〈出師表〉）
	贈送（ㄨㄟˋ）	客從遠方來，「遺」我雙鯉魚（〈飲馬長城窟行〉）

字	義	例句
曾	乃、竟	天地「曾」不能以一瞬 至於犬馬皆能有養，「曾」是以爲孝乎（《論語．爲政》） 乃兆人萬姓崩潰之血肉，「曾」不異夫腐鼠（黃宗羲〈原君〉） 離散天下之子女以博我一人之產業，「曾」不慘然（黃宗羲〈原君〉）
	增	所以動心忍性，「曾」益其所不能（《孟子．告子下》）
	曾經	同是天涯淪落人，相逢何必「曾」相識（白居易〈琵琶行〉） 花徑不「曾」緣客掃，蓬門今始爲君開（杜甫〈客至〉）

字	義	例句
馮	通「憑」，憑依	浩浩乎如「馮」虛御風
	徒步過河	暴虎「馮」河
	姓氏	五代史「馮」道傳論曰（顧炎武〈廉恥〉）

字	義	例句
卒	終究、終於、最後，時間副詞	盈虛者如彼，而「卒」莫消長 其囚及期，而「卒」自歸，無後者（歐陽脩〈縱囚論〉） 「卒」以此死東市（司馬光〈訓儉示康〉）
	差役	走「卒」類士服，農夫躡絲履（司馬光〈訓儉示康〉）

卒	
士兵	率罷散之「卒」，將數百之眾（賈誼〈過秦論〉） 擇健「卒」十人，令二人蹲踞，而背倚之（方苞〈左忠毅公逸事〉）
死亡	蘇軾病「卒」於常州
終了，終養父母	民莫不穀，我獨不「卒」（《詩經．蓼莪》）
同「猝」，突然（ㄘㄨˋ）	「卒」然臨之而不驚，無故加之而不怒（蘇軾〈留侯論〉） 「卒」有盜賊之警，則相與恐懼訛言（蘇軾〈教戰守策〉）

繆	
通「繚」，連接、環繞（ㄌㄧㄠˊ）	山川相「繆」，鬱乎蒼蒼
詐也（ㄇㄧㄡˋ）	豈有他「繆」巧，陰陽不能賊（文天祥〈正氣歌〉）
姓氏（ㄇㄧㄠˋ）	「繆」先生
通「穆」（ㄇㄨˋ）	「繆」公求士，西取由餘於戎（李斯〈諫逐客書〉）
誤（ㄇㄧㄡˋ）	恩所加，則思無因喜以「繆」賞（魏徵〈諫太宗大思疏〉）

僂	ㄌㄡˊ	背部向前彎曲	佝（ㄎㄡˋ）「僂」
塿	ㄌㄡˇ	小土山	培「塿」
簍	ㄌㄡˇ	以竹編成的簍子	竹「簍」

鏤	ㄌㄡˋ	只要有恆心，連金石都可以被雕刻	金石可「鏤」
瘻	ㄌㄩˊ	駝背。	痀（ㄐㄩ）「瘻」
縷	ㄌㄩˇ	比喻聲音細微悠長，似斷非斷	不絕如「縷」
褸	ㄌㄩˇ	比喻創造事業的艱苦不易	篳路藍「褸」
屢	ㄌㄩˇ	屢次試驗，結果都相同	「屢」試不爽
屨	ㄐㄩˋ	草鞋	草「屨」

二、與「日」、「月」有關的成語集錦

月白風清	月色皎潔，清風習習，形容夜景之美。
月明如水	形容月色柔和明潔。
月盈則食	月過望而缺，喻凡事盛極必衰。同「月滿則虧」。
月暈而風	月旁光氣為暈，可知將有風。喻事之至，必有徵兆。
月淡星稀	形容星月稀落，黎明將臨之景色。同「月明星稀」。
日升月恆	謂興盛良久，可作祝詞。
明月入懷	祝賀人生子之詞。
日居月諸	居諸均為助詞，表光陰逝去。
日往月來	日復一日，月復一月，去來更迭。
日削月朘	執政者時時苛斂於民。
日就月將	每日每月都有進步。
月落星沉	形容天將亮的景象。

8 實力健身房

1. 非選（文章分析【100學測】）

閱讀〈赤壁賦〉「客曰：「『月明星稀，烏鵲南飛』……託遺響於悲風」（洞簫客解釋簫聲爲何轉爲淒涼嗚咽）一段回答：

(一)客所以有「而今安在哉」的感嘆，是因何而起？

(二)「寄蜉蝣於天地，渺滄海之一粟」所提示的人生問題是什麼？

(三)客云：「知不可乎驟得，託遺響於悲風。」請解釋他對於問題(二)要如何解決？

2. 單選（閱讀理解【101學測】）

蜀中有杜處士，好書畫，所寶以百數。有戴嵩〈牛〉一軸，尤所愛，錦囊玉軸，常以自隨。一日曝書畫，有一牧童見之，拊掌大笑，曰：「此畫鬬牛也。牛鬬，力在角，尾搐入兩股間。今乃掉尾而鬬，謬矣。」處士笑而然之。古語有云：「耕當問奴，織當問婢。」不可改也。

（蘇軾〈書戴嵩畫牛〉）

（　）下列文句與上文主旨最不相關的選項是

(A)聞道有先後，術業有專攻

(B)學無常師，有一業勝己者，便從學焉

(C)使言之而是，雖在褐夫芻蕘，猶不可棄也

(D)三人行，必有我師焉。擇其善者而從之，其不善者而改之。

3. 單選（文法修辭【103統測】）

（　）下列各組「　」內的詞，何者意義相同？

(A)「寄」蜉蝣於天地／到台北以後，學校宿舍成爲我的「寄」身之處

(B)男女衣著，「悉」如外人／同學們得「悉」此事，都感到十分訝異

(C)遷客「騷」人，多會於此／公司即將裁員的消息引起一陣「騷」動

(D)引氣不齊，巧拙有「素」／領國家俸祿的公務員豈能尸位「素」餐。

4. 單選（文法修辭【100統測】）

（　）下列何者屬於「詢問原因」的問句？

(A)客亦知夫水與月乎

(B)爾何故異昨日之言邪

(C)若不闕秦，將焉取之

(D)人非生而知之者，孰能無惑。

5. 多選（修辭【103指考】）

（　）寫作時提到某一事物，常運用與該事物密切相關的物件來代替，以求行文的生動變化。如蘇軾〈前赤壁賦〉：「方其破荊州，下江陵，順流而東也」。下列詩文

也運用此種表現方式的選項是：
(A)歲寒，然後知松柏之後凋也
(B)明眸皓齒今何在？血汙遊魂歸不得
(C)沙鷗翔集，錦鱗游泳；岸芷汀蘭，郁郁青青
(D)黃巾為害，萍浮南北，復歸邦鄉。入此歲來，已七十矣
(E)遙想公瑾當年，小喬初嫁了，雄姿英發，羽扇綸巾，談笑間，強虜灰飛煙滅。

解答及名師解析

1.參考答案：
(一)乃因看見眼前長江赤壁之壯闊江山，不禁遙想到三國時震古鑠今的赤壁之戰，在歷經八百多年厚的今日，「而今安在哉」的感嘆，自然應筆而生。
也就是說即使是當年叱吒一時的英雄人物——曹操，不僅揮軍南下有「舳艫千里，旌旗蔽空」的壯盛軍容，更創作出千古著名的詩作〈短歌行〉，所有的成敗、輸贏，亦終將隨著生命的終止而灰飛湮滅，失去了意義，如何不教人感嘆呢？故知「而今安在哉」所表達出的是一種「是非成敗轉頭空」的黯然惆悵。
(二)「寄蜉蝣於天地，渺滄海之一粟」，乃感嘆生命何其短暫、個體何其渺小，短暫如蜉蝣朝生暮死，又如蒼海中的一粒米般渺小，對短暫人生的終極意義提出疑問。
(三)「知不可乎驟得，託遺響於悲風」是洞簫客對短暫、渺小人生的無奈問題的面對方法！本希望可以透過「挾飛仙以遨遊，抱明月而長終」，但很明白此長生不朽的渴望終究不可能實現，於是心生悲涼，透過一曲洞簫，將悲懷寄託於音樂抒發，希望可藉此將愁思消散於秋風之中，排遣心中濃濃的感傷。

2.(D)
解析：
「耕當問奴，織當問婢」是題目故事的主旨，此與(A)的「術業有專攻」、(B)的「有一業勝己者，便從學焉」、(C)的「褐夫芻蕘言之而是，不可棄」，皆相合。至於(D)項主旨在「見賢思齊，見不賢而內自省」，偏重道德修養；另外「其不善者而改之」，也與題目故事無關。
語譯：
(A)懂得道理有先有後，學術道業上各有各的專長。出自韓愈〈師說〉。
(B)學習沒有固定的老師，有某一種知識、技能勝過自己的人，便值得我們跟從他學習。出自徐幹《中論．序》。
(C)假使別人講的話是有道理的，雖是貧賤鄙陋的人說的，還是不可以忽視不聽。出自《淮南子．主術訓》。
(D)幾個人在一起走路，一定有我可以效法的人在裡頭。選擇他的優點來學習它，他有不好的地方就改正它。出自《論語．述而》。

題幹語譯：

有位住在四川的杜姓隱居者，愛好書畫，所珍藏的書畫數以百計。其中有一幅是唐代戴嵩所畫的牛，尤其為他所珍愛，所以用錦綢縫製成布囊來包裹著畫，又用美玉來做畫軸的軸心，出入時常常隨身帶著這幅畫。有一天，他正把收藏的書畫拿到外頭曬太陽，有個牧童經過，看見了戴嵩畫的牛圖，不禁拍手大笑說：「這張圖畫的是鬥牛。牛相鬥時，力氣全在角上，尾巴因筋肉牽動，會夾在兩腿中間。現在這畫上的牛卻向外搖著尾巴在相鬥，這可就錯了！」杜姓隱居者聽到後笑了笑，認為牧童說得有道理。古人曾說：「耕作的事要問奴僕，紡織的事要問女婢。」這句話很有道理，是無可改變的。

3. (A)

解析：

(A)暫時的託身。
語譯：就像蜉蝣寄生在天地之間。蘇軾〈赤壁賦〉/暫時的託身。

(B)全。
語譯：男女所穿戴的服飾，完全跟外界的人一樣。陶淵明〈桃花源記〉/知道。

(C)憂愁。
語譯：遭貶謫流放的官吏、失意的文人，多聚集在此。范仲淹〈岳陽樓記〉/擾亂。

(D)本性。
語譯：（演唱吹奏時）運氣吹送的輕重強弱程度不同，加上本性靈巧笨拙的差異。曹丕《典論．論文》/空的、平白的。「尸位素餐」：占著職位享受俸祿而不做事。

4. (B)

解析：

(A)客人也知道流水和月亮嗎。出自蘇軾〈赤壁賦〉。(B)「何故」意指「什麼原因、為何」，因此可知本句屬於「詢問原因」的問句。）你今日所說的為何與昨日說的話不同呢。出自《世說新語．夙慧》。(C)如果不損害秦國，還往何處去取得土地？出自《左傳．燭之武退秦師》。(D)人不是一出生就明白一切道理，誰能沒有疑惑呢。出自韓愈〈師說〉。

5. (B)(C)(D)

解析：

題幹舉例運用「借代」修辭。

(A)借喻，全句比喻「亂世然後知君子之守正也」。《論語．子罕》。
語譯：歲末天寒，然後才知道。松柏是在所有草木凋零後，仍蒼翠挺立的。

(B)借代，「明眸皓齒」借代「美人」（指楊貴妃）。杜甫〈哀江頭〉。
語譯：美麗的楊貴妃而今在　何處？滿臉汙血的遊魂不能回歸宮廷。

(C)借代，「鱗」借代指「魚」。范仲淹〈岳陽樓記〉。
語譯：沙洲上的鷗鳥，時而飛翔，時而棲止，美麗的魚兒，時而浮游水面，時而潛行水中，岸上和沙洲上的白芷蘭草，香氣濃烈、花葉茂盛。

(D)借代，「黃巾」借代指「黃巾賊」（東漢張角爲亂，徒眾皆以黃巾裹頭爲標幟）。鄭玄〈戒子益恩書〉。

語譯：黃巾賊爲害天下，我像浮萍般漂泊四方，而後又回歸家鄉。直到今年，我已經七十歲了。

(E)誇飾，「談笑間，強虜灰飛煙滅」。至於「羽扇綸巾」是描寫周瑜的穿著，形容他態度從容不迫、瀟灑閒適，並非借代其人。

語譯：手揮羽扇，頭戴綸巾，在談笑當中，把強橫的敵軍迅速消滅得一乾二淨。

21 郁離子選

(一)工之僑為琴　(二)詬食　(三)狙公　(四)賣柑者言

◎劉基

1 大考關注

【字音、字義：102、100統測】

★使老狙率以之山「中」，求草木之實：裡面。

★「若」字在不同文句的字義辨別。

【國學：96學測、96、95統測】

★劉基博通經史，爲明朝開國功臣，其散文筆致駿邁，意旨閎深。

【修辭：95統測】

★倒裝句的判斷：良桐一文使用了許多倒裝句法。

【寓言類文閱讀：104、102、101、98學測、101指考】

★閱讀理解：《郁離子．趙人患鼠》。

(1)主旨在說明：處事應分辨本末輕重，利害得失。

(2)「是非若所知也」意爲：此事非汝所知。

★伊索寓言的寓意。

2 文章解讀

世界越黑暗，人們就越渴望光明。元朝末年，正是中國歷史上最黑暗的時代之一，劉基性格耿介，爲官廉直，無法忍受官場的汙穢醜惡，於是辭官退隱，把目睹的社會現象，與設想的對策寫作成書，希望能夠成爲照亮黑暗時代的一道曙光，書分十八章，取名《郁離子》。

《郁離子》不僅是書名，也是劉基的自我期許，離是《易經》八卦的離卦，象徵照亮世界的太陽，郁是文彩，子是對人的美稱，劉基在書中化身郁離子，就是要當一個透過文字照亮時代、驅除世界黑暗的人。

《郁離子》一書有兩大特色：

一、《郁離子》**是本寓言，擅長用生動奇特的故事，反應時代問題**，比喻貼切，**諷刺深刻**，發人深省。〈詬食〉將人與狗的行爲加以聯繫，幽默諷刺，令人噴飯；〈工之僑爲琴〉借古琴比喻人才，以樂工盲目崇古來比喻迂腐守舊的統治階層；〈狙公〉以眾狙象徵人民，以狙公象徵剝削人民的朝廷。

二、**見解犀利，辛辣諷刺**。《郁離子》一篇敘述一個故事、說明一個道理，在故事結尾發表評論的，有時是郁離子，有時是故事中的人物，實際上都是劉基的化身。〈詬食〉批評一個人不懂得自省，便與禽獸無異。〈工之僑為琴〉指出統治者因循守舊，必然自取滅亡。〈狙公〉警告統治者，權術不能永遠控制人民，一旦民智大開，便萬事皆休了。

劉基最後歸附朱元璋，協助他推翻元朝，建立「明」朝，明為光明，可謂不負郁離子之名。

3 文章精析

一、工之僑為琴

一 工之僑得良桐焉，斲（ㄓㄨㄛˊ）而為琴，弦[2]而鼓[2]之，金聲而玉應[1]，自以為天下之美也。獻之太常。使國工視之，曰：「弗古。」還之。

- 斲：通「斫」，以刀砍削、雕刻。
- 弦：安裝琴弦，動詞。
- 鼓：彈奏，動詞。
- 金聲而玉應：比喻琴音極為優美和諧。古代演奏音樂以金鐘與玉磬聲音作為協調，以金鐘的聲音表發端，以玉磬的聲音表收尾。
- 太常：古代掌管宗廟禮儀、禮樂文化的官員。
- 國工：指朝廷技藝高超的樂工。

二 工之僑以歸，謀諸漆工，作斷紋焉，又謀諸篆（ㄓㄨㄢˋ）工，作古窾（ㄎㄨㄢˇ）焉。匣[2]（ㄒㄧㄚˊ）而埋諸土。朞（ㄐㄧ）年出之，抱以適市。貴人過而見之，易[4]之以百

- 以歸：「以之歸」的省略。這張琴帶回家。
- 諸：之於。
- 窾：通「款」，即款識，古代鐘鼎彝（ㄧˊ）器上所刻的文字和花紋，凹者為款，凸者為識。
- 匣：盒子，名詞轉品作動詞，指裝入盒子。
- 朞年：一年。朞，同「期」。
- 適：往。
- 易：交換、購買。

段旨

一 描寫工之僑以良桐製作好琴，卻因外表不古雅而未受樂工賞愛，暗喻執政者不重內涵，只重虛飾。

二 描寫工之僑偽裝琴的外表，假裝成古物，後被青睞視為稀世珍寶，暗諷執政者因循守舊，不辨真假，摧殘人才的荒謬。

翻譯

一 工之僑得到一塊質地良好的桐木，於是他雕刻桐木成為一把琴，安裝琴弦後彈奏它，琴音洪量如金鐘，和聲清脆有如玉磬，他自認為這是天下最好的琴，把琴獻給國家掌管禮樂的太常。太常派朝廷最優秀的樂工來鑑定這張琴，樂工說：「不夠古雅。」於是太常就把琴退還工之僑。

二 工之僑把琴帶回家，和油漆工匠商議，在琴身上漆些斷裂的紋路，又和雕刻文字的工匠商議，請他在琴身上刻出古款的文字。然後將琴裝入盒子，埋在土中。一年後取出琴來，抱到市集去賣。有位地位顯貴的人經過市集，看見這張琴，用百兩金子購買這把琴，將它

金，獻諸朝。樂官傳視，皆曰：「希世之珍也！」

（希：通「稀」，稀少。）

三 工之僑聞之，嘆曰：「悲哉，世也！豈獨一琴哉？莫不然矣！而不早圖之，其與亡矣！」遂去，入於宕冥之山，不知其所終。

（而：如果。圖：計畫、打算。其：恐怕，表示將要的語氣詞。宕ㄉㄤˋ冥之山：虛構的山名，指廣大幽深的山。宕，大。冥，暗。）

二、詬食

一 齊人有好詬食者，每食必詬其僕，至壞器、投匕箸，無空日。館人厭之，忍弗言，將行，贈之以狗，曰：「是能逐禽，不腆以贈子。」行二十里而食，食而召狗與之食。狗嘷而後食，且食而且嘷。主人詬於上，而狗嘷於下，每食必如之。一日，其僕

（詬ㄍㄡˋ：責罵。壞：摔壞，作動詞。匕ㄅㄧˇ箸：湯匙和筷子。館人：旅館的主人。不腆ㄊㄧㄢˇ：不豐厚，通常是贈人禮物時所用的「薄禮」謙詞。嘷ㄏㄠˊ：指狗吠叫。且……且：一邊……一邊……。）

獻給朝廷。樂官傳遞觀看後都說：「這把琴是世上少有的珍寶啊！」

三 工之僑聽到這件事後，感嘆地說：「可悲啊，這樣的世局！難道只有對待一張琴是這樣嗎？朝廷中沒有一件事不是如此啊！如果不早作打算，將要跟這腐敗的社會一起滅亡了！」於是，工之僑便離開，隱居在廣大幽深的宕冥山，後來沒有人知道工之僑的下落。

一 有個齊國人喜歡邊吃飯邊罵人，每次吃飯一定要責罵僕人，甚至摔壞器皿、亂扔湯匙、筷子，沒有一天不這樣。旅館主人很討厭他，但是忍著不說。那人將要離開時，旅館主人送他一隻狗，說：「這隻狗可以追捕禽獸，不是貴重的禮物，拿來送你。」齊人走了二十里，停下來吃飯，吃飯時把狗召來跟他一起吃。狗先吠叫然後才吃，而且邊吃邊吠叫。主人在上面罵人，狗在下面吠叫，每餐飯都如此。有一天，他的

三 採以小見大手法，藉工之僑的悲嘆、歸隱，點明文章主旨，影射當時整個世道「以假亂眞」的虛僞、愚昧，並暗指元朝即將滅亡。

一 描寫齊人喜歡邊吃邊罵的惡習，後從狗邊吃邊嘷的行徑與僕人失笑的反應，覺察自己的粗鄙無禮。

失笑，然後覺（ㄐㄩㄝˊ）。

失笑：忍不住笑出聲。

(二) 郁離子曰：「夫人必自侮，而後人侮之。」又曰：「飲食之人，則人賤之。」斯人之謂矣。

劉基評論時自稱，即劉知幾《史通》所謂「論贊體」，為作者歸結此文的寓意。

夫人必自侮，而後人侮之：語出《孟子．離婁上》。

飲食之人，則人賤之：引用《孟子．告子上》。

(二) 以郁離子身分引用《孟子》名句，點出自侮然後人侮，不重修養將被鄙視的主旨。

僕人忍不住笑出聲來，齊人才覺察自己的失態無禮。

(二) 郁離子說：「一個人必定是自己先侮辱了自己，然後別人才會去羞辱他。」又說：「只會專注在吃喝飲食的人，是會被人輕視的。」說的就是這個齊國人吧。

三、狙公

(一) 楚有養狙（ㄐㄩ）以為生者，楚人謂之狙公。旦日必部分眾狙於庭，使老狙率以之山中，求草木之實，賦什一以自奉，或不給（ㄐㄧˇ）則加鞭箠焉。群狙皆畏苦之，弗敢違也。

狙：獼猴。

旦日：意同「平旦」，天亮時。

部分：部署、分派，動詞。

之：往、到，動詞。【100統】

中：裡面。【100統測】

賦：徵收。

什一：析數，十分之一。

奉：養活。

不給：不足。

鞭箠：鞭打，動詞。一說鞭子、竹杖，同義複詞。

(一) 描寫狙公壓榨、剝削眾獼猴，而眾獼猴默默承受欺壓之苦，不敢違抗。影射統治者坐享賦稅、剝削人民。

(一) 楚國有位以養獼猴為生的人，楚人稱他為狙公。狙公每天早晨必定在庭院分派任務給眾獼猴，指派老獼猴帶領小獼猴到山裡，採摘草木的果實，回來後狙公便向猴子們徵收十分之一的果實來養活自己。有時獼猴們所採摘供給的果實不足，狙公就鞭打牠們，眾獼猴對狙公又畏懼、又厭惡，但始終不敢違抗。

(二) 一日，有小狙謂眾狙曰：「山之果，公所樹與？」

與：通「歟」，疑問語氣詞。

樹：種植，名詞轉動詞。

(二) 描寫眾獼猴在回應小獼猴的問題中有所覺悟，不再忍氣吞聲地接受狙公主宰，而狙公的統治威權也因此崩潰瓦解，最後餓死。

(二) 有一天，一隻小獼猴對眾獼猴說：「山裡的果樹，是狙公種植的嗎？」

曰：「否也，天生也。」曰：「非公不得而取與？」曰：「否也，皆得而取也。」曰：「然則吾何假於彼而為之役乎？」言未既，眾狙皆寤。其夕，相與伺狙公之寢，破柵毀柙，取其積，相攜而入於林中，不復歸。狙公卒餒而死。

得：能夠。
假：借助、仰賴。
為（ㄨㄟˋ）之役：被他使喚。
既：完、盡。
寤（ㄨˋ）：同「悟」，明白、覺醒。
伺（ㄙˋ）：通「俟」，等候。
柙（ㄒㄧㄚˊ）：關野獸的牢籠。
積：指積聚的果實。
卒餒（ㄋㄟˇ）而死：最後餓死了。卒，最後。餒，飢餓。

三 郁離子曰：「世有以術使民而無道揆者，其如狙公乎！惟其昏而未覺也，一旦有開之，其術窮矣！」

道揆（ㄎㄨㄟˊ）：道，道理、法度。揆，尺度、準則。
其：大概，推測語氣詞。
其：指百姓。

四、賣柑者言

一 杭有賣果者，善藏柑，涉寒暑不潰，出

涉：經歷。
潰：腐爛。

眾獼猴回答說：「不是啊，是自然生長的。」小獼猴又問：「除了狙公，別人都不能夠採果子嗎？」眾獼猴回答說：「不是啊，大家都可以採摘啊。」小獼猴說：「既然如此，我們為什麼要仰賴他，而且被他奴役呢？」話還沒說完，眾獼猴都覺醒了。當天晚上，眾獼猴一起等候狙公睡著之後，就撞破柵欄，砸毀牢籠，拿走狙公積存的果實，相互扶持地逃進山林中，從此不再回來。狙公最後因飢餓而死。

三 郁離子評論：「世上利用權術役使百姓，治國卻不依法度、準則的統治者，大概就像狙公這樣吧！（百姓）只是糊塗昏昧而尚未覺醒，一旦有人開導他們，那統治者的權術就行不通了！」

一 杭州有個賣水果的人，善於收藏柑橘，經過嚴寒酷暑都不會腐爛，拿出

三 藉郁離子之言作史鑑，說明用權術剝削而不用法度的專權統治者，民智頓開時必定被滅亡。

一 記賣柑者所賣柑橘「內醜外美」，虛有其表，引起作者責問是否欺人，展

開論述。

二 藉賣柑者言，用反問的方式，諷刺當世武將不懂用兵、文臣庸碌，無能治國，才是真正的欺世盜名。

之燁然，玉質而金色。置於市，賈十倍，人爭鬻之。予貿得其一，剖之，如有煙撲口鼻，視其中，則乾若敗絮。予怪而問之曰：「若所市於人者，將以實籩豆、奉祭祀、供賓客乎？將衒外以惑愚瞽乎？甚矣哉，為欺也！」

- 燁（ㄧㄝˋ）然：光彩奪目的樣子。
- 賈（ㄐㄧㄚˋ）：同「價」，價格。
- 鬻（ㄩˋ）：購買。
- 貿：交易、買。
- 若（乾若敗絮）：如。
- 若（若所市）：你。
- 市：賣、出售。
- 實：盛滿、擺滿。
- 籩（ㄅㄧㄢ）豆：指古代祭祀或宴會時使用的器皿。籩，盛果品的竹編器具。豆，盛肉類的器具。
- 衒（ㄒㄩㄢˋ）：通「炫」，誇耀。
- 瞽（ㄍㄨˇ）：盲人。

二 賣者笑曰：「吾業是有年矣，吾賴是以食吾軀。吾售之，人取之，未嘗有言，而獨不足子所乎？世之為欺者不寡矣，而獨我也乎？吾子未之思也。今夫佩虎符、坐皋比者，洸洸乎干城之具也，果能授孫、吳之略耶？峨大冠、拖長紳者，昂昂乎廟堂之器也

- 業：從事這行生意。業，名詞轉動詞用，從事。
- 是：此。
- 食（ㄙˋ）：通「飼」，養活、供養。
- 不足子所：指不能滿足您的心意。所，指心意。
- 吾子：您，對對方的敬稱。
- 虎符：虎形兵符，古代調兵用的憑證。
- 皋（ㄍㄠ）比（ㄆㄧˊ）：虎皮，借指武將的座席。
- 洸洸（ㄍㄨㄤ ㄍㄨㄤ）：威武的樣子。
- 干城：干，盾牌，此作「捍衛」。
- 具：具，才能，此指人才。
- 孫、吳：孫武和吳起，分別是春秋和戰國時代的軍事家。
- 峨（ㄜˊ）：高聳戴著，作動詞。
- 紳：古代貴族束在腰間的大帶，此指其伸展拖垂的部分。
- 昂昂：氣度不凡的樣子。
- 器：朝廷重臣。器，比喻人才。

來仍然鮮豔有光澤，質地像美玉一般溫潤，顏色像黃金一般燦爛。擺在市場上賣，價錢比別人貴十倍，人們爭相購買。我也買到一個，剖開它時，好像有煙氣撲向口鼻，看它的內部，卻乾枯得像破舊的棉絮般。我覺得很奇怪便責問他說：「你所賣給客人的柑橘，是要讓人用來裝在籩豆裡、供奉神明、招待賓客享用的呢？還是要用來誇耀它（美麗）的外表來欺騙愚人和盲人呢？實在是太過分了，你這是種欺騙的手段！」

二 賣柑的人笑著回答說：「我做這行生意已有很多年了，我依賴它來養活自己。我賣它，人們買它，從來沒有聽到什麼怨言，為何單單不能滿足您的心意呢？世上玩弄欺騙手段的人不算少啊，難道只有我一個人嗎？您還沒有思考過這個問題啊！現在那些佩戴著調兵用虎形兵符、坐在虎皮武將座席的人，看起來是那樣威武，好像是捍衛國家的將才，他們真能策劃出像孫武、吳起一般的謀略嗎？高聳戴著大官帽、垂繫著大官帶的人，看起來是那樣氣宇軒昂，好

也，果能建伊、皋之業耶？盜起而不知禦，民困而不知救，吏奸而不知禁，法斁而不知理，坐糜廩粟而不知恥。觀其坐高堂、騎大馬、醉醇醴而飫肥鮮者，孰不巍巍乎可畏、赫赫乎可象也，又何往而不金玉其外、敗絮其中也哉？今子是之不察，而以察吾柑！」

- 伊、皋（ㄍㄠ）：伊尹和皋陶（ㄍㄠ ㄧㄠˊ），分別為商湯的賢相和虞舜時的賢臣。
- 斁（ㄉㄨˋ）：敗壞。
- 坐糜（ㄇㄧˊ）廩粟：坐，徒然，指無所作為。糜，浪費。廩粟，國家倉庫的糧食。
- 醇醴（ㄔㄨㄣˊ ㄌㄧˇ）：味道醇厚的美酒。
- 飫（ㄩˋ）：飽食。
- 巍巍乎：高大的樣子。
- 赫赫乎：顯貴的樣子。
- 象：效法，仿效。
- 何往：何嘗，哪裡。
- 是之不察：「不察是」的倒裝，沒有明察這種現象。是，此。

三 由賣柑者指桑罵槐的曲筆之言，推測其為憤世疾邪之人。

三 予默然無以應。退而思其言，類東方生滑稽之流，豈其憤世疾邪者耶？而託於柑以諷耶？

- 東方生：指東方朔，漢武帝時大夫，善寫詼諧的諷諫文章。
- 滑稽（ㄍㄨˇ ㄐㄧ）
- 流：類、輩。

像是朝廷的重臣，他們真能建立起像伊尹、皋陶一般的功業嗎？盜賊興起卻不知抵禦，人民困窮卻不知救助，官吏奸邪卻不知禁止，法紀敗壞卻不知整頓，無所作為而浪費國家的糧食卻不知羞恥。看那些坐在高大的廳堂、騎著肥壯的馬匹、醉飲美酒、飽食佳餚的文武官員，哪一個不是那麼崇高，令人感到敬畏；那麼顯貴，令人感到效慕呢？但何嘗不是外表像黃金美玉，而內在像破舊棉絮般呢？現在您沒有明察這種現象，卻來挑剔我賣的柑橘！」

三 我沉默著無話可應答。回來後仔細思考他的話，很像東方朔那類詼諧、機智而能言善道的人，難道他是對黑暗世道表示憤慨，對邪惡勢力表示憎恨的人嗎？而假託柑橘來諷刺世俗呢？

文法修辭提示

1. 借代「金」聲而「玉」應：「金」借代為「鐘」；「玉」借代為「磬」
2. 轉品
   (1)「弦」而「鼓」之：名詞→動詞
   (2)「匣」而埋諸土：名詞→動詞
   (3) 每食必詬其僕，至「壞」器投匕箸，無空日：形容

詞→動詞

(4) 飲食之人，則人「賤」之：形容詞→動詞

3. 引用

(1) 人必自侮而後人侮之：語出《孟子．離婁上》。

(2) 飲食之人，則人「賤」之：語出《孟子．告子上》

4. 倒裝

易之以百金：以百金易之

4 作者介紹　劉基

作者	元末明初 劉基
字號	字伯溫
籍貫	處州青田人
生平經歷	1. 劉基博通經、史，精於天文、兵法、術數。二十三歲舉進士，曾任地方官，因爲官清廉，與當道不合，乃棄官歸隱，著《郁離子》明志。 2. 五十歲時應邀投靠朱元璋旗下，陳「時務十八策」，協助朱元璋規劃爭奪天下的戰略，成爲明朝重要開國功臣，明太祖稱他爲「吾之子房」，事必諮詢。 3. 參與明朝開國制度訂定，官至御史中丞兼太史令，封誠意伯。
文學成就	1. 明初著名的政治家與文學家，《明史》稱讚其文章「氣昌而奇，與宋濂並爲一代之宗」。 2. 強調文學移風易俗的功能，寓言體散文《郁離子》，論點鮮明，筆鋒犀利，反映元末的社會亂象，關懷民生疾苦，譴責貪官汙吏。 3. 詩與高啓齊名，清代沈德潛推其爲一代之冠。 4. 後人收集他的作品，編爲《誠意伯文集》。

5 國學常識　寓言、小說的特色及流變

一、寓言

定義	隱含寓意或教訓之作品。「寓」，寄託；「言」，議論。寓言就是利用類比的方式，將抽象難懂的哲理，寄託在簡單易懂的故事中。		
起源	寓言一詞始見於《莊子．寓言》：「寓言十九，藉外論之。」與《莊子．天下》：「以重言爲眞，以寓言爲廣。」這兩句話指出寓言是一種傳達意念的工具，有擴大論點的效果。		
流變	先秦	哲理寓言	形成於戰國初期。散見於諸子散文，說理性強，是諸子闡述理念、宣揚學說的工具。
	唐宋	諷刺寓言	諷刺性增強而哲理性減弱，主要針對政治或人事進行批判。
	明清	詼諧寓言	冷嘲熱諷的笑話成份增多。
異稱	韓非子稱「儲說」；劉向別錄稱「偶言」；魏晉南北朝稱「譬喻」；或稱「戒」（如：柳宗元〈三戒〉）、「說」（如：艾子〈雜說〉）、「傳」（如：〈中山狼傳〉）、「志」、「言」等		

二、古典小說流變簡介

緣起	1.《漢書‧藝文志》記載：「小說家者流，蓋出於稗官，街談巷語，道聽塗說者之所造也。」是指九流十家中的「小說家」（學派之一）。 2.「小說」皆指瑣碎無系統的訊息，與後代「小說」之意不同。
流變	1.先秦神話故事：《山海經》、《穆天子傳》。 2.魏、晉、六朝，多零星記事的：筆記小說。 3.唐傳奇已發展出完整結構。 4.宋代已出現白話小說的雛形：話本；元代以後章回小說正式產生。 5.《四庫全書》不收錄章回小說。筆記小說則收錄於「子部」。
六朝筆記小說	1.特色：文言短篇小說，但紀錄零碎，沒有完整之結構。內容從「志怪」轉向「志人」，是最大的進步。 2.種類： (1)神異鬼怪類（志怪小說）：干寶《搜神記》。 (2)名人軼事類（志人小說）：劉義慶《世說新語》。
唐代傳奇小說	1.特色：文言短篇小說，已有完整的結構，多保存於宋代李昉輯錄的《太平廣記》中。 2.代表作品：白行簡〈李娃傳〉、陳鴻〈長恨歌傳〉、杜光庭〈虬髯客傳〉。
宋代話本小說	1.特色：白話小說邁向成熟的階段。所謂話本，乃說書人之稿本。 2.代表作品：《大唐三藏取經詩話》、《大宋宣和遺事》。

元末明初章回小說	1.特色：章回小說由話本小說發展而來，保留話本小說結構緊密、敘事緊湊的優點，而沒有話本小說粗糙、鄙俗、前後矛盾的缺點。 2.代表作品： 施耐庵《水滸傳》，以當時白話口語寫成。 羅貫中《三國演義》，以淺顯文言寫成。
明代	1.白話短篇小說： (1)明代馮夢龍輯有「三言」：《喻世明言》、《警世通言》、《醒世恆言》。 (2)凌濛初作「二拍」：《拍案驚奇初刻》、《二刻》。 2.章回小說：如許仲琳《封神演義》、吳承恩《西遊記》。 3.小說界四大奇書：施耐庵《水滸傳》、羅貫中《三國演義》、吳承恩《西遊記》、蘭陵笑笑生《金瓶梅》。
清代	1.章回小說：以吳敬梓《儒林外史》、曹雪芹《紅樓夢》、劉鶚《老殘遊記》爲代表。 2.文言短篇小說：蒲松齡《聊齋誌異》、袁枚《子不語》。 3.晚清四大譴責小說：劉鶚《老殘遊記》、李寶嘉《官場現形記》、吳沃堯《二十年目睹之怪現狀》、曾樸《孽海花》。 4.翻譯小說：晚清林紓大量以文言文翻譯外國小說。
六才子書	清代金聖嘆說法：《莊子》（莊周著，子書）、〈離騷〉（屈原著，騷體韻文）、《史記》（司馬遷著，史書）、杜詩（杜甫著，詩集、韻文）、《水滸傳》（施耐庵著，小說）、《西廂記》（王實甫著，戲曲韻文）。

綜合整理

1. 第一部筆記志人小說：《世說新語》。
2. 第一部完整的白話章回小說：《水滸傳》。
3. 第一部歷史章回小說：《三國演義》。
4. 最通行的歷史章回小說：《三國演義》。
5. 最早通行的白話章回小說：《水滸傳》。
6. 最具影響力的章回神怪小說：《西遊記》。
7. 最具影響力的諷刺小說：《儒林外史》。
8. 最具影響力的短篇神怪小說：《聊齋誌異》。
9. 第一部揭發清官之惡的小說：《老殘遊記》。
10. 作者獨立構思，情節、結構完整細密，突破傳統大團圓結局，以悲劇收場。中外學者研究著作繁富，形成「紅學」的愛情小說：《紅樓夢》。

6 文法修辭　示現

定義：把實際上不聞不見的事物，說得如見如聞的修辭法。

1. 追述示現：將回憶描寫的像是在眼前一樣

★妾髮初覆額，折花門前劇。郎騎竹馬來，遶床弄青梅

★遙想公謹當年，小喬初嫁了。羽扇綸巾，談笑間，檣櫓灰飛煙滅

2. 懸想示現：把想像出來的東西描述的活靈活現

★念此際你已回到濱河的家居，想你在梳理長髮或是整理溼了的外衣，而我風雨的歸程還正長

★獨在異鄉為異客，每逢佳節倍思親；遙知兄弟登高處，遍插茱萸少一人

3. 追述示現：將未來的事描繪出來

★白日放歌須縱酒，青春作伴好還鄉。即從巴峽穿巫峽，便下襄陽向洛陽

★執手相看淚眼，竟無語凝噎。念去去，千里煙波，暮靄沉沉楚天闊

7 語文天地

一、形音義

坦	ㄊㄢˇ	「坦」途、「坦」蕩、「坦」率、「坦」腹東床	
袒	ㄊㄢˇ	「袒」裼裸裎、「袒」庇、「袒」護	
疸	ㄉㄢˇ	黃「疸」	
垣	ㄩㄢˊ	城「垣」、省「垣」（省會）	

鼓	ㄍㄨˇ	安裝琴弦後彈奏它	絃而「鼓」之
支	ㄓ	比喻事情非常重大，非一人之力所能支持	獨木難「支」
忮	ㄓˋ	不嫉妒，不貪得	不「忮」不求
豉	ㄔˇ	黑色，為菜餚的佐料	豆「豉」
芰	ㄐㄧˋ	荷花	「芰」荷
技	ㄐㄧˋ	比喻微不足道的技能	雕蟲小「技」

字	音	釋義	例句
岐	ㄑㄧˊ	相傳黃帝曾令岐伯嚐百草，行醫治病，故以岐黃為醫家之宗祖。後亦用以比喻醫道	「岐」黃
歧	ㄑㄧˊ	比喻事理繁雜多變，使人迷失而一事無成	「歧」路亡羊
跂	ㄑㄧˋ	期待、盼望	「跂」望
屐	ㄐㄧ	木製拖鞋	木「屐」
庋	ㄐㄧˇ	收藏	「庋」藏

字	音	釋義	例句
比	ㄅㄧˇ	比照	食之，「比」門下之客（《戰國策・馮諼客孟嘗君》）
		比擬、媲美	述而不作，信而好古，竊「比」我於老彭（《論語・述而》） 此人每嘗自「比」管仲、樂毅（《三國演義》）
		較量	度長絜大，「比」權量力（賈誼〈過秦論〉）
		詩經六義之一，即譬喻	詩有六義焉，一曰風，二曰賦，三曰「比」，四曰興，五曰雅，六曰頌（《詩經・大序》）
	ㄅㄧˋ	相並、緊靠	海內存知己，天涯若「比」鄰（王勃〈杜少府之任蜀州〉） 鱗次櫛「比」
		接連	歲「比」不登
		偏私	君子周而不「比」（《論語・為政》）
		依從	無適也，無莫也，義之與「比」（《論語・里仁》）
		代替	願「比」死者一灑之（《孟子・梁惠王上》）
		近來	「比」得軟腳病，往往而劇（韓愈〈祭十二郎文〉）
		等到	「比」及三年，可使有勇（《論語・先進》） 「比」去，以手闔門（歸有光〈項脊軒志〉）

字	釋義	例句
若【101統測】	如此	吾不忍其觳觫，「若」無罪而就死地（《孟子・梁惠王上》）
	像	關山度「若」飛（〈木蘭詩〉） 天涯「若」比鄰（王勃〈送杜少府之任蜀州〉）
	如果、假如	「若」屢為之，則殺人者皆不死（歐陽脩〈縱囚論〉）
	似	彼與彼年相「若」也，道相似也（韓愈〈師說〉）
	順	乃「若」其情，則可以為善矣（《孟子・告子上》）
	如	天下之權重望崇者，莫我「若」也（杜光庭〈虬髯客傳〉）
	你	「若」何為生我家（黃宗羲〈原君〉） 君王為人不忍，「若」入前為壽（司馬遷〈鴻門宴〉） 久不見「若」影，何竟日默默在此（歸有光〈項脊軒志〉）

二、成語集錦

憤世疾邪	痛恨腐敗的現狀及邪惡勢力，意即憤世嫉俗。
廟堂之器	捍衛國家的將才，意同國之幹城、介冑之士、江左夷吾。
滑稽之流	詼諧、機智、能言善道的人。今指使人發笑的語言、行動和事態。
金玉其外，敗絮其中	喻虛有其表。

8 實力健身房

單選（寓言類文閱讀【102學測】）

1. 2. 爲題組，閱讀下文後，回答1、2題。

余居西湖寓樓，樓多鼠，每夕跳踉几案，若行康莊，燭有餘燼，無不見跋。始甚惡之，□□念鼠亦飢耳，至於余衣服書籍一無所損，又何惡焉。適有饋餅餌者，夜則置一枚於案頭以飼之，鼠得餅，不復嚼蠟矣。一夕，余自食餅，覺不佳，復吐出之，遂並以飼鼠。次日視之，餅盡，而余所吐棄者故在。乃笑曰：「鼠子亦狷介乃爾。」是夕，置二餅以謝之。次日，止食其一。余嘆曰：「□□狷介，乃亦有禮。」

跋：火炬或蠟燭燃燒後的殘餘部分。

（俞樾《春在堂隨筆》）

1.（　）依據文意，依序選出□□內最適合填入的選項

(A) 已而／不亦
(B) 俄而／不失
(C) 從而／不無
(D) 繼而／不惟。

2.（　）依據文意，選出敘述錯誤的選項

(A)「跳踉几案，若行康莊」，意謂：老鼠橫行無忌，毫不畏懼人
(B)「燭有餘燼，無不見跋」，意謂：老鼠飢不擇食，連蠟燭都吃
(C)「余所吐棄者故在」，意謂：老鼠取捨不苟，有所爲有所不爲
(D)「置二餅以謝之」，意謂：老鼠無損衣物，故得到主人的酬謝。

3. 多選（寓言類文閱讀【101學測】）

（　）閱讀下列二則寓言，選出敘述正確的選項：

甲、夫鵷鶵，發於南海而飛於北海，非梧桐不止，非練實不食，非醴泉不飲。於是鴟得腐鼠，鵷鶵過之，仰而視之曰：「嚇！」（《莊子．秋水》）

乙、梟逢鳩。鳩曰：「子將安之？」梟曰：「我將東徙。」鳩曰：「何故？」梟曰：「鄉人皆惡我鳴，以故東徙。」鳩曰：「子能更鳴可矣，不能更鳴，東徙

猶惡子之聲。」（劉向《說苑・談叢》）

(A) 甲用南海、北海、梧桐、練實、醴泉等意象來襯寫鵷鶵的襟懷和堅持
(B) 乙的梟將東徙，是因為曲高和寡，不被濁世所容，所以打算遠離塵網
(C) 甲以行為描述來呈現禽鳥的心理，乙則藉對話內容來表達禽鳥的想法
(D) 二寓言皆以禽鳥間的互動為故事主軸，寄寓作者對人世的觀察及諷諭
(E) 鴟和鳩皆目光短淺之徒，不能理解鵷鶵和梟，猶如燕雀難知鴻鵠之志。

4.5. 單選（閱讀理解【95統測】）

4.5. 為題組，閱讀下文後，回答下列題目：

有隻狐狸急著要跳過籬笆，結果滑了一跤。匆忙間，牠抓住一株荊棘，可是腳卻被荊棘的刺扎傷了，血流不止。狐狸痛得大叫說：「我要你幫我，沒想到你卻害我！」荊棘回答說：「老兄，你錯了！你扶我是想穩住自己，可是我本來就是見到東西就刺啊！」（伊索寓言）

4.（ ）荊棘回答：「我本來就是見到東西就刺啊！」的涵義是什麼？
(A) 盡人事，聽天命
(B) 以暴制暴，以牙還牙
(C) 人不為己，天誅地滅
(D) 物各有性，順天而已。

5.（ ）根據上文，如果要對狐狸提出忠告，下列何者最恰當？
(A) 法網恢恢，疏而不漏
(B) 有所不得，反求諸己
(C) 養兵千日，用兵一時
(D) 斬草不除根，春風吹又生。

解答及名師解析

1. (D)

解析：

《論語・子路》：「狂者進取，狷者有所不為也。」狷，音ㄐㄩㄢˋ。跳踉：音ㄊㄧㄠˋ ㄌㄧㄤˊ，跳動、跳起。
(A) 已而：不久／不亦：不也。
(B) 俄而：不久／不失：不喪失、不遺落、不違背。
(C) 從而：因此、因而。連接下文，用於陳述結果、目的，以作為對於上文原因、方法等的說明／不無：不是沒有，表示「有」。
(D) 繼而：接著。表示緊跟著某一情況或動作之後／不惟：不只。

翻譯：我住的西湖邊寓所樓上，樓中有許多老鼠，每晚在桌上跳來跳去，跑來跑去像在走康莊大道一樣。晚上點的蠟燭有燒後的殘蠟、殘灰，沒有不被吃光的。開始時我很厭惡這些老鼠，接著我轉念一想，老鼠也是因為飢餓難耐罷了，至於我的衣服、書籍

都沒有被咬、受損，牠們又有什麼好被我厭惡的呢？剛好有人送來餅乾，晚上時我就放一塊在桌上來餵老鼠，老鼠有餅吃，便不再去嚼蠟吃了。有一晚，我在吃餅，覺得味道不好，便又吐了出，於是和餵鼠的餅一起留在桌上給老鼠吃。隔天來看，新放的餅已吃完，而我所吐掉的餅卻還在。我因而笑說：「老鼠也是有所不爲的。」當大晚上，我放了兩塊餅來答謝、嘉獎牠們。隔天，看到餅只被吃掉一個。我大嘆：「老鼠不僅是有所不爲，竟然還很有禮節。」

2. (D)

解析：

(D)「置二餅以謝之」是因作者認爲老鼠有狷介之士之德——有所爲、有所不爲。

3. (A)(C)(D)

解析：

(A)南海、北海、梧桐、練實、醴泉都是遠大而高潔象徵。

(B)並非「曲高和寡」，而是叫聲難聽。

(C)甲之中的鵷鶵理想高遠而且有所堅持，鴟仰視恐嚇，顯現牠的害怕。乙完全以對話展現。

(D)甲是鵷鶵和鴟的互動，乙是梟與鳩的互動。

(E)鴟目光短淺，不能理解鵷鶵。梟則當局者迷，有賴鳩當頭棒喝。「燕雀難知鴻鵠之志」出自《史記．陳涉世家》，指目光短淺之人無法體會高遠的志向。

題幹語譯：

甲、那鳳凰鳥，從南海出發要飛向北海，不是高大的梧桐樹就不棲息，不是精緻的竹實就不食用，不是乾淨的甘泉就不飲用。在這兒有隻貓頭鷹得到一隻死老鼠，恰好鳳凰飛過牠，貓頭鷹怕鳳凰來搶死老鼠，抬頭盯著鳳凰，大喊一聲：「嚇！」

乙、貓頭鷹遇見鳩鳥。鳩問：「您要去那兒？」貓頭鷹說：「我要搬去東方。」鳩問：「爲什麼？」貓頭鷹說：「鄉民都討厭我的叫聲，所以我要搬去東方。」鳩說：「您如果能換掉叫聲，就可以；如果不能換掉叫聲，搬去東方，東方人還是討厭您的叫聲。」

4. (D)

解析：

狐狸想抓住荊棘，但牠沒有考慮到的是，荊棘本身就是毛刺滿布。由此可推斷出答案爲(D)。

5. (B)

解析：

狐狸未考慮到世間萬物各有其本性，反而責怪荊棘刺傷牠，這正是很多人常會犯下的通病，這則寓言在說明「反省」的重要性。

22 項脊軒志

◎歸有光

1 大考關注

【字義、字音：104、101、100、96、88學測、89統測、101、98指考及86日大】

★室僅「方丈」，可容一人居：一丈見方，指長寬各一丈的面積。

★「埳」井之蛙：ㄎㄢˇ。

★欄「楯」：ㄕㄨㄣˇ。

★「垣」牆周圍：ㄩㄢˊ。

★修「葺」與「茸」的字音分辨：ㄑㄧˋ／ㄖㄨㄥˊ。

★某所，「而」母立於茲：你，第二人稱代詞。

★軒凡四遭火，得不焚，「殆」有神護者：大概。

★「殆」有神護者：大概、恐怕。

★余「區區」處敗屋中：小小的，不起眼的，不重要的。

【文意解讀：99、90學測、100、99指考】

★（項脊）軒凡四遭火，得不焚，殆有神護者：考因果關係，先果後因，（項脊）軒凡四遭火，得不焚（果），殆有神護者（因）。

★「明月半牆，……風移影動，珊珊可愛」：顯見因月景而興發的愉悅之情。

★〈項脊軒志〉藉「空間」改變代表情感改變的安排，即由庭中原本相通，日後卻設籬、築牆、東犬西吠的重重改變，顯示親族隔閡日深。

★「三五之夜，明月半牆，桂影斑駁，風移影動，珊珊可愛。」：描述因月景觸發愉悅的心情。

★大母過余曰：「吾兒，久不見若影，何竟日默默在此，大類女郎也？」：在言談中表現出關懷、憐惜的語氣，而沒有斥責之意。

★項脊軒志的「志」即「記」，該篇重點在以項脊軒的變遷爲線索，抒發對祖母、母親及妻子的深切懷念。

【敬稱詞：89、90統測、88日大】

★「先妣」、「先大母」分別尊稱已去世的母親、祖母。

★考「先妣」、「于歸」的解釋。

【文法修辭：99、89學測、100指考】

★大母過余曰：「吾兒，久不見若影，何竟日默默在此，大類女郎也？」：調侃語氣，祖母表達對歸有光的期許。

★「三五」之夜，明月半牆：是使用析數相乘的手法以表達數量。

★「（項脊）軒凡四遭火，得不焚，殆有神護者。」是屬於「先果後因」的敘述。

【國學：102學測、90統測】

★重要文學流派之代表作家的認識：作者「歸有光」所屬之文學流派。

★冠禮，古代男子二十歲舉行的加冠之禮，表示其成人。選項中言「一般貴族男女」，不能包括女性。

2 文章解讀

志就是記，是歸有光擅長的文體，所以，〈項脊軒志〉是篇短文，文中不談人生大道理，只採用短篇幅，描寫生活瑣事，以抒情取勝。這種**「短小精鍊」「情感眞摯」「細節生動」**的特色，對晚明小品文與清代桐城派，都有很深的影響。【90統測】

〈項脊軒志〉不以修辭取勝，而是在精簡篇幅中，傳達出豐富的內容，與深厚的韻味。

本文的取材，顯示出歸有光匠心獨運之妙。**「項脊」一名，既獨特，又具紀念意義**。除了紀念遠祖（曾居於項脊涇），還指出書齋窄小的特色。這樣一個地方，經整頓之後，另有一番別緻，先使讀者留下了深刻印象。

其餘篇幅，都緊扣在項脊軒上，**以項脊軒的變遷爲線索，穿插記錄三種記憶**，串成三條脈絡，**第一條講家族興衰，第二條講家人回憶，第三條講個人成敗**，三條脈絡互相影響，引發歸有光悲喜交加的情緒。也因爲全文以記憶與情緒拼合，所以即使事隔十八年，才續上思念亡妻的一段文字，卻天衣無縫，絲毫不覺突兀。

項脊軒是歸有光記憶的座標，一花一木、一窗一几，都可以觸發無限的回憶，項脊軒是歸有光家人的象徵，想到項脊軒，種種甜蜜苦澀回憶都湧上心頭，項脊軒也是歸有光的指引，循著座標，讀者就可以進入他內心的感情世界。

〈項脊軒志〉像塊陳年古玉，古樸溫潤，雕工精細，**每一個細節都浸潤了歲月痕跡與作者的用心**，讓人充分感受到**愛的溫暖與人的溫度**，令人低迴惆悵，久久不能自己。

段旨

一　採先抑後揚筆法，先描寫項脊軒修葺前的舊、小、漏、暗，再用「喜」情貫串其修葺後的優美可愛、令人留戀與軒中生活的情趣。

3 文章精析

一　項脊軒，舊南閣子也。室僅方丈，可容一人居。百年老屋，塵泥滲漉，雨澤下注，每移案，顧視無可置者。又北向，不能得日，日過午已昏。余稍為修葺，使不上漏。前闢四窗，垣牆周庭，以當南日。日影反照，室始洞然。又雜植蘭、桂、竹、木於庭，舊時欄楯，亦遂增勝。借書滿架，偃仰嘯歌，冥然兀坐，萬籟有聲。而庭階寂寂，小鳥時來啄食，人至不去。三五之夜，明月半牆，桂影斑駁，風移影動，珊珊可愛。

- 閣（ㄍㄜˊ）子：小屋。
- 方丈：面積一丈見方。
- 滲漉（ㄕㄣˋ ㄌㄨˋ）：滲漏。漉，滲透。
- 雨澤：雨水，名詞。
- 修葺（ㄑㄧˋ）：修補。【89統測】
- 上：屋頂。
- 垣（ㄩㄢˊ）牆：矮牆。【100學測】
- 當（ㄉㄤ）：承受、迎受。
- 增勝：增添景致。
- 欄楯（ㄕㄨㄣˇ）：欄杆。欄，直木為欄。楯，橫木為楯。
- 偃（ㄧㄢˇ）仰：即俯仰，指低頭抬頭。
- 冥然：靜默的樣子。
- 兀（ㄨˋ）坐：端正坐著。
- 萬籟：泛指大自然的各種聲音。
- 三五之夜：指農曆十五日的夜晚。【100學測】本小段文意。【99指考】
- 斑駁：原指色彩錯落雜亂，此指樹影參差錯雜的樣子。
- 珊珊可愛：指樹影搖動輕盈多姿的樣子。

翻譯

一　項脊軒，是從前南邊的一間小屋。房內面積只有一丈見方，可容納一人居住。因為是百年老屋，（只要下雨）塵泥便從孔隙滲漏下來，雨水向下流瀉，每次移動書桌，環顧四周都沒有可放置的地方。再加上屋子朝北，照不到陽光，一過中午，室內就昏暗了。我稍微替小屋修補一下，使屋頂不再滲漏塵泥、雨水。在屋前開了四扇窗，築矮牆環繞庭院四周，用來迎受南面射來的陽光。陽光從牆上反射照進屋子，屋內才明亮起來。又在庭院裡混雜地種了些蘭花、桂花、竹子、樹木，舊時的欄杆，也因此增添了景致。借來的書放滿了書架，我時而低頭、時而抬頭地長聲吟誦詩書，有時默默地端坐不動，可以聽到各種自然的聲音。庭院非常安靜，小鳥常來啄食，有人來了也不飛走。在每月十五日的夜晚，明月照滿了半邊的牆，桂樹的影子錯落有致，風一吹來，樹影搖動，輕盈多姿的樣子十分可愛。

二 用「悲」轉敘哀思，描寫家道中落的感傷及對母親的懷念。

三 描寫祖母期待作者能

二 然余居此，多可喜，亦多可悲。先是，庭中通南北為一，迨**諸父**異**爨**，內外多置小門牆，往往而是。[2]東犬西吠，**客踰庖而宴**，雞棲於廳。庭中始為籬，**已**為牆，凡再變矣。家有老**嫗**，嘗居於此。嫗，**先大母**婢也，**乳**二世，**先妣**撫之甚厚。室西連於中**閨**，先妣嘗一至。嫗每謂余曰：「某所，**而**母立於茲。」嫗又曰：「汝姊在吾懷，**呱呱**而泣；娘以指扣門扉曰：『兒寒乎？欲食乎？』吾從**板**外相為應答。」語未畢，余泣，嫗亦泣。

三 余自**束髮**讀書軒中，一日，大母**過**余

- 諸父：對伯父、叔父的統稱。
- 異爨（ㄘㄨㄢˋ）：各自分開燒火做飯，指分家。爨，炊飯。
- 客踰（ㄩˊ）庖（ㄆㄠˊ）而宴：形容分家後，屋子格局遭破壞，彼此隔離的情況。踰，穿越。庖，廚房。【90學測】
- 已：不久。
- 嫗（ㄩˋ）：老婦。
- 先大母：尊稱已去世的祖母。
- 乳：指哺乳，動詞。
- 先妣（ㄅㄧˇ）：尊稱已去世的母親。
- 閨：古婦女住的內室。此指母親的臥室。
- 而：你，代詞。
- 呱呱（ㄍㄨ ㄍㄨ）：小孩啼哭的聲音。
- 板：門。
- 束髮：指成童。古男子十五歲成童後，便把頭髮束起來，盤在頭頂上。【90統測】
- 過：到，此指「探望」，有關心之意。【100指考】

二 然而我居住在這裡，有很多值得高興的事，也有許多值得悲傷的事。在這之前，庭院是南北相通，連為一體的，等到伯父、叔父們分家之後，庭院內外設置了許多小門、牆，到處可見。東家的狗對著西家的人叫（親族視同陌路），這家的客人要經過另一家的廚房才能赴宴，雞就棲息在廳堂中。庭院裡起初修起了籬笆，不久又築起了圍牆，一共變化了兩次。家中有一位老婆婆，曾經住在這裡。這位老婆婆，是我已去世祖母的婢女，餵哺過我們父子兩代人，先母對待她很優厚。房間的西面連著先母的臥室，先母曾經到過這裡。老婆婆常常對我說：「那個地方，是你母親曾站過的地方。」老婆婆又說：「你姊姊在我懷裡，呱呱地哭；你母親用手指敲著門扇問：『孩子冷了嗎？想吃東西了嗎？』我就在門板的外面和她對答。」話還沒有說完，我哭了起來，老婆婆也哭了。

三 我從束髮成童以後，就在項脊軒中讀書。有一天，祖母到這裡來探望我

功成名就。作者情感由「悲」到「泣」，到「長號」，回憶中隱含對親人的深切懷念與家庭變遷的感慨。

四 敘寫自己閉門苦讀的情景及項脊軒四次遭火而沒被焚毀兩件軼事。

五 本段仿史記手法自敘志向中，以蜀清、孔明自喻，表明志在用世。

曰：「吾兒，久不見若影，何竟日默默在此，大類女郎也？」比去，以手闔門，自語曰：「吾家讀書久不效，兒之成，則可待乎！」頃之，持一象笏至，曰：「此吾祖太常公宣德間執此以朝，他日汝當用之。」瞻顧遺跡，如在昨日，令人長號不自禁。

若：你，代詞。
大類：太像。
比（ㄅㄧˋ）：等到。
效：成效，此指得到功名。
笏（ㄏㄨˋ）：古臣子上朝時手持的事記手板，又稱朝簡。
太常公：指作者祖母的祖父夏昶（ㄔㄤˇ），在（明宣宗）宣德年間曾做過太常寺卿，故稱太常公。
長號（ㄏㄠˊ）：有聲無淚的大哭。

四 軒東故嘗為廚，人往，從軒前過。余扃牖而居，久之，能以足音辨人。軒凡四遭火，得不焚，殆有神護者。

扃（ㄐㄩㄥ）牖（ㄧㄡˇ）：扃，本義為門閂，此引申為關閉，動詞。牖，窗戶。
殆：大概、恐怕。【101學測】
本句為「先果後因」的句型。【99學測】

五 項脊生曰：「蜀清守丹穴，利甲天下，其後秦皇帝築女懷清臺。劉玄德與曹操爭天下，諸葛孔明起隴中。方二人之昧昧于一隅

項脊生：歸有光自稱。
蜀清：戰國末年巴蜀（今四川省）有個名叫清的寡婦，她能守護著先人所遺留的丹砂礦穴。蜀清事蹟見《史記．貨殖列傳》。
甲：為……第一，動詞。
隴中：田畝之中。
昧昧：昏暗不明，此指沒沒無聞。

說：「我的孫兒，好久不見你的身影，為什麼整天一聲不響地在這裡，像個女孩子呢？」等到她離開時，用手把門關上，自言自語說：「我們歸家的人讀書，已經很久沒有取得功名了，這個孫兒的成就，應該是可以期待的吧！」過了一會兒，拿了一塊象牙笏板過來，說：「這是我祖父太常公，在（明宣宗）宣德年間拿著上朝用的，將來你一定用得上它。」看到這些舊物，往事好像就發生在昨天，使得我忍不住放聲痛哭。

四 項脊軒的東邊，從前曾做過廚房，人要往那裡，都要從軒前經過。我關上窗戶住在裡面，時間久了，能從腳步聲就聽辨出是誰。項脊軒一共遭遇過四次火災，能不被焚毀，大概是有神靈在保護著它。

五 我項脊生說：「戰國末年巴蜀的寡婦清，能守住祖傳的丹砂礦穴，所獲之利天下第一，後來秦始皇築了女懷清臺來紀念她（讚賞她守護家業及表揚她的貞節）。劉備跟曹操爭奪天下，諸葛亮從田畝中被起用。當巴蜀寡婦清與諸葛亮二人沒沒無聞地隱處於一個小角落時，

六 敘寫與亡妻在軒中的生活情事，以「喜」襯「悲」，傷悼妻子早逝之情。

七 托物寄情，物我交融。人雖逝然物猶存，以枇杷樹象徵妻子愛的延續，也深化其內心的悲思眷戀之情。

也，世何足以知之？余區區處敗屋中，方揚眉瞬目，謂有奇景。人知之者，其謂與坎井之蛙何異？」

區區：小小，自謙之詞。
瞬目：眨眼。
3 坎井之蛙：比喻見識短淺的人。語見《莊子．秋水》。埳，同「坎」。

六 余既為此志，後五年，吾妻來歸，時至軒中，從余問古事，或憑几學書。吾妻歸寧，述諸小妹語曰：「聞姊家有閣子，且何謂閣子也？」其後六年，吾妻死，室壞不修。其後二年，余久臥病無聊，乃使人修葺南閣子，其制稍異於前。然自後余多在外，不常居。

來歸：古時稱女子出嫁。
歸寧：出嫁的女子後回娘家看望父母。寧，向父母請安。【90統測】
葺：ㄑㄧˋ【98指考】
制：格局。

七 庭有枇杷樹，吾妻死之年所手植也，今已亭亭如蓋矣。

蓋：傘。

世人又怎麼能夠知道他們呢？渺小的我居處在這破屋之中，還正在眉飛目動，志得意滿地，認為這裡有奇妙的景致。別人知道這件事的話，大概會說我跟淺井裡的青蛙沒有什麼不同吧？」

六 我寫完了這篇記後，相隔五年，我的妻子嫁過來，她時常到軒中，向我問古時候的事，或是靠著桌邊學習寫字。我妻子回娘家看望父母回來後，轉述她的幾個小妹妹的話說：「聽說姊姊家有閣子，什麼叫閣子呢？」這之後六年，我的妻子死了，房子壞了也沒再修復。又過二年，我長久臥病在床感到無聊，才叫人又修補了南閣子，格局和以前稍有不同。但從此以後，我大多時間在外地，不常住在這裡。

七 庭院中有棵枇杷樹，是我妻子去世那年親手栽種的，現在已高大聳立，高聳挺立，枝葉茂盛有如一把大傘般了。

文法修辭提示

1. 析數：即語文表達時，利用數學上加、減、乘、除的關係，將某一數目析成若干可以相加減或相乘除的小數目，來描述事情的修辭方式。
「三五」之夜，明月半牆，桂影斑駁：農曆十五日，利用數學乘數的關係，來描述事情的修辭方式。
2. 互文
東犬西吠，客踰庖而宴：為當句互文，「東（西）犬西（東）吠」之意。
3. 推測語句
人知之者，「其」謂與埳井之蛙何異？

4 作者介紹 歸有光

作者	明 歸有光
字號	字熙甫，號震川，又號項脊生
籍貫	江蘇崑山人
生平經歷	1.長於沒落的書香世家，生活窮困，八歲喪母，九歲能文，二十歲博通經史，可是考運不濟，直到三十五歲才中舉人。六十歲才以三甲進士登第。 2.雖然考運不佳，學問卻受眾人肯定，移居嘉定讀書講學，四方學者都慕名前來請教，尊稱他「震川先生」。
文學成就	1.明代古文大家，以經書為學問的根柢，為文取法於《史記》及唐宋八大家，反對「文必秦漢，詩必盛唐」的模擬風氣。 2.善寫日常瑣事，而「刻繪細節」、「短小精簡」、「情感真摯」的作品特色，影響了晚明小品文的風格。 3.黃宗羲推許為明文第一，桐城派大家方苞、姚鼐等人也備加推崇。有《震川先生集》、《文章指南》等傳世。

5 國學常識 明代散文流變

期別	代表人物	特色或主張
第一期：開國初到永樂初年	明初三大家：宋濂、劉基、方孝孺	1.宋濂乃「臺閣體」先驅，劉基推許為「當今文章第一」。方孝孺文章則兼具犀利與嚴謹。都是典雅之文。 2.劉基文風則雄邁有奇氣，文如其人、獨樹一格。
第二期：永樂初到成化年間	臺閣體：楊士奇、楊榮、楊溥，人稱「三楊」	多為歌功頌德、空洞無內容的應酬之作。
第三期：弘治到正德年間	擬古主義（秦漢派）：前七子：以李夢陽為首的七位文人	1.主張：「文必秦漢，詩必盛唐」。 2.為彌補臺閣體、八股文的內容空洞之弊，發起「復古運動」，強調「模擬」古人作品，由於過分強調復古，文學創造性明顯不足。

第四期：嘉靖初到萬曆年間	唐宋派：歸有光、茅坤	1.反對前七子盲目擬古的主張，提倡學習唐宋散文。 2.茅坤選輯《唐宋八大家文鈔》，奠定了唐宋古文八大家的文學地位。
	後七子：以李攀龍、王世貞爲首的七位文人	發揚「前七子」的主張。
第五期：萬曆年間到明末	公安派：「三袁」：袁宗道、袁宏道、袁中道。	1.主張作文應「獨抒性靈，不拘格套」，強調「獨創」的重要。 2.反對模擬古詩文，要用文字抒寫眞性情，所以重視小說、戲曲和民歌。
	竟陵派：鍾惺、譚元春——竟陵人	支持「公安派」的抒寫性靈，但認爲風格應「幽深孤峭」，所以喜歡用怪字、險韻。
明末到亡國	晚明小品文	繼承「公安」、「竟陵」二派，產生個人化、生活化、趣味化，精美清麗的小品文。張岱爲集大成者。

6 文法修辭

析數

定義：所謂析數，即語文表達時，利用數學上加、減、乘、除，將某一數量析成若干可以相加或相乘的小的數量。

1. 乘數：

雨澤下注「三五」之夜，明月半牆，桂影斑駁（歸有光〈項脊軒志〉）	十五日
「五五」之喪（即三年之喪，服二十五個月即可）	二十五個月
「六六」雁行連「八九」，只待金雞消息。義膽包天，忠肝蓋地，四海無人識（宋江〈念奴嬌〉）	三十六；七十二
「三五」明月滿，「四五」蟾兔缺（《古詩十九首·孟冬寒氣至》）	十五日；二十日
阿舒已「二八」，懶惰故無匹（陶淵明〈責子詩〉）	十六歲

2. 除數（分數）：即數學中的「幾分之幾」，多以兩個並列，前者爲「分母」，後者爲「分子」。（前者數目必大於後者）。

「二一」添作五	二分之一
吾得「十八九」矣，然須道兄見之（杜光庭〈虬髯客傳〉）	十之八九
蓋予所至，比好遊者尚不能「十一」（王安石〈遊褒禪山記〉）	十分之一
下士冤民，能至闕者，萬無數人；其得省問者，不過「百一」（王充〈潛夫論〉）	百分之一
鬢毛「八九」已成霜，此際逢春只自傷（陸游〈春日雜賦〉）	八成、九成，此處八、九之前省略「十」

3. 加數：即數學中的「加法」，將前後數字相加即可，句中的「有」字即「又」字，如「一有五」，即「十」再加上「五」。

子曰：「吾十有五而志於學。」（《論語．爲政》）	十五歲
北斗七星「三四」點；南山萬壽十千年	指北斗「七」星，十千爲萬
她的蘭姑奶奶也已「五十有八」了，長了一身賊肉，胖得像個彌勒佛（李芳苓．〈喜〉）	五十八歲

4. 虛數

實數：數字本身所指之數。	成「一」簣、雖覆「一」簣、「一」枝獨秀、「二」目無光、「三」餐不繼、「三」姑「六」婆、「四」書「五」經、「五」行相生、「五」體投地、「六」神無主、「七」竅生煙、「八」仙過海、「九九」重陽、「十」月懷胎
虛數：虛指數字本身不代表所指之數，通常表多、少、全部。	「千」載難逢、「三」心「兩」意、「三」人行，必有我師焉、「一」清「二」楚、「三」心「二」意、「三」令「五」申、「七」嘴「八」舌、「九」宵雲外、「千」面女郎、花樣「百」出、丟「三」落「四」、「七」上「八」下、「百」折不饒、「千」山鳥飛絕，「萬」徑人蹤滅

7 語文天地

一、形音義

緝	ㄑㄧˋ	搜捕	通「緝」
茸	ㄖㄨㄥˊ	毛多細密	鹿「茸」（指雄鹿的嫩角沒有長出硬骨時，帶茸毛，含血液，可以做中藥材。）
楫	ㄐㄧˊ	船槳	舟「楫」
葺	ㄑㄧˋ	修補	修「葺」

揠	ㄧㄚˋ	拔起	「揠」苗助長
堰	ㄧㄢˋ	堵塞	「堰」塞
偃	ㄧㄢˇ	倒伏、俯下	風行草「偃」、「偃」仰嘯歌

歸	ㄎㄨㄟˋ	贈送	齊人「歸」女樂，季桓子受之（《論語．微子》）
	ㄍㄨㄟ	女子出嫁	後五年，吾妻來「歸」
		歸附、依從	微斯人，吾誰與「歸」（范仲淹〈岳陽樓記〉）
		讚許	一日克己復禮，天下「歸」仁焉（《論語．顏淵》）
		返回	吾妻「歸」寧

字	義	例句
顧	造訪	三「顧」臣於草廬之中（諸葛亮〈出師表〉）
		三「顧」頻煩天下計，兩朝開濟老臣心（杜甫〈蜀相〉）
	理會	惜旦夕之力，忽之而不「顧」（方孝孺〈指喻〉）
	照顧；照應	三歲貫女，莫我肯「顧」（《詩經・魏風・碩鼠》）
	但是	「顧」自海通以來（連橫〈臺灣通史序〉）
		「顧」修史固難，修臺之史更難（連橫〈臺灣通史序〉）
	卻、反而	儉，美德也，而流俗「顧」薄之（李文炤〈儉訓〉）
殆	危殆、危險	學而不思則罔，思而不學則「殆」（《論語・爲政》）
	大概、似乎	軒凡四遭火，得不焚，「殆」有神護者（歸有光〈項脊軒志〉）
	將	消滅「殆」盡
蓋	掩蓋、勝過、超過	子房以「蓋」世之才，不爲伊尹、太公之謀（蘇軾《留侯論》）
	傘	今已亭亭如「蓋」矣

字	義	例句
蓋	因爲	「蓋」追先帝之殊遇，欲報之於陛下也（諸葛亮〈出師表〉）
	發語詞，無義	「蓋」將自其變者而觀之，則天地曾不能以一瞬（蘇軾〈赤壁賦〉）
	大概	仲尼之嘆，「蓋」嘆魯也（《禮記・大同與小康》）

二、表「你」之字

字	例句
爾	諮「爾」多士
而	「而」母立於茲
汝	「汝」姊在吾懷
女（通「汝」）	「女」以予爲多學而識之者與（《論語・衛靈公》）
若	久不見「若」影
乃	家祭毋忘告「乃」翁（陸游〈示兒〉）

三、時間短暫義近詞：

義	例句
不久、一會兒	或見華人一著，「旋」復脫去（陳第〈東番記〉）
	欣然規往，未果，「尋」病終（陶淵明〈桃花源記〉）
	「已而」，夕陽在山（歐陽脩〈醉翁亭記〉）
	「少焉」，月出於東山之上（蘇軾〈赤壁賦〉）
	「俄而」文皇來（杜光庭〈虬髯客傳〉）
	「須臾」至船（陳玄祐〈離魂記〉）

8 實力健身房

1. 多選（國學【102學測】）

（　）下列有關古代文化知識的敘述，正確的選項是

(A)孔門四科爲德行、言語、政事、文學

(B)古人以二十歲爲成年，一般貴族男女，於該年行冠禮

(C)諸葛亮〈出師表〉：「先帝創業未半，而中道崩殂。」「崩」，在古代爲帝王過世的用語

(D)張岱〈西湖七月半〉：「杭人遊湖，巳出酉歸。」「巳出酉歸」，是指：天未亮即出門，傍晚才回家

(E)吳敬梓〈范進中舉〉：「范進進學回家，母親、妻子俱各歡喜。」「進學」，是指：范進經「童試」及格，考取秀才。

2. 多選（文意修辭【100學測】）

（　）下列文句「　」中的數字，表示「幾分之幾」意思的選項是

(A)三五明月滿，「四五」蟾兔缺

(B)斬首十四級，捕虜「十一」人

(C)古者稅什一而民足，今「百一」而民不足

(D)天子、諸侯子「十九」而冠，冠而聽治，其教至也

(E)會天寒，士卒墮指者「什二三」（「什」通「十」）。

3. 單選（字音【100學測】）

（　）下列「　」中的字，讀音不同的選項是

(A)「柴」火／「豺」狼／同「儕」

(B)「耆」老／「臍」帶／神「祇」

(C)信「箋」／鞍「韉」／「殲」滅

(D)軒「轅」／牆「垣」／罰「鍰」。

4. 單選（詞義【90統測】）

（　）以下詞語的解釋何者正確？

(A)文定：訂婚

(B)于歸：出嫁的女兒歸寧

(C)稽首：鞠躬

(D)度晬：小孩出生滿月。

5. 多選（文意理解【100指考】）

（　）下列引文，在言談中表現出斥責對方語氣的選項是

(A)大母過余曰：「吾兒，久不見若影，何竟日默默在此，大類女郎也？」

(B)宰予晝寢，子曰：「朽木不可雕也，糞土之牆不可杇也，於予與何誅！」

(C)燭之武對秦伯：「越國以鄙遠，君知其難也，焉用亡鄭以陪鄰？鄰之厚，君之薄也！」

(D)孟子對齊宣王：「賊仁者謂之賊，賊義者謂之殘，殘賊之人謂之一夫。聞誅一夫紂矣，未聞弒君也！」

(E) 左光斗對史可法：「庸奴！此何地也，而汝來前！國家之事，糜爛至此，老夫已矣！汝復輕身而昧大義，天下事誰可支拄者？」

解答及名師解析

1. (A)(C)(E)

解析：

(B) 冠禮，古代男子二十歲舉行的加冠之禮，表示其成人。選項中言「一般貴族男女」，不能包括女性，故此選項為非。

(D) 巳時，上午九時至十一時。酉時，十七時至十九時。張岱〈西湖七月半〉：「杭人遊湖，巳出酉歸。」「巳出酉歸」，選項中言「天未亮至傍晚」，「天未亮」為非。見左思〈詠史〉。

2. (C)(E)

解析：

(A)「三五」意為「十五」，「四五」意為「二十」，都是相乘以得義。出自《古詩十九首・孟冬寒氣至》。語譯：十五日晚，明月圓滿；二十日時月亮有缺。

(B)「十一」意為「十一個人」。出自《史記・樊酈滕灌列傳》。語譯：斬下十四個頭顱，捕獲俘虜了十一人。

(C)「什一」意為「十分之一」，「百一」意為「百分之一」，都是「幾分之幾」的意思。出自《金史・魏子平傳》。語譯：古時候對人民收稅的稅率是十分之一，而人民感覺富足；現在向人民課稅的稅率是百分之一，但人民卻感覺用度不足。

(D)「十九」意為「十九歲」。出自《荀子・大略篇》。語譯：天子、諸侯之子在十九歲時便行冠禮（比士人早一年以習事），行冠禮以後就可以治理政事，這是因為他們受到良好教育的緣故。

(E)「什二三」意為「十分之二」或「十分之三」。出自《史記・高祖本紀》。語譯：因逢天寒，有十分之二、三的士卒凍到手指都斷掉了。

3. (D)

解析：

(A)「柴」火：ㄔㄞˊ。「豺」狼：ㄔㄞˊ。同「儕」：ㄔㄞˊ。同儕：平輩、同輩。

(B)「耆」老：ㄑㄧˊ。耆老：老人，多指德高望重者。「臍」帶：ㄑㄧˊ。神「祇」：ㄑㄧˊ。

(C) 信「箋」：ㄐㄧㄢ。鞍「韉」：ㄐㄧㄢ。「殲」滅：ㄐㄧㄢ。

(D) 軒「轅」：ㄩㄢˊ。牆「垣」：ㄩㄢˊ。罰「鍰」：ㄏㄨㄢˊ。罰鍰：罰款。

4. (A)

解析：

(B) 于歸：女兒出嫁。(C) 稽首：叩首。(D) 度晬：小孩滿週歲。

5. (B)(E)

解析：

(A)關懷、憐惜的語氣。出自歸有光〈項脊軒志〉。

語譯：我的孩子，好久不見你的身影，爲什麼整天不聲不響地在這裡，太像個女孩子呢？

(B)出自《論語．公冶長》。

語譯：他像朽木一樣無法雕琢，像糞牆一樣無法粉刷，我能拿他怎樣。

(C)分析說明秦、晉間利害關係。出自《左傳．燭之武退秦師》。

語譯：越過晉國而以遠地的鄭國作爲邊鄙，您知道是很難治理的。那又何必滅鄭國而來擴張晉國的疆域呢？晉國國力增強了，秦國的國力也就削弱了。

(D)論述、說明語氣。出自《孟子．梁惠王》下。

語譯：破壞仁愛的人叫做「賊」，破壞道義的叫做「殘」。這樣的人，我們就叫他做「獨夫」。我只聽說過，周武王殺了獨夫殷紂，沒有聽說過他是殺害國君。

(E)出自方苞〈左忠毅公逸事〉。

語譯：蠢材！這是什麼地方，你竟敢前來！國家大事，敗壞到這種地步，我已經完了！你又不顧生命、不明事理，冒險入獄，天下事還有誰能夠支撐呢？

23 晚遊六橋待月記

◎袁宏道

1 大考關注

【字詞義、字音：101、99統測】

★夕「舂」未下：ㄔㄨㄥ。

★吾誰「與」歸：和。

★「巳出酉歸」：天未亮即出門，傍晚才回家。

【國學常識：90統測、94指考及89日大】

★〈晚遊六橋待月記〉爲抒寫山水名勝的作品。

★唐宋以來的「記」體文學名篇：或抒寫山水名勝，或描寫特定名物，不一而足。范仲淹〈岳陽樓記〉、歐陽脩〈醉翁亭記〉、柳宗元〈始得西山宴遊記〉、袁宏道〈晚遊六橋待月記〉四篇記皆屬「抒寫山水名勝」。

★三袁文學主張：重性靈，貴獨創，所作亦清新輕俊、情趣盎然，世稱「公安派」、「公安體」。

★干支計時的相關知識。

★公安派代表人物。

【文意理解、文法修辭：104、102、99學測、100、90統測及99指考】

★「月景尤不可言」，乃因月景之美「孕含一點『趣』的神韻」，「惟會心者知之」。

★月景尤不可言，花態柳情，山容水意，別是一種趣味→敘述因月景而興發愉悅之情。

★余時爲桃花所戀，竟不忍去湖上→爲先因後果的句型，因爲戀桃花，所以不忍離開。余時爲桃花所戀（因），竟不忍去湖上（果）。

★花態柳情，山容水意，別是一種趣味→並無省略主語現象。

★誇飾法的辨別。

2 文章解讀

晚明小品文別開生面，清新可愛，具有一股獨特魅力。一方面承襲歸有光，篇幅短小雋永，內容情韻深厚；另一方面受心學啟發，強調藉作品表現個人特色、抒發性靈。

〈晚遊六橋待月記〉，是袁宏道山水小品文的代表之作，內容反應出晚明小品文「重視心靈」的兩項特色：

一、**不拘格套，貴獨創**。本篇用字甚有新意，譬喻與誇飾尤為出色，如「綠煙紅霧」、「歌吹為風，粉汗為雨」皆不落俗套，為傳神之筆。

二、**獨抒性靈**。在一雙充滿靈性的眼睛之下，世間萬物都具有靈性，用這樣的眼睛去看，就會發現花有態，柳有情，山有容，水有意。

本文佈局更加傑出，**全文雖短，但極有層次**：

從**景色**來說：從西湖之勝景：在春、月，推到一日之勝景：在朝煙夕嵐，再推到尤不可言之勝景：在月夜。

從**春景**來說：有桃李之景優於梅花之景的層次。

從**觀賞者**來說，則有俗人至雅人的層次：**俗人在日間**盛裝出席，喧囂吵鬧，故以冶艷形容他們的審美觀，仍停留在視覺層次。**雅人**欣賞朝煙夕嵐，能領略造物的工妙，故以濃媚二字，形容這些人能產生情感的融會，層次略高。但只有**最高雅的人**，才能領略月景之奧妙「不可言傳」，是一場只能用心靈體會的饗宴。

佛家有指月一說，以月亮比喻道，手指比喻指引，透過手指我們領悟了道，但手指只是工具與指引，真正重要的，是深奧玄妙的道。袁宏道真是深諳此道，用整篇文章，為我們啟示了**真正的美**，**從來不只是眼見為憑**，**還需要用感情**、**用心靈去體會**。

3 文章精析

一 西湖最盛[3]，為春為月。一日之盛，為朝煙，為夕嵐。

二 今歲春雪甚盛，梅花為寒所勒[4]，與杏桃相次開發，尤為奇觀。石簣數為余言：

勒：轉化、擬人。勒，抑制、約束。

簣：ㄎㄨㄟˋ；數：ㄕㄨㄛˋ，屢次。

石簣：即陶望齡，為公安派作家。

段旨

一 總提西湖一年中最美的時刻是春天和月夜，一日中最美的，則是晨曦和晚霞。

二 描寫西湖梅花、杏花、桃花同時盛開的爭春奇觀，並說明自己獨戀桃花，凸顯與人不同的審美情趣。

翻譯

一 西湖景色最美的時候，就是春天與有月亮的晚上。而一天之中景色最美的時候，就是早晨煙霧朦朧的景致，與傍晚暮靄籠罩下的山色。

二 今年春天雪下得很多，梅花受到寒氣的抑制，與杏花、桃花相繼開放，特別成為奇觀。石簣屢次對我說：

三 續寫西湖春色之濃盛，寫桃花的繽紛之美與遊人的看花盛況。

四 前半用「極其濃媚」四字來概括西湖的朝暮之美，與首段相呼應。後半略寫「月色」之美，以「尤不可言」的月景歸結出西湖之美的極致，也分別出遊湖之人有「雅」、「俗」之賞。

「傳金吾園中梅，張功甫玉照堂故物也，急往觀之。」余時爲桃花所戀，竟不忍去湖上。

- 金吾：杭州紳士，名不詳。金吾，官名，掌宮廷宿衛。
- 張功甫：即張鎡（ㄗ），南宋名將張俊之孫，玉照堂爲其園林，有梅四百株。
- 去：離開。
- 句意。【99學測】

三 由斷橋至蘇隄一帶，綠煙紅霧，彌漫二十餘里。歌吹（ㄔㄨㄟˋ）爲風，粉汗爲雨，羅紈（ㄨㄢˊ）之盛，多於隄畔之草。豔冶（ㄧㄝˇ）極矣！

- 蘇隄：北宋蘇軾知杭州時，浚湖所築，將西湖分隔成裡、外二湖。
- 斷橋：本名寶祐橋，或稱爲段家橋，位於白隄東岸，孤山的路至此而斷。或稱爲段家橋。
- 綠煙紅霧（6、2、5）：煙，借代爲楊柳；霧，借代爲桃花。形容翠綠的楊柳、紅豔的桃花繁盛穠麗，連綿不斷。
- 羅紈（1、6）：泛指精美的絲織品，此借代穿著絲織品的上流遊客。羅，質地輕軟的絲織品。紈，細絹。
- 歌吹爲風：誇飾音樂之盛。吹，管樂器的吹奏聲。爲，如、像。【90統測】
- 粉汗爲雨：誇飾仕女之多。【90統測】
- 豔冶：豔麗。

四 然杭人遊湖，止午、未、申三時。其實湖光染翠之工，山嵐設色之妙，皆在朝（5）日始出，夕舂（ㄔㄨㄥ）（5）未下，始極其濃媚。月景尤不可言，花態柳情（4、5），山容水意，別是一種趣味。此樂留與山僧遊客受用，安可爲（ㄨㄟˋ）俗士道哉！

- 午、未、申：古以十二地支計時，午、未、申三個時辰，相當於上午十一時至下午五時。【94指考】
- 工：精巧。
- 夕舂：此借代指夕陽，又稱「夕陽舂」，原指舊日人們在黃昏準備晚餐時的舂糧活動。【101、99統測】
- 花態柳情……：【99指考、100統測】

「傳金吾園中的梅花，就是宋代張功甫玉照堂中舊有的古梅，趕快去觀賞！」我當時被桃花所迷戀，竟捨不得離開湖上。

三 由斷橋到蘇隄一帶，楊柳綠如煙，桃花紅如霧，綿延二十多里。遊人的歌聲與吹奏聲像風一般飄來，遊湖仕女的粉汗滴落如雨，穿著羅紈的遊人，比隄邊的青草還要多。西湖景物豔麗到了極點！

四 然而杭州人遊西湖，只在上午十一點到下午五點這段時間。事實上（堤岸邊的）綠樹倒映在湖面的翠綠精巧，（夕陽映照時）山氣呈現色彩的美妙，都是在早晨太陽剛升起，傍晚夕陽尚未落下時，才最爲濃盛嫵媚。月光下的景色特別美得無法形容，花的嬌態、柳的柔情，山的姿容、水的情意，更另有一種趣味。這種樂趣只能留給山中的和尚與懂得遊賞的遊客享用，怎能向庸俗的人說明呢！

文法修辭提示

1. 誇飾：羅紈之盛，多於隄畔之草
2. 譬喻：綠煙紅霧——爲「綠柳如煙，紅花似霧」的省略
3. 類疊：西湖最盛，爲春爲月。一日之盛，爲朝煙，爲夕嵐
4. 轉化：
   (1) 梅花爲寒所「勒」，與杏桃相次開發：擬人
   (2) 花「態」柳「情」，山「容」水「意」：擬人
5. 對偶：
   (1) 綠煙紅霧：當句對
   (2) 花態柳情，山容水意——單句對，但兩句又各自爲當句對
   (3) 朝日始出，夕舂未下：單句對
6. 借代
   (1) 綠煙紅霧，彌漫二十餘里：「綠」借指楊柳；「紅」借指桃花
   (2) 羅紈之盛，多於隄畔之草：「羅紈」借指穿著絲綢衣服的遊客
   (3) 夕舂未下：「夕舂」借指夕陽

4 作者介紹 袁宏道

作者	明 袁宏道
字號	字中郎，號石公
籍貫	公安人
生平經歷	自幼聰慧，十六歲即在公安縣城南結詩文社，自任社長，長於詩歌、古文，聞名鄉里。辭官之後，與好友陶望齡等人漫遊杭州、西湖等地，寫了不少描繪山水的詩文。
文學	1. 認爲詩應當獨抒性靈，不拘格套，提出「性靈說」，以矯正李攀龍、王世貞等人擬古、復古的主張。袁宏道與兄袁宗道，弟袁中道，並有才名，當時稱爲「三袁」，因爲是公安人，因此以他們爲首的文學流派，便稱爲公安派。作品有《袁中郎全集》。 2. 兼長詩、文、遊記、傳記、小品，風格自然率眞。 3. 山水遊記，情趣盎然，自成一家。晚明張岱對稱譽道：「古人記山水手，太上酈道元，其次柳子厚，近時袁中郎。」

5 國學常識 遊記體的流變、小品文概述

一、遊記體流變

定義：作者在遊覽中將所見所聞及自己的思想情感，以書文記載。

時代	特色	代表作家及作品
南朝	發展	吳均〈與宋元思書〉是駢文寫就的山水小品。
北魏		酈道元《水經注》。囊括人文、自然地理和歷史資料，並融入人物掌故、神話傳說等素材，文筆清麗，是中國古代最全面、最系統的綜合性地理著作。唐代柳宗元的山水遊記，深受其影響。 楊衒之〈洛陽伽藍記〉。歷數北魏洛陽城的伽藍〔佛寺〕，記載寺院的緣起變遷、建制規模之餘，適當融入名人軼事、奇談異聞，使文章富有人文氣息。與酈道元《水經注》歷來被認爲是北朝文學的雙璧。
唐	詩人遊記	柳宗元〈永州八記〉，藉山水景物抒發個人貶謫永州的憤懣。
宋	哲人遊記	王安石〈遊褒禪山記〉、蘇軾〈石鐘山記〉等，藉遊記發表議論。
明	審美遊記	晚明遊記小品，漠視俗規，崇尚性靈之美，發展出言簡、意深、形美的小品遊記。如〈晚遊六橋待月記〉。
補充		明徐宏祖《徐霞客遊記》，爲日記體遊記。

二、小品文

定義	小品之名，始見於東晉高僧鳩摩羅什所譯《小品般若波羅密經》，指相對於長篇經典的短小篇章。後來移用於文學上，則指篇幅短小的散文小品。
源起發展	始於六朝，以寫景抒情的山水小品、抒情小品爲主 晚明小品，有如袖珍藝術，篇幅雖短，卻富有情趣，讓人愛不釋手。以記遊小品、雜感小品最出色。 現代小品文的形式短小，字數在二、三百字至千字以內；內容可敘事、議論、抒情或寫景。
特色	1.因篇幅短小，所以用字簡鍊，不用形容詞，以自然雋永、生動可愛爲尚。 2.形式自由，任何小事都可入文，主題可以是一句話、一件事、一個物品。 3.風格清新、優美 4.晚明小品的山水遊記大都是短篇，一篇常常只寫一景，而有時若干短篇可以合爲一個長篇。

6 文法修辭

轉化

1.擬人（人性化）：以物擬人，把物當成人來描述。使物具有人的動作、行爲、情感等。

★花爲寒所「勒」，與杏桃相次開發（袁宏道〈晚遊六橋待月記〉）

★花「態」柳「情」，山「容」水「意」（袁宏道〈晚遊六橋待月記〉）

★「銜」遠山，「呑」長江（范仲淹〈岳陽樓記〉）

★陰風「怒號」（范仲淹〈岳陽樓記〉）

★排徊於斗牛之間（蘇軾〈赤壁賦〉）

2. 擬物（物性化）：以人擬物，把人當成物來描述。

★老成「凋謝」：擬物。（連橫〈臺灣通史序〉）

7 語文天地

一、形音義

椿	ㄔㄨㄣ	植物名，長壽的象徵，通常用以代稱父親	「椿」萱並茂（比喻父母都健在）
樁	ㄓㄨㄤ	插入土中的木頭或石柱	橋「樁」
舂	ㄔㄨㄥ	把穀物放入臼中搗去穀皮	「舂」米
		時刻	夕「舂」

潰	ㄎㄨㄟˋ	水沖破堤岸、敗散	「潰」決、「潰」不成軍
匱		缺乏	物資「匱」乏
饋		贈送	「饋」贈禮物
聵		耳聾	振聾發「聵」（比喻大聲疾呼，以喚醒愚昧的人）
簣		用來盛土的竹筐	功虧一「簣」

盛	ㄕㄥˋ	美	西湖最「盛」，爲春爲月
		眾多、豐盛	今歲春雪甚「盛」
	ㄔㄥˊ	把東西放在器皿中	「盛」飯、「盛」湯

〈晚遊六橋待月記〉的「爲」（本文出現十一次之多）

詞性	字音	意義	例句	文法
動詞	ㄨㄟˊ	是	西湖最盛，「爲」春「爲」月一日之盛，「爲」朝煙，「爲」夕嵐梅花「爲」寒所勒，與杏桃相次開發，尤爲奇觀	「爲」作「繫詞」，文句爲判斷句
		如、像（或作「成爲」）	歌吹「爲」風，粉汗「爲」雨	「爲」作「準繫詞」，文句爲準判斷句
介詞	ㄨㄟˋ	被	余時「爲」桃花所戀，竟不忍去湖上梅花「爲」寒所勒，與杏桃相次開發，尤爲奇觀	介詞
		對、向	此樂留與山僧遊客受用，安可「爲」俗士道哉？石簣數「爲」余言	介詞

去	
前往	終與安社稷，功成「去」五湖（李白〈贈韋祕書子春詩〉）
距離	相「去」不遠
過去的	譬如朝露，「去」日苦多（曹操〈短歌行〉）
離開	竟不忍「去」湖上
	登斯樓也，則有「去」國懷鄉，憂讒畏譏，滿目蕭然，感極而悲者矣！（范仲淹〈岳陽樓記〉）

止	
到達	「止」於至善（〈大學〉）
語助詞	高山仰「止」，景行行止（《詩經．小雅．車舝》）
停留、居住	「止」一歲，請歸取其孥（韓愈〈祭十二郎文〉）
只	然杭人遊湖，「止」午、未、申三時
停止	適可而「止」

二、與花朵相關成語集錦

梅花	
梅妻鶴子	喻清高或隱居。宋朝林逋（ㄅㄨ）隱居西湖孤山，性情恬淡終身未娶，植梅畜鶴以自娛。
摽梅之年	指女子到出嫁年齡。摽，音ㄆㄧㄠˇ，為墜落意。摽梅，謂梅子從樹上掉落。
黃梅不落青梅落	喻老年人還健在而年輕人先亡故。黃梅，是已成熟的梅子。青梅，是初結而尚未成熟的梅子。

梅花	望梅止渴	比喻用空想來安慰自己。曹操率兵行軍至途中，士兵乾渴難耐，曹操以梅林，誘使士兵流出口水以解渴的故事。
杏花	杏臉桃腮	形容女子容貌美豔。
	杏雨梨雲	形容春天景色美麗。
	紅杏出牆	形容春意盎然。後比喻婦女偷情、不守婦道。
	望杏瞻榆	比喻按照時令勤勉耕種。
	杏林春暖	稱頌醫生的仁心仁術，如春日的溫煦。
桃花	桃李滿門	比喻學生眾多。
	人面桃花	比喻男子思念的意中人或與意中人無緣再相見。唐．崔護〈題都城南莊〉：「去年今日此門中，人面桃花相映紅。人面不知何處去，桃花依舊笑春風。」
	桃夭及時	賀女子出嫁。《詩經．桃夭》：「桃之夭夭，灼灼其華。之子於歸，宜其室家。」
	桃李不言，下自成蹊	喻為人真誠篤實，自然能感召人心。是說桃樹、李樹不會說話，但因其花朵美豔，果實可口，人們紛紛去摘取，於是便在樹下踩出一條路來。

8 實力健身房

1. 單選（字音【104學測】）

（　）下列敘述，與文中論「趣」觀點最相符的選項是：

(A)鄭愁予〈錯誤〉：「東風不來，三月的柳絮不飛」擅

寫自然景物，是「夫趣，得之自然者深」的表現

(B)徐志摩〈再別康橋〉：「在康河的柔波裡，我甘心做一條水草」，表達濃烈的主觀愛好，屬於「趣之皮毛」

(C)袁宏道〈晚遊六橋待月記〉認爲「月景尤不可言」，乃因月景之美「孕含一點『趣』的神韻」，「惟會心者知之」

(D)《世說新語》中「白雪紛紛何所似」、「撒鹽空中差可擬」的二句問答，雙方皆欲以此明辨事理，因而「去趣愈遠」。

2. 單選（字音【99統測】）

（　）下列文句「　」內字的讀音，何者正確？

(A)鼓「枻」而去：ㄧˋ

(B)「愀」然變色：ㄐㄧㄡ

(C)奉「檄」守禦：ㄐㄧㄠˇ

(D)夕「舂」未下：ㄓㄨㄤ。

3. 單選（文法修辭【100統測】）

（　）「使人迎置後閣，祠之，引群囚立鐘前，自陳……」，各句皆省略主語「陳述古」，避免寫爲「陳述古使人迎置後閣，陳述古祠之，陳述古引群囚立鐘前，陳述古自陳……」，以求簡潔。下列文句，何者也有「省略主語」的情形？

(A)禮、義、廉、恥，國之四維

(B)花態柳情，山容水意，別是一種趣味

(C)侍中、尚書、長史、參軍，此悉貞亮死節之臣也

(D)公閱畢，即解貂覆生，爲掩戶，叩之寺僧，則史公可法也。

4. 多選（國學常識【94指考】）

（　）下列關於文學常識的敘述，正確的選項是

(A)「傳奇」本指情節曲折離奇的唐代文言短篇小說，〈虬髯客傳〉即其代表作

(B)「行」、「歌行」均爲樂府詩體式，佚名〈飲馬長城窟行〉、白居易〈琵琶行〉皆屬之

(C)「書」可用於下對上，如李斯〈諫逐客書〉；亦可用於平輩之間，如白居易〈與元微之書〉

(D)「賦」盛行於兩漢，歷魏晉、隋唐，至宋而不衰；其中宋賦受古文影響，傾向散文化，蘇軾〈赤壁賦〉即其代表作

(E)唐宋以來，「記」體文學迭有名篇，或抒寫山水名勝，或描寫特定名物，不一而足。范仲淹〈岳陽樓記〉、歐陽脩〈醉翁亭記〉即屬前者；柳宗元〈始得西山宴遊記〉、袁宏道〈晚遊六橋待月記〉則屬後者。

5. 多選（文句理解【99指考】）

（　）下列文句，敘述因月景而興發愉悅之情的選項是

(A)月景尤不可言，花態柳情，山容水意，別是一種趣味

(B) 三五之夜，明月半牆，桂影斑駁，風移影動，珊珊可愛

(C) 而或長煙一空，皓月千里，浮光躍金，靜影沉璧，漁歌互答，此樂何極

(D) 乃以箸擲月中。見一美人，自光中出，初不盈尺，至地，遂與人等。纖腰秀項，翩翩作霓裳舞

(E) 明月幾時有，把酒問青天。不知天上宮闕，今夕是何年。我欲乘風歸去，唯恐瓊樓玉宇，高處不勝寒。

解答及名師解析

1. (C)

解析：

(A) 鄭愁予〈錯誤〉：「東風不來，三月的柳絮不飛」並不是自然景物的描摹，而是詩心的象徵，寫女心（柳絮）堅貞自守，若非良人（東風）歸來，不輕易動心。

(B) 原文「袁中郎笑人慕趣之名，求趣之似，辨說書畫、涉獵古董以爲清，寄意玄虛、脫跡塵俗以爲遠，說這些都是趣之皮毛，未免犯了知識勢利的弊病」一語，有雙重意涵：一是袁宏道認爲凡人附庸風雅，琴棋書畫買賣古董、或故作超然物外之態，自以爲趣，卻只是趣之皮毛。二是作者董橋認爲袁宏道這種批評只是一種分別心，知識上的勢利眼，實則文化無高低，趣味無雅俗之別。至於本選項徐志摩詩表達濃烈的主觀愛好，沉浸在情感之中，並非附庸風雅或故作超然，不屬於袁宏道所謂「趣之皮毛」。

(D) 《世說新語》中「白雪紛紛何所似」、「撒鹽空中差可擬」的二句問答，是一種詩意的比擬，並非明辨事理。

2. (A)

解析：

(B) ㄑㄧㄠˇ。(C) ㄒㄧˊ。(D) ㄔㄨㄥ。

3. (D)

解析：

(A) 禮、義、廉、恥，是維繫國家的四種綱紀。出自顧炎武〈廉恥〉。

(B) 花的姿態，柳的情思，山的容貌，水的意趣，另有一種趣味。出自袁宏道〈晚遊六橋待月記〉。

(C) 侍中、尚書、長史、參軍，這些都是忠貞信實，能爲節義而犧牲的臣子。出自諸葛亮〈出師表〉。

(D) 省略若干主語，若將主語表示而出，如：「公閱畢，（左公）即解貂覆生，（左公）爲（史可法）掩戶，（左公）叩之寺僧，則史公可法也。」出自方苞〈左忠毅公軼事〉。

4. (A)(B)(C)(D)

解析：

(E) 四篇皆屬前列「抒寫山水名勝」之作。

5. (A)(B)(C)

解析：

(A) 袁宏道別具不同於世俗的審美觀，愛戀月景，以層層鋪墊襯出。

(B) 歸有光在〈項脊軒志〉中鮮明對比出書齋修葺前後的景況，整理後，環境幽美，別有情趣，月夜怡人。出自歸有光〈項脊軒志〉。

(C) 范仲淹在〈岳陽樓記〉選項引文先從視覺描寫煙霧消散，月光普照千里的靜謐之美；再從聽覺的漁歌互答，由景而人寫出人情和樂，最後「其喜洋洋者矣」顯出喜的情懷。出自范仲淹〈岳陽樓記〉。

(D) 僅是描寫道士於月夜宴飲施展法術，並非敘述其人因月景而興發愉悅之情。出自蒲松齡〈勞山道士〉。

(E) 引文藉著對蒼天的既問且訴，馳騁想像，因爲對人世間的無可奈何，想乘風歸去月宮，又擔心自己忍受不了那寒冷寂寞，顯見矛盾的心情，並未因月景而興發愉悅之情。出自蘇軾〈水調歌頭〉。

24 原君

◎黃宗羲

1 大考關注

【文意理解、類文閱讀：98學測、100、97指考】

★古者以天下為主，君為客，凡君之所畢世而經營者，為天下也→民貴君輕的觀點。

★孟子「民為貴，社稷次之，君為輕」與〈原君〉意涵→均有民貴君輕的民本思想。

★《明儒學案》中陳白沙的觀點：

1.為學的宗旨在於明道與行道。

2.道之所以不明，原因之一是「聖賢乞人」。

3.若志不在道，「一匡天下，不害為私意」（匡濟天下也只是滿足個人欲望而已）。

★黃宗羲論文觀點：

1.批評當世之人只知徵引經文，而不能融通聖人之意。

2.舉例說明「多引經語」與「融聖人之意」二者的不同，其中「韓、歐，融聖人之意而出之，不必用經，自然經術之文也」。

2 文章解讀

文學運動與思想運動的興起，都是為了矯正前一時期的弊端，因此必然具有強烈的批判風格，而明遺民在著作中流露出的**批判態度**，又尤其強烈。因為明朝以**數倍之**眾，亡於外族之手，所以有志之士們，便痛定思痛，深入探討各種導致亡國的因素，也因此，他們作學問，**強調經世致用，反對空談心性**。【98學測】

此文出於《明夷待訪錄》，明夷是《易經》的卦，卦形是地在上，火在下，明是太陽，夷是創傷，明夷象徵太陽隱沒在地下，正道式微，賢士沉潛，必須等候明主再世，光明正義才會重返世間。黃宗羲著作此書，其目的正是冀望未來的明主，能好好運用，讓世間重放光明。

原是「**探源**」與「**溯源**」的意思，藉由檢視事物發展歷程，了解到事物本質，找出將事物導回正軌的方法。**「原君」探索古人設立君位的初衷**，放在《明夷待訪錄》的第一篇，凸顯君權的扭曲與失控，是華夏文明最大的病根。

全文分三部分讀，最容易吸收：

第一部分（第一～二段）**探討君權概念的起源與君權扭曲的過程**，設立君位，本源於良好的初衷，卻因後世君王的自私自利而逐漸變質。

第二部分（第三～五段）**探討君權扭曲導致的禍患，與腐儒推波助瀾的危害**，君權扭曲，不僅爲禍人民，也將危害君王，君王如果不加明察，就會爲腐儒所誤，陷入國破家亡的悲劇。

第三部分（第六段）收結全文，**警告君王如果無法辨明君權的複雜意涵，至少也該懂得避免自取滅亡的道理**。

爲了凸顯論點，黃宗羲運用「**映襯**」、「**引用**」與「**激問**」三種修辭。**透過映襯**（正反對照、古今對照），凸顯君權設立的初衷與利益，與後世君權失制的亂象與禍患；透過引用，證明所言皆有憑據，第五段警告君王不可玩火自焚，尤有說服力；運用激問，增強文章的氣勢，強烈批判君王扭曲君權、腐儒顛倒黑白的荒謬之處。

段旨

一 探討君主的起源，並正面立論，闡明人性私欲與君權形成的內在關係。

結構：

- 人性自私，難有利他之心。
- 君王辛勞，必須犧牲奉獻。

綜合兩者，君主之位不符人性，所以有未接位即逃之者、有中途逃之者、有無處可逃，不得不爲者。

3 文章精析

一 有生之初，人各自私也，人各自利也。[1] 天下有公利而莫或興之，有公害而莫或除之。有人者出，[2] 不以一己之利爲利，而使天下受其利；不以一己之害爲害，而使天下釋其害。[3] 此其人之勤勞，必千萬於天下之人。夫以千萬倍之勤勞，而己又不享其利，必非

有生：有生命、有人類。
私：擁有事物。
利：享受好處。
莫或：沒有人。或，指例外的情況。
有人者出：有一個人出現，指人類社會最初的君主。就是前文的「或」字所指的例外情況。
釋：解除。

翻譯

一 自有人類以來，人人都各自擁有財物，各自享受。對公眾有利的事務，沒有人去興辦；對公眾有害的事，也沒有人去解決。（假使）有這樣一個人挺身而出，他不以個人的利益爲利益，卻使天下人得到他們的利益；不以個人的禍患爲禍患，卻讓天下人都解除他們的禍患。這個人的勤苦辛勞，必定是天下人的千倍萬倍。付出千萬倍的努力，而自己又不享受所得的利益，這必定不是依

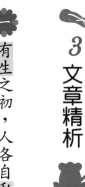

二 說明後世君主視天下爲私有產業，背離了君主的職分。反面立論，描述「家天下」思維形成的過程，批評君王佔據公業的現象。

天下之人情所欲居也。4故古之人君，量而不欲入者，許由、務光是也；入而又去之者，堯、舜是也；初不欲入而不得去者，禹是也。豈古之人有所異哉？好逸惡勞，亦猶夫人之情也。

二 後之爲人君者不然。以爲天下利害之權皆出於我，我以天下之利盡歸於己，以天下之害盡歸於人，亦無不可。使天下之人不敢自私，不敢自利，以我之大私爲天下之大公。始而慚焉，久而安焉。視天下爲莫大之產業，傳之子孫，受享無窮。漢高帝所謂「5某業所就，孰與仲多」者，其逐利之

- 居：擔任…職位，此指擔任君王。
- 量：考慮、衡量，動詞。
- 入：放棄自由，登上君位。
- 許由、務光：傳說中的上古高士。相傳堯要把天下讓給許由，許由逃入箕山。湯要把天下讓給務光，務光沉水自盡。
- 去之：離開君位。之，代詞，指君位。
- 豈：難道。
- 異：不同。
- 猶：好像。
- 夫：語助詞，無義。
- 爲：擔任。
- 權：權柄、政權。
- 爲：當作。
- 焉：之，指此種行爲，代名詞。
- 業：產業。
- 受：繼承。
- 漢高帝：漢高祖劉邦。
- 某：我。
- 就：成就。
- 孰與仲多：即「與仲孰多」倒裝，與二哥相比誰多？

循（自私）本性的一般人願意承擔的。所以古代的君王，有內心衡量後而不願就位的，許由、務光就是如此；就位而又去位的，堯、舜就是如此；起初不願就位而最後卻未能去位的，大禹就是如此。難道古代人有什麼不同嗎？喜好逸樂，厭惡勞苦，也還是人之本性啊！

二 後世當人君的卻不是這樣。他們認爲天下的利益弊病的分配，都由自己來權衡，我把天下的利益都歸於自己，將天下的禍患都歸於別人，也沒有什麼不可以。讓天下的人不敢擁有自己的財物、不敢自己享受，把自己的私利當作天下的公利。起初還覺得慚愧，時間久了也就心安理得了，將天下看作是龐大的產業，傳遞給子孫，永遠地繼承、享受。正如漢高祖所說的「我所成就的產業，與二哥相比，誰比較多呢？」他追

三 分析古今君主行事作風的差異，進而批判後世君主對天下的危害。

本段有兩組對比論述：

‧「古代君爲客、天下爲主」與「後代君爲主、天下爲客」是對比。

‧今之國君奪取天下前後，也是一組對比：

「未得天下——藉口爲子孫創業」與「既得天下——奉一人之淫樂」，未得之前荼毒禍害，既得之後敲詐剝削，絲毫不顧他人死活。

最後論述後世國君治國，已偏離設立國君的本意，成爲天下最大的亂源。人民的生活，比起不立國君之前，更加悲慘。

情，不覺溢之於辭矣。

三 此無他，[6]古者以天下爲主，君爲客，凡君之所畢世而經營者，爲天下也；今也以君爲主，天下爲客，凡天下之無地而得安寧者，爲君也。是以其未得之也，屠毒天下之[7]肝腦，離散天下之子女，以博我一人之產業，曾不慘然，曰：「我固爲子孫創業也。」其既得之也，敲剝天下之[8]骨髓，離散天下之子女，以奉我一人之淫樂，視爲當然，曰：「此我產業之花息也。」然則爲天下之大害者，君而已矣！向使無君，人各得自私也，人各得自利也。嗚呼！[9]豈設君之道

- 溢：滿溢、露出。
- 辭：言辭。
- 畢世：一生。
- 爲（ㄨㄟˋ）：爲了。
- 今也以君爲主……爲君也：本段文意。【100指考】
- 屠毒：殘害。
- 肝腦：借代爲生命。
- 博：博取、贏得。
- 曾（ㄗㄥ）：竟然。
- 慘然：哀戚憂傷的樣子。
- 固爲（ㄨㄟˋ）：本來就是爲了。
- 敲剝：敲詐剝削。
- 骨髓：借代爲人民的財產。
- 花息：利息。
- 然則：如此一來。
- 向使：假使。

逐利益的心態，不知不覺就流露於言辭之中。

三 這沒有其他原因，古人將天下人民看成是主人，將君主看作是客人，君主一生辛苦經營的所有事情，都是爲了天下人；現在將君主看作主人，將天下看作是客人，天下沒有一地能夠安寧的，正是由於君主只爲了自己啊。因此當他還未得到天下之前，屠殺毒害天下百姓的生命，使天下人的子女分離四散，以贏得自己一個人的產業，對此從無愧疚悲悽之情，還說：「我本來就是爲子孫創業呀！」當他已經得到天下之後，就壓榨剝奪天下人的心血，使天下人的子女流離失所，以供自己一人的荒淫享樂，把這視爲理所當然，說：「這些是我產業的利息呀！」那麼造成天下最大的禍害的，就是君主罷了！當初假使不立君主，人們都能得到自己的私財，都能享受自己的私利。唉！難道設立君主的道理本來就是這樣的嗎？

四 宣揚民本思想，批判小儒盲目忠君的迂腐之論。

本段也有兩組對比論述：

・古今君民的關係，是兩種相反的情形。迂儒不思辨，照本宣科，盲目無知：

1. 古人愛君，比之如父如天（因爲君主犧牲奉獻牟公利，第一段）
2. 今人恨君，比之如寇如仇（因爲君主荼毒百姓謀私利，第三段）

1.＋2.＝3.恨君之行，其來有自，腐儒不探究事物來龍去脈，盲目宣揚忠君思想，極度愚蠢。

・以「孟子肯定湯武革命」對比「朱元璋廢除祭祀孟子」，說明腐儒是助紂爲虐的幫兇。

固如是乎？

固：本來。

四 [10]古者天下之人愛**戴**其君，**比**之如父，**擬**之如天，**誠**不爲過也；今也天下之人怨惡其君，視之如**寇讎**，[11]名之爲**獨夫**，**固其所**也。而**小儒規規**焉，以**君臣之義**無所逃於天地之間，[12]至桀、紂之暴，猶謂湯、武不當**誅**之，而**妄傳伯夷**、**叔齊無稽**之事，使**兆人萬姓**崩潰之[13]**血肉**，曾不異夫[14]**腐鼠**。[15]豈天地之大，於兆人萬姓之中，獨**私**其一人一姓乎？是故武王，聖人也；**孟子之言**，聖人之言也。後世之君，欲以如父如天之空名，禁人之**窺伺**者，皆不**便**於其言，至**廢孟子而不立**，[16]**非導**

- 戴：擁戴。
- 比：比擬爲。
- 擬：比擬爲。
- 誠：實在。
- 寇讎：仇敵。讎，音義同「仇」。
- 獨夫：眾叛親離的獨裁者。
- 固其所：本來就是他應得的結果。
- 小儒：見識淺陋、墨守成規的儒生。
- 規規：的樣子。
- 君臣之義：臣子忠於國君的本分。
- 誅：誅殺、討伐。
- 妄傳：亂傳。
- 伯夷、叔齊：周武王伐紂時，伯夷、叔齊認爲武王是「以下犯上」，曾出面阻止。武王滅商後，二人恥而不食周粟，終致餓死。
- 無稽：無從查考。
- 兆人萬姓：眾多人民。
- 血肉：借代生命。
- 腐鼠：腐爛的鼠屍，借喻爲極卑賤之物。
- 私：偏袒、偏愛。
- 孟子之言：孟子認爲湯伐桀，武王伐紂，不算弒君，因爲桀紂暴虐無道，不是國君，而是「一夫」，一夫即本文的「獨夫」。孟子之言，孟子強調民權，貶抑君權「民爲貴，社稷次之，君爲輕。」《孟子．盡心》
- 窺伺：窺探情況，伺機奪取。
- 便：以…利。
- 廢孟子而不立：明太祖朱元璋讀到「孟子之言」，下令撤除孔廟中孟子配享的牌位。

四 古時候天下人愛戴他們的君主，把他比作父親，擬作上天，實在不算是過分；如今天下的人怨恨他們的君主，將他看成仇敵一樣，稱他爲「獨裁者」，本來就是他應得的（評價）。但見識淺陋的儒者迂腐守舊，認爲君臣間的義理存在於天地之間，是難以逃避的，甚至像夏桀、殷紂那樣殘暴，竟還說商湯、周武王不應除掉他們，而胡亂流傳伯夷、叔齊那種無從查考之事。使眾多百姓血肉橫飛的軀體，竟然跟腐爛的老鼠同樣毫無價值。難道天地這樣大，在千千萬萬的人群之中，他們只偏愛君主一人一姓嗎？所以周武王（推翻暴君），是聖人啊；孟子（「誅一獨夫紂」）的話，是聖人的言論啊。可是後代君主中，想要用國君像父親、像天這樣的空名，禁止別人覬覦他們大位的人，都認爲孟子的話造成他們的麻煩，甚至廢除孟子的神位，不加崇奉，這難道不是見識淺陋的小儒所引起的嗎？

五 告誡視天下為私有產業的君主，不務民本，必將落得國家滅亡，禍延子孫的下場。

文章關鍵：

・將「天下視為產業」的思維，只會導致行為變本加厲，最後導致國破家亡。

・引兩段帝王之語，印證自己所言非虛，最後的反問，再次強調「家天下」的思維，才是導致最後悲劇的起因。

六 歸結全文，重申「明乎為君之職分」的旨趣。警戒君主如不明白為君的職分，逞其私欲，最終必將

源於小儒乎？（源：起源。）

五 雖然，使後之為君者，果能保此產業，傳之無窮，亦無怪乎其私之也。既以產業視之，人之欲得產業，[17]誰不如我？[18]攝緘縢，固扃鐍，一人之智力不能勝天下欲得之者之眾。[19]遠者數世，近者及身，其血肉之崩潰在其子孫矣。昔人[20]願世世無生帝王家，[21]而毅宗之語公主，亦曰：「若何為生我家！」痛哉斯言！回思創業時，其欲得天下之心，有不廢然摧沮者乎？

使：假如，假設語氣。
如：像。
攝緘縢：用繩索捆緊。攝，收緊。緘縢，繩索。
固扃鐍：用門閂、鑰匙鎖牢。固，使牢固，動詞。扃，門閂。鐍，鎖鑰。
之：君位。
昔人願世世無生帝王家：南朝宋順帝劉準死前之語。
毅宗：明崇禎帝朱由檢。
語：告訴。
若：你。
廢然摧沮：灰心喪志。挫折沮喪。

六 [22]是故明乎為君之職分，則唐、虞之世，人人能讓，許由、務光非絕塵也；不明乎為

明：明白。
分：本分。
唐、虞：堯、舜的國號。
讓：禪讓君位。
絕塵：超絕塵世。

五 雖然如此，假使後代做君主的，果真能保住這產業，把它永遠傳下去，也難怪他們把天下據為己有了。（可是）既然將天下視為產業，有誰不想得到天下這個產業呢？於是（用盡一切努力防備，就如同）用繩索捆緊，用門閂、鎖鑰鎖牢，可是君主一個人的智慧和力量，無法勝過天下無數想要得到它的人。所以久的不過幾代，短的在自己生前，殺身之禍就要降臨在自己或子孫身上。過去南朝宋順帝但願以後世世代代不要投生到帝王家中，而明毅宗也對長平公主說：「妳為什麼要生在我家！」這番話有多悲痛呀！回想他們祖先創業之時，志在征服天下的萬丈雄心，（相照之下，如今）哪能不萬念俱灰、挫折沮喪呢？

六 因此明白做君主的職責本分，那麼如唐堯、虞舜的時代，人人都能推讓君位，許由、務光也並非超塵絕俗的人；

導致莫大的悲劇。
結構：
・本段是全文的總結，分「明乎爲君之職分」與「不明乎爲君之職分」兩項總括全文觀點。
・最後再以一組正反論證，說明君主即使一時間無法弄清「君之職分」，但至少也可以了解剝削百姓，必將導致最後的悲劇，警戒意味濃厚。

君之職分，則**市井**之間，人人可欲，許由、務光所以**曠**後世而不聞也。然君之職分難明，[23]以**俄頃**淫樂，不**易**無窮之悲，雖愚者亦明之矣！

市井：市場井水，借代爲人民聚集之地。
曠（ㄎㄨㄤˋ）：即「後世曠而不聞」。曠，空缺。
俄頃：短時間。
易：交換、換取。

不明瞭做君主的職責本分，那麼就連街頭巷的一般百姓，人人都可覬覦君位，因此後世再也沒聽說像許由、務光那樣的人了。雖然君主的職分難以明瞭，但不以短暫的荒淫享樂換取無窮的悲哀，即使是愚蠢的人也明白這個道理的啊！

文法修辭提示

1. 天下有公利而莫或興之，有公害而莫或除之：映襯
2. 不以一己之利爲利，而使天下受其利；不以一己之害爲害，而使天下釋其害：映襯
3. 此其人之勤勞，必千萬於天下之人：誇飾
4. 故古之人君，量而不欲入者，許由、務光是也；入而又去之者，堯、舜是也；初不欲入而不得去者，禹是也：排比、層遞
5. 「某業所就，孰與仲多」：引用、倒裝（與仲孰多？）
6. 古者以天下爲主，君爲客，凡君之所畢世而經營者，爲天下也；今也以君爲主，天下爲客，凡天下之無地而得安寧者，爲君也：映襯
7. 肝腦：借代
8. 骨髓：譬喻（借喻）
9. 豈設君之道固如是乎？：設問（激問）
10. 古者天下之人愛戴其君，比之如父，擬之如天，誠不爲過也；今也天下之人怨惡其君，視之如寇讎，名之爲獨夫，固其所也：映襯
11. 名：轉品（名→動）
12. 至桀、紂之暴，猶謂湯、武不當誅之：暗引
13. 血肉：借代（生命）
14. 腐鼠：譬喻（借喻）
15. 豈天地之大，於兆人萬姓之中，獨私其一人一姓乎？：設問（激問）
16. 非導源於小儒乎？：設問（激問）

17. 誰不如我？：設問（激問）
18. 攝緘縢，固扃鐍：對偶、譬喻（借喻）
19. 遠者數世，近者及身：映襯
20. 昔人願世世無生帝王家：暗引
21. 而毅宗之語公主，亦曰：「若何爲生我家！」：明引
22. 是故明乎爲君之職分，則唐、虞之世，人人能讓，許由、務光非絕塵也；不明乎爲君之職分，則市井之間，人人可欲，許由、務光所以曠後世而不聞也：映襯
23. 以俄頃淫樂，不易無窮之悲：倒裝

4 作者介紹 黃宗羲

作者	明末清初 黃宗羲
字號	字太沖，號梨洲，又號南雷，私諡「文孝」，學者稱爲梨洲先生、南雷先生
籍貫	浙江餘姚人，爲明遺民
生平	1. 黃宗羲父尊素，爲人忠直，因彈劾宦官魏忠賢而遇害。明思宗崇禎皇帝即位，魏忠賢罪行敗露被貶而自殺，黃宗羲年方十九，進京爲父訟冤，思宗讚嘆他爲「忠臣孝子」。 2. 明亡後，黃宗羲變賣家產，籌組義軍，在浙東一帶抗清，後知事不可爲，乃歸故里，隱居講學著述。多次婉拒清廷徵召，以明朝遺民的身分終老一生。
文學	1. 爲明、清之際的卓越學者，他的學術思想、哲學觀念，對後代文史學者都有極大的啓蒙和影響。 2. 兼擅詩、賦、散文，是浙東學派的佼佼者，更是清代浙派詩風的奠基人。 3. 擅長政論散文，批評傳統制度，闡揚民本思想，對清末民初的民主革命思想有極大影響。 4. 治學強調實踐致用，精研史學，後人將其與顧炎武、王夫之並稱爲清初三大家。著有《明夷待訪錄》、《明儒學案》、《宋元學案》，今人合編爲《黃宗羲全集》。

5 國學常識 民本與民主思想比較

	民本思想	民主思想
定義	統治者統治時，應當以「人民」爲「根本」。	統治者的權力是人民賦予的，「人民」才是國家的「主人」。
細節	統治者應當將人民視爲國家的根本。	國家由「人民統治」或「大多數人民統治」。
	人民「沒有」自主「權利」，統治者不必根據人民意來治國。	人民在公共決策過程上有參與、監督的「權利」。
	統治者有「義務」，懷著「仁愛之心」，照顧人民百姓。	人民有「權利」決定誰是下一任的國家統治者。

相似：以人民為最高的政治目的	《禮記・大學》說：「民之所好好之，民之所惡惡之。」	美國總統林肯：「民享」（for the people）。
相似：人民可以分享政治的權力	《呂氏春秋・貴公》：「天下非一人之天下，天下人之天下。」	美國總統林肯：「民有」（of the people）。
相異：掌握權力的人不同	統治權掌握在「君主」手中。	統治權掌握在「人民」手中。
相異：治理的方式不同	奠基於人治，所以總是期望一位聖君賢相出世。	奠基於法治，希望建立一套客觀的制度，達到公正公平的理想。
結論	民本思想是一種「開明的專制」，或「有限度的民主」，與近、現代西方式的民主仍有一段距離。	

6 文法修辭　跳脫

定義：由於心意的急轉，事象的突出，語文半路斷了語路。

★不速去，無矣姦人構陷，吾今即撲殺汝。（方苞〈左忠毅公軼事〉）

1. 突接：敘事的時候，這一件事尚未說完，突然接以另一件事。
2. 岔斷：由於其他事項橫闖進來，因而使思慮、言語、行為中斷。
3. 插語：凡在相承的語言之中，插進一些話。
4. 脫略：為了表達情境的急迫，要求文氣的緊湊，故意省略一些語句。

7 語文天地

一、形音義

狙	ㄐㄩ	「狙」擊、「狙」公（相傳為古時善養猿猴的人）
疽	ㄐㄩ	吮「疽」（戰國時吳起為士卒吸吮瘡疽之毒）、炭「疽」病（一種急性傳染病）
咀	ㄐㄩˇ	「咀」嚼、含英「咀」華（品味文章的要旨，咀嚼辭藻的華美）
俎	ㄗㄨˇ	刀「俎」（比喻宰割者或迫害者）、「俎」豆（古代祭祀時，用來盛祭品的禮器）
殂	ㄘㄨˊ	崩「殂」
沮	ㄐㄩˇ	「沮」喪、廢然摧「沮」
	ㄐㄩ	「沮」溺（春秋時隱士，見《論語・微子》）
	ㄐㄩˋ	「沮」洳（低溼的地方。洳，音ㄖㄨˋ）

字	義	例句
使	讓	「使」天下之人不敢自私，不敢自利
	假使、如果	向「使」無君，人各得自私也，人各得自利也
		雖然，「使」後之爲君者，果能保此產業，傳之無窮，亦無怪乎其私之也

字	義	例句
息	休憩	暴君代作，壞宮室以爲汙池，民無所安「息」（《孟子・滕文公下》）
	生長	是其日夜之所「息」（《孟子・告子上》）
	呼吸時出入的氣	以劉日薄西山，氣「息」奄奄（李密〈陳情表〉）
	停止、消失	其人亡，則其政「息」（《中庸》）
		而雲入營，更大開門，偃旗「息」鼓（《三國志・蜀書》）
	嘆氣	木蘭當戶織，不聞機杼聲，唯聞女嘆「息」（〈木蘭詩〉）
	調護	乍暖還寒時候，最難將「息」（李清照〈聲聲慢〉）
	利錢	此我產業之花「息」也（黃宗羲〈原君〉）
	兒子	老臣賤「息」舒祺，最少（《戰國策・觸龍說趙太后》）
		門衰祚薄，晚有兒「息」（李密〈陳情表〉）

字	義	例句
私	私有、擁有	有生之初，人各自「私」也（黃宗羲〈原君〉）
	非法的	走「私」集團

字	義	例句
私	個人的私利	以我之大「私」爲天下之大公（黃宗羲〈原君〉）
	私自，副詞	「私」定終身
	偏愛，動詞	獨「私」其一人一姓乎（黃宗羲〈原君〉）
	視爲私產，動詞	亦無怪乎其「私」之也（黃宗羲〈原君〉）

字	義	例句
易	換取	以俄頃淫樂，不「易」無窮之悲（黃宗羲〈原君〉）
	改變	移風「易」俗，民以殷盛（李斯〈諫逐客書〉）
		滔滔者天下皆是也，而誰以「易」之（《論語・微子》）
	代替	以亂「易」整，不武（《左傳・燭之武退秦師》）
		賢賢「易」色（《論語・學而》）
	躲避	如此再寒暑，百沴自辟「易」（文天祥〈正氣歌並序〉）
	容易	非有以治其外，疾未「易」爲也（方孝孺〈指喻〉）
		是故以天下與人「易」，爲天下得人難（《孟子・滕文公》）
	易經的簡稱	五十以學「易」，可以無大過矣（《論語・述而》）
	治，指把事情辦得很周全	喪，與其「易」也，寧戚（《論語・八佾》）

字	字義	例句
稽	考核	妄傳伯夷、叔齊無「稽」之事（黃宗羲〈原君〉）
	責難、計較	婦姑不相說，則反唇而相「稽」（《漢書．賈誼傳》）
	古時頭至地跪拜禮（ㄑㄧˇ）	北面再拜「稽」首（《禮記．檀弓》）

字	字義	例句
緘	閉	三「緘」其口
	指捆紮器物的繩索	攝「緘」縢，固扃鐍（黃宗羲〈原君〉）

字	字義	例句
曾	竟然	離散天下之子女，以博我一人之產業，「曾」不慘然（黃宗羲〈原君〉） 使兆人萬姓崩潰之血肉，「曾」不異夫腐鼠（黃宗羲〈原君〉） 蓋將自其變者而觀之，則天地「曾」不能以一瞬（蘇軾〈赤壁賦〉）
	用於問句，同「何」、「怎」	雖信美而非吾土兮，「曾」何足以少留（王粲〈登樓賦〉）
	尚且	以君之力，「曾」不能損魁父之丘，如太行、王屋何（列子〈湯問〉）
	增加	所以動心忍性，「曾」益其所不能（《孟子．告子下》）
	曾經（ㄘㄥˊ）	相逢何必「曾」相識（白居易〈琵琶行並序〉）
	重疊的、一重一重的（ㄘㄥˊ）	「曾」城填華屋，季冬樹木蒼（杜甫〈成都府詩〉）

字	字義	例句
固	本來	我「固」爲子孫創業也（黃宗羲〈原君〉） 嗚呼！豈設君之道「固」如是乎（黃宗羲〈原君〉） 名之爲獨夫，「固」其所也（黃宗羲〈原君〉） 沛公默然，曰：「固」不如也（史記〈鴻門宴〉） 臺灣「固」無史也（連橫〈臺灣通史序〉） 夫修史「固」難，修臺之史更難（連橫〈臺灣通史序〉） 彼衆昏之日，「固」未嘗無獨醒之人也【101學測】 生乎吾前，其聞道也，「固」先乎吾【100學測】
	鞏固，動詞	攝緘縢，「固」扃鐍（黃宗羲〈原君〉）
	執意、堅決	梁使三反，孟嘗君「固」辭不往也（《戰國策．馮諼客孟嘗君》）
	豈、難道	令他馬，「固」不敗傷我乎（《史記．張釋之執法》）
	固守	君子「固」窮，小人窮斯濫矣（《論語．衛靈公》）

固	
一定	彼知有所敵，則「固」以破其奸謀（蘇軾〈教戰守策〉）
固執己見	毋意、毋必、毋「固」、毋我（《論語．子罕》）
堅固	君子不重則不威，學則不「固」（《論語．學而》）
險要之地	秦孝公據殽、函之「固」（賈誼〈過秦論〉）
寒傖	奢則不遜，儉則「固」（《論語．述而》） 人皆嗤吾「固」陋（司馬光〈訓儉示康〉）

二、成語集錦

九五之尊	指帝王之尊位。
內聖外王	內修聖人之德，外行仁君之政。
弔民伐罪	討伐暴君，拯救生民。
民脂民膏	指人民以血汗積蓄之財物。
生靈塗炭	喻百姓生活痛苦，猶如陷入泥沼、炭火之中。
肝腦塗地	形容戰亂中死亡慘烈，亦可比喻竭忠盡力，不惜犧牲性命。
日削月朘	日日月月的耗損越來越大，也用來指執政者苛斂於民，不斷剝削百姓。朘，音ㄐㄩㄢ。
宵衣旰食	天未亮即穿衣起床，至傍晚才進食。喻勤於政事。旰，音ㄍㄢˋ。
枵腹從公	餓著肚子處理公務。喻辦事勤奮，公而忘私。枵，音ㄒㄧㄠ。
恫瘝在抱	喻對人民的苦痛感同身受，極言愛民殷切。恫瘝，音ㄊㄨㄥ ㄍㄨㄢ。
解民倒懸	喻解除人民的苦難。
河清海晏	喻天下太平。

視如寇讎	釋義：視之如敵寇仇人一般。 義近：不共戴天、不共之仇、水火不容、冰炭不容、誓不兩立、冤家對頭、勢如水火、咬牙切齒、恨之入骨 反義：親密無間、情同手足、水乳交融、親如骨肉
視如土芥	釋義：謂看成像泥土、小草般卑微。比喻極為輕蔑，藐視。 義近：視如草芥、視若草芥、視人如芥、視如敝屣、視如涕唾、視如糞土 反義：視如拱璧
曠世絕塵	釋義：當代無可比擬、超脫塵世。 義近：曠古絕倫、冠絕古今、亙古未有、曠世所無、空前絕後、絕無僅有、獨一無二、罕有其匹、無與倫比 反義：司空見慣、史不絕書、比比皆是

8 實力健身房

1. 單選（類文閱讀【98學測】）

（　）閱讀下文，選出最符合全文主旨的選項：

文必本之六經，始有根本。唯劉向、曾鞏多引經語，至於韓、歐，融聖人之意而出之，不必用經，自然經術之文也。近見巨子動將經文塡塞，以希經術，去之遠矣。（黃宗羲〈論文管見〉）

> 巨子：泛稱某方面的權威人物。
> 希：求。

(A)批評當世文人只知徵引經文，而不能融通聖人之意
(B)強調爲文者唯有出入經史，方能與韓、歐等大家齊名
(C)分析劉向、曾鞏、韓愈、歐陽脩等人引用經術文字之優劣
(D)說明援經入文的兩種方法：一爲多引經語，一爲融聖人之意。

2. 多選（文意理解【100指考】）

（　）以下每個選項皆含前後兩段引文，後文與前文觀點、意涵截然不同的選項是：

(A)《孟子》：民爲貴，社稷次之，君爲輕／黃宗羲〈原君〉：古者以天下爲主，君爲客，凡君之所畢世而經營者，爲天下也
(B)《莊子》：天下莫大於秋毫之末，而大山爲小；莫壽於殤子，而彭祖爲夭／王羲之〈蘭亭集序〉：固知一死生爲虛誕，齊彭殤爲妄作
(C)《老子》：天道無親，常與善人／司馬遷〈伯夷列傳〉：或擇地而蹈之，時然後出言，行不由徑，非公正不發憤，而遇禍災者，不可勝數也
(D)《論語》：君子博學於文，約之以禮，亦可以弗畔矣夫／《荀子》：木受繩則直，金就礪則利；君子博學而日參省乎己，則知明而行無過矣
(E)《韓非子》：明主之國，無書簡之文，以法爲教；無先王之語，以吏爲師／劉歆〈移書讓太常博士〉：至于暴秦，焚經書，殺儒士，設挾書之法，行是古之罪。

3. 單選（閱讀理解【97指考】）

（　）閱讀下文，選出與陳白沙的觀點不符的選項：「陳白沙曰：『三代以降，聖賢乏人，邪說並興，道始爲之不明；七情交熾，人欲橫流，道始爲之不行。道不明，雖日誦萬言，博極群書，不害爲未學；道不行，雖普濟群生，一匡天下，不害爲私意。』」（《明儒學案．白沙學案上》）

(A)博覽群書，必能明道
(B)做學問的宗旨，在於明道與行道

(C) 道之所以不明，原因之一是缺乏聖賢

(D) 若志不在道，匡濟天下也只是滿足個人欲望而已。

4. 單選（字形）

（　）下列文句，何者完全沒有錯別字？

(A) 豈天地之大，於兆人萬姓之中，獨私其一人一姓乎

(B) 而小儒規規焉，以君臣之義無所逃於天地之間，至桀、紂之暴，猶謂湯、武不當誅之，而枉傳伯夷、叔齊無稽之事

(C) 以天下之力盡歸於己，以天下之害盡歸於人

(D) 懾緘縢，固扃鐍，一人之智力，不能勝天下欲得之者之眾。

5. 多選（修辭）

（　）下列文句中的修辭和文法說明，哪些是正確的？

(A) 「豈天地之大，於兆人萬姓之中，獨私其一人一姓乎」：鑲嵌

(B) 「比之如父，擬之如天」：錯綜

(C) 浮光耀金，靜影沉璧：略喻

(D) 「某業所就，孰與仲多」：倒裝

(E) 具答之，便要還家：省略句。

解答及名師解析

1. (A)

解析：

(A) 「近見巨子動將經文塡塞，以希經術，去之遠矣」，符合全文主旨。

(B) 未提到要與誰齊名。

(C) 未對這些古人的「經術之文」分析優劣。

(D) 舉劉向、曾鞏、韓愈、歐陽脩之文爲例，說明「文必本之六經」，並非說明援經入文的方法。

題幹語譯：

文章應該本原於六經，思想理路才有基礎。古人中，只有劉向及曾鞏經常於文章中引用六經中的文字，至於韓愈、歐陽脩，則是融合六經中聖哲的意旨而表達出來，不必引用經文，自然是具有經典學術思想的作品。最近見到權威人士動不動將經典文字塡塞於文章中，以此期望表現出經典學術的思想，其實離經典學術愈來愈遠。

2. (B)(C)(E)

解析：

(A) 兩者均有民貴君輕的民本思想。

語譯：人民放在第一位，國家居次，君在最後／古代人君是將天下人看作主人，而將君主視作賓客，大凡君主一世經營，都爲了全天下人。

(B) 兩者的生死觀相反。

語譯：天下沒有什麼比秋毫的末端更大，而泰山算是最

小：世上沒有什麼人比夭折的孩子更長壽，而傳說中年壽最長的彭祖卻是短命的／把生和死視爲一體是虛妄荒誕的說法，把長壽和短命視爲相同是胡言亂語。

(C) 前言天道無私，後者質疑天道是否公平。

語譯：天道是沒有偏私的，總是幫助好人／有的人選好地方才肯邁步，時機合適才開口說話，走路只走大路，從不抄小徑，不是公正的事決不發憤去做，像這樣小心審愼而遭遇災禍的人，數都數不完。

(D) 兩者均主張博學。

語譯：君子廣泛地學習古代的文化典籍，又以禮來約束自己，也就可以不離正道了／所以木材以墨線量過就能取直，刀劍在磨刀石上磨過就能變得鋒利，君子廣博地學習，而且每天反省自己，就會思慮清明，行爲就不易有過失了。

(E) 前者言法家不法先王、以吏爲師爲明主之舉，後者質疑秦代施行法家政策，實屬暴政。

語譯：賢明君主統治的國家，不重視書冊，以法律爲教育民眾的準則；不談先王之言，以官吏爲老師／至於暴虐的秦代，焚燒經書典籍，殺害儒士，立法禁止民間藏書，贊同古代先王者則須入罪。

3. (A)

解析：

(A) 由「道不明，雖日誦萬言，博極群書，不害爲未學」可知雖博極群書，可能仍爲未學之人。

題幹語譯：陳白沙說：「三代以來，沒有聖賢，邪說同時紛出現，眞理正道開始不被人明白理解；人類放縱七情六欲，欲望氾濫，眞理正道開始無法通行。正道不被人明白理解，即使每天誦讀文章萬字，廣博閱讀各種書籍，也無法改變沒有學到眞理的事實；正道無法通行，即使廣泛地賑濟百姓，匡正統一了天下，也無法改變爲的是私欲的事實。」

4. (A)

解析：

(B) 枉→妄　(C) 力→利　(D) 懾→攝。

5. (A)(B)(C)(D)(E)

解析：

(A) 鑲嵌（「兆人萬姓」、「一人一姓」）。

(B) 「比、擬」爲抽換詞面。

(C) 略喻（省略喻詞「如同」）。

(D) 「與仲孰多」之倒裝。

(E) 省略主語（漁人），省略句。

25 廉恥

◎顧炎武

1 大考關注

【字形、字義：104、101、96學測、103、94統測及86日大】

★「閹」然媚世：ㄧㄢ。

★「固」未嘗無獨醒之人也：必定、當然。

★廉、恥，立人之「大節」：重要節操。

★「四」維不張，國乃滅亡：實指禮、義、廉、恥四種美德

★字形分別：「齒」、「恥」：讓人「齒」冷、不「恥」下問

★人「而」如此，則禍敗亂亡，亦無所不至：連詞，如果。

【文意理解、章法、國學：102、99、98、95、85學測、92統測及102、99、98、95指考】

★顧炎武〈廉恥〉藉顏之推「不得已而仕於亂世」的自警自戒，與「閹然媚於世者」的對比：寄寓作者對明清易代之際，士人紛紛變節的感慨。

★「士大夫之無恥，是謂國恥」：寄寓作者對易代之際，士人變節的感慨。

★「小宛詩人之意」譏刺政教失常，人多變節，並戒慎自勉。

★廉恥一文藉顏之推「不得已而仕於亂世」的自警自戒，與「閹然媚於世者」對比，寄託自我處身明清易代之際的選擇。

★管仲、歐陽脩、顧炎武言論所構成的文意脈絡，呈現何種論述層次？→一種層層遞進的方法：先談四維，而後分立禮義與廉恥，再來提出廉與恥，最後聚焦在「恥」上，並接連引用孔孟的對「恥」的論述，凸顯羞恥心、知恥、恥辱三者關係。

★顧炎武反對空疏之學，開清代樸學之風。

【文法修辭、成語：96學測、96、99統測及101、92指考】

★「況爲大臣而無所不取，無所不爲，則天下其有不亂，國家其有不亡者乎」：激問。

★教其鮮卑語及彈「琵琶」：雙聲聯綿詞，屬「雙音節雙聲衍聲複詞」，兩字不能拆開來說，它們之間只有聲音關係。

★詞語結構：教其鮮卑語及彈「琵琶」：雙聲聯綿詞。

★成語「松柏後凋」：借喻仁人君子即使處在艱困的環境，依然能夠堅持節操。

★考假設語氣、因果句、倒裝句。

【文章分析：99學測】

★閱讀〈廉恥〉第一、二段後，說明：

1.歐陽脩如何藉管仲的言論提出自己的觀點？

2.顧炎武「自己」所強調的觀點是什麼？

3.三人（管仲、歐陽脩、顧炎武）言論所構成的文意脈絡，呈現何種論述層次？

2 文章解讀

顧炎武與黃宗羲一生都以明遺民自居，明遺民研究學問，是爲了「經世致用」，所以絕不空泛立論，**重視實用與實證**。【102學測】

在〈廉恥〉一文中，顧炎武**把讀書所得，與明末社會現象結合起來，得到國家滅亡，源於士大夫無恥的結論**。篇名〈廉恥〉，其實強調的只有「知恥」，不知恥是國家社會最深的病根，直接導致個人失敗蒙羞，間接導致國家土崩瓦解。因此顧炎武一再呼籲：「廉恥，立人之大節」「恥尤爲要」的道理。

全文分成四段，但分成兩部分讀，比較容易掌握文意：

第一部分（第一～二段）爲**凸顯「知恥」的重要性**，刻意增加文意的層次，首先引用歐陽脩《新五代史》與《管子》，指出「禮義廉恥」是立國的四項基本價值，接著單獨挑出「廉恥」二字申論，第二段挑明「恥尤爲要」，指出個人「不知恥」導致人格淪喪，士大夫不知恥爲禍更烈，玷汙的不只是自己的人格，還有國格。

第二部分（第三～四段）說明在世衰道微、價值淪喪的亂世中，有堅持理念的人，有不得已向現實妥協的人，也有主動拋棄尊嚴的人。此文一以自明心跡，即使眾人皆昏，我必獨醒。一**以諷刺放棄尊嚴，媚外求榮的士大夫們**，質問他們何以能無恥至此，眞能無愧於心嗎？

「援古證今，必暢其說而後止」是顧炎武一貫的治學態度，此項特點在本文展現無疑，篇中旁徵博引，或明引，或暗引，不僅顯示出顧炎武的深厚底蘊，也透露出強烈的諷刺意味，二引《孟子》處，措辭嚴峻，引《顏氏家訓》處，言在彼而意在此，在在透露出顧炎武對變節者的輕蔑不屑，與強烈厭惡。

段旨

一 說明四維的重要，再闡明廉恥是重要的價值，影響到個人成敗與國家興衰。【99學測】

文章關鍵：

・引用歐陽脩對馮道的評價，指出士大夫節操，事關國家興亡。

・筆法：平提側注法——列舉數條，強調某些重點。本文用了兩層。

1. 平提：「禮義廉恥」。側注：「廉恥」。

2. 平提：「廉恥」。側注：「恥」（四者之中，恥尤為要）。

二 四維之中，恥尤其重要。無恥導致各種不好的後果，常人如此，士大夫

3 文章精析

一 《五代史・馮道傳》論曰：「『[1]禮、義、廉、恥，國之四維，[12]四維不張，國乃滅亡。』善乎管生之能言也！禮、義，治人之大法；廉、恥，立人之大節。蓋不廉則無所不取，不恥則無所不為。人而如此，則禍敗亂亡，亦無所不至。況為大臣而無所不取，無所不為，[3]則天下其有不亂，國家其有不亡者乎？」

- 馮道：字可道。五代時歷仕四朝十君。
- 五代史：宋仁宗歐陽脩所撰的《新五代史》。
- 論：修史者對歷史人物的評論。
- 維：粗繩，引申為綱紀。
- 張：開展、發揚。
- 乃：就。
- 若……則……的句型。【96統測】
- 管生：管仲。
- 能言：善於立論說理。
- 節：操守。
- 蓋：因為。
- 而：如果。
- 其：通「豈」。
- 本句為激問反問句型。【100指考】

二 然而四者之中，恥尤為要，故夫子之論士曰：「[4]行己有恥。」孟子曰：「[5]人不可

- 尤：特別。
- 夫子：孔子。
- 論士：評論士大夫的德行。
- 行己有恥：即「己行有恥」，立身行事，須有羞恥心。

翻譯

一 歐陽脩在《新五代史・馮道傳》的評論中（引用管仲的話）說：「『禮、義、廉、恥，是國家的四大綱紀；四大綱紀不能伸張，國家就會滅亡。』管仲實在是善於立言說理啊！禮、義，是（國家）治理人民的重要法則；廉、恥，是（個人）立身處世的重要節操。因為不廉潔就沒有什麼東西不敢拿，不知恥就沒有什麼壞事不敢做。個人如果這樣，那麼災禍失敗混亂滅亡，也就沒有不降臨到他身上的。何況身為大臣如果沒有什麼東西不敢拿，沒有什麼壞事不敢做，那麼天下哪裡有不混亂，國家哪裡有不滅亡的呢？」

二 然而在禮義廉恥四者之中，恥特別重要，所以孔夫子評論讀書人說：「自己立身行事，須有羞恥心。」孟子說：

更是如此。【99學測】

結構：

・引聖賢孔、孟之說來強化論點。

・呼應第一段，說明個人「無恥」，導致各種偏差行為，士大夫「無恥」，導致國家的禍患。

三 言三代以下，雖廉恥淪喪，但仍有「獨醒之人」。

文章關鍵：

・敘述四維不張，由來已久。（上接前文「士大夫之恥，是謂國恥」）

・以譬喻法生動表達君子在亂世之中，仍能堅持正確的價值，如「風雨中之雞鳴、歲寒中之松柏」，為社會帶來一絲希望。藉此申明自己的志向。

四 引顏氏家訓以諷刺當時媚清出仕的士大夫。【98學測】

此段為結論，說明寫作本文的目的，是為了針砭時

以無恥。[6]無恥之恥，無恥矣！」又曰：「[7]恥之於人大矣！為機變之巧者，無所用恥焉！」所以然者，人之不廉而至於[8]悖禮犯義，其原皆生於無恥也。故士大夫之無恥，是謂國恥。

- 恥：恥辱。
- [6] 無恥之恥：即「恥無恥」的倒裝，把無恥視為可恥的事。前恥為名詞，羞恥；後恥為動詞，以…為恥。
- 無恥：名詞，羞恥心。
- [7] 恥：羞恥心。
- 於：對於。
- 為：作。
- 焉：助詞，了。【94統測】
- 然：如此。
- [8] 悖（ㄅㄟˋ）：違逆。
- 原：通「源」，根源。
- 恥：恥辱。
- 為因果句型。無恥是因，悖禮犯義是果。【96統測】

本段寄寓作者對易代之際，變節投降的感慨。【95學測】

三 吾觀三代以下，[9]世衰道微，[10]棄禮義，捐廉恥，非一朝一夕之故。然而[11]松柏後凋於歲寒，雞鳴不已於風雨，[12]彼眾昏之日，固未嘗無獨醒之人也。

- 微：式微，動詞。
- 一朝一夕：短暫的時間。
- 捐：即「棄」。
- 松柏後凋於歲寒：借喻，說明君子在亂世中堅守節操，有如「歲寒時節，堅持不凋謝的松柏」。引用自《論語》。【101指考】
- 雞鳴不已於風雨：借喻，說明君子雖處亂世，仍堅持正確的行為，有如「在風雨中，仍堅持報曉的雄雞聲。」引用自《詩經》。
- 固：本來。【101學測】
- 嘗：曾。
- 獨醒之人：獨自清醒的人。引用自屈原〈楚辭・漁父〉：「眾人皆醉我獨醒。」
- 句意。【97學測、96指考】

四 頃讀顏氏家訓，有云：「齊朝一士夫，嘗謂吾曰：『我有一兒，年已十七，頗曉書疏。教其鮮卑語及彈琵琶，稍欲通解，以此

- 頃：最近。
- 顏氏家訓：南北朝顏之推教誡子孫的著作。
- 嘗：曾。
- 疏（ㄕㄨˋ）：書信奏章。
- 琵琶：【96學測】
- 稍：略微。

「人不可以沒有羞恥心。如果能把無恥視為可恥的事，就能行為端正，終身遠離恥辱了！」孟子又說：「羞恥心對人來說太重要了！會做出機巧變詐等行為的人們，就是沒能用上羞恥心呀！」會造成這種情形，是因人們的不廉潔，甚至於違背禮法，侵犯道義，都是根源於沒有羞恥心而產生的。因此士大夫的無恥，這可說是國家的恥辱。

三 我觀察夏、商、周三代以後，世風衰敗，道德式微，（人們）拋棄禮義，捐棄廉恥，並不是短時間造成的。可是（就像）在最寒冷的季節，松柏依然堅貞不屈，在風雨交加的早晨，雄雞仍然報曉不止，在眾人沉迷昏醉的時刻，未必沒有獨自清醒的人啊！

四 最近讀顏氏家訓，有一段說：「齊朝有位士大夫，曾對我說：『我有一個兒子，年紀已經十七歲，稍微懂得文書奏章。教他鮮卑話和彈奏琵琶，漸漸將要通達了解，用這些本領去服侍王公

下士大夫「無恥」的風氣，諷刺棄節投誠的士大夫們。

文章關鍵：

‧引用顏之推的話，借古諷今。

‧以「不得以出仕的顏之推」與「棄節逢迎的媚世者們」對照，呼應篇首的「馮道傳論」，暗指當代的馮道們，正是國家淪亡的原因。【98學測】

‧結尾以「能無愧哉」作結，既反應自己的慨嘆，也有希望喚起眾人羞恥心的用意。

伏事公卿，無不寵愛。』吾時俯而不答。異哉！此人之教子也！若由此業，自致卿相，亦不願汝曹爲之！」嗟乎！之推不得已而仕於亂世，猶爲此言，尚有小宛詩人之意；[13]彼閹然媚於世者，能無愧哉？

伏事：服侍。伏，通「服」。

俯：低頭。

業：本領。

致：求得。

仕：爲官。

汝曹：你們。【100指考】

猶：尚且。

小宛詩人之意：小宛，詩經小雅篇名。周幽王時，政教失常，士大夫作詩譏刺，並戒慎自勉。

閹然：曲意逢迎的樣子。【92、101指考】

能無愧哉：句意。【99統測】

卿相，（公卿）沒有不寵愛的。』我當時低著頭不回答。奇怪啊！這個人竟然這樣教導兒子！如果憑著這些本領，主動博取卿相的地位，我也不願意你們去做！」唉！顏之推不得已在亂世做官，還能說出這樣的話，尚且存有〈詩經．小宛〉作者深自警惕的意思；那些逢迎諂媚，博取世俗歡心的人，能不慚愧嗎？

文法修辭提示

1. 禮、義、廉、恥，國之四維；四維不張，國乃滅亡：引用【100統測】
2. 四維：頂眞
3. 則天下其有不亂，國家其有不亡者乎：設問（激問）
4. 行己有恥：引用、倒裝（己行有恥）
5. 人不可以無恥。無恥之恥，無恥矣：引用
6. 無恥：頂眞
7. 恥之於人大矣！爲機變之巧者，無所用恥焉：引用
8. 悖禮犯義：對偶
9. 世衰道微：對偶
10. 棄禮義，捐廉恥：錯綜
11. 松柏後凋於歲寒，雞鳴不已於風雨：借喻、暗引
12. 彼眾昏之日，固未嘗無獨醒之人也：暗引、映襯
13. 彼閹然媚於世者，能無愧哉：設問（激問）

4 作者介紹 顧炎武

作者	明末清初 顧炎武
字號	本名絳，明亡後改名炎武，字寧人
籍貫	江蘇崑山人，明遺臣
生平	1.秉性耿介正直，關心社會，十四歲時與摯友歸莊加入復社，經常一起縱談古今，評論朝政，以學行志節相勉。 2.清兵南下，與歸莊堅守崑山抵抗。明亡，母王氏絕食卒，遺命後人勿事異姓。 3.往來於山東、山西、河南、河北、陝西各省，勘察山川形勢，結交志士，力圖反清復明。清廷徵召，皆避而不往，晚年專心著述，一生以明遺民自居。
文學	1.爲學著重博古通今、「經世致用」，反對空疏之學，是清代樸學的導師。爲文強調「須有益於天下」。 2.梁啓超：「論清學開山之祖，舍亭林沒有第二個人。」（《中國近三百年學術史》） 3.著作宏富，經學、音韻、史地、諸子百家等，無所不通。著有《日知錄》、《音學五書》、《天下郡國利病書》、《亭林詩文集》等。

5 國學常識 《新、舊五代史》與《新、舊唐書》之比較

	舊五代史	新五代史	舊唐書	新唐書
內容	記載梁、唐、晉、漢、周五代，十三主，五十三年史事		記有唐一代之事	
作者	北宋宋太祖，薛居正監修	北宋宋仁宗，歐陽脩著	後晉，劉昫等撰	北宋宋仁宗，宋祁、歐陽脩合撰
性質	1.官修本，正史 2.原名《五代史》	1.私修本，正史 2.原名《五代史記》	正史，原名《唐書》	正史，爲補《舊唐書》之失而修。
體例	紀傳體通史		紀傳體斷代史	
價值	記載史事，較新五代史賅備。	取春秋義法，寓褒貶微旨。	穆宗長慶前，本紀簡而有體，列傳敘述詳明；長慶以後，記敘枝蔓。	增舊唐書穆宗長慶後不能詳者。通篇簡淨，勝於《舊唐書》

6 文法修辭

引用

定義：語文中，援用前賢經典的警句、名言，或典故、俗語等，以闡明自己的論點，表達自己的思想或感情，叫作引用。

原典	語譯	出處
禮義廉恥，國之四維，四維不張，國乃滅亡	禮、義、廉、恥，是國家的四種綱紀；這四種綱紀如果不能發揚，國家就會滅亡	《管子・牧民》
行己有恥	立身行事，能知羞恥	《論語・子路》
人不可以無恥。無恥之恥，無恥矣	人不可以沒有羞恥心。人如果能以無恥爲可恥，便不會招來恥辱了	《孟子・盡心上》
恥之於人大矣！爲機變之巧者，無所用恥焉	羞恥心對人而言，關係重大；玩弄機謀巧詐的人，是沒有羞恥心的	《孟子・盡心上》
松柏後凋於歲寒	松柏在寒冬時節是最後凋零的	《論語・子罕》
雞鳴不已於風雨	報曉的雞在風雨之中，仍不會停止啼叫	《詩經・鄭風・風雨》
彼眾昏之日，固未嘗無獨醒之人	在那眾人昏醉的時代，未必就沒有獨自清醒的人	《屈原・漁父》
小宛詩人之意	還有詩經小宛作者不忘本的深意	《詩經・小雅・小宛》

7 語文天地

形音義

「恥」字的詞性與用法	
恥	
羞恥心，名詞	1.禮、義、廉、「恥」，國之四維 2.廉、「恥」，立人之大節 3.蓋不廉則無所不取，不「恥」則無所不爲 4.然而四者之中，「恥」尤爲要 5.行己有「恥」 6.人不可以無「恥」。無「恥」之恥，無恥矣 7.恥之於人大矣！爲機變之巧者，無所用「恥」焉！ 8.人之不廉而至於悖禮犯義，其原皆生於無「恥」也 9.故士大夫之無「恥」，是謂國恥 10.棄禮義，捐廉「恥」
恥辱，名詞	1.人不可以無恥。無恥之恥，無「恥」矣 2.故士大夫之無恥，是謂國「恥」
以……爲可恥，動詞	人不可以無恥。無恥之「恥」，無恥矣

而		
ㄦˊ	若、如果	人「而」如此，則禍敗亂亡，亦無所不至
	汝、你	且「而」與其從辟人之士，豈若從辟世之士哉（《論語選》）
	則、就	人非生「而」知之者（韓愈〈師說〉）
	卻	今之眾人其下聖人也亦遠矣，「而」恥學於師（韓愈〈師說〉）

8 實力健身房

1. 非選（文章分析【99學測】）

閱讀〈廉恥〉第一、二段後，說明：(一)歐陽脩如何藉管仲的言論提出自己的觀點？(二)顧炎武「自己」所強調的觀點是什麼？(三)三人（管仲、歐陽脩、顧炎武）言論所構成的文意脈絡，呈現何種論述層次？答案必須明(一)(二)(三)，分列書寫。(一)(二)(三)合計文長約二百五十至三百字。

2. 多選（文意理解【102學測】）

（　）下列引文，陳述外在環境對人產生影響的選項是

(A)居處恭，執事敬，與人忠：雖之夷狄，不可棄也

(B)善人同處，則日聞嘉訓；惡人從游，則日生邪情

(C)獨學無友，則孤陋而難成；久處一方，則習染而不自覺

(D)一齊人傅之，眾楚人咻之，雖日撻而求其齊也，不可得矣

(E)子欲居九夷。或曰：「陋，如之何？」子曰：「君子居之，何陋之有！」

3. 單選（字義【103統測】）

（　）下列文句「　」內的數字，何者可理解爲「虛指」？

(A)「三」人行，必有我師焉

(B)「四」維不張，國乃滅亡

(C)「五」帝三王之所以無敵

(D)「六」藝經傳，皆通習之。

4. 單選（文意理解【96統測】）

（　）下列文句，何者沒有「倘若……，則……」的涵義？

(A)四維不張，國乃滅亡

(B)不憤，不啓；不悱，不發

(C)德之不修，學之不講，聞義不能徙，不善不能改

(D)君子三年不爲禮，禮必壞；三年不爲樂，樂必崩。

5. 多選（字義【102指考】）

（　）「反問」雖採問句形式，卻屬無疑而問、明知故問，意在強調預設的觀點。下列屬於反問句的選項是：

(A)壯士，能復飲乎

(B)誰習計會，能爲文收責於薛者乎

(C)吾師道也，夫庸知其年之先後生於吾乎

(D) 風俗頹敝如是，居位者雖不能禁，忍助之乎

(E) 況爲大臣而無所不取，無所不爲，則天下其有不亂，國家其有不亡者乎？

解答及名師解析

1. 參考答案：

(一) 歐陽脩如何藉管仲的言論提出自己的觀點？

歐陽脩藉引用管仲「四維」言論，闡明四維之重要性，再將四維分爲治人之大法、立人之大節兩類，論述此攸關國家興亡，不廉將無所不取、不恥將無所不爲，則天下亂而國家亡，使論點具信服力。

(二) 顧炎武「自己」所強調的觀點是什麼？

顧炎武強調「恥」的重要性，說明羞恥心對個人以及天下國家的重要性，因爲人不廉、悖禮、犯義，都因爲「無恥」之故，進而對士大夫無恥的行徑，批判「是爲國恥」，並警戒自己及士大夫要「行己有恥」的良知。

(三) 三人（管仲、歐陽脩、顧炎武）言論所構成的文意脈絡，呈現何種論述層次？

一種層層遞進的方法：先談四維，而後分立禮義與廉恥，再來提出廉與恥，最後聚焦在「恥」上，並接連引用孔孟的對「恥」的論述，凸顯羞恥心、知恥、恥辱三者關係。

(1) 第一層：管仲將四維並舉，強調「禮義廉恥」並重，缺一不可。

(2) 第二層：歐陽脩則重視「廉恥」，以「不廉則無所不取，不恥則無所不爲」加以說明。

(3) 第三層：顧炎武則特別強調「恥」最爲重要，並引孔、孟之言，進而論述「人之不廉而悖禮、犯義」即是因爲「無恥」。

2. (B)(C)(D)

解析：

(A) 言人不論在何處，都不可放棄自己的原則。

(B) 與善人或惡人遊處，將有不一樣的結果，此爲外在環境對人產生的影響。

(C) 「久處一方，則習染而不自覺」，此爲外在環境對人產生的影響。

(D) 「眾楚人咻之」，此爲外在環境對人產生的影響。

(E) 言君子所在，則環境爲之丕變。

語譯：

(A) 平常在家生活恭謹，在外辦事嚴肅認眞，待人忠心誠意。即使到了夷狄之地，也不可背棄這樣的原則。出自《論語．子路》。

(B) 同品德高尚的人相處，就會每天得到美好的教益；和行爲不軌的人相處，就會天天產生邪惡的思想。出自《後漢書．爰延傳》。

(C) 獨自學習而沒有學伴，見識就會片面淺顯，難以學成。在一個環境待久了，會不自覺染上習氣而自己還不知道。出自顧炎武〈與友人書〉。

(D) 一個齊國人教他說齊語，而許多楚國人在旁說著楚國話來干擾他，這樣即使天天用鞭子打他，逼著他學好齊國話，那也是不可能的。出自《孟子・滕文公》下。

(E) 孔子想要搬到東方邊遠地方去居住。有人說：「那裡非常落後閉塞，不開化，怎麼能住呢？」孔子說：「有德君子去了，就不閉塞落後了。」出自《論語・子罕》。

3. (A)

解析：

(A) 多人。語譯：多人同行，必定有我可以效法的人。出自《論語・述而》。

(B) 禮義廉恥四種綱紀。語譯：四種綱紀若不得伸張，國家就要滅亡了。出自《管子・牧民》。

(C) 泛指古代著名君王。《史記》以五帝爲黃帝、顓頊、帝嚳、唐堯、虞舜。語譯：五帝三王之所以無敵的原因。出自李斯〈諫逐客書〉。

(D) 六藝，指六經，即《詩》、《書》、《禮》、《樂》、《易》、《春秋》。語譯：對於六藝經傳，都能通曉學習。出自韓愈〈師說〉。

4. (C)

解析：

(A) 語譯：倘若四維（禮義廉恥）沒有伸張，則國家就會滅亡。

(B) 語譯：如果（倘若）一個人不是傾全力去嘗試了解事理，卻仍然想不透，那麼我是不會去啓示他的。如果（倘若）一個人不是盡全力想要表達內心的想法，卻想不到合適言詞，那麼我是不會去開導他的。

(C) 語譯：道德不能修養，學問不能教授，聽聞善行而不能學習，惡行不能改正。

(D) 語譯：君子如果三年不行禮，則禮制必定敗壞；如果三年不興樂，樂必定崩頹。

5. (C)(D)(E)

解析：

(A) 疑問。語譯：壯士，你還能喝嗎？。出自司馬遷〈鴻門宴〉。

(B) 疑問。語譯：哪一位熟悉會計，能爲我到薛邑去收債。出自劉向〈馮諼客孟嘗君〉。

(C) 激問。語譯：我所要學習的是「道」啊，又何必知道對方是生在我之前或生在我之後呢？。出自韓愈〈師說〉。

(D) 激問。語譯：唉！風俗這樣的敗壞，在上位的人縱然不能禁止，難道還忍心助長它嗎？出自司馬光〈訓儉示康〉。

(E) 激問。語譯：何況身爲朝廷大臣的人什麼東西都想要，什麼事情都敢做，天下那有不敗亂、不滅亡的道理？出自顧炎武〈廉恥〉。

26 勞山道士

◎蒲松齡

1 大考關注

【字音、字義：102指考】

★「乃以箸擲月中。見一美人，自光中出……」：考古今意義上有無文化累積意涵；「美人」解釋為「嫦娥」，泛指美女，並無任何文化累積的意涵。

★王俱與「稽」首：ㄑㄧˇ。

【文法修辭：97、93、92統測】

★轉品、倒裝、對偶等修辭。

【國學：104、101、94、93學測、96、90統測及98、94指考】

★《聊齋誌異》與蒲松齡→考作品、作家、時代及體裁之對應，《聊齋誌異》清代志怪小說。

★「志怪」為魏晉六朝小說的重要特徵，至後代猶有繼承者→《聊齋誌異》即非常著名的代表作。

★清代是小說發皇的時代，名作纔出，聊齋誌異為其中佼佼者。

★聊齋誌異／蒲松齡／清代志怪小說。

★《聊齋誌異》是蒲松齡對社會現實不平以及失望的宣洩和寄託，作者藉整個聊齋的世界，刻劃出社會上黑暗的層面，如盜戶「刺貪刺虐」的筆墨，書中隨處可見。

★《聊齋誌異》一書的內容背景。

【文意解讀、類文閱讀：103學測、95統測、99指考】

★「乃以箸擲月中。見一美人，自光中出……纖腰秀項，翩翩作霓裳舞」→此非月景的描摹，而是道士法術的呈現。為純敘事語句，係以旁觀者口吻描寫美人從月中出，翩翩作舞。

★「乃以箸擲月中。見一美人，自光中出，初不盈尺，至地，遂與人等。纖腰秀項，翩翩作霓裳舞。」→其中，「美人」指嫦娥。

★《聊齋誌異》》的選文閱讀。

★「一道士坐蒲團上，素髮垂領，而神觀爽邁。叩而與語，理甚玄妙。請師之」：此句為順承關係複句，前後文關係為一種敘述連續發生的動作或事件。

2 文章解讀

志怪是很受歡迎的題材，志，誌也，爲記錄之意，怪是奇怪，**志怪就是記錄神祕詭異的故事**，目的是滿足人們的好奇與想像的心理。中國自古就有志怪作品，如最早的**《山海經》**，晉代干寶的**《搜神記》**，清代的**《聊齋誌異》**，則是**文言志怪小說集大成**之作。作者蒲松齡寫作技巧精湛，透過各種奇異故事，**反應社會現實**，**諷刺**、**批評**各種社會現象，使志怪小說，從茶餘飯後的話題，提升到藝術作品的層次。【94、98指考】

〈勞山道士〉講述富家子王生一心求道，卻不能吃苦，貪圖速成，最後失敗出糗，引來妻子嘲笑。篇末假借「異氏史」之口，**用勸世的口吻**，警告不肯腳踏實地的人，一旦投機取巧，就會引來有心人的奉承，但**旁門左道經不起考驗**，時間一久，必然原形畢露、自取其辱。

志怪小說一定有奇異不尋常的情節（但不必然是神鬼仙怪），在本文有道士三人飲酒鬥法時剪紙成月、壺酒不竭、投箸化仙，還有篇末穿牆術一節，奇思奇想，引人入勝。爲取信於人，蒲松齡還刻意添入一些情節，如眾人傳遞酒壺時，王生私下質疑：「壺酒何能遍給？」如嫦娥跳舞之後，還高歌一番，自憐身世，彷彿眞有其事。

除了情節設計的巧思外，**描寫人心也很有層次**，篇首先交代王生是「故家子」，之後寫道士質疑王生「嬌惰不能作苦」，王生果然「不堪其苦」，一度想留下，很快又「苦不可忍」，好不容易學了法術又「不肯潔持」，於是回家後「頭觸硬壁」，最後惱羞成怒。

《聊齋誌異》中的**花妖狐媚**比人更善良，反映出蒲松齡內心對美好人性的嚮往，以及對現實人性的失望。蒲松齡同鄉好友王士禎爲《聊齋誌異》題詩云：「**姑妄言之姑聽之，豆棚瓜架雨如絲。料應厭作人間語，愛聽秋墳鬼唱詩。**」可謂道盡了蒲松齡的心聲。【96、95、90統測】

3 文章精析

一 邑有王生，行七，故家子。少慕道，聞勞山多仙人，負笈往遊。登一頂，有觀宇，

勞山：亦作嶗山、牢山，在今山東省青島市東北，爲著名的道教聖地。

負笈：背著書箱，出外求學，此指出門求道。笈，音ㄐㄧˊ，書箱。

觀宇：觀，音ㄍㄨㄢˋ，道教的廟宇。

段旨

一 敘寫王生慕道，到勞山拜師學道，以「故家子」的出身暗示其「嬌惰」性

翻譯

一 縣城有個王姓書生，排行第七，是世家大族的子弟。年輕的時候就仰慕道教的神仙法術，聽說勞山上有許多仙人，便背著書箱前往求道。登上一座山

格，埋下其後求道卻「不能作苦」的伏筆。

② 王生不耐勞苦，才月餘，便有返家的念頭，也呼應了首段言其「故家子」的身分，爲本文的第一次轉折。

③ 描寫道士施作法術，神奇的法術使王生欣慕不已，遂打消去意，從「去」轉「留」，形成第二次轉折。

甚幽。一道士坐**蒲團**上，素髮垂**領**，而神**觀**爽邁。叩而與語，理甚玄妙。請師之。道士曰：「恐嬌惰不能作苦。」答言：「能之！」其門人甚眾，薄暮畢集，王俱與**稽首**，遂留觀中。

神觀：容貌儀態。
蒲團：蒲葉編成的圓草墊，爲佛僧、道士盤坐或跪拜時墊用。
領：頸部。
稽首：叩頭至地，爲跪拜禮中最恭敬者。【102指考】

② 凌晨，道士呼王去，授以斧，使隨眾採樵。王謹受教。過月餘，手足**重繭**，不堪其苦，**陰**有歸志。

重繭：手上或腳上所生的硬皮。
陰：暗自、私底下。

③ 一夕歸，見二人與師共酌。日已暮，尚無燈燭。師乃**翦**紙如鏡，黏壁間。**俄頃**，月明**輝**室，光鑑**毫芒**。諸門人環聽奔走。一客曰：「良宵**勝**樂，不可不**同**。」乃於案

翦：剪。
俄頃：不久、一會兒。
輝：照耀，此作動詞。
毫芒：毫，獸類的細毛。芒，穀類外殼上的針狀刺鬚。毫、芒，皆比喻細微之物。
勝：盛、美。
同：指一同享受。

頂，有座道士修行的道觀，甚爲幽靜。有一位道士正坐在蒲團之上，白髮披垂到了脖子上，神態容貌非常爽朗超俗。王生拜叩道士並與他談論一番，發現道士所談的道理很精深奧妙。就請求拜道士爲師。道士說：「恐怕你嬌貴怠惰無法勤奮吃苦。」王生回答說：「我能勤奮吃苦！」道士的徒弟很多，到黃昏時全到齊了，王生一一向他們恭敬地行跪拜磕頭禮，於是就留在道觀裡。

② （隔天）清晨，道士叫王生前去，交給他一把斧頭，叫他跟著大家一起去砍柴。王生恭敬地聽從教誨。過了一個多月，手腳都長出一層層硬皮，他無法忍受這種苦，心裡暗自有了回家的念頭。

③ 有一天傍晚（砍柴）回來，看到兩個客人與師父一起喝酒。此時天色已經昏暗，還沒有點燈燭。師父於是把紙剪成如同圓鏡的樣子，黏貼在牆壁上，不久，月光就照亮了整個室內，連極細微的東西都照得很清楚。眾徒弟們在旁圍繞聽候使喚，奔走侍候著。一位客人說：「這麼美好的夜晚，美好的樂事，

上取壺酒，分賚（ㄌㄞˋ，賞賜。）諸徒，且囑盡醉。王自思：「七八人，壺酒（酒壺，亦作「尊」、「罇」。）何能遍給（ㄅㄧㄢˋ ㄐㄧˇ，供給所有的人。）？」遂各覓盎盂（ㄤˋ ㄩˊ，盛湯水的容器，此指酒杯。盎，腹大口小。盂，口大底小。），競飲先釂（ㄐㄧㄠˋ，爭先乾杯。釂，把酒喝盡，即乾杯。），唯恐樽盡。而往復挹注（ㄧˋ，將液體由一個容器倒入另一個容器，此指從酒壺倒入酒杯，即斟酒。挹，掬取。），竟不少減。心奇之。俄，一客曰：「蒙賜月明之照，乃爾（卻、竟然。）寂飲，何不呼嫦娥來？」乃以箸擲月中。見一美人，自光中出，初不盈尺，至地，遂與人等。纖腰秀項（脖子。），翩翩（ㄆㄧㄢ ㄆㄧㄢ，體態輕盈、行動輕快的樣子。）作霓裳舞（即「霓裳羽衣舞」，唐玄宗天寶年間宮廷盛行的一種樂舞。）（本小段文意。【99指考】）。已而歌曰：「仙仙（輕盈貌。）乎！而還乎？而幽我於廣寒乎？」其聲清越（清脆悠揚。），烈（清脆嘹亮。）如簫管。歌畢，盤旋而起，躍登几上。驚顧之間，已復爲箸。三人大笑。又一客曰：「今宵最樂，然不勝酒力矣。其餞我於月宮可乎？」三人

不能不和大家一起享受。」於是師父就從桌上拿起一壺酒，分賞給徒弟們，並且囑咐他們要盡情暢飲。王生心裡想：「這裡有七八個人，一壺酒怎麼夠供給所有的人呢？」於是大家各自去找來酒杯，爭先乾杯，唯恐酒壺裡的酒空了。大家傳來傳去地倒酒，壺中的酒竟然一點也沒減少。王生心裡暗自稱奇。過了一會兒，有一位客人說：「承蒙主人賞賜明亮的月光照耀，竟然如此孤寂地喝酒太乏味了，何不把嫦娥請來助興？」於是（師父）就把筷子投向月中。看到一位美女，從月光中出來，起初身長還不到一尺，到了地上之後，就跟一般人差不多高了。腰肢纖細、脖子秀麗，她輕盈地跳起了霓裳羽衣舞。一會兒又唱著說：「我輕盈地起舞啊！這是回到人間了呢？還是仍被幽禁在月宮呢？」她的歌聲清脆悠揚，有如簫管聲般嘹亮美妙。唱完後，輕盈地旋轉著身子，一躍就登上了桌子。在大家驚奇的注視下，已經又變爲一根筷子。三人高興地大笑。又有一位客人說：「今天晚上最是快樂，但是酒量有限不能再喝了，你們可以到月宮爲我餞行嗎？」三個人就移

移席，漸入月中。眾視三人坐月中飲，鬚眉畢見，如影之在鏡中。移時，月漸暗。門人然燭來，則道士獨坐，而客杳矣。几上肴核尚存，壁上月，紙圓如鏡而已。道士問眾：「飲足乎？」曰：「足矣。」「足，宜早寢，勿誤樵蘇。」眾諾而退。王竊忻慕，歸念遂息。

見：ㄒㄧㄢˋ，呈現、顯現。
移時：過了一會兒。
然：同「燃」，點燃。
杳：ㄧㄠˇ，深遠，此指不見蹤影。
樵蘇：砍柴、割草。
忻慕：忻，ㄒㄧㄣ，欣喜羨慕。忻，同「欣」。

四 又一月，苦不可忍，而道士並不傳教一術。心不能待，辭曰：「弟子數百里受業仙師，縱不能得長生術，或小有傳習，亦可慰求教之心。今閱兩三月，不過早樵而暮歸，弟子在家，未諳此苦。」道士笑曰：「我固

或：如果。
閱：經過。
諳：ㄢ，熟悉、知道。

四 寫王生終究難耐勞苦，又萌生去意，爲第三次轉折；臨別前，道士傳授其所乞求的穿牆之術，復見其學道的功利之心，是第四次轉折。而道士的兩次之笑，則寄寓作者暗諷現實生活中不能踏實努力，卻妄想不勞而獲的人。

動座席，漸漸地飛入牆上的月亮中。大家都看著這三個人坐在月中飲酒，即使鬍鬚眉毛都全然呈現，像鏡子中的倒影一般。不久，月色逐漸暗淡下來。徒弟點燃蠟燭進來，只剩道士一人獨坐，而客人已不見蹤影。桌上菜餚與果品還在，牆上的月亮，也只是一張像鏡子般的圓紙罷了。道士問眾徒弟說：「喝夠了嗎？」回答說：「喝夠了。」「喝夠了，就早點睡覺，不要耽誤明天砍柴割草。」徒弟們答應著退了下去。王生心裡暗自又高興又羨慕，回家的念頭也就打消了。

四 又經過一個月，王生實在忍不住辛苦了，而道士卻連一點法術也不教。心裡不能再忍耐了，就向道士表明心意說：「弟子走了幾百里路來到這裡向仙師求道，就算不能學得長生不老之術，如果能教我一點小小的法術，也可以安慰我此番求道的苦心。現在已經過了兩三個月，不過只是早上外出砍柴傍晚回來，弟子在家裡，實在不習慣這種辛苦。」道士笑著說：「我本來就說你不

謂不能作苦，今果然。明早當遣汝行。」王曰：「弟子操作多日，師略授小技，此來爲不負也。」道士問：「何術之求？」王曰：「每見師行處，牆壁所不能隔，但得此法足矣。」道士笑而允之，乃傳以訣，令自咒（ㄓㄡˋ），畢，呼曰：「入之！」王面牆，不敢入。又曰：「試入之。」王果從容入，及牆而阻。道士曰：「俛（ㄈㄨˇ）首驟入，勿逡（ㄑㄩㄣ）巡！」王果去牆數步，奔而入。及牆，虛若無物，回視，果在牆外矣。大喜，入謝。道士曰：「歸宜潔持，否則不驗。」遂助資斧遣之歸。

咒：念咒語，即誦念施法的口訣。

俛首：低頭。俛，同「俯」。

逡巡：徘徊不進的樣子。

資斧：本指資財器用，此指旅費。

能吃苦，現在果然如此。明天早上就打發你回去吧！」王生說：「弟子辛勞了這麼多天，師父約略傳授一些小法術，這一趟也就不算白費了。」道士問說：「你想學什麼法術？」王生說：「常常看到師父所到之處，牆壁都不能阻隔你，只要學得這個法術，也就心滿意足了。」道士笑著答應他，於是就傳授他穿牆的口訣，要他自己念咒語，念完後，道士喊說：「進牆去！」王生面對著牆，不敢進去。道士又說：「試著進去看看。」王生果眞不慌不忙地朝牆壁走去，等到走到牆壁時穿不過去。道士說：「低著頭快步跑進去，不要遲疑！」王生果然離牆幾步，快跑衝入牆。到牆壁那裡，竟然空若無物，回頭一看，果眞已經在牆壁外面了。他心裡很高興，進去向道士道謝。道士叮嚀他：「你回家以後，要用純潔的心修養自己，否則就不靈驗了。」於是送給他旅費打發他回去了。

五 描寫王生返家表演穿牆術卻失靈，遭妻子揶揄，諷刺現實中妄想不勞而獲、不學無術的人終必自取其辱。

六 藉異史氏之言揭示全文主旨——寓意時政的針砭，批判無心治國的執政者莫聽信諂媚者，以威勢暴力來對待人民，否則將自食惡果。

五 抵家，自詡遇仙，堅壁所不能阻。妻不信。王傚其作爲，去牆數尺，奔而入，頭觸硬壁，驀然而踣。妻扶視之，額上墳起如巨卵焉。妻揶揄之，王慚忿，罵老道士之無良而已。

詡（ㄒㄩˇ）：說大話。
驀（ㄇㄛˋ）然而踣（ㄅㄛˊ）：忽然跌倒。驀，忽然。踣，跌倒。
墳起[3]：凸起、腫起。
揶揄（ㄧㄝˊ ㄩˊ）：譏笑嘲弄。
無良：不善，不懷好意。

六 異史氏曰：「聞此事，未有不大笑者；而不知世之爲王生者，正復不少。今有傖父，喜疢毒而畏藥石，遂有吮癰舐痔者，進宣威逞暴之術，以迎其旨，紿之曰：『執此術也以往，可以橫行而無礙。』初試，未嘗不少效，遂謂天下之大，舉可以如是行矣，勢不至觸硬壁而顛蹶，不止也。」

異史氏：蒲松齡自稱。
傖（ㄘㄤ）父（ㄈㄨˇ）：鄙賤粗俗的人。
喜疢（ㄔㄣˋ）毒而畏藥石[4]：比喻喜歡阿諛奉承而害怕批評指責。疢，疾病。藥石，藥劑和砭（ㄅㄧㄢ）石，以治病的良藥比喻忠告之言。
吮（ㄕㄨㄣˇ）癰（ㄩㄥ）舐（ㄕˋ）痔[4]：吸膿瘡，舔痔瘡。比喻以卑鄙無恥的行爲諂媚他人。吮，吸。癰，膿瘡。舐，舔。
紿（ㄉㄞˋ）：通「詒」，欺騙。
舉：全。
顛蹶：跌倒。

五 回到家後，王生自誇地說遇到了仙人學得法術，就是再堅硬的牆也不能阻擋他。妻子不相信。王生就仿效道士的作法，在離牆數尺之外，奔跑著衝向牆壁，結果頭碰到堅硬的牆壁，忽然跌倒在地。妻子把他扶起一看，額頭上腫得像一顆大雞蛋，妻子嘲笑他，王生是又羞愧又忿怒，卻也只能罵老道士不懷好意而已。

六 異史氏說：「聽了這個故事的人，沒有不哈哈大笑的；卻不知在當今世上像王生這樣的人，確實不少。現在有些鄙賤粗俗的人，喜歡阿諛奉承的讒言，卻害怕直言忠告，於是就有吮膿瘡、舐痔瘡般的小丑，向他進獻宣揚威勢施行暴虐的方法，以迎合他的心意，並且哄騙說：『只要照這個方法去做，就可以橫行無阻。』那鄙陋粗俗之人剛開始用的時候，未嘗沒有一些效果，於是就以爲天下萬事，全部都可以照此辦理，不到碰觸硬壁跌倒，他們勢必不會罷休的。」

文法修辭提示

1. 摹寫：
乃以箸擲月中。見一美人，自光中出，初不盈尺，至地，遂與人等。纖腰秀項，翩翩作「霓裳舞」。已而歌曰：「仙仙乎！而還乎？而幽我於廣寒乎？」其聲清越，烈如簫管，歌畢，盤旋而起，躍登几上。驚顧之間，已復爲箸。三人大笑。又一客曰：「今宵最樂，然不勝酒力矣。其餞我於月宮可乎？」三人移席，漸入月中。眾視三人坐月中飲，鬚眉畢見，如影之在鏡中：兼用視覺、聽覺摹寫

2. 層遞：
呼曰：「入之！」王面牆，不敢入。又曰：「試入之。」王果從容入，及牆而阻。道士曰：「俛首驟入，勿逡巡！」王果去牆數步，奔而入。及牆，虛若無物，回視，果在牆外矣

3. 轉品
(1) 請「師」之：名詞→動詞
(2) 俄頃，月明「輝」室：名詞→動詞
(3) 光「鑑」毫芒：名詞→動詞
(4) 額上「墳」起如巨卵焉：名詞→動詞

4. 比喻
(1) 喜疢毒而畏藥石：借喻兼映襯
(2) 吮癰舐痔：借喻

4 作者介紹

蒲松齡

作者	清 蒲松齡
字號	字留仙，自號柳泉
籍貫	山東淄川
生平	自幼聰穎勤奮，飽讀詩書，十九歲時以第一名考上秀才。其後卻屢試不第，直到七十二歲才補上歲貢生。一生窮愁潦倒，大部分時間都在鄉間擔任塾師。
文學	1.「聊齋」是蒲松齡書齋的名稱。「志」通「誌」字，是記的意思。《聊齋誌異》一書，專門記載仙狐鬼魅的神怪故事，故名。 2. 蒲松齡一生困頓、科舉不得志，所以透過神怪的故事，描述事情百態，藉此寄寓自己對現實人生的嘲諷與感慨，因爲構思奇特，情節曲折，文筆精鍊，是以膾炙人口，於中國文言小說史上具有重要地位。 3. 將全部精力投注於創作，著述甚豐，除《聊齋誌異》外，尚有《聊齋文集》、《聊齋詩集》、《聊齋戲曲》等傳世。

5 國學常識

史書「論贊體」

源起	司馬遷著《史記》，首創「論贊」體例。	
定義	《史記》各篇中，都有一段「太史公曰」的內容，這是仿效左傳的「君子曰」的形式。主要用來表達司馬遷對該篇內容的批評與看法，有時也用來補充史料、記敘傳聞軼事，後代文人為文時常模仿此種體例。	
各書論贊體例	《左傳》	君子曰
	《楚辭》	亂曰
	《史記》	太史公曰
	《漢書》	贊曰
	《三國志》	評曰
	《後漢書》	論曰、贊曰（贊是用韻語寫成的）
	《五代史記》	嗚呼
	《資治通鑑》	臣光曰
	《傷仲永》	王子曰（王安石）
	《郁離子》	郁離子曰（劉基）
	《秦士錄》	史官曰（宋濂）
	《聊齋誌異》	異史氏曰（蒲松齡）
註：從《宋書》開始採用「史臣曰」，以後史書多用之。		

6 文法修辭

層遞

定義：語文中，將所要敘述的事理，按一定的順序，如遠近、深淺、大小、輕重、本末、先後等，一層一層遞進排列，便稱做層遞。

★呼曰：「入之！」王面牆，不敢入。又曰：「試入之。」王果從容入，及牆而阻。道士曰：「俛首驟入，勿逡巡！」王果去牆數步，奔而入。及牆，虛若無物，回視，果在牆外矣。（蒲松齡〈聊齋誌異〉）

★林木蓊翳→草木萎黃無生意→草木不生（郁永河《裨海紀遊選．北投硫穴記》）

★由硫穴四周而硫穴旁，而至硫穴上（郁永河《裨海紀遊選．北投硫穴記》）

★荷人啓之，鄭氏作之，清代營之——兼用「排比」。（連橫〈臺灣通史序〉）

★顧修史固難，修臺之史更難，以今日修之尤難。（連橫〈臺灣通史序〉）

7 語文天地

一、形音義

字	注音	字義與例詞
圾	ㄙㄜˋ	垃「圾」
扱	ㄒㄧ	「扱」收、「扱」鞋
趿	ㄊㄚ	「趿」拉著鞋子
	ㄙㄚˋ	塌「趿」（委靡不振的樣子）
岌	ㄐㄧˊ	「岌岌」
汲	ㄐㄧˊ	「汲」水、「汲汲」（急切的樣子）

字	注音	字義	例詞
逡	ㄑㄩㄣ	用於複合詞，如：逡巡（遲疑不進的樣子）	「逡」巡不前
浚	ㄐㄩㄣˋ	疏通或鑿深水道	疏「浚」（濬）河道
峻	ㄐㄩㄣˋ	高大的	崇山「峻」嶺
竣	ㄐㄩㄣˋ	完成	如期「竣」工
駿	ㄐㄩㄣˋ	良馬	「駿」馬奔騰
悛	ㄑㄩㄢ	悔改	怙惡不「悛」
唆	ㄙㄨㄛ	指使、慫恿	教「唆」、「唆」使
梭	ㄙㄨㄛ	織布機中牽引緯線的織具，形如棗核	日月如「梭」、穿「梭」

字	注音	字義	例句
觀	ㄍㄨㄢ	景觀	此則岳陽樓之大「觀」（范仲淹〈岳陽樓記〉）
		觀察	予「觀」夫巴陵勝狀（范仲淹〈岳陽樓記〉）
	ㄍㄨㄢˋ	道教的廟宇	王俱與稽首，遂留「觀」中

字	注音	字義	例句
少	ㄕㄠˋ	年輕	「少」不更事 「少」慕道，聞勞山多仙人，負笈往遊（蒲松齡〈勞山道士〉）
	ㄕㄠˇ	缺	遍插茱萸「少」一人（王維〈九月九日憶山東兄弟〉）
		不經常	世間「少」有、「少」見多怪
		稍微、略	往復挹注，竟不「少」減（蒲松齡〈勞山道士〉）
		數量不多	粥「少」僧多、凶多吉「少」 不知世之爲王生者，正復不「少」（蒲松齡〈勞山道士〉）
		輕視	顯王左右素習知蘇秦，皆「少」之，弗信（《史記・蘇秦列傳》）
		不久	「少」焉，文靜飛書迎文皇看棋（杜光庭〈虬髯客傳〉）

字	字義	例句
陰	陽光照射不到的地方、樹蔭	野芳發而幽香，佳木秀而繁「陰」（歐陽脩〈醉翁亭記〉）
	天色昏暗	朝暉夕「陰」，氣象萬千（范仲淹〈岳陽樓記〉）

字	字義	例句
陰	祕密、不光明的	「陰」謀
	月亮	太「陰」
		「陰」（借代「黑夜」）陽潛移，春秋代序（豐子愷〈漸〉）
	險詐	「陰」險
	暗中，私底下	不堪其苦，「陰」有歸志（蒲松齡〈勞山道士〉）
	險詐	「陰」險
	山的北面或水的南面	山「陰」、淮「陰」

字	字義	例句
然	點燃、燃燒	晴日催花暖欲「然」（歐陽脩〈採桑子〉）
		若火之始「然」，泉之始達（《孟子．公孫丑上》）
		門人「然」燭來，則道士獨坐，而客杳矣（蒲松齡《勞山道士》）
	然後	待士馬肥充，「然」可與人爭利（《隋書．李密傳》）
	形容詞或是副詞詞尾，……的樣子	其容闐「然」，其色渥「然」，其氣充「然」（方孝孺〈指喻〉）
		天地有正氣，雜「然」賦流形（文天祥〈正氣歌並序〉）
		言必信，行必果，硜硜「然」，小人哉（《論語．子路》）

字	字義	例句
然	如此	當時士大夫家皆「然」，人不相非也（司馬光〈訓儉示康〉）
	對、正確	不以爲「然」
	贊同，動詞	沛公「然」其計，從之（《史記．高祖本紀》）
	唯，表應答	子曰：「然」！有是言也（《論語．陽貨》）
	可是、但是	「然」以功業之大，人莫之非（司馬光〈訓儉示康〉）
		「然」松柏後凋於歲寒（顧炎武〈廉恥〉）
		「然」鄭亡，子亦有不利焉（《左傳．燭之武退秦師》）

二、成語集錦

成語	釋義	義近	反義
纖腰秀項	形容女子容貌姣好、儀態動人。	螓首蛾眉、沉魚落雁、閉月羞花、風姿綽約	貌似無鹽、無鹽之貌、嫫母（古時的醜女，黃帝的第四妃子）之姿、東施效顰
手足重繭	形容工作勤勞。	胼手胝足、手足胼胝	嬌生慣養、養尊處優、坐享其成、細皮嫩肉、好逸惡勞
吮癰舐痔	喻諂媚之徒逢迎阿順權貴的卑鄙行爲。	闒然媚世、諂媚無恥、苟合取容	守正不阿、直道而行、剛毅不屈、耿介絕俗

8 實力健身房

1.～2.單選（類文閱讀【103學測】）

1.～2.爲題組，閱讀下文，回答1.～2.題。

王汾濱言：其鄉有養八哥者，教以語言，甚狎習，出遊必與之俱，相將數年矣。一日，將過絳州，去家尚遠，而資斧已罄。其人愁苦無策。鳥云：「何不售我？送我王邸，當得善價，不愁歸路無貲也。」其人云：「我安忍！」鳥言：「不妨。主人得價疾行，待我城西二十里大樹下。」其人從之。攜至城，相問答，觀者漸眾。有中貴見之，聞諸王。王召入，欲買之。其人曰：「小人相依爲命，不願賣。」王問鳥：「汝願住否？」答言：「願住。」王喜。鳥又言：「給價十金，勿多予。」王益喜，立畀十金。其人故作懊恨狀而出。王與鳥語，應對便捷。呼肉啖之。食已，鳥曰：「臣要浴。」王命金盆貯水，開籠令浴。浴已，飛簷間，梳翎抖羽，尚與王喋喋不休。頃之，羽燥，翩躚而起。操晉聲曰：「臣去呀！」顧盼已失所在。王及內侍，仰面咨嗟，急覓其人，則已渺矣。後有往秦中者，見其人攜鳥在西安市上。（蒲松齡《聊齋誌異．鴝鵒》）

畀：交給。

1.（　）關於本篇故事內容，敘述正確的選項是：
(A)八哥的主人因缺旅費，打算出售八哥
(B)八哥擬另謀棲身之處，設局誆騙主人
(C)八哥與主人合謀，利用賣身詐取錢財
(D)八哥與主人得手後，在西安故技重施。

2.（　）下列關於故事的解釋，錯誤的選項是：
(A)主人將八哥「攜至城，相問答」，係爲製造奇觀引人注意
(B)八哥對王言「給價十金，勿多予」，有助於取得王的信任
(C)主人「故作懊恨狀」，目的是爲了讓八哥相信他萬分不捨
(D)八哥「尚與王喋喋不休」，係爲讓王疏於防備，以便逃走。

3.～4.單選（類文閱讀【95統測】）

閱讀下文，回答問題

沂水某秀才，課業山中。夜有二美人入，含笑不言，各以長袖拂榻，相將坐，衣軟無聲。少間，一美人起，以白綾巾展几上，上有草書三、四行，亦未嘗審其何詞。一美人置白金一鋌，可三、四兩許；秀才掇內袖中。美人取巾，握手笑出，曰：「俗不可耐！」秀才捫金，則烏有矣。（蒲松齡《聊齋誌異》）

3.（　）根據上文，秀才被批評爲「俗不可耐」的原因是什麼？
(A)好色不好德
(B)好財不好學

(C) 好財又好色
(D) 好色不好學。

4.（　）下列文句，哪一句的主語是秀才？
(A) 以長袖拂榻
(B) 以白綾巾展几上
(C) 未嘗審其何詞
(D) 握手笑出，曰：「俗不可耐」。

5. 單選（字音【102指考】）
（　）下列各組「　」內的字音，前後不同的選項是
(A) 若「垤」若穴／「喋」血山河
(B) 交「戟」之衛士／王俱與「稽」首
(C) 西方有木焉，名曰「射」干／每公卿入言，賓客上「謁」
(D) 不知軍之不可以退而謂之退，是謂「縻」軍／侶魚蝦而友「麋」鹿。

解答及名師解析

1. (C)
解析：
(A) 八哥的主人缺旅費，但並未打算出售八哥。
(B) 八哥為解決主人缺旅費之問題，設局誆騙王爺。
(D) 八哥與主人得手後，曾一起出現在西安，但並未提到是否故技重施。

2. (C)
解析：主人「故作懊恨狀」，目的是為了讓王爺相信他萬分不捨。
題幹語譯：
王汾濱說：他的家鄉裡有個養八哥的人，他教鳥講話，和鳥非常親暱，出門遊玩都帶著八哥一起，人鳥共同相處好幾年了。有一天，此人將路過絳州，而此地離他家還很遠，但是路費已經用完了。這個人憂慮焦急，苦無對策。八哥對他說：「你何不把我賣掉？你要是把我送到王府，一定可以賣個好價錢，這樣就不必擔心回家沒有費用了。」這個人說：「我怎麼能忍心把你賣掉呢？」八哥卻說：「沒有關係。你拿到錢以後趕緊離開，到城西二十里外的大樹底下等我。」這個人聽從了八哥。把牠帶進城裡，表演人鳥相互對話，前來觀看的人越來越多。當時有個宦官看見這情景後，報告給王爺。王爺就召養八哥的人進府，想買他的鳥。這個人說：「我和這八哥相依為命，不願意賣。」王爺便問八哥：「你願意留在我這裡嗎？」八哥答道：「願意留下。」王爺很高興。八哥又接著說：「給他十兩銀子，不要多給。」王爺更加高興，馬上付給這個人十兩銀子。這個人故意裝作懊惱悔恨的樣子離開了王府。王爺和鳥說話，鳥對答敏捷靈活。王爺叫人拿肉來餵牠。吃完肉以後，八哥說：「我要洗澡。」王爺命令用黃金盆子裝水，打開鳥籠讓八哥洗澡。洗完澡後，八哥飛到屋簷上，梳理羽毛抖動翅膀，還和王爺說個沒完。一會

兒，八哥的羽毛乾了，牠突然飛起。用山西口音說了聲：「我走了！」轉眼間就已經看不見牠在那裡。王爺和他的侍臣，一個個抬頭嘆息，王爺急忙叫人去找養八哥的人，可是人早就不見了。後來有前往陝西的人，說看見這個人帶著八哥出現在西安市上。

3. (B)

解析：

由「未嘗審其何詞」、「秀才掇內袖中」可判斷。

4. (C)

解析：

(A)主語：二美人 (B)主語：一美人 (D)主語：美人。

題幹翻譯：沂水有位秀才，在山中攻讀課業。到了晚上，有兩位美人進入書齋中，面帶微笑不發一言，各自以長袖拂拭床榻，兩人相並坐下，衣服質地柔軟，坐下時沒有發出任何聲音。不久，一位美人站起，將白綾布展開，放置在桌上，上面寫有草書三、四行字，秀才也沒有仔細察看綾上的內容是什麼。另一位美人放一鋌白金於桌上，大約三、四兩重；秀才拿起白金放入自己袖中。美人拿回白綾，握著手笑說：「俗不可耐！」秀才摸摸袖中的白金，卻發現已經化爲烏有了。

5. (B)

解析：

(A) ㄉㄧㄝˊ。出自柳宗元〈始得西山宴遊記〉／連橫〈臺灣通史序〉。

(B) ㄐㄧˇ。出自司馬遷《史記．項羽本紀．鴻門宴》／ㄑㄧˇ。出自蒲松齡〈勞山道士〉。

(C) ㄧㄝˋ。出自《荀子．勸學》／杜光庭〈虯髯客傳〉。

(D) ㄇㄧˊ。縻：牽絆、牽制。「不知道不可以退兵卻下令退兵，這是牽制了用兵」（《孫子兵法．謀攻》）。

27 左忠毅公逸事

◎方苞

1 大考關注

【字音、字義、字形：103、102、101、99、98、91學測、99、98統測及103、101、99指考】

★「庸」奴！此何地也？而汝來前：愚笨、拙劣的。

★廡「下」，一生伏案臥，文方成草：裡面；內。

★公閱「畢」，即解貂覆生，爲掩戶：完畢。

★漏鼓移，則「ㄈㄢ」代：番。

★微「指」左公處，則席地倚牆而坐：指著。

★廡下一生（史可法）伏案臥，文方成草。公（左光斗）閱畢，即解貂覆生，爲掩戶：指左光斗惜才，爲寒士覆衣。

★席：是「織物」的一種，故屬於「巾」部。

★廡：ㄨˇ，正堂兩側的廂房。

★「庸」奴！此何地也，而汝來前：庸愚。

★目光如炬：眼光亮得像火炬。亦可形容人眼光遠大。

★乃「親」得之於史公云：副詞，親自。

【國學：90統測、101學測及102指考】

★〈左忠毅公軼事〉中的「軼事」又稱「逸事」，多屬史傳沒有記載且不爲人知之事。

★方苞以「學行繼程朱之後，文章在韓歐之間」與友好相期勉，文章嚴標義法，爲桐城派初祖。

★對於「桐城派代表人物」的了解與應用。

【文法修辭：90統測、100指考及103統測】

★左光斗對史可法：「庸奴！此何地也，而汝來前！國家之事，糜爛至此，老夫已矣！汝復輕身而昧大義，天下事誰可支拄者？」→屬於斥責對方的語氣。

★公閱畢，（左公）即解貂覆生，（左公）爲（史可法）掩戶，（左公）叩之寺僧，則史公可法也→考省略主語。

★每寒夜起立，振衣裳，甲上冰霜迸落，鏗然有聲→直敘法，沒有誇飾。

【文意解讀：99統測、98學測及100指考】

★廡下一生（史可法）伏案臥，文方成草。公（左光斗）閱畢，即解貂覆生，爲掩戶。→以左光斗毫不猶豫地解下貂裘相贈→表現左光斗惜才、愛才之心。

★「爲除不潔者」→僞裝成清潔的人。

★庸奴！此何地也，而汝來前！國家之事，糜爛至此，老夫已矣！汝復輕身而昧大義，天下事誰可支拄者↓寫左公愛國的烈行苦心，並訓誡史可法當爲國保身，含有斥責語氣。

2 文章解讀

逸事，就是軼事，指不爲人所知的事蹟，文學家與史學家寫作傳記時，爲了呈現人物最眞實的一面，都會大量採用這種材料。【101學測】

左忠毅公，是明代的左光斗，因彈劾魏忠賢，獲罪下獄，最後遭酷刑折磨至死。左光斗與方苞都是桐城人，方苞的族祖方塗山恰好是左光斗的女婿，方苞的父親又與方塗山交好，因此方苞從小耳濡目染，從父親身上知道許多左光斗的逸事，十分了解左光斗的爲人，故以此文，使世人知道左光斗「忠」「毅」的事蹟。

文章可以分爲三部分讀：

第一部分（第一～二段）說明左光斗**與史可法的關係**，**直接描寫左光斗「忠」「毅」的事蹟**。第一段寫左光斗盡「忠」職守，雪夜出巡，發現史可法後，便愛護有加，提拔栽培，不遺餘力，而這些行爲的動機，都源於「忠心愛國」。第二段寫左光斗的剛「毅」不屈，即使被陷害下獄，遭嚴刑拷打，都毫無畏懼，甚至還在史可法潛入探望時，嚴厲斥責，要他以大局爲重。

第二部分（第三～四段）**寫左光斗對史可法的影響，間接凸顯左光斗的形象**。第三段寫**史可法於公效法左光斗，盡忠職守**，不敢稍懈。第四段寫史可法於私敬愛左光斗，以父母祖輩之禮，侍奉左光斗的家人。

第三部分（第五段）**說明逸事的來源可靠**，以取信於人，並呼應篇首。

方苞是桐城初祖，文字以**雅潔**著稱。本文**少用長句**，敘事明快但**細節清楚**，**筆端飽含感情**，充分渲染出**人物神韻**，尤其文章第二段史可法入獄探望的始末，曲折詳細，委婉盡情，將左光斗的剛毅之心，史可法的愛師之情，刻劃得入木三分，觀者無不動容。

段旨

一 逸事：(一)視學京畿，獎掖後進——敘左公愛才之

3 文章精析

一 先君子嘗言：鄉先輩左忠毅公視學

先君子：對已逝父親的尊稱。
先輩：前輩。
左忠毅公：左光斗。
視學：視察學政。

翻譯

一 先父曾經說：同鄉前輩左忠毅公在京師近郊督察學政時。有一天，風雪交

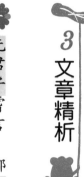

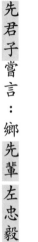

切與知人之明。

大意：

·首先交代逸事的來源，增強文章的可信度，並簡潔地敘寫了左光斗發現、賞識、提攜史可法的經過。

文章關鍵：

·描寫左忠毅公之「忠」——愛國。

1.雪夜嚴寒，微服出訪，並非譁眾取寵，而是盡忠職守。

2.「解貂覆生」「面署第一」「使拜夫人」愛才惜才，為國掄才。

二 逸事：㈡身陷囹圄，訓以大義——寫左公之耿直剛烈。

本段描寫左光斗堅毅不屈，以身作則，激勵了史可法。

結構：

·前半段述左光斗下獄與史可法謀劃入監，文字簡潔可觀。

·後半段以左光斗史可法兩人互動，描寫左忠毅公之「毅」——堅毅。

京畿。一日，風雪嚴寒，從數騎出，微行，入古寺。廡下一生伏案臥，文方成草。公閱畢，即解貂[1]覆生，為掩戶，叩之寺僧，則史公可法也。及試，吏呼名，至史公，公瞿然注視。呈卷，即面署第一。召入，使拜夫人，曰：「吾諸兒碌碌，他日繼吾志事，惟此生耳！」

- 京畿：國都及其附近的地方。
- 從（ㄗㄨㄥˋ）：使……跟隨；帶領。【100統測】
- 騎（ㄐㄧˋ）：騎馬的侍從。
- 微：暗中、祕密地，副詞。
- 廡（ㄨˇ）下：正堂兩側的廂房。【99學測】
- 伏：趴。
- 案：桌子。
- 方：剛好。【98統測】
- 草：草稿。
- 貂：貂皮外衣。
- 覆：覆蓋，動詞。【98學測】
- 為（ㄨㄟˋ）：替。【98學測】
- 戶：門。
- 叩：問。
- 瞿（ㄐㄩˋ）然：驚視的樣子。【100學測】
- 署（ㄕㄨˋ）：當面簽署。
- 碌碌：資質平庸。

二 及左公下廠獄，史朝夕窺獄門外。逆閹防伺甚嚴，雖家僕不得近。久之，聞左公被炮烙，旦夕且死，持五十金，涕泣謀於禁卒，卒感焉！一日，使史公更敝衣草屨，背筐，手長鑱[2]，為除不潔者。引入，微指左公

- 廠獄：東廠監獄。
- 窺：偷看。
- 閹（ㄧㄢ）：宦官。
- 伺（ㄙˋ）：暗中偵察防備。伺，暗中偵察。
- 炮烙（ㄆㄠˊ ㄌㄠˋ）：以金屬燙傷人體的酷刑。
- 旦夕：指很短的時間。
- 且：將。
- 謀（ㄇㄡˊ）：商量、懇求。
- 更（ㄍㄥ）：換上。
- 屨（ㄐㄩˋ）：鞋子。
- 手：拿，動詞。【89統測】
- 為（ㄨㄟˊ）：通「偽」，偽裝。句意【99統測】
- 指：暗指。【99指考】

加，天氣嚴寒，左公率領幾個騎馬的侍從，祕密出巡，進入一間古寺裡。廂房內，有位書生趴在桌上睡，文章剛打完草稿。左公看完文章後，馬上脫下貂皮外袍蓋在書生身上，並替他關上了門，問寺裡和尚那位書生的名字，就是史可法。到了考試時，官吏唱名，點到史公時，左公驚訝地看著他。一呈上試卷，就當面簽署第一名。請他到家中，令他拜見夫人，左公跟夫人說：「我們幾個兒子都很平庸，將來繼承我的志向和事業的，只有這個學生了！」

二 等到左公被關進東廠監獄，史公早晚在監獄門外窺視。那些橫行無道的宦官，防範探察極為嚴密，即使是家僕也不能接近。過了許久，（史公）聽說左公慘遭炮烙酷刑，不久將死，拿了五十兩銀子，一把鼻涕一把眼淚地拜託獄卒，獄卒被他感動了！有一天，叫史公換上破衣草鞋，揹著竹筐，手裡拿著長柄鑱子，偽裝成掃垃圾的人。帶著他進去，暗指左公所在的地方，原來左公靠

1. 下獄良久，體無完膚，堅毅不屈。
2. 心繫朝廷，大義為先，不徇私情。

1.＋2.＝3.：史可法「吾師肺肝，鐵石所鑄」，即「毅」之表現。

三 敘述史可法以身許國，乃受左公精神之感召。文章作法——側面烘托之法：

處，則席地倚牆而坐，面額焦爛不可辨，左膝以下，筋骨盡脫矣！史前跪，抱公膝而嗚咽。公辨其聲，而目不可開，乃奮臂以指撥眥，[3]目光如炬，怒曰：「庸奴！此何地也，而汝來前！國家之事，糜爛至此，老夫已矣！汝復輕身而昧大義，天下事誰可支拄者？不速去，無俟姦人構陷，吾今即撲殺汝！」因摸地上刑械，作投擊勢。史噤不敢發聲，趨而出。後常流涕述其事以語人曰：「[4]吾師肺肝，皆鐵石所鑄造也！」

嗚咽（ㄨ　ㄧㄝˋ）：低聲哭泣。
乃：於是。【102學測】
眥（ㄗˋ）：眼眶。
目光如炬（ㄐㄩˋ）：形容怒視，或見識高遠，或目光有神。炬，火把。【101指考、98學測】
庸奴：蠢材。【101學測】
糜（ㄇㄧˊ）爛：局勢敗壞至極，不可收拾。糜，粥。
已矣：結束。
輕：輕忽。
昧（ㄇㄟˋ）：不明。
支拄（ㄓㄨˇ）：支持、支撐。
者：責備的語氣。【100指考】
俟（ㄙˋ）：等待。
構陷：編造罪名。
因：於是。
噤（ㄐㄧㄣˋ）：閉口。
趨：快步走。

三 崇禎末，流賊張獻忠出沒蘄（ㄑㄧˊ）、黃、潛、桐間，史公以鳳廬道奉檄守禦。每有警，輒

道：兵備道，掌管州府的軍事。
奉檄（ㄒㄧˊ）：奉命。檄，徵召、曉喻或聲討的文書。【99統測】
輒：每。

著牆坐在地上，臉上額頭都已經焦爛得無法辨認，左膝蓋以下，筋骨完全脫落了！史公向前跪下，抱著左公的膝蓋低聲哭泣。左公辨別出是他的聲音，可是眼睛無法張開，於是使勁抬起手臂用手指撥開眼皮，目光明亮如同火炬，憤怒地說：「蠢材！這是什麼地方，你竟敢前來！國家大事，敗壞到這種地步，我已經完了！你又不顧生命而冒險入獄，不明事理，天下大事還有誰能夠支撐呢？不趕快離開，不必等待惡人編造罪名陷害你，我現在馬上殺了你！」就摸起地上的刑具，做出投擲打擊的樣子。史公閉口不敢說話，快步走了出來。日後他常流著淚敘述這件事，告訴別人說：「我老師的肺肝，都是用鐵石鑄造而成的！」

三 崇禎末年，流寇張獻忠出沒在蘄春、黃岡、潛山、桐城一帶，史公以鳳陽、廬州二府兵備道的官職，奉命防守抵禦。每當事態緊急，往往幾個月不上

描寫史可法的事蹟凸顯了左光斗的形象。史可法的忠心報國，勤於職守，呼應一、二段左光斗對史可法的栽培與激勵，說明左光斗不僅慧眼獨具，其身教言傳，亦深刻影響了史可法。

四 敘史可法篤厚師門，經過桐城一定親自到左公家中請安。以子執之禮事左公父母與左夫人，表現對左公的感激敬愛。

五 補敘逸事之來源，用以表明所記確有根據。補敘方塗山與左光斗的關係。說明本文左光斗獄中語是「親得之於史公」，進一步強調文章的可信性。

數月不就寢，使將士更休，而自坐幄幕外，擇健卒十人，令二人蹲踞而背倚之，漏鼓[5]移則番代。每寒夜起立，振衣裳，甲上冰霜迸落，鏗然有聲。或勸以少休，公曰：「[6]吾上恐負朝廷，下恐愧吾師也。」

更（ㄍㄥ）：輪替。
幄（ㄨㄛˋ）幕：帳篷。
蹲踞（ㄐㄩˋ）：蹲坐。
漏鼓移：過了一更。漏、鼓，古代報時的器具，借代為時間。
番（ㄈㄢ）代：輪流。【103學測】
迸（ㄅㄥˋ）落：向外四散。
鏗然：形容金屬、瓦石撞擊的聲音。【90統測】
少（ㄕㄠˇ）：稍微。

四 史公治兵，往來桐城，必躬造左公第，候太公、太母起居，拜夫人於堂上。

躬造：親自拜訪。
第：宅第。
候：問候。
起居：日常生活。

五 余宗老塗山，左公甥也，與先君子善，謂獄中語，乃親得之於史公云。

宗老：族中的長輩。
甥：此指女婿。
親：親自。【101指考】
云：句末語助詞，無義。

床睡覺，讓將士們輪流休息，而自己坐在帳幕外，選擇健壯的士兵十人，叫士兵兩人蹲坐，背部倚靠他們，每過一更，就讓士兵輪流替代。每當寒冷的晚上，站起身，抖動衣裳時，鎧甲上的冰霜散落下來，發出如金石般清脆響亮的聲音。有人勸他稍微休息，史公說：「我對上恐怕辜負了朝廷，對下恐怕愧對我的老師。」

四 史公治理軍務，往來經過桐城的時候，一定親自去拜訪左公的府第，向左公的父母請安，並且（以父母之禮）拜見堂上的左夫人。

五 我的同族長輩方塗山先生，是左公的女婿，和先父很要好，左公在獄中所說的話，是他親自從史公那兒聽來的。

文法修辭提示

1. 貂：借代
2. 手：轉品（名→動）
3. 目光如炬：譬喻（明喻）、誇飾
4. 吾師肺肝，皆鐵石所鑄造也：譬喻（隱喻）
5. 漏鼓：借代
6. 上恐負朝廷，下恐愧吾師也：映襯

4 作者介紹　方苞

作者	清 方苞
字號	字靈皋，一字鳳九，晚號望溪
籍貫	安徽桐城
生平經歷	1. 方苞家道雖中落，但頗知勵學，與兄方舟、弟方林刻苦攻讀，且以孝悌相勉。 2. 十歲習作八股文，爲其兄所勸止，因此於科考場上屢遭挫折，至康熙四十五年，年三十九，中進士第四名。
文學	1. 方苞爲文嚴標「義法」，即「言之有物，言之有序」。文章力求「雅潔」，即「澄清無滓」，爲桐城派初祖。其後劉大櫆、姚鼐承其遺緒，主張義理、考據、詞章三者並重，樹立了桐城派古文的宗風。 2. 嘗以「學行繼程、朱之後，文章在韓、歐之間」與友相勉，論學以宋儒爲宗。【102學測】 3. 有《方望溪先生全集》、《春秋通論》等書傳世。

5 國學常識　桐城派及其發展

創始者	方苞
繼承者	劉大櫆、姚鼐
地位	清代古文運動中的正宗流派，因其代表人都是安徽桐城人，故稱爲桐城派。
主張	古文應嚴整簡潔，並學習《左傳》、《史記》、先秦、兩漢的散文，及唐、宋八大家的古文，講究義法，提倡義理、考據、辭章並重，作品以典雅、凝鍊見稱。
發展	1. 姚鼐一面創作，一面宣揚其古文理論：「義理、考證、詞章，缺一不可」；編有《古文辭類纂》，是清代兩百年學子的古文經典。 2. 劉大櫆傳弟子王悔生、錢魯斯。王、錢二人的弟子張惠言，和其友人惲敬，均以古文名家，且皆籍隸江蘇陽湖（今江蘇省武進市），世稱「陽湖派」。 3. 湘鄉 曾國藩爲清代中興功臣，古文更得桐城峻潔之美，形成文學史上著名的「湘鄉派古文」，編有《經史百家雜鈔》一書。

6 文法修辭　誇飾

定義：誇飾是在描寫事物時，故意誇張鋪飾，使超過客觀事實，以達到引人注意的效果。

★朝濟而夕設版焉（《左傳‧燭之武退秦師》）

★頭髮上指，目眥盡裂（司馬遷〈鴻門宴〉）

★目光如炬（方苞〈左忠毅公軼事〉）

★兩葉始櫱，已大十圍（郁永河《裨海紀遊選．北投硫穴記》）

★羅紈之盛，多於隄畔之草（袁宏道〈晚遊六橋待月記〉）

7 語文天地

一、形音義

字	說明	例句
云	說	自「云」：先世避秦時亂（陶潛〈桃花源記〉）
	結尾助詞	謂獄中語乃親得之於史公「云」（方苞〈左忠毅公軼事〉）
	語尾助詞，有「如此等等」之意	士大夫之族，曰師，曰弟子「云」者，則群聚而笑之（韓愈〈師說〉）

字	注音	字義	例句
廡	ㄨˇ	正堂兩側的廂房	「廡」下一生伏案臥（方苞〈左忠毅公軼事〉）
憮		失意的樣子	夫子「憮」然（《論語．微子》）
嫵		嬌美可愛	我見青山多「嫵」媚（辛棄疾〈賀新郎〉）

字	注音	字義	詞例
炮	ㄆㄠˊ	以燒紅鐵器灼傷人體的酷刑	「炮」烙
	ㄆㄠˋ	武器名。一種發射鐵石彈丸或炮彈的重型兵器。火力強，射程遠，極具殺傷力和破壞力	槍「炮」
	ㄅㄠ	一種烹飪法。在旺火上急炒。用於快炒肉片、肉丁等	蔥「炮」牛肉
雹	ㄅㄠˊ	空中水蒸氣遇冷凝結成的冰粒或冰塊。常伴夏季暴雨降下	冰「雹」
咆	ㄆㄠˊ	形容人在激怒時的吼叫	「咆」哮
袍		袍，外衣。同袍，共穿一件衣服。後作為軍人間的互稱。亦泛稱朋友、同年	同「袍」
庖		廚房	「庖」廚
匏		植物名。一種葫蘆果實，曬乾之後可當涉水的交通工具，從中剖開亦可做盛水的容器。	「匏」瓜
鮑	ㄅㄠˋ	鹽醃的鹹魚，味腥臭	「鮑」魚之肆

字	注音	字義	詞例
絡	ㄌㄨㄛˋ	維繫、聯繫	聯「絡」
烙	ㄌㄨㄛˋ	以燒紅鐵器灼傷人體的酷刑	炮「烙」
	ㄌㄠˋ	將食物放在燒熱的鍋上烤熟	「烙」餅
賂	ㄌㄨˋ	行賄，贈送財物而有所求	賄「賂」
胳	ㄍㄜ	從肩膀到手的部分	「胳」膊

字	注音	字義	詞例
咯	ㄍㄜ	形容笑聲	「咯咯」地笑
	ㄎㄚˇ	因疾病引起未經咳嗽，而喉中咯出血塊或血點的症狀	「咯」血（吐血）

字	注音	字義	詞例
鑱	ㄔㄢˊ	鉤鑱	長「鑱」
攙	ㄔㄢ	扶	「攙」扶
讒	ㄔㄢˊ	顛倒是非，毀善害能的話	「讒」言
饞		貪吃或想吃	嘴「饞」
纔	ㄘㄞˊ	同「才」	方「纔」

字	注音	字義	詞例
貲	ㄗ	計算（動詞）	所費不「貲」
		財貨，通「資」	囊無餘「貲」
髭		生在嘴唇上邊的短鬚	滿腮「髭」鬚
齜		張嘴露牙	「齜」牙咧嘴
疵	ㄘ	缺點	瑕「疵」破綻
訾	ㄗˇ	毀謗；非議	「訾」議國事
眥	ㄗˋ	眼眶	睚「眥」必報（小怨必報）

字	注音	字義	詞例
檄	ㄒㄧˊ	古代用以徵召、聲討或傳遞軍令的文書	奉「檄」守禦
邀	ㄧㄠ	請	「邀」請貴賓
繳	ㄐㄧㄠˇ	交	「繳」交作業
竅	ㄑㄧㄠˋ	孔穴	財迷心「竅」

二、成語集錦

成語	說明
旦夕且死	意義：就快死了。 近義：命在旦夕、日薄西山、朝不保夕 反義：來日方長
噤不發聲	意義：閉口不言。 近義：噤若寒蟬、三緘其口、緘口結舌 反義：滔滔不絕、喋喋不休
目光如炬	意義：眼光憤怒。又可指洞悉事理，識見遠大。 近義：炯炯有神、目光如電、目光炯炯 反義：目光如豆、鼠目寸光
鐵石肺肝	意義：喻志節堅貞，不被私情所惑。 近義：鐵石心腸、心如鐵石、木人石心 反義：婦人之仁

8 實力健身房

1. 單選（字音【103學測】）

（　）下列各組「　」內注音符號所表示的字，字形相同的選項是：

(A) 輪「ㄈㄢ」上陣／漏鼓移，則「ㄈㄢ」代

(B) 「ㄐㄧㄠˇ」倖獲勝／「ㄐㄧㄠˇ」俗干名

(C) 消災解「ㄜˋ」/運會之趨，莫可阻「ㄜˋ」

(D)「ㄧㄢˇ」旗息鼓/土地平曠，屋舍「ㄧㄢˇ」然。

2.多選（字義【102學測】）

（　）下列各組「　」內的文字，前後意義相同的選項是

(A) 至丹以荊卿為計，始「速」禍焉/況乎視之以至疎之勢，重之以疲敝之餘，吏之戕摩剝削以「速」其疾者亦甚矣

(B) 尺寸千里，攢蹙累積，莫得遯隱；縈青繚白，外與天「際」，四望如一/海外獨身遊，風雲「際」會秋。我傳靈德去，仗劍鬼神愁

(C) 臣竊矯君命，以責賜諸民，因燒其券，民稱萬歲，「乃」臣所以為君市義也/公辨其聲，而目不可開，「乃」奮臂以指撥眥，目光如炬

(D)「比」及三年，可使有勇，且知方也/介而馳，初不甚疾，「比」行百里，始奮迅，自午至酉，猶可二百里，褫鞍甲而不息不汗，若無事然

(E) 有顏回者好學，不遷怒，不貳過。不幸短命死矣，今也則「亡」/家人習奢已久，不能頓儉，必致失所。豈若吾居位、去位、身存、身「亡」，常如一日乎。

3.單選（修辭【90統測】）

（　）下列文句，何者不具有誇飾的效果？

(A) 歌吹為風，粉汗為雨，羅紈之盛，多於堤畔之草，豔冶極矣（袁宏道〈寄去晚遊六橋待月記〉）

(B) 每寒夜起立，振衣裳，甲上冰霜迸落，鏗然有聲（方苞〈左忠毅公軼事〉）

(C) 亂石崩雲，驚濤裂岸，捲起千堆雪（蘇東坡〈念奴嬌〉）

(D) 秦有餘力而制其敝，追亡逐北，伏尸百萬，流血漂櫓（賈誼〈過秦論〉）。

4.單選（文法【99統測】）

（　）馮諼客孟嘗君：「使吏召諸民當償者，悉來合券」，句中「諸民當償者」意謂「該還債的民眾」，原可寫為「當償之諸民」，但修飾「諸民」的「當償」，卻移到「諸民」的後面。下列文句「　」內何者也有相同的造句方式？

(A) 君慮周行果，「非久於布衣者」

(B)「彼閹然媚於世者」，能無愧哉

(C) 手長鑱，「為除不潔者」

(D)「荊州之民附（曹）操者」，逼兵勢耳，非心服也。

5.單選（成語【101指考】）

（　）下列文句「　」內詞語的運用，最適當的選項是

(A) 領導者必須「目光如炬」，通觀全局，洞察先機

(B) 李爺爺的身體硬朗，如「松柏後凋」，老而彌堅

(C) 父母要子女專精一種才藝，常落得「梧鼠技窮」

(D) 兒童科學營活動，學員「群賢畢至」，齊聚一堂。

1. (A)

解析：

(A)番／番。出自方苞〈左忠毅公逸事〉。

(B)僥／矯。出自司馬光〈訓儉示康〉。

(C)厄／遏。出自連橫〈臺灣通史序〉。

(D)偃（或作「掩」）／儼。出自陶淵明〈桃花源記〉。

2. (B)(D)

解析：

(A)招致／加速。

(B)接合。

(C)是，同動詞／於是，連詞。

(D)等到。

(E)同「無」，沒有／身故。

3. (B)

解析：

(A)誇飾。語譯：歌聲和吹奏聲像風一樣四處飄散，仕女遊客流的汗像雨一樣多，穿著羅紈的遊客比堤畔上的草還多，豔麗極了！

(B)直敘。語譯：每寒夜起立時，抖動衣裳，鎧甲上的冰霜迸裂掉落下來，發出清脆響亮的聲音。

(C)誇飾。語譯：亂石聳峙，散亂的石崖像要撞破天邊的雲彩，驚人的浪濤衝撞著岸壁，像要擊碎江邊的堤岸，白色的浪花激盪簇擁著，像捲起了千堆雪。

(D)誇飾。語譯：秦國有多餘的兵力去制服疲憊無力的諸侯，追擊敗退逃走的軍隊，伏在地上的屍體有百萬之多，所流的血可以漂起盾牌。

4. (D)

解析：

(A)語譯：鄭君考慮周密行動果決，不是長久處於平民之中的人。

(B)語譯：那些曲意迎合世俗的人，能不覺得慚愧嗎？

(C)語譯：史公手拿著長柄的鉤鐮，僞裝成清除垃圾的人。出自方苞〈左忠毅公軼事〉。

(D)原句應爲「附（曹）操之荊州之民」，故爲倒裝句法。

語譯：荊州百姓中依附曹操的，是被其強大的兵勢所脅迫，並不是心悅誠服的。出自陳壽《三國志．諸葛亮傳》。

5. (A)

解析：

(A)目光如炬：形容人怒視、或目光炯炯有神、或見識遠大。

(B)松柏後凋：比喻君子處亂世或逆境時，仍能守正不苟，不變其節操。

(C)梧鼠技窮：比喻技能雖多而不精。

(D)群賢畢至：眾多賢能的人全部聚集在一起。

28 裨海紀遊選（北投硫穴記）

◎郁永河

1 大考關注

【字音、字形、字義：104、99、96學測、101統測及92指考】

★「裨」海與「裨」益良多，字音辨別：ㄆㄧˊ與ㄅㄧˋ。

★「刳」木：ㄎㄨ。

★吮：ㄕㄨㄣˇ。「丹」與「赭」（赤褐色）顏色相近。

★「漬」與「眥」（ㄗˋ）字同音。逶迤：ㄨㄟ ㄧˊ。

★「溪廣四五丈，水潺潺巉石間，與石皆作藍靛色」所描述、解說爲何：溪廣四五丈，水潺潺巉石間，與石皆作藍靛色，旨在描述「大溪」。

★老藤纏結其上，「若」虯龍環繞：像是。

★詞語選塡：財務狀況「岌岌」可危。

【國學：102學測】

★對文人或其著作的敘述。

【文法修辭：99指考】

★更進半里，草木不生，地熱如炙，左右兩山多巨石，爲硫氣所觸，剝蝕如粉：視覺摹寫，描述北投硫穴情形。

【新詩、類文閱讀：102學測、94、92統測】

★李魁賢〈島嶼臺灣〉。

★郁永河〈裨海紀遊〉透過眞實人物的赴臺採硫，描繪臺灣的地形、氣候、原住民生活等。

★測驗學生對臺灣文化發展的認識與了解。

2 文章解讀

裨，音ㄆㄧˊ，形容事物是狹小的、副貳的。裨海，就是小海，意指臺灣海峽，《裨海紀遊》，是清人郁永河的著作。西元一六九七年，熱愛冒險的郁永河從福建率人來臺採煉硫磺，直到他順利完成任務、離開臺灣，前後共歷時約五個月，事後他將旅途見聞，以日記體著作成書，內容記錄了**臺灣原始地貌**（如當時仍有臺北湖），與**各地風土民情**，**是很珍貴的文史記錄**。【102學測】

〈北投硫穴記〉篇名爲後人所加，描述郁永河一行人從內北投社出發，一路跋山涉水，深入硫穴探險的過程，有三點甚爲出色：

一、**敘事雋永精簡**：本文描述一行人乘船、登山、穿莽、入林、溯溪、望穴、近穴、探穴、歸返、回想的過程，**豐富詳細**，**卻不覺繁瑣**，描述植物與地貌，都能**準確抓住事物特徵**。並善用**層遞法**，在空間上，從山下向硫穴一路深入，層層推進，在內容上，也層層探向文章高潮，給讀者留下極深的印象。

二、**極佳的臨場感**：本文最出色之處，是**透過摹寫感官經驗**（視覺、嗅覺、聽覺、感覺），使讀者產生身歷其境的感受，如遠遠聞到硫磺味、望見寸草不生的山頂，受硫氣所噴而目不能視、頭痛欲裂等。

三、**結構完整**。文末附上了兩首五言律詩，第一首讚賞景色奇特怪異，宛如神祕仙境；第二首說明旅途險阻重重，**驚心動魄**。兩首詩似議論又似抒情，彌補了前半篇只有抒情與寫景的美中不足之處，使本文成為一篇結構完整，觸發情思的探險記，乃是畫龍點睛之筆。

半年之後，郁永河順利完成任務，從臺灣帶走硫磺，卻為臺灣留下了一份珍貴的禮物，《裨海紀遊》就像一本相簿，留下一幅幅彌足珍貴的剪影，讓後人可以緬懷臺灣過去的歷史。

3 文章精析

段旨

一 敘寫探遊背景與莽原沿途所見的暑熱、艱險景象。串聯「緣」、「轉」、「入」、「渡」、「復入」數個動詞，頗有桃花源記的意境。

一 余問番人硫土所產，指茅廬後山麓間。明日拉顧君偕往，坐莽葛中，命二番兒操楫。緣溪入，溪盡為內北社，呼社人為導。轉東行半里，入茅棘中，勁茅高丈餘，

番人：舊時漢族對異族的蔑稱，此指平埔族中的凱達格蘭族。

莽葛（ㄇㄤˇ ㄍㄜˊ）：平埔族語，即獨木舟，也譯作「艋舺」、「蟒甲」。

操楫（ㄐㄧˊ）：划船（槳）。楫，船槳。

內北社：今北投一帶。

翻譯

一 我問原住民硫土的產地，原住民指著茅屋後面的山腳下。第二天我拉著友人顧敷公先生一同前往，坐上了獨木舟，由兩位原住民少年划船。順著磺溪進入，溪流的盡頭是內北投社，我們叫來部落裡的人當嚮導。轉向東走了半里路，進入刺人的茅草中，強韌有刺的茅草高一丈多，必須用兩手撥開，側著身

二以虛實相襯的筆法敘寫深林奇景。先實筆詳述，運用視覺摹寫深林蓊翳、老藤巨木等林相；後虛筆略記，深林中的禽聲和涼風，餘韻盎然。

兩手排之，側體而入，炎日薄茅上，[1]暑氣蒸鬱，覺悶甚。草下一徑，逶迤僅容蛇伏。顧君[4]濟勝有具，與導人行，輒前；余與從者後，五步之內，已各不相見，慮或相失，各聽呼應聲為近遠。

薄：迫近，此引申為太陽曝曬。

逶迤（ㄨㄟ ㄧˊ）：曲折綿延的樣子。【99學測】

濟勝有具：濟，渡水，此指登山涉水。具，才能。

從（ㄗㄨㄥˋ）

二 約行二三里，渡兩小溪，皆履而涉。復入深林中，[3]林木蓊翳，大小不可辨名；[1]老藤纏結其上，若虯龍環繞；風過葉落，有大如掌者。又有[1]巨木裂土而出，[2]兩葉始櫱，已大十圍，導人謂楠也。楠之始生，已具全體，歲久則堅，終不加大，蓋與竹笋同理。[1]樹上禽聲萬態，耳所創聞，目不得視其狀。[1]

蓊翳（ㄨㄥˇ ㄧˋ）：草木茂盛的樣子。

若：如同，明喻。【101統測】

虯（ㄑㄧㄡˊ）

櫱（ㄋㄧㄝˋ）：原指樹木砍去後重生的枝條，此作動詞用，指長出葉子。

笋（ㄙㄨㄣˇ）：同「筍」。

體進去，烈日照在茅草上，暑氣蒸騰得非常悶熱。茅草下有一條小路，曲折綿延僅容蛇行。顧先生有登覽勝境的強健體力，和嚮導同行，常常走在前面；我和隨從跟在後面五步以內的距離，已看不見對方，擔心彼此可能走失，就各自聽呼應聲來判斷彼此距離的遠近。

二 大約走了二、三里路，渡過兩條小溪，大家都穿著鞋子涉水。又進入幽深的樹林中，樹木非常茂盛，大樹小樹都不能分辨它們的名稱。老藤纏繞盤結在樹上，好像龍盤繞；風吹過來，樹葉掉落，有的像手掌那麼大。又有巨大的樹木從土中冒出來，才長出兩葉，它的樹幹已經大到十人才能合抱，嚮導說這是楠木。楠木剛長出時，已經具備大樹的整體，經過的時間愈久，它的材質則變得愈加堅硬，但始終不會再加粗，大概和竹筍成長的過程一樣。樹上傳來各種鳥聲，都是第一次聽到的，眼睛卻無法看到牠們的形貌。涼風吹著肌膚，幾乎

三 以實筆摹寫溫泉溪之廣、險、深，並運用觸覺摹寫來說明硫穴離此不遠。

四 運用視覺、觸覺、嗅覺摹寫等技巧說明硫穴近在咫尺並形成跌宕的文氣，描述在小山巔遠望硫穴的景觀和聞到的硫氣味。

五 爲硫穴的特寫。運用層遞和摹寫法刻劃其空間上的三層變化：硫穴周遭（視覺）→硫穴旁（聽

涼風襲肌，幾忘炎暑。

三 復越峻阪（ㄅㄢˇ）（陡峭的山坡。山坡。）五六，值大溪，溪廣四五丈，水潺潺巉（ㄔㄢˊ）石（險峻的岩石。）間，與石皆作藍靛（ㄉㄧㄢˋ）色（深藍色。），導人謂此水源出硫穴下，是沸泉也。余以一指試之，猶熱甚，扶杖躡（踏、踩。）巉石渡。

四 更進二三里，林木忽斷，始見前山。又陟（ㄓˋ）（登。）一小巔，覺履底漸熱，視草色萎（ㄨㄟˇ）黃無生意；望前山半麓，白氣縷縷，如山雲乍吐，搖曳青嶂（ㄓㄤˋ）（聳立如屏障的山峰。）間，導人指曰：「是硫穴也。」風至，硫氣甚惡（ㄜˋ）（惡臭，此指刺鼻難聞。）。

五 更進半里，草木不生，地熱如炙。左右兩山多巨石，爲硫氣所觸，剝蝕如粉。（視覺摹寫。【99指考】）白

忘記了炎熱。

三 又越過五、六個陡峭的山坡，遇到一條大溪，溪流寬四、五丈，溪水潺潺流在險峻的岩石間，和岩石都呈現深藍色，嚮導說這裡的水發源於硫穴底下，是溫泉。我用一根手指頭試探水溫，水還很熱，拄著手杖踩著險峻的岩石渡過溪水。

四 再前進了二、三里路，樹林忽然中斷，才見到前山。再登上一座小山頂，感覺鞋底逐漸熱起來，看到草色枯黃沒有生機。遠望前山的半山腰，白氣接連不斷，像山雲忽然湧出，飄蕩在青翠高聳的山峰之間，嚮導指著說：「這就是硫穴。」風吹過來，硫磺氣味刺鼻難聞。

五 再前進了半里路，草木都不生長，地面熱得像火烤一樣；左右兩邊山壁有許多巨大的岩石，被硫氣侵襲，腐蝕剝落有如粉末。有白氣五十多道，都從地

覺）→硫穴上（視、觸覺），描繪出硫氣騰激、毒焰撲人的場面。

六 描述踏上歸途後的感受，一連串新奇神祕的景象縈迴腦際，故以兩首律詩進行詮釋和收束，揉合了神仙意象，賦予無窮的餘韻。

氣五十餘道，皆從地底騰激而出，沸珠噴濺，出地尺許。餘攬衣即穴旁視之，聞怒雷震蕩地底，而驚濤與沸鼎聲間之；地復岌岌欲動，令人心悸。蓋周廣百畝間，實一大沸鑊，余身乃行鑊蓋上，所賴以不陷者，熱氣鼓之耳。右旁巨石間，一穴獨大，思巨石無陷理，乃即石上俯瞰之，穴中毒焰撲人，目不能視，觸腦欲裂，急退百步乃止。左旁一溪，聲如倒峽，即沸泉所出源也。

六 還就深林小憩，循舊路返。衣染硫氣，累日不散。始悟向之倒峽崩崖，轟耳不輟者，是硫穴沸聲也。為賦二律：

騰激：奔騰飛濺。
間（ㄐㄧㄢˋ）：夾雜、交錯。
岌岌（ㄐㄧˊ ㄐㄧˊ）：危險的樣子。
鑊（ㄏㄨㄛˋ）：古代烹煮食物的大鍋子。
鼓：膨脹、凸起，此處指撐起。
無陷理：沒有陷下去的道理，意即不可能陷落。
倒（ㄉㄠˋ）峽：江水傾峽而出，此處是形容水聲巨大。倒，傾瀉。
還（ㄏㄨㄢˊ）
賦：作詩吟誦。

底下奔騰飛濺出來，沸騰的水珠飛噴濺射，離地面大約有一尺多高。我提起衣袍靠近洞穴旁觀看，聽到有如怒雷的聲音在地底下震蕩，又像驚濤聲和鍋子沸騰的聲音相交錯。地面又很危險像要移動，令人膽顫心驚。大概周圍一百畝之間，就是個沸騰的大鍋子，我的身體走在鍋蓋上，能夠不陷下去，是熱氣撐起來的緣故。右邊巨石之間，有一個洞穴特別大，我想巨石不可能陷落，就到巨石上俯視這個洞穴，洞穴中毒氣撲來，眼睛不能看，一薰到毒氣，頭腦都快要裂開，趕緊後退了一百步才停止。左邊有一條溪流，聲音好像江水傾峽而出般巨大，這就是溫泉的源頭。

六 我們回到幽深的樹林休息片刻，順著原路回去。衣服薰染了硫磺氣味，接連幾天都不消散。我才知先前剛到北投的時候，聽到的那種像江水傾峽而出，有沖垮山崖的氣勢，而不停轟擊耳朵的巨響，原來就是硫穴沸騰的聲音。於是我為硫穴寫了兩首律詩：

造化鍾奇構，崇岡湧沸泉。
鍾：匯聚。

怒雷翻地軸，毒霧撼崖巔。
地軸：古傳說中大地的軸柱，此處借指大地。

碧澗松長槁，丹山草欲燃。

蓬瀛遙在望，煮石迓（ㄧㄚˋ）神仙。
煮石迓神仙：指在此地採煉硫磺，有如在仙境內煮白石迎接神仙的樣子。迓，迎接。

五月行人少，西陲（ㄔㄨㄟˊ）有火山。
陲：邊境。

孰知泉沸處，遂使履行難。
履：行走。

落粉銷危石，硫磺漬（ㄗˋ）篆斑。
漬，浸染。篆斑，指硫氣薰染後的紋路。

轟聲傳十里，不是響潺湲（ㄔㄢˊ ㄩㄢˊ）。
潺湲：流水聲。

造物者將奇偉的山水匯聚於此地，高峻的山岡湧出沸騰的泉水。沸泉怒濤之聲如雷，震動了大地；有硫磺味的毒霧硫氣，撼動了山頂。山溪兩旁的松樹長期枯槁，硫穴周遭的草木紅得像要燃燒。遠處美麗的山峰，有如蓬萊、瀛洲等仙山遙遙在望；而在此地採煉硫磺，像是煮白石迎接神仙。五月行人稀少，西邊邊境有座火山。哪知泉水沸騰的地方，讓人行走困難。高大的山岩被硫氣所侵蝕而成粉狀剝落；（山岩）被硫磺氣薰染後形成駁雜的紋路。傳遍十里之遠的轟隆巨響，竟是硫穴的沸騰聲，而不是瀑布的聲音。

文法修辭提示

1. 摹寫

(1) 老藤纏結其上，若虯龍環繞；風過葉落，有大如掌者：視覺，眼前所見的老樹及葉落的情景

(2) 巨木裂土而出，兩葉始櫱，已大十圍：視覺

(3) 白氣五十餘道，皆從地底騰激而出，沸珠噴濺，出地尺許：視覺

(4) 草木不生：視覺

(5) 視草色萎黃無生意；望前山半麓，白氣縷縷，如山雲乍吐，搖曳青嶂間：視覺，眼前所見的景況

(6) 聞怒雷震：聽覺

(7) 樹上禽聲萬態，耳所創聞：聽覺
(8) 水潺潺巉石間：聽覺
(9) 震蕩地底，而驚濤與沸鼎聲間之：聽覺
(10) 風至，硫氣甚惡：嗅覺
(11) 暑氣蒸鬱，覺悶甚：觸覺
(12) 涼風襲肌，幾忘炎暑：觸覺
(13) 余以一指試之，猶熱甚：觸覺
(14) 地熱如炙：觸覺

2. 誇飾
兩葉始蘗，已大十圍。

3. 層遞
(1) 林木蓊翳→草木萎黃無生意：草木不生
(2) 由硫穴四周而硫穴旁，而至硫穴上

4. 倒裝
(1) 濟勝有具：有濟勝（之）具
(2) 落粉銷危石：危石銷（爲）落粉

5. 互文
落粉銷危石，硫磺漬篆斑：硫磺銷危石而使之落粉，硫磺漬危石而留下篆斑，先後省略「硫磺」、「危石」

4 作者介紹 郁永河

作者	清 郁永河
字號	字滄浪
生平經歷	1. 性喜遊歷，來臺灣之前，已六度遊歷八閩，自稱：「余性耽遠遊，不避險阻」。同時，對旅行「海外」極爲嚮往，曾說「探奇攬勝者，毋畏惡趣；遊不險不奇，趣不惡不快。」 2. 在偶然機會下，自告奮勇來臺灣採硫，煉硫過程並不順利，他自己後來形容在北投的生活是：「在在危機、刻刻死亡」。憑藉著一股不屈不撓的精神，還是完成使命，直接從淡水返回福州覆命。
文學	郁永河把這段來臺灣的經歷寫成《裨海紀遊》，除《裨海紀遊》之外，他還留下幾個作品：《鄭氏逸事》、《番境補遺》、《海上紀略》、《宇內形勢》，都與臺灣有關，但都只是薄薄幾頁。

5 國學常識

樂府詩、古詩、近體詩比較

詩體	樂府詩	古體詩（古風、古詩）	近體詩（今體詩）
起源	本是官署之名稱，始於漢武帝，職採民間詩歌。	古詩之名始於唐，以別於近體詩而言。	爲唐代新興詩體。
發展	南北朝最爲發達，沒落於隋代，變調（因新樂府運動而產生形式與性質的變化）於中唐。	創始於兩漢，發展於魏晉，衰落於南北朝，復古於唐代。	五絕起於漢魏五言古詩，七絕起源於南北朝樂府小詩，律詩完成於沈佺期、宋之問。
作者	包括民間採集和士人仿作（以民間歌謠爲主）。	大多爲文人之作。	文人之作。
音樂	可歌，可誦。	不配樂，徒誦不歌。	不配樂，不可歌，只可誦。
句法	句式自由，多長短句。	句式多較嚴整，多五、七言。	分五、七言。必爲偶句。
句數	句數不限。	句數不限。	句數固定不變：絕句：每首四句。律詩：每首八句。排律：每首十句以上。如果僅六句，則稱「小律」或「三韻律詩」。
平仄	不限		限定
對仗	不限		絕句不必，律詩頷、頸聯須對仗，排律只有首尾聯不對。
押韻	只求韻諧，可換韻		符合韻部，不可換韻、通韻、重韻。
風格	主述事，貴遒勁。	主言情，尚溫雅。	風格多樣，韻味悠長。
價值	同爲漢代詩歌雙葩		唐代代表文學
影響	五古自樂府發展來，七絕源自南北朝樂府小詩	五絕自五古發展而來	對於宋詩、宋詞，乃至元曲多有影響

6 文法修辭

摹寫【90統測】

定義：如郁永河〈北投硫穴記〉一文運用諸多摹寫手法，描寫此次探查硫穴的所見所聞。諸如：巧妙的運用顏色

（藍靛、萎黃、白氣、青嶂）、溫度（炎日、暑氣、涼風、沸泉、地熱）、聲音（呼應聲、禽聲、水流聲、雷鳴、驚濤沸鼎聲）、氣味（暑氣蒸鬱、硫氣味）等，製造視覺、觸覺、聽覺、嗅覺的變化，以顯現出景物的形態、顏色、聲音、味道及觸感，加強所描寫環境的眞實感，讓讀者有身歷其境的感受。

分類	定義	例子
視覺	運用形容詞，狀聲詞等描摹情境，使其眞切生動，令聽讀者如身臨其境的辭格。	巨木裂土而出，兩葉始櫱，已大十圍：視覺（郁永河《裨海紀遊選．北投硫穴記》） 白氣五十餘道，皆從地底騰激而出，沸珠噴濺，出地尺許：視覺（郁永河《裨海紀遊選．北投硫穴記》） 草木不生：視覺（郁永河《裨海紀遊選．北投硫穴記》） 視草色萎黃無生意；望前山半麓，白氣縷縷，如山雲乍吐，搖曳青嶂間：視覺，眼前所見的景況（郁永河《裨海紀遊選．北投硫穴記》）
聽覺		樹上禽聲萬態，耳所創聞：聽覺（郁永河《裨海紀遊選．北投硫穴記》） 水潺潺巉石間：聽覺（郁永河《裨海紀遊選．北投硫穴記》） 怒雷震盪地底，而驚濤與沸鼎聲間之：聽覺（郁永河《裨海紀遊選．北投硫穴記》）
嗅覺		風至，硫氣甚惡：嗅覺（郁永河《裨海紀遊選．北投硫穴記》）
觸覺		暑氣蒸鬱，覺悶甚：觸覺（郁永河《裨海紀遊選．北投硫穴記》） 涼風襲肌，幾忘炎暑：觸覺（郁永河《裨海紀遊選．北投硫穴記》） 余以一指試之，猶熱甚：觸覺（郁永河《裨海紀遊選．北投硫穴記》） 地熱如炙：觸覺（郁永河《裨海紀遊選．北投硫穴記》）

7 語文天地

形音義

字	音	義	例
惡	ㄨ	何	君子去仁，「惡」乎成名（《論語．里仁》）
		通「烏」，嘆詞	「惡」！是何言也（《孟子．公孫丑下》）
	ㄨˋ	厭惡	貨「惡」其棄於地也，不必藏於己（《禮記．禮運》）
	ㄜˋ	醜	天下皆知美之爲美，斯「惡」已（《老子》）
		粗劣的、不好的	風至，硫氣甚「惡」
		仇隙	伯夷、叔齊不念舊「惡」，怨是用希《論語．公冶長》
		罪惡	刑入於死者，乃罪大「惡」極（歐陽脩〈縱囚論〉）

具	ㄐㄩˋ	才能，即體力	顧君濟勝有「具」
		具備	楠之始生，已「具」全體
		詳細地	此人一一為「具」所言
		通「俱」，全部	政通人和，百廢「具」興（范仲淹〈岳陽樓記〉）
履	ㄌㄩˇ	踏，行走	「履」霜堅冰至（見微知著）
		鞋子穿著	渡兩小溪，皆「履」而涉
		鞋，腳履（名詞）	又陟一小巔，覺「履」底漸熱

8 實力健身房

1. 多選（句義【104學測】）

（　）《論語》：「吾日三省吾身。為人謀而不忠乎？與朋友交而不信乎？傳不習乎？」句中畫底線處描述、解說「三省吾身」的內容。下列畫底線的文句，是對其前面的文句（未畫底線者）進行「描述、解說」的選項是：

(A)予觀夫巴陵勝狀，在洞庭一湖。銜遠山，吞長江，浩浩湯湯，橫無際涯

(B)復越峻坂五六，值大溪。溪廣四五丈，水潺潺巉石間，與石皆作藍靛色

(C)聖人無常師。孔子師郯子、萇弘、師襄、老聃。郯子之徒，其賢不及孔子

(D)一道士坐蒲團上，素髮垂領，而神觀爽邁。叩而與語，理甚玄妙。請師之

(E)禽鳥知山林之樂，而不知人之樂；人知從太守遊而樂，而不知太守之樂其樂也。

2. 單選（國學【102學測】）

（　）下列對文人或其著作的敘述，正確的選項是

(A)顧炎武反對空疏之學，重性靈、貴獨創，開清代樸學之風

(B)曹雪芹《紅樓夢》，未渲染史傳故事，是清代最出色的諷刺章回小說

(C)郁永河《裨海紀遊》透過虛構人物的赴臺探硫，描繪臺灣的地形、氣候、原住民生活等

(D)方苞以「學行繼程朱之後，文章在韓歐之間」與友好相期勉，文章嚴標義法，為桐城派初祖。

3. 單選（字音【99學測】）

（　）下列各組「　」內的字，讀音相同的選項是

(A)堂「廡」之上／言之「憮」然

(B)「胯」下之辱／「刳」木

(C)政治「庇」護／夫妻「仳」離

(D)「倭」寇入侵／江水「逶」迤。

4. 單選（字音【96統測】）

（　）下列各組「　」內的讀音，何者兩兩相同？
(A)「懾」人心魄／「躡」手躡腳
(B)滋味甘「醇」／「諄」諄教誨
(C)疏「浚」河道／如期「竣」工
(D)「稗」官野史／「裨」益良多。

5. 多選（文法修辭【99指考】）

（　）下列各選項畫底線的文句，是對其前面的文句（未畫底線者）進行「舉例說明」的是：
(A)詣太守，說如此，太守即遣人隨其往，尋向所誌，遂迷不復得路
(B)先帝知臣謹慎，故臨崩寄臣以大事也，受命以來，夙夜憂嘆，恐託付不效，以傷先帝之明
(C)風至，硫氣甚惡，更進半里，草木不生，地熱如炙，左右兩山多巨石，爲硫氣所觸，剝蝕如粉
(D)文人相輕，自古而然，傅毅之於班固，伯仲之間耳，而固小之，與弟超書曰：武仲以能屬文，爲蘭臺令史，下筆不能自休
(E)所以謂人皆有不忍人之心者，今人乍見孺子將入於井，皆有怵惕惻隱之心，非所以內交於孺子之父母也，非所以要譽於鄉黨朋友也。

解答及名師解析

1. (A)(B)(C)

解析：題幹考的是總分關係複句，先總說，後分敘，以後面的分句描述或解說前面分句的事物。
(A)銜遠山，吞長江，浩浩湯湯，橫無際涯描述「洞庭一湖」。
(B)溪廣四五丈，水潺潺巉石間，與石皆作藍靛色描述「大溪」。
(C)孔子師郯子、萇弘、師襄、老聃。郯子之徒，其賢不及孔子解說「聖人無常師」。
(D)順承關係複句。敘述連續發生的動作或事件。
(E)補充關係複句。上下分句文意互相補足。

2. (D)

解析：
(A)顧炎武是反對空疏之學，開清代樸學之風。而「重性靈、貴獨創」是明代公安派的文學主張。
(B)《紅樓夢》是言情小說，不是諷刺章回小說。
(C)郁永河《裨海紀遊》不是小說，是紀實文學，實地記錄文字，沒有任何虛構人物。

3. (A)

解析：
(A)音ㄨˇ，堂下周圍的走廊、廊屋／音ㄨˇ，悵然失意貌。

(B) 音ㄎㄨㄚˋ，兩股之間／音ㄎㄨ，挖空。
(C) 音ㄅㄧˋ，保佑／音ㄆㄧˊ，分離。
(D) 音ㄨㄛ，古代對日本的稱呼／音ㄨㄟ，逶迤，形容道路、山脈、河流等彎曲連綿的樣子。

4. (C)

解析：

(A) ㄓㄜˊ／ㄋㄧㄝˋ (B) ㄔㄨㄣˊ／ㄓㄨㄣ (C) ㄐㄩㄣˋ／ㄐㄩㄣˋ (D) ㄅㄞˋ／ㄅㄧˋ。「裨」爲多音字：作動詞用時，音ㄅㄧˋ，有助益之意。作形容詞用時，音ㄆㄧˊ，有副貳的、狹小的之意。

5. (D)(E)

解析：

(A) 太守即遣人隨其往，尋向所誌，遂迷不復得路：透過寫漁人離開桃源後，他人再也無法進入的種種情景，說明桃花源爲一處人間樂土，作者心中的理想世界。出自陶淵明〈桃花源記〉。

(B) 受命以來，夙夜憂嘆，恐託付不效，以傷先帝之明：諸葛亮解釋劉備爲什麼要托孤給他，因爲他謹慎小心。此時的蜀國內外交困，危機四伏，必須要由他這種謹慎小心的人來主持，才能轉危爲安。所以，並非說明臨終託孤之事。出自諸葛亮〈出師表〉。

(C) 更進半里，草木不生，地熱如炙，左右兩山多巨石，爲硫氣所觸，剝蝕如粉：視覺摹寫，而「風至，硫氣甚惡」是嗅覺摹寫。出自郁永河《裨海紀遊選．北投硫穴記》。

(D) 世人雖認爲班固與傅毅不相上下，但班固自己卻以「下筆不能自休」批評傅毅：說明文人相輕之理。出自曹丕《典論．論文》。

(E) 以「今人乍見孺子將入於井，皆有怵惕惻隱之心」：說明人皆有不忍人之心。出自《孟子》。

29 勸和論

◎鄭用錫

1 大考關注

【字音、字形、字義重點提示】

★「燎」：ㄌㄧㄠˊ、官「骸」：ㄏㄞˊ、鄉「閭」：ㄌㄩˊ、揆：ㄎㄨㄟˊ。

★自「噬」：ㄕˋ、「拂」然：ㄈㄨˊ、嘖嘖：ㄗㄜˊ ㄗㄜˊ。

★自「戕」：ㄑㄧㄤˊ，殘害、「畛」域：ㄓㄣˇ，界限。

★矧：ㄕㄣˇ，況且、「釁」：ㄒㄧㄣˋ，爭端、仇隙。

★起「鬩」：ㄒㄧˋ，爭鬥、牆。前「愆」：ㄑㄧㄢ，罪過、過失。

★豈不「休」哉：美善。

【成語辨正】

★玉石俱焚、出入相友、秦越之異、同室操戈、鬩牆之禍、好生之德、物極必反。

【設問、譬喻修辭】

★設問

「何今分類至於此極耶？」、「非奇而又奇者哉？」、「更安能由親及疏，而親隔府之漳人、親隔省之粵人乎？」、「問爲漳、泉而至此乎？」、「問爲閩、粵而至此乎？」：透過「設問」對分類的質疑，強烈表達對族群對立的痛恨。

★類疊

「同此血氣，同此官骸，同爲國家之良民，同爲鄉閭之善人」、「爾其自戕爾手！爾其自噬爾肉」、「有分爲閩、粵焉，有分爲漳、泉焉」、「問爲漳、泉而至此乎？無有也；問爲閩、粵而至此乎？無有也」、「父誡其子，兄告其弟，各革面，各洗心，勿懷夙念，勿蹈前愆，既親其所親，亦親其所疏」：運用類疊的修辭技巧，使文章充滿氣勢，強化了論說的力量。

【閱讀理解：兩岸、臺灣文化特質類文】

2 文章解讀

有清一代，自中國大陸來臺開墾的移民們，都有各自的信仰、文化，因爲生活習慣不同，所以各族群間很容易滋生誤會，**各種糾紛**，便很容易演變成衝突，甚至械鬥，鄭用錫寫〈勸和論〉時，正是淡水廳北部（現今新竹以北）**漳、泉移民械鬥**最嚴重的時候。

鄭用錫是首位臺灣本籍的進士，基於士大夫的使命感與責任感，他在漳泉械鬥期間，撰寫〈勸和論〉，親自奔走於各族群間，希望透過感化與教育，使各族群盡棄前嫌。〈勸和論〉則圍繞於**族群分則害，合則利**的主題，從兩方面切入，進行論述：

前半部分從**反面論述族群分裂的危害**（第一～三段），指出移民**械鬥源於有心人挑撥離間**，彼此間本無深仇大恨，因觀念偏差，便不顧兄弟之義（血緣相近，同居一地），甘願觸犯法律，互相傷害，眞有如自殘身體般荒謬愚蠢。

後半部分**從正面論述族群融合的好處**（第四～五段），說明過去新莊、艋舺一帶民風純樸，安定繁榮，是令人稱羨的人間樂土。而這種美好，卻因族群分裂而徹底瓦解，眾人應該記取團結的好處，對過去既往不咎，開始攜手互助，重新建立良好的社會風氣，使臺灣再成人間樂土。

考慮到勸說對象都是一般民眾，所以鄭用錫引用典故與譬喻時，**都刻意選擇簡單易懂的例子**，如「四海之內皆兄弟」、「朋從兩肉」、「友從兩手」、「譬如人身血脈，節節相連，自無他病。」

本文揭開臺灣開拓史上血腥的一頁，而身為臺灣人，應當記住過去的教訓，不可重蹈覆轍，只有體認到彼此是生命共同體，才能互相體諒、拋棄成見，共創美好的未來。

3 文章精析

一 甚矣，人心之變也！自分類始。而其禍倡於匪徒，後遂燎原莫遏，玉石俱焚，雖正人君子，亦受其牽制，而或朋從之也。

分類：區別人為不同的族群類別。
倡：倡始、發起。
燎原莫遏（ㄜˋ）：野火燃燒無法阻止，比喻事態擴大，難以收拾。遏，阻止。
玉石俱焚：美玉和石頭一同燒毀，比喻事物不論好壞，同遭毀滅。
朋從：結黨跟從。

翻譯

一 眞是太嚴重了，（臺灣）人心的改變啊！（這個改變）從區分不同的族群開始，這種災禍倡始於盜匪之徒，後來於是像野火延燒般擴大，沒有人能夠收拾，造成玉石一同焚毀的悲劇。即使是正人君子，也難免受到牽連，而結黨跟從啊。

段旨

一 開門見山指陳臺灣族群的劃分是械鬥失和的關鍵，而此乃源起於盜匪之徒。

二 先從「血緣」和「地緣」正面論證臺灣人不可分類、必須互相友愛的理由：同鄉共井即友朋；再透過剖析「友」、「朋」二字的意義，勸導臺灣人不應區分彼此、相互殘殺。

三 進一步論述對臺灣的現狀，劃分族群類別造成失和械鬥的嚴重禍害，致使社會動盪，民生凋敝。

二 夫人與禽各為一類，邪與正各為一類，此不可不分。**乃**同此血氣，同此**官骸**，同為國家之良民，同為**鄉閭**之善人，無分士，無分民，即子夏所言「四海皆兄弟」是也！況當共處一**隅**？**揆**諸「**出入相友**」之義，即古聖賢所謂同鄉共井者也。在字義，「**友**」從兩手，「**朋**」從兩肉，是朋友如一身左右手，即吾身之肉也。今試**執塗人**而語之曰：「**爾其**自**戕**爾手！爾其自**噬**爾肉！」鮮不**拂然**而怒，何今分類至於此極耶？

三 顧分類之害，甚於臺灣。臺**屬**尤甚於淡之新、艋。臺為**五方**雜處，自**林逆**倡亂以

乃：但是。
官骸（ㄏㄞˊ）：五官和四肢，指身軀。
鄉閭（ㄌㄩˊ）：鄉里。閭，里巷大門。
隅（ㄩˊ）：角落，指臺灣這個地方。
揆（ㄎㄨㄟˊ）：衡量、審度。
出入相友：鄉里往來，彼此友愛。語出《孟子．滕文公上》：「死徙無出鄉，鄉田同井，出入相友，守望相助，疾病相扶持。」
友：指「友」字小篆字形：，像兩隻手並舉的樣子。
朋：指「朋」字像兩塊肉並列的樣子。
執：捉拿、拉住。
塗人：路上行人。塗，通「途」。
其：表示要求、期望的語氣。
爾：你。
戕（ㄑㄧㄤ）：傷害。
噬（ㄕˋ）：咬、吃。
拂（ㄈㄨˊ）然：憤怒的樣子。
屬：轄區。
五方：東、南、西、北、中，泛指各地的族群。
林逆：指乾隆年間在臺起事抗清的林爽文。

二 人和禽獸各成一類，邪惡與正直也各成一派，這是不能不區分清楚的。但是（臺灣人）有同樣的血源、有同樣的五官四肢、同樣是國家的善良百姓、同樣是鄉里的善良人士，便應不區分地域，不區分職業，就像子夏所說的：「四海之內都是兄弟」啊！更何況共同生活在一個地方（臺灣）。思量「出入相友」一詞的深義，正是古代聖賢所說同鄉共耕一塊井田的人啊。從字義上說，「友」字由兩隻手組成、「朋」字像兩塊肉並列，這表示朋友就像身上的左右手，也就是我們自己身上的肉。現在試著拉一個路人要求他說：「你自己傷害你的手！你自己咬下你的肉！」很少有人不生氣的，那為何今天族群的分化會到這麼嚴重的地步呢？

三 但是區分族群類別的禍害，臺灣特別嚴重，臺灣轄區內尤其以淡水廳的新莊和艋舺的衝突最為嚴重。臺灣是各地族群聚居的地方，自從林爽文作亂以

來，[2]有分為閩、粵焉，有分為漳、泉焉。閩、粵以其異省也，漳、泉以其異府也。然同自內地播遷而來，則同為臺人而已。今以異省、異府，若分畛域，王法在所必誅。矧更同為一府，而亦有秦、越之異，是變本加厲，[1]非奇而又奇者哉？夫人未有不親其所親，而能親其所疏。同居一府，猶同室之兄弟，至親也。乃以同室而操戈，[1]更安能由親及疏，而親隔府之漳人、親隔省之粵人乎？淡屬素敦古處，新、艋尤為菁華所聚之區，遊斯土者，嘖嘖稱羨。自分類興，而元氣剝削殆盡，未有如去年之甚也！干戈之禍愈

- 以：因為。
- 畛（ㄓㄣˇ）域：範圍、界限。
- 誅：懲治。
- 矧（ㄕㄣˇ）：況且、何況。
- 秦、越之異：比喻關係疏遠，彼此漠視。秦、越，指秦地和越地，分處中國西北與東南邊陲。
- 是：此現象。
- 乃：竟然。
- 同室而操戈：同住一室的人，彼此持戈相殺。比喻自家內鬥。
- 敦古（ㄍㄨˋ）處：敦，崇尚。古，通「故」，老朋友。處，相處。
- 嘖嘖（ㄗㄜˊ ㄗㄜˊ）：形容讚嘆的聲音，表示讚嘆、驚奇。
- 元氣：本指人的精神，此引申為社會的活力。

來，有人把族群分為福建人、廣東人，有人把族群分為漳州人、泉州人。福建和廣東的分別是因為省分不同，漳州和泉州的分別則是因為府治不同。然而大家同樣是從中國內地遷徙來臺，就同樣都是臺灣人。現在若因為不同省籍、不同府別而劃分地域範圍，那麼朝廷律法是必定會懲罰的。甚至還有同為一府的人，也去區分親疏、遠近的差異，這眞是種變本加厲的現象，難道不是怪異到極點嗎？人沒有不肯親近親屬，卻有親近陌生人的。同居住在一府，就像住在同一家的兄弟，是最親近的親屬了，（這麼親密）竟然都能同室操戈，刀劍相向，又怎麼能夠從親愛親人推擴到親近陌生人，去親近鄰居的漳州人，去親近鄰府的廣東人呢？淡水廳轄區一向是個崇尚情義的地方，新莊、艋舺尤其是人文薈萃的區域，來此遊歷的人，都非常讚嘆稱羨。自從區分族群的潮流興起，而社會的良善風氣被剝削殆盡，沒有像去年那般嚴重的啊！械鬥的災禍益

四　末段則懷抱士大夫淑世化民的胸懷，勉勵停止，再造臺灣為人間樂土，此亦全文的主旨。

烈，村市半成**邱墟**。[1]問為[2]漳、泉而至此乎？無有也。[1]問為閩、粵而至此乎？無有也。蓋孽由自作，**釁起鬩牆**，大抵在非漳泉、非閩粵**間**耳。

邱墟：荒地、廢墟。邱，同「丘」。

釁起鬩牆：比喻禍患生於內鬥。釁，禍患。鬩牆，兄弟相爭，引申有內鬥之意。鬩，爭訟。

間：嫌隙。

四　自來物窮必變，慘極知悔。天地有好生之德，人心無不轉之時。予生長是邦，自念士為**四民**之首，不能與在事諸公竭誠化導，力挽而**更張**之，**滋**愧實甚。願今以後，[2]父誡其子、兄告其弟，各革面、各洗心，勿懷**夙**忿、勿蹈前**愆**。既親其所親，亦親其所疏，一體同仁，斯內患不生、外禍不至。漳、泉、閩、粵之**氣習**，默消於

四民：古代指士、農、工、商四種職業之人。

更張：重新張設琴弦，引申為改易、革新之意。

滋：更加。

夙：過去的。

愆：過失。

氣習：機鬥。

加慘烈，村莊市區多半成為廢墟。若問這是為了漳州府人、泉州府人的權益而對立到如此局面嗎？不是啊。若問這是為了福建省人、廣東省人的權益而對立到如此局面嗎？不是啊。說到底，罪孽都是由自己造成的，禍患都是內鬥引起的，大致上原因就只在於不同為漳州人、泉州人，或不同為福建人、廣東人的嫌隙罷了。

四　自古以來事物發展到盡頭一定會改變，悲慘到了極點便會懂得後悔。天地有愛惜生命的仁德，人心沒有不可轉變的時候。我生長在這片土地上，自認為讀書人居於士、農、工、商的首位，卻不能和當政主事的官員竭盡所能地教化開導臺灣百姓，努力挽救當前局勢並開啟革新的契機，更加感到非常慚愧。

盼望從今以後，父親告誡子女、兄長告誡弟妹，各自洗心革面（改過自新），不要心懷舊恨，不要重犯從前的過錯。除了親愛自己親近的人，也要親愛關係疏遠的人，無分彼此地平等相待，則內患將不再發生、外禍也不會降臨。漳州、泉州、和福建、廣東分別隔閡的對立習性，便暗暗地消失於無形。

無形。譬如人身血脈，節節相通，自無他病。數年以後，仍成樂土，豈不休哉？

休：美善。

就像人身上的血脈，只要節節相通，自然沒有什麼毛病。數年以後，臺灣仍然可成爲一塊平安祥樂的地方，這難道不是很美善嗎？

文法修辭提示

1. 設問

「何今分類至於此極耶？」

「非奇而又奇者哉？」

「更安能由親及疏，而親隔府之漳人、親隔省之粵人乎？」

「問爲漳、泉而至此乎？」

「問爲閩、粵而至此乎？」

→透過設問對分類的質疑，強烈表達對族群對立的痛恨。

2. 類疊

「同此血氣，同此官骸，同爲國家之良民，同爲鄉閭之善人」

「爾其自戕爾手！爾其自噬爾肉！」

「有分爲閩、粵焉，有分爲漳、泉焉。」

「問爲漳、泉而至此乎？無有也；問爲閩、粵而至此乎？無有也。」

「父誡其子，兄告其弟，各革面，各洗心，勿懷夙念，勿蹈前愆，既親其所親，亦親其所疏。」

→運用類疊的修辭技巧，使文章充滿氣勢，強化了論說的力量。

4 作者介紹 鄭用錫

作者	清 鄭用錫
字號	字在中，號祉亭
生平經歷	1.自幼受父親禮教的薰陶，遍讀古籍經史百家，尤其精於《易經》，善於吟詠。 2.是首位在臺灣土生土長的進士，故稱其爲「開臺進士」，他是清朝首次設有保障台灣籍名額而中舉的第一人。 3.晚年的鄭用錫，好享山水之樂，築北郭園自娛。好吟詠，士大夫慕名過往唱和，風靡一時。
文學	《勸和論》、《北郭園集》

5 國學常識

近體詩概述、唐詩及宋詩之比較

一、近體詩

起源		唐代新興詩體，亦稱「今體詩」，因其與「古體詩」相異故名。
種類	絕句	1.又名：短句、斷句 2.淵源： (1)明王夫之《薑齋詩話》云：「絕先於律」。 (2)五絕自漢魏五言古詩來。 (3)七絕自南北朝樂府小詩（歌行）來。 3.特色： (1)唐人七絕大抵協律，可搭配音樂，歌詠唱誦。 (2)每首四句，二、四句押韻。首句可押，可不押。 (3)通常爲散體，亦有用對句者。
	律詩	1.特色： (1)每首八句，兩句爲一聯（首聯、頷聯、頸聯、尾聯）。 (2)中間兩聯（頷、頸）必須對仗。 (3)偶數句押韻。首句押韻爲正格，不押爲變格。 2.完成五律格律者：宋之問、沈佺期。 3.完成七律格律者：杜審言。 4.七律第一：宋嚴羽《滄浪詩話》，譽崔顥《黃鶴樓》爲唐人七律第一。

種類	形式	特色
排律 1.又名：長律 2.特色： (1)每首八句以上。 (2)除首尾兩聯外，均須兩兩對仗。 (3)偶數句須押韻，但可以換韻。 3.五排作者較多，七排作者較少。	五言、七言	1.句數、字數固定； 2.嚴訂平仄； 3.對仗工整； 4.不可換韻（一韻到底）

二、唐代詩派及重要詩人

分期	派別	說明
初唐	王勃、楊炯、盧照鄰、駱賓王	1.以四六文齊名海外，並稱「初唐四傑」。 2.詩繼南朝華靡之風，爲五律前驅。
	沈佺期、宋之問	完成五律格律，二人並稱「沈宋」。
	杜審言	完成七律格律。
	陳子昂、張九齡	1.古詩直追漢唐，一改六朝華靡之習。 2.開盛唐詩風。
盛唐	自然派（田園派）	1.王維：田園詩似陶淵明，山水詩似謝朓。人稱「詩佛」 2.孟浩然：詩亦近陶淵明，山水景物、雕琢手法，則近謝靈運。

盛唐	浪漫派（飄逸派）	李白：詩清新俊逸，飄然不群。有「詩仙」之稱。
	社會派	杜甫：沉鬱雄渾，有「詩聖、詩史」之稱。與李白並稱「李杜」。
	邊塞派	1.岑參、高適、王昌齡、王之渙：擅寫邊塞風光，長於七言。 2.岑參、高適：並稱「高岑」。 3.王昌齡、王之渙：所作絕句「出塞詩」，最被人稱道。
中唐	田園派、自然派	韋應物：詩近陶淵明。
	社會派	1.張籍、劉禹錫：寫實之風。 2.元稹、白居易：以通俗之社會寫實詩取勝，二人並稱「元白」。
	怪誕派	1.韓愈：以文爲詩，其僻怪誕。 2.孟郊、賈島：人稱「郊寒島瘦」。 3.李賀：號爲「鬼才」。
晚唐	唯美浪漫	1.杜牧：詩高華綺麗。 2.李商隱、溫庭筠：詩細密工麗，辭精意美。 3.韓偓：以「香奩體」著稱。

三、唐詩及宋詩之比較

	唐詩	宋詩
內容	主言情、以情韻取勝。	善說理、以理趣見長。
創作過程	以眞情「感受」生活，詩人感受到自然外物與內在心靈兩相契合之後，才興感寄託。	以冷靜「觀察」外物，從現實生活中體會出生命的哲理，進而激起宏肆的議論，充滿人文的關懷。
技巧	句法整練，語言流麗，多用比興。 形象化（意象語言）。	精於對偶，章法嚴謹，但常有語絕意盡之感。 散文化（邏輯語言）。
風格	重神韻，而不是章句形式。	以才學爲詩，書卷味濃；以文字爲詩，散文味濃；以議論爲詩，理學味濃。

6 文法修辭

類疊

定義：將類似的字、詞、句，接二連三地重複使用，以加重口氣、表達情緒。

★同此血氣，同此官骸，同爲國家之良民，同爲鄉閭之善人（鄭用錫〈勸和論〉）

★爾其自戕爾手！爾其自噬爾肉（鄭用錫〈勸和論〉）

★有分爲閩、粵焉，有分爲漳、泉焉（鄭用錫〈勸和論〉）

★問爲漳、泉而至此乎？無有也；問爲閩、粵而至此乎？無有也（鄭用錫〈勸和論〉）

★「父誡其子，兄告其弟，各革面，各洗心，勿懷夙念，勿蹈前愆，既親其所親，亦親其所疏」（鄭用錫〈勸和論〉）

→運用類疊的修辭技巧，使文章充滿氣勢，強化了論說的力量。

7 語文天地

一、形音義

字	音	義	例
櫱	ㄋㄧㄝˋ	新生的枝枒	萌「櫱」
蘗	ㄅㄛˋ	植物名	黃「蘗」
孽	ㄋㄧㄝˋ	非正室所生的兒子	孤臣「孽」子
		罪過	罪「孽」深重
		災禍，禍害	災「孽」
		亂黨、禍害	妖「孽」

字	義	例
休	美善	將崇極天之峻，永保無疆之「休」（魏徵〈諫太宗十思疏〉）
	喜樂	「休」戚與共
	停止	欲說還「休」，欲說還「休」。卻道天涼好個秋（辛棄疾〈醜奴兒〉）
	不要、不可	「休」想、「休」問

二、成語集錦

兄弟鬩牆	比喻內部爭鬥。
物極必反	當事情發展到了極端的地步，便會產生變化而翻轉過來。

8 實力健身房

1. 單選（字音）

（　）下列各組「　」內的字音，前後不同者的選項是：
(A)星火「燎」原／煙霧「繚」繞
(B)共處一「隅」／阿「諛」奉承
(C)「戕」害他人／「檣」傾楫摧
(D)自「噬」爾肉／「巫」、醫、樂師、百工之人。

2. 單選（閱讀【97學測】）

（　）閱讀下文，推斷作者認為進行歷史研究時，對「研究結果」最具關鍵影響力的選項是：我的研究方法，總是在一個固定的時點上切一橫斷面，在下一個時點上再切一個橫斷面，然後比較這兩個橫斷面相異之處，再在其中尋求變動的主因及變化的現象。因此我這工作最重要的是選時點，而選時點則往往取決於個人的主觀意識，甚至帶有冒險性的意味，有時也可能因為原選的橫切面不恰當而導致觀察錯誤。因此，歷史研究的主觀性使歷史學無法成為精密的科學。（許倬雲〈中國古代文化的特質〉）
(A)歷史事件發生的時間
(B)研究者的選擇與判斷
(C)一套精密的科學方法

(D) 冒險蒐集材料的勇氣。

3.4. 單選（閱讀【99指考】）

閱讀下列題組短文，回答3～4題。

我教書多年，還存一點好奇心，每當我教到最後一堂課時，就會發問卷給學生：今年你最喜歡哪些詩和文？……幾乎有十一、二年，票選第一名的作品都是契可夫的「Misery」。

這篇小小說講一個駕馬車的老頭，獨生子死了，在大雪紛飛的冬夜到戲院門口載客。上車的客人都急著教他趕路，他卻嘟嘟囔囔訴說著兒子的死。於是，客人們就產生了六、七種不同的反應。大多數人都教他閉嘴，快趕路！甚至有人用皮靴踢他、罵他糟老頭。另有一兩個旅客表示關心，問了他兒子的情況，不過，他們仍然很快地忘記了有這麼回事。人總是那麼健忘，尤其是對別人的事。這故事很簡單，敘述也沒什麼花俏之處，研究生們會這麼重視它，令我頗覺得欣慰。因爲這個小小說完全講內心世界，呈現的是心境。老馬車夫在大雪中送完了客人，最後回到他簡陋的屋子，牽著馬入馬廄時，他說：這個世界上，只有你聽到我的話之後，還有一點同情的樣子。契可夫用他悲憫的眼睛，來看別人對他人悲傷的反應。（齊邦媛〈霧漸漸散的時候〉）

3.（　）依據上文，推斷下列關於契可夫小說「Misery」的敘述，正確的選項是：

(A) 故事中出現的人物不超過五個
(B) 以車夫一個晚上的載客經歷爲故事主線
(C) 採用倒敘手法，向前追溯歷次的載客經過
(D) 車夫認爲聆聽他說話，還有一點同情的，只剩紛飛的大雪。

4.（　）上文作者對學生喜歡「Misery」而頗覺欣慰，主因應是樂見：

(A) 學生能仔細審視社會底層的貧窮
(B) 學生能理解小說作者的悲憫情懷
(C) 學生能被人與動物之間的情誼所感動
(D) 學生能分析簡單而不花俏的敘事技巧。

5. 多選（修辭）

（　）下列文句中，何者與「乃同此血氣，同此官骸，同爲國家之良民，同爲鄉閭之善人（鄭用錫〈勸和論〉）」，使用相同修辭？

(A) 人而不仁，如禮何？人而不仁，如樂何
(B) 知否？知否？應是綠肥紅瘦
(C) 知之爲知之，不知爲不知，是知也
(D) 在字義，友從兩手，朋從兩肉，是朋友如一身左右手，即吾身之肉也。
(E) 老吾老以及人之老。

解答及名師解析

1. (D)

解析：

(A) ㄌㄧㄠˊ。(B) ㄩˊ。(C) ㄑㄧㄤˊ。(D) ㄕˋ／ㄨˊ。

2. (B)

解析：

從「我這工作最重要的是選時點，而選時點則往往取決於個人的主觀意識」、「歷史研究的主觀性使歷史學無法成為精密的科學」得知本文所強調為(B)「研究者的選擇與判斷」。

3. (B)

解析：

(A) 從「客人們就產生了六、七種不同的反應」可推知故事中的人物應超過五個以上。

(C) 這個故事所採用的敘述方式為順敘法。

(D) 從「最後回到他簡陋的屋子，牽著馬入馬廄時，他說：這個世界上，只有你聽到我的話之後，還有一點同情的樣子。」可知車夫認為聆聽他說話，還有一點同情的是「馬」。

4. (B)

解析：

由「研究生們會這麼重視它，令我頗覺得欣慰。因為這個小小說完全講內心世界，呈現的是心境」、「契可夫用他悲憫的眼睛，來看別人對他人悲傷的反應」可知作者認為學生喜歡這篇小說就是因為能夠體察到契可夫的悲憫情懷。

5. 全

解析：

題幹：乃「同此」血氣，「同此」官骸，（同為）國家之良民，（同為）鄉閭之善人（出自鄭用錫〈勸和論〉），為類疊類疊之類字，即字詞隔離的類疊（有間隔的使用同一個字彙）。

(A)「人而不仁」，如禮何？「人而不仁」，如樂何：類疊之類句，語句隔離的類疊（有間隔的連續使用同一個句子）

(B)「知否」？「知否」？應是綠肥紅瘦：類疊之疊句，詞句連接的類疊（無間隔的連續使用同一個句子）

(C)「知之」為「知之」，「不知」為「不知」，是知也。→類字：字詞隔離的類疊（有間隔的使用同一個字彙）

(D) 在字義，友「從兩」手，朋「從兩」肉，是朋友如一身左右手，即吾身之肉也：類疊之類字，字詞隔離的類疊（有間隔的使用同一個字彙）

(E)「老」吾「老」以及人之「老」：類疊之類字，字詞隔離的類疊（有間隔的使用同一個字彙）

30 臺灣通史序

1 大考關注

【文法修辭：101、100統測】

★然及今為之，尚非甚難，若（假如）再經十年、二十年而後修之，則（那就）眞有難為者：屬於「假如……那就……」的表意方式。

★凡我多士及我友朋……此則「不佞」之幟也：謙稱自己沒有才能。

【國學：101學測、91、90統測及81日大】

★《臺灣通史》起自隋代，終於割讓，是研究臺灣歷史的重要典籍。

★序與跋。

★作者連橫及二十五史的判別。

【字音、字形、字義、成語：103、101、100、98、96、92學測、103、101統測及103、102、101指考】

★渡大海，入荒「陬」：ㄗㄡ。

★「喋」血山河／若「垤」若穴：皆音ㄉㄧㄝˊ。

★「稔」、「陬」：ㄖㄣˇ、ㄗㄡ。

◎連橫

★運會之趨，莫可阻「ㄜˋ」：遏／字形：篳路藍縷。

★春和「景」明，波瀾不驚／我先王先民之「景」命，實式憑之：日光／大。

★我先王先民之「景」命：偉大的。苟欲「以」二三陳編而知臺灣大勢：憑藉。

★夫史「者」，民族之精神：語助詞。然則臺灣無史，「豈」非臺人之痛歟：難道。

★管窺蠡測：喻所見之小。郢書燕說：穿鑿附會之說。

★與農作物相關詞語：

1.熟曰「稔」；古時稻穀多一年一熟，故稱一年為「一稔」。

2.是長得像禾苗的雜草；「良莠不齊」是形容好壞參差不齊。

3.禾穀抽穗開花曰「秀」；「苗而不秀」，指禾苗成長了卻不抽穗開花，比喻學而未有所成。

★「篳路藍縷」、「郢書燕說」、「郭公夏五」、「管窺蠡測」的成語應用。

2 文章解讀

通史，是記錄時間貫穿數個時代的史書。《臺灣通史》，是一本起自隋代，終於割讓的通史，取材豐富，記載詳細，以**紀傳體**體裁寫成，是臺灣最重要的史書之一。

連橫，字雅堂，年少時父親購買了一套《續修臺灣府志》，激勵他：「汝為臺灣人，不可不知臺灣事。」連橫沒有忘記父親的教訓，遍覽了各種歷史紀錄，發現這些紀錄大多立場偏頗、內容殘缺，更重要的是，都缺乏以臺灣為主體的世界觀，因此發心要撰寫一部全面完整，以臺灣為中心來描述的歷史，此書即是《臺灣通史》。

序跋，是古代的一種文體，古人在完成一本著作後，常會另寫一篇短文，向讀者說明**創作動機**、**寫作原則**、**成書經過**、**寫書目的**，放在書前的稱序，寫在書後的叫跋。

〈臺灣通史序〉敘述了連橫為何採用「通史」的體裁，還**強調創作《臺灣通史》一書的必要性、重要性與緊迫性**，文分三部分讀，較容易掌握：

第一部分（第一～二段）描述**各種舊史籍都不全面**，不僅紀錄陳舊，缺漏了最新時事，而現存的紀錄，也都有涵蓋時間短、記錄範圍小、敘述觀點偏頗等缺失。

第二部分（第三～四段）指出**一國的史書**，象徵該**國的民族精神與文明成就**，不可不修，但是這麼重要的任務，又因活資料與紙本資料都在凋零消失，而更顯緊迫，更加不可不修。

第三部分（第五～六段）介紹全書的體例與內容，說明全書「**縱橫上下、鉅細靡遺**」，**彌補了舊資料的各種缺陷**。除了藉此書紀念先人，也希望喚起臺灣人的民族意識，讓人與土地，產生更深刻的連結，進一步譜出全新的歷史。

3 文章精析

一 臺灣固無史也。[3]**荷人啓之**，**鄭氏作之**，**清代營之**，**開物成務**，以立我**丕**基，至於今

明熹宗時荷蘭人占據臺灣，後被鄭成功所逐，共三十八年。啓，開闢。

建立制度。

開發各種物資，建立各種制度。

ㄆㄧ，大。

指清康熙二十二年至清德宗光緒二十一年割讓予日本，有沈葆楨、劉銘傳在臺主政，共經營二百一十二年。營，經營。

段旨

一 說明撰《臺灣通史》的動機與決心：感慨臺灣沒有完整的史書，舊志諸多缺失，亟需修正。

翻譯

一 臺灣本來沒有完善的史書。荷蘭人開闢臺灣，鄭氏父子建設臺灣，清朝經營臺灣，開發各種物資，建立各種制度，因此建立了臺灣宏大的基業，到現

一 強調修《臺灣通史》的必要性：承上說明舊志闕漏、史觀偏頗，造成諸多臺灣史事「不備載」、「不及載」之憾。

清光緒十年（西元一八八四年）中、法之戰，法軍攻基隆、淡水失利，最後攻佔澎湖。後法將孤拔戰死，中、法議和，法軍退出澎湖。

三百有餘年矣。而**舊志**誤謬，文采不彰，其所記載，僅**隸有**清一朝；荷人、鄭氏之事，**闕**而弗錄，竟**以島夷、海寇視之**。[6]烏乎！此非舊史氏之罪歟？且**府志**重修於乾隆二十九年，臺、鳳、彰、淡諸志，雖有續修，侷促一隅，無關全局，而書又**已**舊。苟欲**以**二三陳編而知臺灣大勢，是猶[1]**以管窺天、以蠡測海**，其被**囿**也亦巨矣。

舊志：指臺灣舊有府、廳、縣的志書。

隸：隸屬。有，助詞，無義，僅作詞頭用，置於國名、族名、物名之前。

闕（ㄑㄩㄝ）：通「缺」。

以島夷、海寇視之：視荷人為島上蠻夷、鄭氏為海上強盜。

府志：指余文儀主編的《續修臺灣府志》。

已：太、甚。

以：用。【96學測】

以管窺天、以蠡（ㄌㄧˊ）測海：用竹管觀看天空，用葫蘆瓢測量海水；比喻所見之小。蠡，葫蘆瓢。【100學測】

囿（ㄧㄡˋ）：本為古帝王蓄養禽獸之地，引申為範圍或限制。

二 夫臺灣固海上之荒島爾！**篳路藍縷**，以啓山林，至於今是賴。顧自海通以來，西力東**漸**，**運會**之趨，莫可阻遏。[2]於是而有**英人之役**、有**美船之役**、有**法軍之役**，外交兵禍，

篳路藍縷（ㄅㄧˋ）：篳，荊條竹木之類柴木。路，通「輅」（ㄌㄨˋ），古代「車」的通名。藍縷，通「襤褸」，破爛的衣服。【92、91統測及101指考】

漸：滲入、浸入。

運會：猶言「時勢」，時運際會。

英人之役：指鴉片戰爭後，清道光二十一年（西元一八四一年），英艦襲擊基隆及臺中大安港，後均被守軍擊退。

美船之役：清同治六年（西元一八六七年），美商船羅發號（Rover）航行遇風，漂抵臺灣南部海岸，船中人被當地原住民所殺，引起美國、清人合討原住民，不久美國與原住民締約和解。

在已經三百多年了。可是舊有的志書內容有誤，文詞不明暢優美，所記載的，只屬於清朝一代的史事；荷蘭人及鄭氏父子的事蹟，缺漏而沒有記載，竟然以島夷和海盜來看待他們。唉！這不是舊史作者的過失嗎？況且續修臺灣府志在乾隆二十九年重修，臺灣、鳳山、彰化、淡水各縣志廳志，雖然曾經繼續編修，卻只局限於一個小地方，與臺灣全域沒有關係，而且這些志書又太陳舊了。如果想要用這兩三部陳舊的志書來了解臺灣的大勢，就好像用竹管觀看天空，用葫蘆瓢測量海水，那麼所受到的限制也就很大了。

二 臺灣本來是海上的荒島罷了！先民們乘著柴車，穿著破衣，辛苦地開闢山林，到現在我們還仰賴著先人奠定的基業。但是從海運開通以來，西方勢力滲入東方，時勢所趨，無法阻止。因此發生了英人的戰役、美船的戰役、法軍的戰役，外交紛爭與戰爭禍害，接連逼迫

踏血而行，形容殺人極多。喋，通「蹀」，踐踏。【98統測、102指考】

清同治十三年（西元一八七四年）起，欽差大臣沈葆楨及巡撫丁日昌，先後奏請臺灣建省，清廷未允，直至中、法戰爭結束後，光緒十一年（西元一八八五年），臺灣終於建省。

三 正面論述歷史的重要性，如鑑往知來，承傳民族精神等客觀的普遍價值，說明修撰《臺灣通史》乃當前知識分子的使命。

穿鑿附會之說。郢，楚國國都。書，書信。說，解釋。此史事見《韓非子．外儲說》：「郢人有遺（ㄨㄟˋ）燕相國書者，夜書，火不明，因謂持燭者曰：『舉燭。』云，而過書『舉燭』。舉燭，非書意也。燕相受書而說之，曰：『舉燭者，尚明也；尚明也者，舉賢而任之。』燕相白王，王大說，國以治。治則治矣，非書意也。」【101學測】

相逼而來，而舊志不及載也。草澤群雄，後先崛起，朱、林以下，輒啓兵戎，喋血山河，藉言恢復，而舊志亦不備載也。續以建省之議，開山撫番，析疆增吏，正經界，籌軍防，興土宜，勵教育，綱舉目張，百事俱作，而臺灣氣象一新矣。

草澤：草莽水澤，指鄉野民間。

輒：往往、時常。兵、戎，皆武器，借代為戰爭。

朱、林：指朱一貴與林爽文。清康熙六十年（西元一七二一年），朱一貴起兵於高雄內門；乾隆五十一年（西元一七八六年），林爽文起兵於臺中大里。

藉言：藉口。

經界：田地的界域。

土宜：土地所適宜的農業。

綱舉目張：綱，網的大繩。目，網的孔目。【99指考】

三 夫史者，民族之精神，而人群之龜鑑也。代之盛衰，俗之文野，政之得失，物之盈虛，均於是乎在。故凡文化之國，未有不重其史者也。古人有言：「國可滅，而史不可滅」。是以郢書燕說，猶存其名；晉乘楚杌，語多可採；然則臺灣無史，豈非

者：語助詞。【92學測】

龜鑑：借鏡。龜，即龜甲，以卜吉凶。鑑，銅鏡。

國可滅，而史不可滅：語見元歐陽玄〈進金史表〉，意謂能滅他人的國家，而不能消滅它的歷史。此指縱然國家淪亡，但歷史絕不容消滅，藉以說明保存歷史的重要。

晉乘楚杌：指古史。乘，晉國史書名。杌，即檮（ㄊㄠˊ）杌，楚國史書名。

豈：難道。【98學測】

而來，但舊有志書都來不及記載。民間英雄先後奮勇起事，像朱一貴、林爽文以後，時常發動戰爭，血流全臺，他們以反清復明為號召，可是舊有的志書也沒有詳盡的記載。接著有建省的建議，開發山地，安撫原住民，劃分行政區域，增設官吏，釐正田地界域，籌劃軍事防務，興辦各種農業，獎勵教育，這些主要的施政大綱一提出實施，其餘各門各類的細目也就都隨著展開制定，一切事業都興辦起來，而臺灣的景象就煥然一新了。

三 歷史，是民族精神的所在，也是人類行事的借鏡。世代的興盛與衰微，風俗的文明與素樸，政治的得當與誤失，物產的充實與空乏，都保存在史書中。所以凡是有文化的國家，沒有不重視它的歷史的。古人曾說：「縱然國家淪亡，但歷史絕不容消滅。」因此，燕相曲解郢人的書信，這事蹟尚且保存下來；晉國史書乘和楚國史書檮杌，內容更是大多可以採信。這樣說來，那麼臺灣沒有完整的史書，難道不是臺灣人的悲痛嗎？

四 說明修《臺灣通史》的艱難與迫切，先詳述一般修史所遇到的困難，再論及臺灣因當時面臨改隸讓修史遭遇更大的困難，反襯出其克服萬難，勢必成書的決心。

郭公夏五：指文字脫漏。典出《春秋．莊公二十四年》：「郭公……」；又春秋桓公十四年：「夏五……」，兩處經文皆有脫漏。

臺人之痛歟？

四 [3]顧修史固難，修臺之史更難，以今日修之尤難，何也？**斷簡殘編**，**蒐羅**匪易；**郭公夏五**，疑信相參，則**徵文**難。**老成**[5]凋謝，莫可諮詢；巷議街譚，事多不實，則**考獻**難。重以**改隸**之際，**兵馬倥傯**，**檔案**俱失；私家收拾，半付[4]**祝融**，則欲取**金匱石室**之書，以成**風雨**[4]**名山之業**，而有所不可。然及今為之，尚非甚難，若再經十年、二十年而後修之，則眞有難為者。[6]是臺灣三百年來之史，將無以昭示後人，又豈非今日我輩之罪乎？

- 斷簡殘編：殘缺不全的書籍。簡，古代供書寫用的長條竹片。編，穿簡的皮繩。
- 蒐（ㄙㄡ）羅：蒐集網羅。蒐，通「搜」。
- 徵文：取證於典籍史料。徵，證明。
- 老成：指閱歷豐富、熟悉掌故的人。
- 考獻：考，稽考查證。獻，賢士。
- 改隸：指清光緒二十一年，中、日締結馬關條約，清廷割讓臺灣予日本。
- 兵馬倥傯：兵荒馬亂。倥傯，ㄎㄨㄥˇ ㄗㄨㄥˇ，紛亂迫促。
- 檔案：官署中分類儲藏的文書。
- 祝融：火神名，借代為火災。
- 金匱（ㄍㄨㄟˋ）石室：金匱、石室，皆為古代國家藏書之處。匱，同「櫃」。
- 風雨名山之業：風雨，喻亂世。名山，古帝王藏書之所，借指著書立說。
- 若……則……的句型。【100統測】

四 修史本來就是艱難的，修臺灣史更加困難，在今日才來編修又特別困難，為什麼呢？因為史料殘缺不全，蒐集網羅不容易；資料中文字脫漏，可疑可信的內容相互參雜，這是想從典籍史料來取證的困難。閱歷豐富、熟悉掌故的耆老紛紛逝世，沒有可以商量詢問的；民間街頭的傳說，事情大多不確實，這是想向熟悉掌故的耆老查問的困難。加上割讓給日本時，戰事紛亂迫促，官署中的檔案都散失了；而私人保存的資料也大半被燒毀，那麼想要取用國家珍藏的書籍、史料，在亂世中完成著書立說的功業，卻辦不到了。然而趁現在趕快去做還不是很難，如再經過十年二十年以後才去編修，那將眞正難以下筆了。如此，臺灣三百年來的歷史，將無法明白告訴後人，又難道不是我們這一代人的罪過嗎？

五 說明發憤撰寫《臺灣通史》敬愼精神，並介紹全書的體例。

六 歸結撰修臺灣通史的宗旨：追懷祖先創業的精神與成就的基業，進而發揚民族性、繼承歷史文化的傳統。

五 橫不敏，昭告神明，發誓述作，**兢兢業業**，莫敢自**遑**，遂以十**稔**之間，撰成臺灣通史。爲紀四、志二十四、傳六十，凡八十有八篇，表圖附焉。**起自隋代**，終於割讓，縱橫上下，鉅細靡遺，而臺灣**文獻**於是乎在。

- 兢兢業業（ㄐㄧㄥ ㄐㄧㄥ）：小心謹愼的樣子。兢兢，戒愼貌。業業，恐懼貌。
- 遑（ㄏㄨㄤˊ）：閒暇，此處指偷閒。
- 稔（ㄖㄣˇ）：年。中國種稻地區，大部分一年一熟，故以一稔爲一年的代稱。
- 起自隋代：指《臺灣通史》所記臺灣史事，起自隋煬帝大業元年（西元六〇五年）。
- 文獻：此專指有歷史價值的圖書資料。

六 **洪惟**我祖先，渡大海，入荒**陬**，以拓殖斯土，爲子孫萬年之業者，其功偉矣！追懷先德，**眷顧**前途，若涉深淵，彌自儆惕。烏乎！念哉！凡我**多士**，及我友朋，**惟**仁惟孝，義勇奉公，以發揚**種性**；此則**不佞之幟**也。**婆娑**之洋，**美麗之島**，我先王先民之**景命**，**實式憑之**。

- 洪惟：深思。洪，大。惟，思。
- 陬（ㄗㄡ）：偏遠之地。
- 眷顧：顧念、關注。
- 多士：眾多的賢士。
- 惟：語助詞，無義。
- 種性：指民族之特性。
- 不佞（ㄋㄧㄥˋ）之幟：我的志向。不佞，不才，自稱的謙詞。
- 婆娑（ㄙㄨㄛ）：盤旋舞蹈的樣子，此處形容海水的起伏騰湧。
- 景命：偉大的使命。景，大。【101指考】
- 實式憑之：實在是依託於此。式憑，依託。之，指示代名詞，代上文「婆娑之洋，美麗之島」。
- 美麗之島：指臺灣。明世宗嘉靖三十六年（西元一五五七年），葡萄牙人占據澳門港，常往來於中國各海口之間貿易，遙望臺灣山明水秀，林木青蔥，因而稱爲Formosa，音譯「福爾摩沙」，意即美麗之島。

五 我連橫不聰敏，但是我明白地向神明禱告，發誓要努力著述，戒愼恐懼不敢稍有安逸懈怠。於是在十年之間，寫成臺灣通史。分爲紀四篇、志二十四篇、傳六十篇，共八十八篇，另外附有圖表。從隋代開始，寫到割讓，不論在空間或時間上，大小史事都沒有遺漏，而臺灣的文獻都保存在這部書裡了。

六 深思我們的祖先渡過大海，進入荒遠偏僻的地方，來開拓墾殖這塊土地，爲子孫建立永久的大業，他們的功勞眞是偉大啊！追念祖先恩澤，顧念前途，像是要徒步渡過深水，更加感到戒愼恐懼。唉！想一想呀！所有我賢能的志士們，和我的親朋好友，大家要做到仁愛和孝順，本著正義，勇敢地奉行公事，來發揚民族之特性，這就是我寫這部史書的目標啊！這波濤騰湧的海洋，美麗迷人的寶島，我們先王先民的偉大使命，實在是依託在這裡。

文法修辭提示

1. 對偶
   (1) 以管窺天，以蠡測海：單句對（上下兩句對偶）
   (2) 開山撫番、析疆增吏、綱舉目張、郢書燕說、晉乘楚杌、斷簡殘篇：句中對（當句對）
2. 排比
   (1) 代之興衰，俗之文野，政之得失，物之盈虛
   (2) 於是而有英人之役、有美船之役、有法軍之役
3. 層遞
   (1) 荷人啓之，鄭氏作之，清代營之（兼用「排比」）
   (2) 顧修史固難，修臺之史更難，以今日修之尤難
4. 借代
   「草澤」群雄、輒起「兵戎」、半付「祝融」、「名山」之業、十「稔」之間
5. 轉化：老成「凋謝」（擬物）
6. 激問：
   (1) 烏乎！此非舊史氏之罪歟？
   (2) 然則臺灣無史，豈非臺人之痛歟？
   (3) 是臺灣三百年來之史，將無以昭示後人，又豈非今日我輩之罪乎？

4 作者介紹 連橫

作者	清末民初 連橫
籍貫	臺灣府臺灣縣（今臺南市）
字號	字武公，號雅堂，又號劍花
生平	1.連橫出生時，家族已播遷來臺二百餘年。故十三歲時，其父用二兩銀子購買《續修臺灣府志》給他，說：「汝爲臺灣人，不可不知臺灣事！」連橫讀後，見舊志謬誤甚多，因而有意重新撰述臺灣歷史。 2.光緒二十年（西元一八九四），清廷戰敗，將臺灣割讓給日本，連橫時年十八，目睹鄉土淪亡，又遭喪父之痛，乃開始學習杜詩，以抒發其家國淒楚之感。 3.光緒三十四年，連橫開始撰寫《臺灣通史》。民國三年夏至北京，入清史館任職，盡閱館中所藏臺灣檔案。同年冬返臺，民國七年完稿。
成就	兼擅詩文。除《臺灣通史》外，尚著有《臺灣詩乘》、《臺灣語典》等，對保存臺灣文獻，貢獻極大。

一、詞、曲比較

	異				
	別名	時代	體製	形式	押韻
詞	曲子詞、詩餘、長短句	始於中唐，衍於五代，盛於兩宋	1.分爲小令、中調、長調。 2.只依詞譜填寫，不加襯字 3.詞最短者只十六字，最長二百四十字，句有定字，不能增減。	長短句，句中字數不可增減	分平仄（分上去入）聲，平聲仄聲分別押韻
曲	詞餘	盛於元朝	1.分散曲（又分小令、散套）；戲曲（劇曲）。 2.曲可在有規則的曲譜範圍內加襯字，使句式更活潑。 3.曲則有重頭、套數之異，句中字數可略作增加，或用襯字。襯字之多少無一定，常多於正文一倍或以上。	長短句，但可加襯字	北曲分平上去三聲，三聲互押

異		同				
風格	對象	形式	起源	別名	格式	發展過程
以婉約秀麗爲正宗，文字典雅，多用比興、象徵手法	知識份子，故講求技巧和意境	1.詞、曲均屬韻文。 2.同爲配合樂調歌唱之長短句	1.同爲合樂的歌辭，二者最初的名稱，均叫「曲子」或「曲子詞」。 2.同起源於民間，爲文人加工而有所發展。	詞、曲皆可以「樂府」稱之	1.因爲要配合音樂，所以詞、曲都有固定格式。詞有「詞牌」（詞調），曲也有「曲牌」（曲調），創作時，須按詞牌或曲牌。 2.詞及南曲，每個調子中都有若干字的四聲是固定的，該用平聲或上去入聲，不能改易	在產生、發展過程中，同受到民間歌曲和外族樂曲的影響。因詞是「胡夷里巷之曲」（《唐書‧音樂志》），所配合的音樂是「燕樂」，主要成份是西方音樂。而曲則是「胡樂番曲」，和詞譜混合融化形成的。
以質樸自然爲本色，不避口語，多用賦體、白描手法	上至王公，下至走卒，不避俚俗，內容淺近					

二、詩、詞、曲之比較

	詩		
	樂府詩	古體詩	近體詩
句	除樂府詩外，每句字數均相同（四、五、七言）		
字數	僅近體詩每首字數固定		
體裁	樂府詩：不限句數。內容多寫實，表達貴遒勁。	古體詩：不限句數。內容多，言情，表達貴溫雅。	近體詩：律詩八句、絕句四句。
聲調	分平仄聲		
押韻	分平仄韻，有些韻部可互押，可轉韻。	分平仄韻，有些韻部可互押，可轉韻。	分平仄韻，不可互押，不可轉韻。
科白	無		
音樂性		徒誦	徒誦
別稱	入樂	古風	今體詩

	詞	曲	其他
句	長短句	長短句	1. 詞牌、曲牌與內容無關，另於詞牌、曲牌下加小字爲題。 2. 詩莊、詞媚、曲俚俗。
字數	字數固定	（可加襯字）	
體裁	小令：58字以內。中調：59～90字。長調：91字以上。	散曲：小令、套曲。劇曲：北曲雜劇、南曲傳奇。	
聲調	分平仄聲	分平上去（入）	
押韻	分平仄韻，依詞牌，有時可轉韻。	北曲平上去三聲互葉；南曲有入聲，入聲不能與平上去互押。散曲、雜劇（每折）不可換韻、一韻到底。傳奇每齣中可換韻。	
科白	無	劇曲有科白	
音樂性	入樂	入樂	
別稱	曲子詞、詩餘、長短句、樂府	詞餘、樂府	

6 文法修辭

意謂動詞

定義：通常本身爲名詞或形容詞，但作爲意謂動詞時可視爲轉品修辭，爲方便理解，可直接翻譯爲「以…爲…」。

★孟嘗君客我：孟嘗君以我爲客

★吾從而師之：我跟從他，以他爲老師

★孟嘗君怪其疾也：以其疾爲怪

★常人貴遠賤近：已遠爲貴，以近爲賤

7 語文天地

一、形音義

字	音	義	例
凋	ㄉㄧㄠ	指年長者去世	老成「凋」謝
碉	ㄉㄧㄠ	駐兵防守用的建築	「碉」堡
鯛	ㄉㄧㄠ	魚名	「鯛」魚
調	ㄉㄧㄠˋ	派遣士兵	「調」兵遣將
	ㄊㄧㄠˊ	搬弄是非	「調」三斡四
倜	ㄊㄧˋ	形容人英俊灑脫	風流「倜」儻
蜩	ㄊㄧㄠˊ	國事紛亂	國事「蜩」螗
啁	ㄓㄡ	鳥叫聲	鳥鳴「啁」啾
賙	ㄓㄡ	救濟	「賙」濟
稠	ㄔㄡˊ	人口多且密	人口「稠」密
綢	ㄔㄡˊ	比喻事情未發生前就先做好準備	未雨「綢」繆
惆	ㄔㄡˊ	悲傷	「惆」悵

字	音	義	例
景	ㄐㄧㄥˇ	景色	月「景」猶不可言（袁宏道〈晚遊六橋待月記〉）
			四時之「景」不同，而樂亦無窮也（歐陽脩〈醉翁亭記〉）
		日光	至若春和「景」明，波瀾不驚（范仲淹〈岳陽樓記〉）
		大	我先王先民之「景」命，實式憑之
			高山仰止，「景」行行止（《詩經‧小雅》）

字	義	例
彌	益、更加	追懷先德，眷顧前途，若涉深淵，「彌」自儆惕
		仰之「彌」高，鑽之「彌」堅（《論語‧子罕》）
	充滿、布滿	綠煙紅霧「彌」漫二十餘里（袁宏道〈晚遊六橋待月記〉）

二、成語集錦

成語	釋義	義近	反義
風雨雞鳴	處於險惡中也不改變操守。	松柏後凋、板蕩忠臣、疾風勁草、忠貞不渝、黃花晚節	閹然媚世
管窺蠡測	所見之小。	管中窺豹、坐井觀天、窺豹一斑、管窺之見、牖中窺日、井中視星、夏蟲語冰（比喻人見識短淺，不能與之談大道理）	高瞻遠矚、目光如炬、目光遠大、見多識廣、洞燭幽微
名山之業	不朽的著作。	不朽之作、藏之名山、千古名作、千古絕唱、不刊（削除）之作	禍棗災梨、驢鳴狗吠（嘲笑人文辭拙劣，如同驢、狗的鳴叫）
喋血山河	血戰、死喪慘重。	死傷慘重、殺人盈野、死傷枕藉、血流漂櫓（語出《史記》）、血流漂杵、血流成渠、流血千里（語出《莊子》）	四海昇平、四海晏然

付之一炬	完全被火焚燬。	半付祝融（祝融：火官）、半付回祿（回祿：火神名）、半付丙丁（干支五行中，丙丁屬火）、祖龍一炬（祖龍：秦始皇）、回祿之災、焚燬殆盡	
郢書燕說	穿鑿附會之說。	牽強附會、盲從附會	信而有徵
郭公夏五	文字缺誤。	魯魚亥豕（魯→魚，亥→豕）、三豕渡河（己亥→三豕）、魯魚帝虎（魚→魯，帝→虎）、烏焉成馬（烏、焉→馬）、別風淮雨（「列風淫雨」的誤寫）	
披荊斬棘	指創業維艱。	胼手胝足、篳路藍縷	
兵馬倥傯	指兵荒馬亂。	禍結兵連、飛米轉芻、烽煙四起、戰禍頻仍、變亂紛乘、干戈擾攘	
臨淵履薄	指謹慎小心。	若涉深淵、臨事而懼、兢兢業業、朝乾夕惕、戰戰兢兢、如臨深淵、如履薄冰、如履如臨、臨深履冰、履霜之戒、戰戰慄慄	

篳路藍縷，以啓山林	意義：乘柴車，穿破衣，以開闢山林，比喻創業艱難。語出《左傳》「篳路藍縷，以啓山林。」後比喻創造事業的艱苦。

8 實力健身房

1. 單選（成語運用【104學測】）

（ ）下列文句「 」內成語的運用，正確的選項是：
(A)思螢爲了準備朗讀比賽，常「念念有詞」地大聲誦讀課文，以提升臨場表現效果
(B)澤于登上101觀景臺後，發現遠處的景物盡收眼底，這才眞正體會「尺寸千里」的意涵
(C)阿拓熱愛登山，不斷接受各種訓練，希望能早日完成他挑戰臺灣百岳的「名山事業」
(D)原本打算丟棄的舊掃帚，竟然有復古餐廳願意高價收購，讓暴哥喜呼果眞是「敝帚千金」。

2. 多選（國學【101學測】）

（ ）下列有關文化知識的敘述，正確的選項是：
(A)《資治通鑑》爲司馬光所撰，以人物傳記爲主，屬於「紀傳體」
(B)〈項脊軒志〉的「志」即「記」，該篇重點在記錄書齋建造的原因及過程
(C)〈左忠毅公軼事〉中的「軼事」又稱「逸事」，多屬史傳沒有記載且不爲人知之事
(D)《儒林外史》揭露儒林群相的醜態，是一部詳細記載中國科舉制度的重要史書
(E)《臺灣通史》起自隋代，終於割讓，是研究臺灣歷史的重要典籍。

3. 單選（國學【101統測】）

（ ）下列文句「 」內的成語，何者運用正確？
(A)這個案子疑雲重重，眞相「歷歷如繪」，讓警方辦案相當吃力
(B)此事事關重大，所有參與的人都「呶呶不休」，深怕走漏風聲
(C)在那「篳路藍縷」的年代，我們的先人留下了無數拓荒的足跡
(D)這家餐館的海鮮因爲「魚游鼎沸」的現場烹煮，所以特別鮮美。

4. 單選（成語【90統測】）

（ ）下列成語，何者可用於對人讚美？
(A)刻舟求劍 (B)郢書燕說 (C)青出於藍 (D)向聲背實。

5. 單選（成語【102指考】）

（ ）下列各組「 」內的字音，前後不同的選項是：
(A)若「垤」若穴／「喋」血山河
(B)交「戟」之衛士／王俱與「稽」首

(C) 西方有木焉，名曰「射」干／每公卿入言，賓客上「謁」

(D) 不知軍之不可以退而謂之退，是謂「縻」軍／侶魚蝦而友「麋」鹿。

解答及名師解析

1. (B)

解析：

(A) 念念有詞：即「人喃喃自語」，通常指令人不知所云的唸誦。

(B) 尺寸千里：指登高而望，千里的遠景，就像在尺寸之間。

(C) 名山事業：比喻不朽的著作。

(D) 敝帚千金：比喻自己極爲珍惜的事物，而非指舊掃帚。

2. (C)(E)

解析：

(A)《資治通鑑》爲「編年體」。

(B)〈項脊軒志〉重點在表達物在人亡的感慨、表達對親人的懷念，及寄託襟懷抱負。

(D)《儒林外史》是一部章回小說，不是史書。

3. (C)

解析：

(A) 歷歷如繪：描寫、陳述得清楚，就像畫面呈現眼前一般。

(B) 呶呶不休：形容說起話來嘮嘮叨叨沒完沒了。呶呶，音ㄋㄠˊ ㄋㄠˊ。

(C) 篳路藍縷：指駕柴車，穿破衣，以開闢山林；比喻創造事業的艱苦。篳路：以荊竹編製的柴車。

(D) 魚游鼎沸：表示極危險的狀況。亦作「魚游沸鼎」。

4. (C)

解析：

(A) 喻拘泥固執，不知變通。

(B) 指穿鑿附會之說。

(C) 比喻弟子勝於老師，或後輩優於前輩，亦是稱讚他人經學習後，比原來的本質更優秀。

(D) 注重虛名而不求實學，或只重傳聞而不求事實。

(A)、(B)、(D) 均爲負面成語。

5. (B)

解析：

(A) ㄉㄧㄝˊ，出自柳宗元〈始得西山宴遊記〉／ㄉㄧㄝˊ，出自連橫〈臺灣通史序〉。

(B) ㄐㄧˇ，出自司馬遷〈鴻門宴〉／ㄑㄧˇ，出自蒲松齡〈勞山道士〉。

(C) ㄧㄝˋ，出自荀子〈勸學〉／ㄧㄝˋ，出自杜光庭〈虬髯客傳〉。

(D) ㄇㄧˇ，出自孫武《孫子．謀攻》／ㄇㄧˊ，出自蘇軾〈赤壁賦〉。

國家圖書館出版品預行編目資料

古文三十逆轉勝／鄭垣玲，陳弘偉編著．——二版．——臺北市：五南圖書出版股份有限公司，2023.12
面；　公分
ISBN 978-626-366-746-4(平裝)

1.CST：國文科　2.CST：文言文
3.CST：閱讀指導　4.CST：中等教育

524.311　　112018113

ZX38

古文三十逆轉勝

編 著 者 — 鄭垣玲、陳弘偉
發 行 人 — 楊榮川
總 經 理 — 楊士清
總 編 輯 — 楊秀麗
副總編輯 — 黃文瓊
責任編輯 — 吳雨潔
封面設計 — 陳亭瑋
美術設計 — 劉好音
出 版 者 — 五南圖書出版股份有限公司
地　　址：106台北市大安區和平東路二段339號4樓
電　　話：(02)2705-5066　傳　　真：(02)2706-6100
網　　址：https://www.wunan.com.tw
電子郵件：wunan@wunan.com.tw
劃撥帳號：01068953
戶　　名：五南圖書出版股份有限公司

法律顧問　林勝安律師

出版日期　2015年7月初版一刷
　　　　　2022年2月初版十刷
　　　　　2023年12月二版一刷

定　　價　新臺幣480元